"十二五"江苏省高等学校重点教材

教材编号：2014-2-013

内修外塑

——大学生礼仪形象修炼

NEIXIU WAISU:
DAXUESHENG LIYI XINGXIANG XIULIAN

主　编　柯晓扬　石建梅

副主编　赵　艳　张超一

苏州大学出版社
Soochow University Press

图书在版编目(CIP)数据

内修外塑：大学生礼仪形象修炼/柯晓扬，石建梅主编. —苏州：苏州大学出版社，2014.12
“十二五”江苏省高等学校重点教材
ISBN 978-7-5672-0852-0

Ⅰ.①内… Ⅱ.①柯… ②石… Ⅲ.①大学生-礼仪 Ⅳ.①G645.5

中国版本图书馆CIP数据核字(2014)第164966号

内修外塑
——大学生礼仪形象修炼
柯晓扬 石建梅 主编
责任编辑 史创新

苏州大学出版社出版发行
(地址:苏州市十梓街1号 邮编:215006)
苏州恒久印务有限公司印装
(地址:苏州市友新路28号东侧 邮编:215128)

开本787×1092 1/16 印张20 字数487千
2014年12月第1版 2014年12月第1次印刷
ISBN 978-7-5672-0852-0 定价:36.00元

苏州大学版图书若有印装错误,本社负责调换
苏州大学出版社营销部 电话:0512-65225020
苏州大学出版社网址 http://www.sudapress.com

《内修外塑——大学生礼仪形象修炼》

编　委　会

主　　编　柯晓扬　石建梅

副 主 编　赵　艳　张超一

编　　委　孔力媛　卢飞飞　李冰焱　任积丽

刘珺珺　陈　云　陆兰英　邵美玲

冒耀祺　彭雪华　蔡　平

序言

最近，南通科技职业学院柯晓扬、石建梅主编的《内修外塑——大学生礼仪形象修炼》，经江苏省教育厅组织专家评审，被评为"十二五"江苏省高等学校重点教材，由苏州大学出版社出版。

这是一部不可多得的好教材，它有这样几个特色。

特色一：彰显传统礼仪的现代教育意义和教育价值

作为礼仪之邦的中华民族，有五千多年的文明史，在从未中断的历史长河中，不仅形成了完备的礼仪行为规范，而且积淀了完整的礼仪素养体系。

礼仪行为与礼仪素养犹如一张纸的两面，一面是礼仪行为，另一面是礼仪素养。礼仪行为是礼仪素养的外化，礼仪素养是礼仪行为的内涵。礼仪这张纸不管怎样剪裁，都有不可分割的双面联系。

一个人从自然人到社会人的过程称为社会化，人们通过社会化和再社会化学习或习得各种知识、文化和行为规范。礼仪行为和礼仪素养是社会化的重要内容，进行礼仪教育，不是把中国传统礼仪简单地推入教材，也不是简单地推移给年轻的受教育者，而是把礼仪教育置于人文素质教育的高度，凸显传统礼仪的现代教育意义和教育价值，在梳理中激发新的时代活力，像血液一样融入礼仪教材体系，融入课堂教学，彰显传统礼仪的现代教育价值，彰显传统礼仪的现代教育意义。

特色二："内修"与"外塑"并举的教材编写理念

"礼仪"行为的背后往往都有"礼仪"素养做支撑，"礼仪"素养的形成，需要通过"内修"来完成。"内修"得到的"礼仪"素养要转化为"礼仪"行为，需要通过"外塑"才能实现。

"内修外塑"不是以行为为中心，而是以人为中心。以往的礼仪教材，大多缺少这样的理念。通病是：重视礼仪行为，忽视礼仪素养；重视"外塑"，忽视"内修"；重视以行为为中心，忽视以人为中心。

本教材"内修"与"外塑"并举，符合全程育人的规律，体现了与众不同的新理念。

特色三：单元设计合情入境

紧扣"内修"与"外塑"并举的教材编写理念，教材设计了五个情境单元：个人形象礼仪、日常礼仪、校园礼仪、职场礼仪、涉外礼仪。

以往的礼仪教材往往注重职业礼仪，忽视其他。本教材设计的五个情境单元，不限于职业礼仪，覆盖面更广，涉及人才培养的全程，单元设计合情入境，谋篇布局科学合理。

特色四:呈现方式新人耳目

一种真理要为人们接受,有时不在于真理本身,而在于呈现方式。

本教材的五个单元统一采用以下体例:名人名言;情境导入;知识分享;情境小结;知识链接;拓展训练(案例分析、案例实践、实践训练)。这种体例定位准确,适应教育对象的年龄特点和心理特征,一改以往教材正襟危坐的面孔,呈现方式新人耳目。

特色五:适合于教,也适合于学

由于把学生当作一个完整的人来培养,把学生作为礼仪教育的中心来看待,故教材打通礼仪行为与礼仪素养,礼仪行为讲规范,礼仪背后讲素养。文字表达清晰,表现形式清新,案例设计源于生活,理论与实践紧密结合,既适合于教,也适合于学。

当然,礼仪形象的塑造,一方面靠无声的礼仪行为,另一方面也靠有声的民族语言。有声的民族语言在一定程度上也能塑造礼仪形象,如礼貌语言的运用。但在无声的礼仪行为面前,它不是礼仪行为的核心,而是言语行为的核心。教材虽没有单列一个单元讲语言形象的塑造,但在知识链接、拓展训练(案例分析、案例实践、实践训练)中已有涉及。

鉴于教材有上述五个特点,本人愿积极推荐。望教材使用者结合教学,提出建议,使教材日臻完善。

孙汝建

2014 年 8 月 8 日

(孙汝建,教育部职业院校文秘类专业教学指导委员会主任委员,上海师范大学汉语言文字学专业文学博士,华侨大学文学院院长、教授、研究生导师)

目 录

情境篇四 职场礼仪

导读篇

礼仪概述

> 人无礼则不生，事无礼则不成，国无礼则不宁。
>
> ——荀子

【情境导入】

高职生李阳参加某知名企业行政助理岗位的应聘，经过前两轮的笔试、面试，最终进入公司高层领导的终极面试考核。面试当天，李阳穿戴整齐，提前二十分钟来到公司一楼会客室等待面试。当公司人力资源部工作人员带着李阳和其他四位竞聘者搭乘电梯来到总经理办公室时，却被告知考试已经结束，优胜者已经出现，就是李阳。五位竞聘者大惑不解，工作人员解释道："当你们在会客室等待期间，公司工勤人员为大家倒茶水，其余人等要不朝工勤人员只是点了点头，要不就是面无表情地说了声'谢谢'，只有李阳一人客气地站起来从工勤人员手中接过茶杯并面向工勤人员微笑着说了声'谢谢'。离开会客室时，其他竞聘者都是推开椅子直接走了出去，只有李阳在站起身后将椅子按原位放好，推入会议桌，并顺手将其余几人的椅子一并也整理好。乘坐电梯时，恰好来了一位穿着朴素，捧着一大摞资料的老人，只有李阳见到后赶紧上前揿好上升电梯按钮，用手拦住电梯门让老人先进，并询问老人要到的楼层，帮助其揿好楼层数字，而其他几位无动于衷。老人到达楼层出电梯时，资料盒因为不小心碰到电梯门而撒落一地，其他四位视而不见，也只有李阳看到后赶紧帮忙捡起来。而这位老人恰恰是公司的总经理。"最终高职生李阳在和本科生、研究生的面试角逐中获得成功。

你认为李阳获得面试成功的原因是什么？

【知识分享】

一、礼仪的含义与功能

（一）礼仪的含义

"礼仪"一词由"礼"和"仪"组成。"礼"的含义比较丰富，在中国古代，"礼"通常指最高的自然法则，是治国的大纲和根本，是中国文化总名，是对人的尊敬和礼貌，是为了表示敬重或隆重而举行的仪式等。发展到现在，"礼"是敬意的通称，其核心是互相尊重、互相关心、互相谦让。所谓"仪"，有法则、礼节、仪式和容貌举止等解释。在今天，"仪"指人际交往中相互表示尊重、友好的具体仪式。总之，礼仪是人们在各种社会的具体交往中，为了相互尊重，在仪表、仪态、仪式、仪容、言谈举止等方面约定俗成且共同认可的规范和准则。

礼仪具体表现为礼貌、礼节、仪表、仪式、礼俗等。

礼貌是指人们在社会交往时相互表示敬重和友好的行为规范，是一个人在待人接物时的外在表现。它通过仪表及言谈举止来表示对交往对象的谦虚和恭敬，反映了时代的风尚与道德水准，体现了人们的文化层次和文明程度。良好的教养和良好的道德品质是礼貌的基础。现代社会应注意使用礼貌用语，对他人态度和蔼、举止适度、彬彬有礼，尊重他人应成为自己日常的行为规范。

礼节是人们在交际过程中逐渐形成的约定俗成的和惯用的各种行为规范之总和。礼节是社会外在文明的组成部分，具有严格的礼仪性质。它反映着一定的道德原则的内容，反映着对人对己的尊重，是人们心灵美的外化。现代礼节包括：介绍的礼节、握手的礼节、打招呼的礼节、鞠躬的礼节、拥抱的礼节、亲吻的礼节、举手的礼节、脱帽的礼节、致意的礼节、作揖的礼节、使用名片的礼节、使用电话的礼节、约会的礼节、聚会的礼节、舞会的礼节、宴会的礼节等。当今世界是个多元化世界，不同国家、不同民族、不同地区的人们在各自生存环境中形成了各自不同的价值观、世界观和风俗习惯，其礼节从形式到内容都不尽相同。

仪表指人的外表，包括仪容、服饰、体态等。仪表是美的外在因素，反映人的精神状态。仪表美是心灵美与外在美的和谐统一，美好纯正的仪表来自于高尚的道德品质，它和人的精神境界融为一体。端庄的仪表既是对他人的一种尊重，也是自尊、自爱的一种表现。

仪式指行礼的具体过程或程序，它是交际礼仪的具体表现形式。仪式是一种比较正规、隆重的礼仪形式。人们在社会交往过程中或组织在开展各项专题活动过程中，常常要举办各种仪式，以体现出对某人或某事的重视，或是为了纪念等。常见的仪式包括成人仪式、结婚仪式、安葬仪式、凭吊仪式、告别仪式、开业或开幕仪式、闭幕仪式、欢迎仪式、升旗仪式、入场仪式、签字仪式、剪彩仪式、揭匾挂牌形式、颁奖授勋仪式、宣誓就职仪式、交接仪式、奠基仪式、洗礼仪式、捐赠仪式等。仪式往往具有程序化的特点，这种程序有些是人为地约定俗成的。在现代礼仪中，仪式中有些程序是必要的，有些则可以简化，因此，仪式大有越来越简化的趋势。但是，有些仪式的程序是不可省略的，否则就是“非礼”。

礼俗即民俗礼仪，指各种风俗习惯，是交际礼仪的一种特殊形式。礼俗是由历史形成的，普及于社会和群体之中并根植于人们心中，是在一定的环境中经常重复出现的行为方式。不同国家、不同民族、不同地区在长期的社会实践中形成了各具特色的风俗习惯。“十里不同风，百里不同俗”，不但每一个民族、地区，甚至一个小小的村落都可能形成自己的风俗习惯。

（二）礼仪的功能

1. 教育功能

礼仪是人类社会进步的产物，是传统文化的重要组成部分。礼仪蕴涵着丰富的文化内涵，体现着社会的要求与时代精神。礼仪通过示范、劝阻、评价等教育形式纠正人们不正确的行为习惯，指导人们按礼仪规范的要求去协调人际关系，维护社会正常活动。让国民都接受礼仪教育，可以从整体上提高国民的综合素质。

2. 沟通功能

礼仪行为是一种信息性很强的行为，每一种礼仪行为都表达一种甚至多种信息。在人际交往中，交往双方只有都懂礼仪，才能更有效地向交往对象表达自己的尊敬、敬佩、善意和友好，人际交往才可以顺利进行和延续。热情的问候、友善的目光、亲切的微笑、文雅的谈吐、得体的举止等,不仅能唤起人们的沟通欲望,彼此建立起好感和信任,而且可以促成交流的成功和范围的扩大,进而有助于事业的发展。

3. 协调功能

在人际交往中,不论体现的是何种关系,维系人与人之间沟通与交往的礼仪,都承担着十分重要的“润滑剂”作用。礼仪的原则和规范,约束着人们的动机,指导着人们立身处世的行为方式。如果交往的双方都能够按照礼仪的规范约束自己的言行,不仅可以避免某些不必要的感情对立与矛盾冲突,还有助于建立和加强人与人之间相互尊重、友好合作的新型关系,使人际关系更加和谐,社会秩序更加有序。

4. 塑造功能

礼仪讲究和谐,重视内在美和外在美的统一。礼仪在行为美学方面指导着人们不断地充实和完善自我并潜移默化地熏陶着人们的心灵,人们的谈吐变得越来越文明,装饰打扮变得越来越富有个性,举止仪态变得越来越优雅,并符合大众的审美原则,体现出时代的特色和精神风貌。

5. 维护功能

礼仪作为社会行为规范,对人们的行为有很强的约束力。在维护社会秩序方面,礼仪起着法律所起不到的作用。社会的发展与稳定,家庭的和谐与安宁,邻里的和睦与友好,同事之间的信任与合作,都依赖于人们共同遵守礼仪的规范与要求。社会上讲礼仪的人越多,社会便会更加和谐稳定。

二、礼仪的性质

礼仪是人们在漫长的社会实践中逐步形成、演变和发展的,具有文明性、共通性、多样性、变化性和规范性等性质。

1. 文明性

礼仪是人类文明的结晶,是现代文明的重要组成部分。人类从降世那天起就开始了对文明的追求,亚当夏娃用树叶遮身便是文明之举。人类从茹毛饮血至共享狩猎成果,从盲目迷信、敬畏鬼神至崇尚科学、论证无神,从战争到和平,这些都是文明发展的体现。尤其是文字发明后,人类能运用语言文字来表达文明、宣传文明、建设文明。文明的宗旨是尊重,既是对人也是对己的尊重,这种尊重总是同人们的生活方式有机地、自然地、和谐地结合在一起,成为人们日常生活、工作中的行为规范。这种行为规范包含着个人的文明素养,比如待人接物热情周到、彬彬有礼,与人交往互帮互助、彼此尊重、和睦相处,社交场合注重个人卫生,穿着适时得体,见人总是微笑着问候致意,礼貌交谈,文明用语,这也体现出人们的品行修养。总之,礼仪是人们内心文明与外在文明礼貌的综合体现。

2. 共通性

礼仪是人们在社会交往过程中形成并得到共同认可的行为规范。我们今天生活的世界可谓千姿百态,人们尽管分散居住在五大洲四大洋的不同角落,但是,许多礼仪都是世界通用的,如问候、打招呼、礼貌用语、各种庆典仪式、签字仪式等。虽然各国、各地区形成了许多的风俗习惯,但就礼仪本身的内涵和作用来说,仍具有共通性。正是由于礼仪拥有共通性,才使涉外交往礼仪成为可能。

3. 多样性

世界是丰富多彩的，礼仪也是五花八门、绚烂多姿的。世界各地民俗礼仪千奇百怪，几乎没有人能说清楚世界上到底有多少种礼仪形式。从语言的表达礼仪到文明的使用礼仪，从举止礼仪到规范化礼仪，从服饰礼仪到仪表礼仪，从风俗礼仪到宗教礼仪等，在不同的国家、不同的场合，礼仪的表达方式也有所不同。比如在人们常见的国际交往礼仪中，仅见面礼节就有握手礼、点头礼、亲吻礼、鞠躬礼、合十礼、拱手礼、脱帽礼、问候礼等。有些礼仪所表达的方式和内容，在甲国家或地区与在乙国家或地区可能截然相反。

4. 变化性

礼仪并不存在僵死不变的永恒模式，随着时间的推移，礼仪会发生不断的变化。可以说，每一种礼仪都有其产生、形成、演变、发展的过程。礼仪在运用时也应具有灵活性，一般来说，在非正式场合，有些礼仪可不必拘于约定俗成的规范，可增可减，随意性较大；在正式场合，讲究礼仪规范是十分必要的，但如果双方已非常熟悉，即使是较正式的场合，有时也不必过于讲究礼仪规范。

5. 规范性

礼仪指的就是们在交际场合待人接物时必须遵守的行为规范。这种规范性，不仅约束着人们在一切交际场合的言谈话语、行为举止，使之合乎礼仪，而且也是人们在一切交际场合必须采用的一种“通用语言”，是衡量他人、判断自己是否自律敬人的一种尺度。

三、礼仪的原则

人们的各种交际活动自始至终都有一些具有普遍性、共同性、指导性的规律可循，这就是礼仪的原则。掌握这些原则，有助于礼仪的规范化，增强人们对礼仪的认识，进而加强礼仪在社会活动中的指导作用。

1. 遵守原则

礼仪规范是为维护社会生活稳定而形成和存在的，实际上反映了人们的共同利益要求。社会上的每个成员不论身份高低、职位大小、财富多寡，都有自觉遵守、应用礼仪的义务，都要以礼仪去规范自己的一言一行、一举一动。如果违背了礼仪规范，就会受到社会舆论的谴责，交际自然就难以成功。

2. 敬人原则

孔子说：“礼者，敬人也。”敬人是礼仪的一条基本原则，它要求人们在交际活动中互尊互敬，友好相待，对交往对象要重视、恭敬。尊敬是“礼”的本义，是交际礼仪的重心和核心。在对待他人的诸多做法中最重要的一条，就是要敬人之心长存，处处不可失敬于人，不可伤害他人的个人尊严，更不能侮辱对方的人格。可以说，掌握了敬人的原则就等于掌握了礼仪的灵魂。

在一条干净的大街上，一个衣衫褴褛的铅笔推销员正在兜售廉价的铅笔。一个商人路过时顿生一股怜悯之情，他不假思索地将 10 元钱塞到卖铅笔的人手中，然后头也不回地走开了。走了没几步，他忽然觉得这样做不妥，于是连忙返回来，并抱歉地解释说自己忘了取笔，希望推销员不要介意。最后，他郑重其事地对推销员说：“您和我一样，都是商人。”

一年之后，在一个商贾云集、热闹隆重的社交场合，一位西装革履、风度翩翩的推销商迎上这位商人,不无感激地自我介绍说:“您可能早已忘记我了,而我也不知道您的名字,但我永远不会忘记您。您就是那位重新给了我自尊和自信的人。我一直觉得自己是个推销铅笔的乞丐,直到您亲口对我说,我和您一样都是商人。”

没想到商人这么简简单单的一句话,竟使一个自卑的人顿然感受到了自尊,使一个处境窘困的人重新找回了自信。正是这种自尊与自信,才使他看到了自己的价值和优势,终于通过努力获得了成功。不难想象,倘若商人当初没有那么一句尊重鼓励的话,纵然给推销员几千元也无济于事,也不会出现从自认乞丐到自信自强的巨变。这就是尊重的力量。

学会尊重每一个人。你可以没有金钱,你可以没有地位,你可以没有智慧,但你不能没有礼貌,学会礼貌待人,在尊重别人的同时你会发现自己也正被别人尊重着。

3. 宽容原则

一般来说,交往双方的心理总存在一定的距离,存在不相容的心理状态。这种差异会在交往者之间产生思想隔膜,甚至会使关系僵化,要想缩小这种心理上的差异,求得人与人之间能多一份和谐、多一份信赖,就必须抱有宽容之心。宽容就是要求人们既要严于律己,又要宽以待人,要多容忍他人,多体谅他人,多理解他人,而不能求全责备,斤斤计较,过分苛求,咄咄逼人。唯有宽容才能排除人际交往中的各种障碍,不能宽容他人的人,往往会得理不饶人,使人际间关系恶化。共性是寓于个性之中的。人们应该维护和发展共性,以理解和宽容来增强人们之间的凝聚力。

宽容是人和人之间必不可少的润滑剂。它和诚实、勤奋、乐观等价值指标一样,是衡量一个人气质涵养、道德水准的尺度。宽容别人是对对方的一种尊重、一种接受、一种爱心,有时候宽容更是一种力量。

宽容本身也是一种沟通、一种美德。假如生活中我们受到了不公正待遇或自己身边的人做错了什么,千万不要生气愤怒,而应学会宽容。生气愤怒是人类最坏的毛病之一,它是在用别人的过错惩罚自己,是一种徒劳的、于己于人无益的活动。

宽容并不等于懦弱。宽容是用爱心净化世界,而决不是含着眼泪退避三舍。宽容不是天平一端的砝码,不停地忙碌,维持着不断被打破的平衡,而是人世间永恒的爱与被爱。把宽容插在水瓶中,它便绽出新绿;把宽容播种在泥土中,它便长出春芽。

朱冲生活在晋朝,当时位高权重,待人却很宽厚,深得别人爱戴,这和他从小受到的教育是分不开的。朱冲出生于南安,家里生活并不富裕,小时候因为没有钱上学读书,只好在家种地放牛。

有一次,他正在野外放牛,一个邻居跑来,慌慌忙忙地东瞧瞧西看看,然后牵了朱冲的一头牛犊就走了。朱冲看到邻居把自己的牛牵走了,也不生气,只是说:“这一定有什么原因,等回家后再问问。”不大工夫,邻居在树林里找到了自己的牛犊,他十分惭愧,牵着朱冲家的那只牛犊来找朱冲,不好意思地说:“真对不起!真对不起!你的牛犊,我给你牵回来了。”朱冲问明了原因,笑了笑说:“没有什么,你家很困难,这头牛犊就送给你吧!”

村子里还有一家人平时好占便宜,曾三番五次地故意把牛放到朱冲家的地里啃吃庄稼。朱冲看到后,也不在乎。他不仅不生气,反而在收工时带一些草回来,连同那啃吃庄稼的牛,一起送回主人家中。朱冲说:“你们家人多地少,顾不上照看牲口。我家草多,给你拿些来喂牲口吧!喂完了,我还可以再给你家送些来。”那家人一听,又惭愧又感激。他们对朱冲说:“你太好了!你放心,以后我们再不让牲口去糟蹋你家的庄稼了!”

待人厚道的朱冲,赢得了亲朋、乡邻的一片赞扬。这就是宽容的力量。

4. 真诚原则

交际礼仪的运用基于交际主体对他人的态度,如果能抱着诚意与对方交往,那么交际主体的行为自然而然地便显示出对对方的关切与爱心。因为无论用何种语言表达,行为都是最好的证明。通常情况下人们可以用假话来掩饰自己的企图,却无法用行为来掩饰自己的虚伪,因为体态语言是无法掩饰虚假的。因此唯有真诚,才能使你的行为举止自然得体。与此相反,倘若仅把运用礼仪作为一种道具和伪装,在具体操作礼仪规范时口是心非、言行不一、弄虚作假、投机取巧,或是当面一个样,背后一个样,有求于人时一个样,被人所求时又一个样,将礼仪等同于“厚黑学”,则是违背交际礼仪基本原则的。

5. 适度原则

俗话说:“礼多人不怪。”人们讲究礼仪是基于对对方的尊重,这是无可厚非的,但是,凡事过犹不及,人际交往要因人而异,要考虑时间、地点、环境等条件。如果施礼过度或不足,都是失礼的表现。比如见面时握手时间过长,或是见谁都主动伸手,不讲究主次、长幼、性别;告别时一次次地握手,或是不住地感谢,让人觉得厌烦。礼仪的施行是内心情感的表露,只要内心情感表达出来,就完成了礼仪的使命。如果一再重复,似乎有别人不理解、不领情之嫌,就是画蛇添足,实无必要。

四、礼仪修养的途径

1. 加强道德修养

道德品质也称品德或德行,它是社会道德现象在个人身上的具体体现,是指一定的社会的道德原则和规范在个人思想行动中所表现出的某种比较稳定的特征和倾向。道德品质的修养和礼仪行为的养成有着密切的联系,二者是相辅相成的统一的过程。礼仪行为从广义上说就是一种道德行为,处处渗透和体现着一种道德精神。一个人想要在礼仪方面达到较高的造诣,离开道德品质方面的修养是不可能的;一个人要形成一种高尚的道德品质,就应该从日常礼仪规范这一基础的层次做起。

2. 提高文化素质

礼仪是一门综合性的专门学科,它和公共关系学、传播学、美学、民俗学、社会学等许多学科都有密切关系。一个人只有具备广博的文化知识,才能深刻理解礼仪的原则和规范;只有具备较高的文化层次,才能更加自如地在不同场合具体运用礼仪。因此,要提高自己的礼仪修养,就必须有意识地广泛涉猎多种科学文化知识,使自己具备综合知识素养,提高文学、艺术欣赏能力,提高审美能力。这样,就会有意无意地按照美的规律来认识生活和改造周围的环境,同时在人际交往中,自己的言行也会更具美感。

3. 自觉学习礼仪知识,接受礼貌教育

世界各国的礼仪风俗千种万类,我国各个民族的礼节习俗也是各不相同。在涉外工作和旅游服务工作中,如对其他国家或某一具体活动的礼仪知识不了解,只凭以往的经验办事,轻则闹笑话,重则影响工作效果,甚至造成误解。我国有几千年的文明,各个历史阶段都有浩繁的有关礼仪的知识,我们应该注意收集、学习和领会,以便在实践中运用,久而久之，不但自己在礼仪方面博闻多识，而且在礼仪修养的实践上也能有新的提高。

4. 积极参加礼仪实践

实践是动机和效果由此及彼的桥梁。对礼仪知识的学习，仅仅停留在从理论上弄清礼仪的含义和内容，而不在实践中运用，是远远不够的。在提高礼仪修养时，要以积极的态度，坚持理论联系实际，将自己学到的礼仪知识积极运用于社会实践的各个方面。积极投身到实践之中，在文明气氛较浓的环境里接受熏陶，对增强自己的文明意识、培养礼貌的行为、涤荡各种粗俗不雅的不良习惯、提高礼仪修养水平，是大有好处的。在社交场所要多听、多看、多学，不断提高自己的礼仪修养。

5. 养成良好的行为习惯

礼仪是人们交际活动中的一种行为模式。这种行为模式只有通过长期的自觉练习，变成自身一种自动的动作，形成习惯，才能在交际活动中更好地发挥作用。礼仪修养实际上就是人自觉用正确的思想战胜不正确的思想，用良好的行为习惯纠正不良行为习惯的过程。检验一个人的礼仪修养如何，很重要的一条标准就是看他是否已把交际礼仪规范变成自身个性中的稳定成分，是否能在各种交际场合自然而然地遵循交际礼仪要求。

【情境小结】

高职生李阳之所以脱颖而出，是因为公司总经理认为岗位所需的专业知识和能力在很短时间内便能掌握，但一个人的礼仪修养却要经过很长时间的学习和锻炼才能具备。专业水平和能力再强，连基本为人处世的礼仪都不懂，公司如果由这样的员工所组成，今后势必不会有很好的发展空间。因此，几乎所有单位招聘时都将员工的人品放在考量的第一位。

礼仪不仅体现了一个人的气质风度、素质修养，也代表着单位、组织甚至是国家与民族的形象，它不仅是衡量人们教养和道德水准的尺度，也标志着一个国家和民族文明程度的高低。礼仪是现代人应有的基本素质，也是社会交往、商务活动和其他各项事业成功的重要条件。我们只有加强礼仪学习，注重自身修养，才能有“礼”走遍天下。

【知识链接】

一、晏子讲礼

一次，齐景公举行酒宴，饮到高兴处，便对大臣们说：“各位痛快地饮酒，不要拘束君臣礼节！”

晏子听说后，容色顿变，严肃地对齐景公说：“国君的话不妥！禽兽都以雄健有力者为首，弱肉强食，所以天天都在更换首领。大臣们如果抛弃礼节，就有更换国君的危险，敢问您将如何处理呢？”景公听了，很不高兴地背过身子，不让他继续说下去。

过了一会儿，景公出去了。回来后，晏子坐着不动，也不起立；君臣碰杯，晏子先饮。景公怒容满面，瞪着晏子说：“刚才你不是还教训我人不可没有礼节吗？你讲的礼节哪儿去了?"晏子离开座席,向景公拜了再拜,恭敬地说:"我哪里敢这样呢? 之所以这样做,是想让国君了解没有礼节的实际情形啊。"景公听了,恍然大悟,说:"看来是我的错啊!先生请入座,我按您说的办好了。"此后,景公完善礼制,整顿法度,由此官员守礼,百姓肃然。

二、"总统"的仪态

曾任美国总统的老布什,能够坐上总统的宝座,成为美国"第一公民",与他的仪态表现分不开。在1988年的总统选举中,布什的对手杜卡基斯,猛烈抨击布什是里根的影子,没有独立的政见。而布什在选民中的形象也的确不佳,在民意测验中一度落后于杜卡基斯10多个百分点。未料两个月以后,布什以光彩照人的形象扭转了劣势,反而领先对手10多个百分点,创造了奇迹。原来布什有个毛病,他的演讲不太好,嗓音又尖又细,手势及手臂动作总显出死板的感觉,身体动作不美。后来布什接受了专家的指导,纠正了尖细的嗓音、生硬的手势和不够灵活的摆动手臂的动作,再配以卡其布蓝色条子厚衬衫,以显示"平民化",使自己具有了独特的魅力,终于获得了最后的胜利。

【拓展训练】

一、案例分析

[案例一]

公元前592年,当时的齐国国君齐顷公在朝堂接见来自晋国、鲁国、卫国和曹国的使臣,各国使臣都带来了墨玉、帀帛等贵重礼品献给齐顷公。献礼的时候,齐顷公向下一看,只见晋国的亚卿郁克是个独眼,鲁国的上卿是个秃头,卫国的上卿孙良夫是个跛脚,而曹国的大夫公子首则是个驼背,不禁暗自发笑:怎么四国的使臣都是有毛病的?

当晚,齐顷公拜见自己的母亲萧夫人时,便把白天看到的四个人当笑话说给萧夫人听。萧夫人一听便乐了,执意要亲眼见识一下。正好第二天是齐顷公设宴招待各国使臣的日子,于是便答应届时让萧夫人躲在帷帐的后面观看。第二天,当四国使臣的车子一起到达,众人依次入厅时,萧夫人掀开帷帐向外望,一看到四个使臣便忍不住大笑了起来,她的随从也个个笑得前仰后合。笑声惊动了众使者,当他们弄明白原来是齐顷公为了让母亲开心特意做了这样的安排时,个个怒不可遏,不辞而别。四国使臣约定各自回国请兵伐齐,血洗在齐国所受的耻辱。四年后,四国联合起来讨伐齐国,齐国不敌,大败,齐顷公只得讲和,这便是春秋时著名的"鞍之战"。

讨论题:春秋时期为什么会出现著名的"鞍之战"?

[案例二]

上个世纪90年代,国内的许多厂家都与外国客商有了贸易往来,很多外商也开始与国内企业合资生产。一家生产医疗设备的企业找到了一位美国客商来厂考察,准备与其建立长期的合作关系。双方的业务洽谈非常融洽,厂长的业务能力也给外商留下了良好的印象,双方决定第二天正式签订15万美元的合同。美国客商提出是否能到车间参观一下,厂长欣然同意,还主动陪同前往。车间里秩序井然,外商颇为满意。然而,就在这时,厂长突然感到喉咙奇痒难忍,便本能地咳嗽了一声,然后走到车间的墙角吐了一口痰,并连忙用脚擦去。

第二天一早,当厂长兴冲冲地带着翻译赶到外商下榻的宾馆时,却被告知,客人已提前离开,并转交给厂长一封信。信中写道:"尊敬的厂长先生,我十分佩服您的才智与精明,但是您在车间里吐痰的一幕使我彻夜难眠。恕我直言,一个厂长的卫生习惯可以反映一个工厂的管理素质。况且,我们今后将生产的是用于治病的输液管。贵国的成语说得好:人命关天!请原谅我的不辞而别,否则,上帝会惩罚我的……"

在这位代表看来,制药车间对卫生的要求是非常严格的,作为一厂之主的厂长都能随地吐痰,那么怎么能管好厂里的事情呢?

讨论题:1. 看了这个故事,你如何理解"细节决定成败"这句话?

2. 应该怎样提高自己的修养?

[案例三]

一位英国老妇到中国游览观光,对接待她的导游小姐评价颇高,认为她服务态度好,语言水平也很高,便夸奖导游小姐说:"你的英语讲得好极了!"小姐马上回应说:"我的英语讲得不好。"英国老妇一听生气了,道:"英语是我的母语,难道我不知道英语该怎么说?"

讨论题:英国老妇生气的原因无疑是导游小姐忽视东西方礼仪的差异所致。东西方礼仪差异主要表现在哪些地方?

二、案例实践

模拟以下情景,选取一小组成员分别扮演情境中的人物,模拟演练之后讨论情景中的两位主人公有什么失礼之处,结合礼仪的功能说明这些失礼的表现会有什么后果。

2013 年 4 月,广州商品交易会,各方厂家聚集,企业家们济济一堂。华新公司的徐总经理在交易会上听说伟业集团的崔董事长也来了,想利用这个机会认识这位素未谋面而又久仰大名的商界名人。午餐会上他们终于见面了,徐总彬彬有礼地走上前去:"崔董事长,您好,我是华新公司的总经理,我叫徐刚,这是我的名片。"说着,便从随身带的公文包里拿出名片,送给了对方。崔董事长显然还沉浸在之前的与人谈话之中,他顺手接过徐刚的名片,回应了一句"你好"并草草看过,就放在了一边的桌子上。徐总在一旁等了一会儿,未见这位崔董事长有交换名片的意思,便失望地走开了。

情境篇一

个人形象礼仪

学习情境一 仪容礼仪

不学礼，无以立。

——孔子

【情境导入】

美国行为学家迈克尔·阿盖尔做过一个实验：当他以不同的仪表装扮出现在同一个地点，遇到的情况完全不同。当他身着西装以绅士的面孔出现时，无论是向他问路还是打听事情的陌生人都彬彬有礼，显得颇有教养；而当他装扮成流浪汉时，接近他来对火或借钱的人以无业游民居多。你觉得这是为什么？

【知识分享】

仪容，通常是指人的容貌。在人际交往中，每个人的仪容都会引起交往对象的特别关注，并影响到对方对自己的整体评价。适当注意仪容修饰，进行必要、适当的美容化妆，既是工作的需要，也是对他人的礼貌和尊重。就个人而言，仪容是一种美学和艺术行为，它能使人保持良好的精神状态，也真实地体现着一个人的教养和品位。在社交中，不注意修饰自己的仪容是一种失礼行为。而当我们从事社会活动时，我们的行为则代表着所属单位的形象，个人的仪容形象就成为单位形象的化身。因此，每一个人不论承担什么角色，仪容仪表都要符合社会对这个角色所规定的要求。

一、仪容规范

仪容仪表是个人形象展示的首要途径，也是传递单位形象的重要渠道。仪容仪表是以人为载体的视觉形象展示，规范而又极富内涵的个人形象有利于营造和谐的工作氛围。仪容规范主要是指：

保持良好精神面貌：面带笑容，表情和蔼，保持开朗心态，有利于营造和谐、融洽的工作气氛。

保持身体清洁卫生:饭后漱口,勤换衣物,可使用清新、淡雅的香水。

保持着装整洁:上班要穿工作服或职业装,着装要清洁整齐。

仪容大方得体:头发梳理整齐,面部保持清洁。男员工不留长发,女员工不化浓妆。手部干净,指甲修剪整齐,男员工不留长指甲,女员工不涂抹鲜艳指甲油。

上班前要检查自己的外表,在公共场所需整理仪表时,要到卫生间或工作间,不要在公共场所整理。

二、化妆

有人说“世界上没有难看的人,只有不懂得如何将自己打扮得体的人”。化妆是人类文明的产物,妆容在职业形象打造中起着重要的作用。化妆就是通过丰富的化妆品和工具,采用合理的步骤和技巧,对面部进行预想的描画和整理,以强调和突出个人所具有的自然美,遮盖和弥补面部的缺陷与不足,达到美容的目的。

(一)化妆的原则

(1)美化,符合审美标准。化妆的目的在于使人变得更加美丽,因此在化妆时要注意适度矫正、扬长避短。不要寻求新奇,任意发挥,结果反而让自己老化、丑化。

(2)自然,修饰适度得体。化妆要求美化,但也要真实。化妆的最高境界是“妆成有却无”,看不出人工雕琢的痕迹,好似天然若此的美丽。

(3)得法,注重科学合理。化妆讲究个性,但方法必须合理。例如,工作宜淡妆,宴会宜浓妆,香水不宜涂抹在衣服和容易出汗的部位,口红与指甲油颜色要统一等。

(4)协调,强调整体效果。化妆时要努力使妆容、着装、身份、场合都协调。

(二)化妆的基本步骤

1. 调理皮肤

用洁面产品清洁面部的污垢和油脂,然后用化妆棉沾取洁肤水二次清理皮肤角质层,之后依次涂上精华液、乳液(霜)、眼霜。涂抹护肤品时注意手法要轻缓,可向上划圈按摩,不可过分用力,以免造成皮肤出现细纹。这是化妆过程中最需要重视的第一步,因为好的皮肤才能让妆容更持久亮丽。

2. 上底妆

(1)隔离霜

使用方法:取适量隔离霜涂点在两颊、鼻梁、额头和下巴处,然后用温热的手指或紧致海绵轻拍至均匀。如果感觉隔离霜较干,可以混合适当乳液再涂抹。

使用建议:隔离霜能很好地将彩妆和皮肤隔离开,起到保护皮肤、更易上妆的作用,因此用量只要能够覆盖面部即可,无须过量。隔离霜的选择需要根据个人肤质和肤色而定:油性皮肤选择控油性好的隔离霜,干性皮肤选择保湿性好的隔离霜;肤色发黄的可选择蓝紫色系隔离霜,肤色苍白的可选择粉色系隔离霜,肤色较红的可选择绿色系隔离霜,肤色正常明亮的选择自然色系的隔离霜。

(2)遮瑕膏

使用方法:用遮瑕专用笔沾取适量点涂在需要遮瑕的部位,如痘印或者斑点处。

使用建议：遮瑕膏通常质地较厚，所以尽可能小范围使用。绿色遮瑕膏适合遮盖发红的痘印，肤色遮瑕膏适合遮盖斑点。遮瑕膏的颜色尽量选择较暗的，这样会有更好的遮瑕效果，如果选择过白过亮的，在涂抹粉底后会使得斑点处更为明显。

（3）粉底

使用方法：在隔离霜之后，可以直接涂抹粉底液或是粉饼。

涂抹粉底液的方法和隔离霜类似，选取适量涂点在两颊、鼻梁、额头和下巴，然后用手指或者紧致海绵依次轻拍至均匀，涂抹时切勿打圈，否则容易使粉底附着不均匀甚至卡在皮肤纹理间难以涂开。

粉饼可在粉底液后使用或直接在隔离霜后使用。选用松软的海绵，在粉饼上来回滚动，均匀沾取粉饼，轻轻按压在面部。顺序为两颊、额头、鼻梁和下巴。

使用建议：粉底具有修饰肤色的效果，因此用量以涂抹完感觉稍有不够为宜，因为粉底需要一定的时间和皮肤融合，如果涂抹过量容易造成过度修饰而显得妆容死板。粉底产品的涂抹范围最好侧重在面部中间的三角区域（如图 1-1-1），周边皮肤用余粉轻轻带过即可，如果全脸均匀涂抹会造成大白脸的扁平效果。

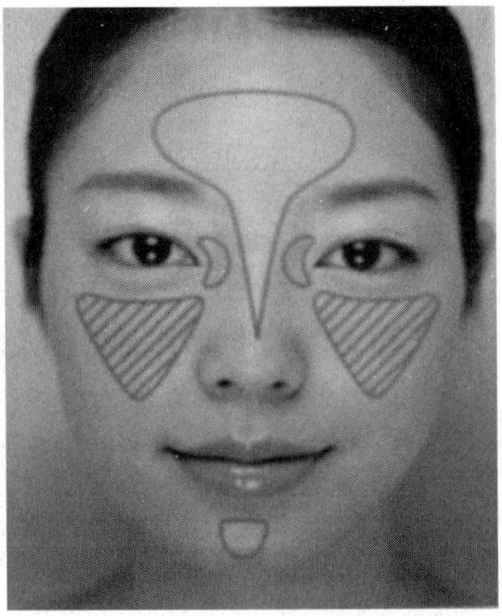

图 1-1-1　粉底涂抹的重点部位

粉底类型的选择：液体粉底更适合中干性皮肤，粉饼更适合油性皮肤。目前市面上的粉底产品类型越来越多，也有控油性好的粉底液和保湿性强的粉饼供不同肤质的人使用。春夏较为潮湿的季节适宜选用粉饼，而秋冬较为干燥的季节适宜选用粉底液。

粉底色号的选择：购买粉底前最好在下巴处试用，选择能够很好融合的色号。通常粉底分偏黄、偏白和偏粉的色系，亚洲人适合使用中间色即象牙白、自然色等略带黄色偏白的色号。不要选用比肤色更白的色号，那样既遮盖不住瑕疵又会显得不自然。

3. 修饰眼部

（1）眼影

眼睛是面部最引人注意的部位，合适的眼影能够起到让眼睛更有神采、更漂亮的效果。眼影种类繁多，使用时需要根据个人整体妆容和场合而定。

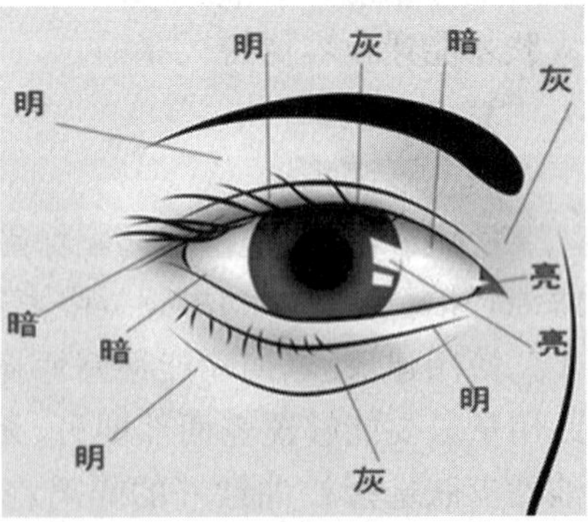

图 1-1-2　眼影深浅色在眼部的分布

使用方法：初学者建议使用搭配好的多色眼影，通常眼影盒中有四到五种深浅不同的色彩，其中最浅的色彩涂抹在整个眼睑做打底用，范围以不超过眉角和眼角连线为宜；次深的色彩从上眼睑三分之一处开始向外涂抹，宽度以稍微超过睁开时眼皮上边缘为宜；再深的色彩涂抹在眼睑尾部打造眼部阴影；最深的色彩使用在睫毛根部即眼线处。涂眼影时，以眼球最高处为界限，越靠眼睑处颜色越深，越靠眉毛处颜色越淡。（如图 1-1-2）

使用建议：眼影盒内的眼影棒通常为一头圆一头细，圆头适合涂大面积时使用，尖头适合涂抹睫毛根部时使用。涂抹眼影时如果把握不准用量，可以先沾取眼影涂在手背，调整用量后再涂抹到眼睛处。涂抹时的力度要尽量轻快，如果用力拉扯容易造成眼部皮肤松弛，出现细纹。

（2）眼线

眼线的使用是为了凸显眼部轮廓，通常使用眼线笔、眼线液或眼线膏，贴合睫毛根部涂抹，其中眼线膏需要配合眼线刷使用。有时也可以用深色眼影代替眼线产品，这样的效果更自然，和眼影融合得更好，也不容易造成脱妆。（如图 1-1-3、图 1-1-4）

上眼线时，着笔点尽量放在眼睛的中间，因为刚涂的时候颜色是最浓的，也容易画粗，放在眼头是不合适的，从中间慢慢地往后再往前描画更容易画好。下眼线适合从眼尾开始向前匀开，非特殊妆容不需要画满下眼线。

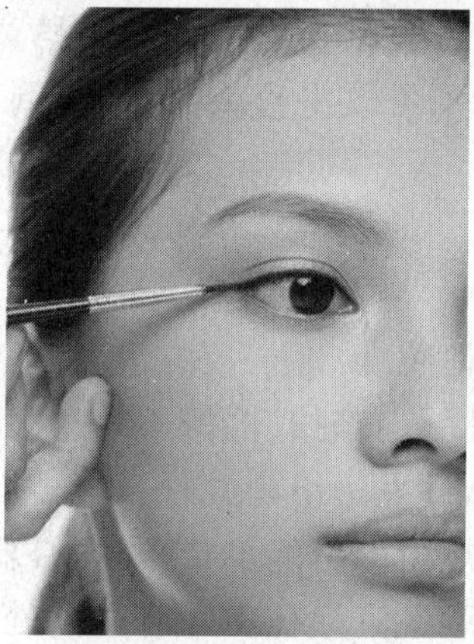

图 1-1-3 眼线液或眼线笔描绘效果

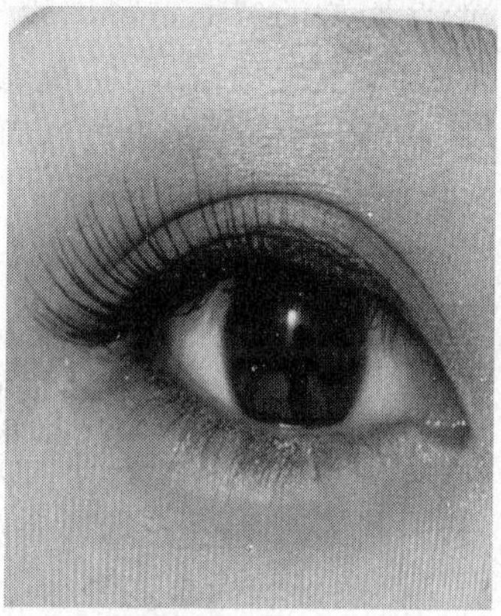

图 1-1-4 眼影替代眼线描绘效果

（3）睫毛膏

涂抹眼影后最好涂上睫毛膏，这样眼部的妆容才比较完整，也能增加眼部神采，让眼睛看起来更大。

使用方法：沾取适量睫毛膏，从眼头睫毛根部开始向上刷，同一部位不要停留太久，以免睫毛膏干结。涂抹睫毛膏时适合以小 Z 字形快速向上刷，这样能够将更多的睫毛膏包裹在睫毛上，也能更快完成涂抹。

使用建议：睫毛较硬者可以先用睫毛夹将睫毛向上方弯曲定型后再涂抹。睫毛膏的质地偏油，流泪出汗时较易脱妆，因此尽量选用不易脱妆的产品，以免造成熊猫眼。

(4)眼妆注意事项

不同眼型的化妆方法略有不同。

大眼睛：只要使用适合的色彩即可。

小眼睛：在眼睛周围涂抹浅淡的眼影，过重的色彩会使眼睛看起来更小，眼线的长度要适当超过眼尾，稍稍粗浓些，并在外眼角略上翘。

肉泡眼：选择偏深色眼影，上眼皮的眼线要画得略粗略长些，下眼皮的眼线从眼角开始描入，呈水平方向向眼尾匀开。

细长眼睛：眼线中间部位要画粗浓些，从视觉上拉高眼睛的宽度。

4. **修饰眉毛**

眼妆后修饰眉毛的好处是可以根据眼妆效果来确定眉毛的浓淡，眼影浓眉色可浓，眼影淡眉色也要偏淡。

修饰眉毛的产品通常有眉笔和眉粉。眉笔可直接描画眉毛，眉粉需要用专用刷来上色。

眉毛描画的基本原则是眉头眉尾淡，眉毛中间深。用眉笔轻轻地在眉毛空隙处填补颜色，注意眉头与眉尾两点要在一条水平线上，且眉头与内眼角齐平，眉尾与眼尾和嘴角连线对齐。眉毛画好后，用眉刷顺着眉毛生长的方向轻刷，让眉笔描画的色彩均匀附着在眉毛根部。

眉毛的形状要根据脸型而定：椭圆脸型可顺着眼睛的轮廓修成弧形，眉头与内眼角齐，眉尾可稍长于外眼角；长脸型的眉形尽可能修整缓和，不可有棱有角，位置不宜过高，眉尾切忌高翘；圆脸型的眉毛可修出棱角，以改善圆的特点；方脸型的眉毛应修得稍宽些，眉形可稍带弯曲，不宜有角；三角脸型的眉毛保持自然状态，不可太平直或太弯曲；倒三角脸型的眉毛应顺着眼部轮廓修成自然眉形，眉尾不可上翘。

5. **修饰脸颊**

（1）腮红

腮红既能调整脸型，又能使面部呈现红润健康和立体感。

使用方法：用腮红刷沾取适量腮红，从颧骨由内向外斜向轻扫，内侧不超过眼睛中线的延长线，上边缘与眼角保持至少一指的距离；脸颊下部从鬓发边缘向颧骨方向轻扫。

使用建议：腮红颜色的选择要与眼影和口红统一。用量尽可能少，不够再补刷，不宜过浓。腮红呈现的形状通常还要根据脸型来调整：椭圆形脸适宜涂抹在颧骨最高处，再向上、向外扫开；长形脸涂抹时注意离鼻子稍远，在视觉上要拉宽面部；圆形脸适宜从颧骨开始向下颚部涂抹，千万不能形成圆形；方形脸适宜涂抹得与眼部平行，切忌涂抹在颧骨最高处，可从颧骨稍下方往外扫开；三角形脸适宜从眼角向下涂抹，将脸部拉宽；倒三角形脸适宜涂抹在颧骨最突出处，向上向外扫开。（如图 1-1-5）

（2）修容粉

修容粉分为两种，一种是用在脸颊下方、眉头下和鼻梁侧处打造阴影，一种是用在颧骨最高处、额头最高点、鼻梁中线和下巴最高点来提亮肤色，目的都是呈现妆容的立体效果。（如图 1-1-5）

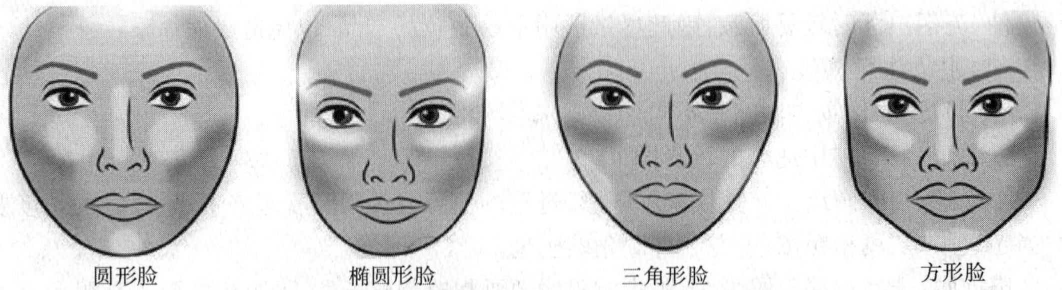

图 1-1-5 常见脸型适用的腮红、高光和阴影范围

使用方法：打造阴影时，用扫刷沾取适量修容粉，在需要加阴影的部位轻扫，小部位用小号的刷子,大部位用大号的刷子,阴影粉通常使用在面部过于膨胀的部位,起收缩效果。提亮局部时,用扫刷沾取高光粉,在需要提亮的部位轻扫,高光使用的部位面积要尽量减小,高光粉用在面部最高位置或者过于狭窄的部位,起提亮和膨胀的作用。注意阴影和高光的边缘要与面部皮肤和腮红过渡自然。

6. 定妆

面部粉质彩妆完成后,用大号的扫刷沾取散粉轻轻扫过面颊,这样做的目的是稳定彩妆效果,同时更好地过渡各种色彩边缘。

7. 修饰唇部

唇部上妆之所以放在最后,是为了保证唇膏的色泽不被粉质破坏。在涂抹唇膏之前最好清除唇部死皮,上一层薄薄的润唇膏,然后选用合适的唇膏直接涂抹或用唇刷涂抹,涂抹的顺序是上唇从唇峰开始向两侧涂,下唇先涂中间部位再向两侧轻滑。唇膏涂好后要将延至唇线外的膏体擦拭干净。

唇膏上可加涂唇彩,唇彩无须上满整个唇部,只需要在唇峰和下唇中间处点涂,稍稍向两侧延伸即可。

唇膏颜色要和眼影、腮红统一协调。

(三) 化妆工具的选择

每一个化妆步骤都有相应的化妆工具,这些化妆工具可以帮助我们更好地完成化妆步骤,用对和用好化妆工具不仅节省时间,而且可以更好地呈现妆容的效果。

海绵:化妆用海绵通常使用在上隔离、粉底和粉饼时。这些海绵的质地多为乳胶,紧致的海绵是几乎看不到"毛孔"的,不宜吸取水分,适合涂抹液体,不会将液体隔离或者粉底吸收到海绵中,涂抹时的感觉和手指类似,能够更高效地上液体底妆。松软的海绵可以看到较为明显的"毛孔",适合涂抹粉饼类产品,能够将粉质更好地吸附在海绵上并且适量地沾抹在面部,不易造成过量。还有一种绒布包裹的海绵,通常用来涂抹散粉,因为绒质的布面和面部可以保持一定的距离,可以将散粉尽可能分散而均匀地涂抹在面部,不会过多地改变原本的彩妆效果。(如图 1-1-6)

涂抹液体的紧致海绵

涂抹粉质的松软海绵

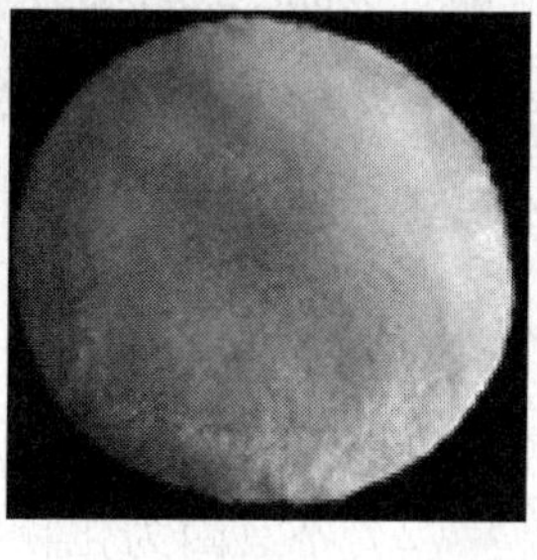

绒布海绵

图 1-1-6　化妆用海绵

粉刷:通常用来涂抹粉末质地的彩妆,如腮红、修容粉、散粉等,使用粉刷时要注意斜向轻扫,可以先将粉质沾取后点在手背,调匀后再扫,不够再加扫。粉刷最好不要混用,因为有些粉质带珠光,混用后容易造成整个面部呈现过亮的效果。(如图 1-1-7)

自上而下：匀脸刷、散粉刷、腮红刷、阴影刷

自上而下：眉刷、眼影刷、眼线刷、遮瑕膏刷、粉底刷

图 1-1-7 常用粉刷

唇刷：使用唇刷的好处是可以尽可能薄地涂抹唇膏，不会造成颜色过浓难以涂抹均匀，而且唇刷可以帮助化妆人更自然地涂描唇线部位，以省略画唇线的步骤。

（四）整体妆效的把握

化妆的目的是突出面部最动人、最美丽的部位，修饰不足的部位，每一个妆容都应有也只能有一个重点，不能够眼妆、颊彩、唇妆同时突出。（如图 1-1-8）

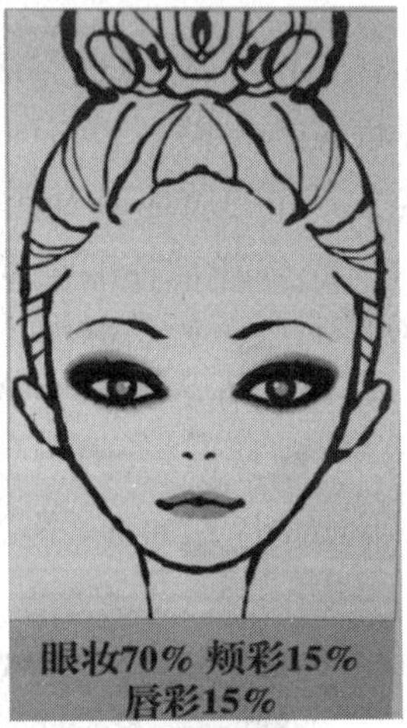

眼妆为重点

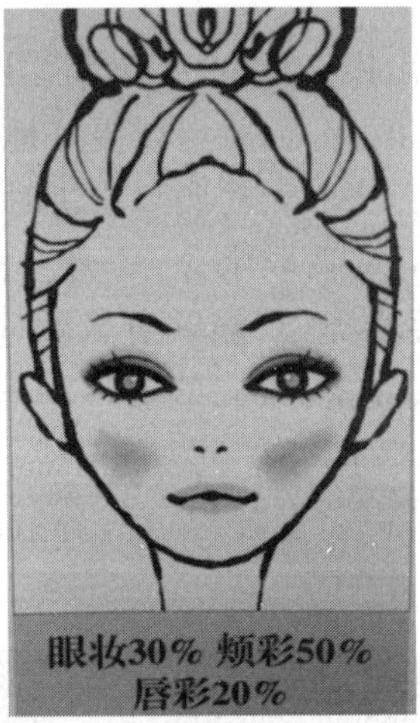

颊彩为重点

唇妆为重点

图 1-1-8 妆容整体效果

（五）化妆的禁忌

（1）不宜当众化妆。化妆或者补妆都应当在化妆间进行，否则是不礼貌的表现。

（2）不宜因为化妆妨碍他人。过浓的妆、过重的气味都会令他人感到不适，对他人造成妨碍。男士使用化妆品的色彩应接近肤色，不宜露出痕迹。

（3）不宜残妆示人。妆容出现残缺要及时修补，若置之不理，会给人懒散、邋遢的印象。

（4）不宜借用他人化妆用品。化妆用品属于个人用品，借用他人的化妆用品不礼貌也不卫生。

（5）不宜评论他人的妆容。对他人的妆容品头论足是不礼貌、不尊重他人的表现。

三、发型

（一）发型的基本要求

对于职业工作者而言，头发方面的礼仪规范是干净整洁、美观大方、实用适度。

（1）干净整洁。勤洗发、理发，努力让自己的头发保持清洁卫生，没有头皮屑，没有异味。头发要梳理到位，不要蓬松凌乱。尤其是出席重要活动前，最好到理发店精心修剪造型。

（2）美观大方。发型要做到美观大方就要和自己的脸型、体型、性别和年龄相匹配。

（3）实用适度。职业场合的发型要符合身份，不要过于追求与众不同，男士不留长发，女士染发也要注意颜色不要过于夸张。

（二）不同发型的选择

发型的选择要符合自己的职业，符合自己的内在气质和风度，凸显和谐之美。

1. 脸型与发型

（1）三角形脸。三角形脸的特点是上窄下宽，发型应注意平衡上下宽度，可用波浪形发卷增加上部分的宽度和蓬松感，也可以用稍长的头发掩饰较为丰满的下脸部。不宜将额发向上梳，会暴露额头太窄的缺点，头缝可采用中分或侧分，耳旁的头发不应加重分量感，也不宜选择双颊两侧紧贴的发型。（如图 1-1-9）

图 1-1-9　三角形脸的适合发型

（2）方形脸。方脸型的人在留刘海时，应遮掩额部的两角，刘海要有倾斜感，呈现圆弧状。头发的两侧可选择卷曲的波浪发型，还可以利用卷曲的长发遮盖下颌两侧的宽度。（如图 1-1-10）

图 1-1-10　方形脸的适合发型

（3）倒三角形脸。倒三角形脸的额头部分较为宽大，需要刘海或发卷遮盖部分前额，耳侧的发量需要增加，使过于瘦削的下巴显得丰满些，不宜选择过直的发型。（如图 1-1-11）

图 1-1-11 倒三角形脸的适合发型

（4）椭圆形脸。椭圆形脸通常被认为是东方女性最理想的脸型，所以几乎什么样的发型都适合。选择中分、左右均衡的发型更能体现娴静、端庄的美感。（如图 1-1-12）

图 1-1-12 椭圆形脸的适合发型

（5）菱形脸。菱形脸的特点是棱角突出，下巴稍宽，所以需要遮盖太突出的棱角感，可以利用波浪增加脸部的柔和感，也可以露出部分额头。（如图 1-1-13）

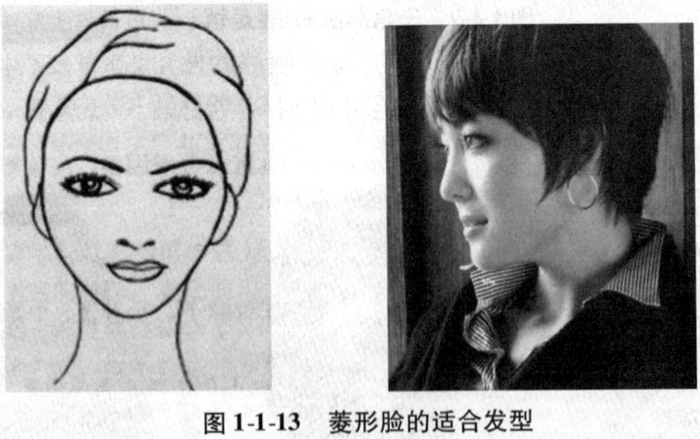

图 1-1-13 菱形脸的适合发型

（6）圆形脸。适宜将头顶部的头发梳高，使脸部在视觉上拉长，要避免头发遮住额头，脸颊部位需要一定的发量遮挡，发线最好选择中分。（如图 1-1-14）

图 1-1-14　圆形脸的适合发型

（7）长形脸。适宜加厚脸部两旁的头发，以增加分量感，发线适合侧分。（如图 1-1-15）

图 1-1-15　长形脸的适合发型

2. 发质与发型

发质的不同也会影响发型的选择，必须了解自己的发质，从而为打造合适的发型做准备。

（1）自然卷发。利用好自然的卷发，可以做出很多漂亮的发型，尤其是留长发可以凸显卷曲的特点。

（2）服帖的头发。这种发质的量不多不少，非常服帖，只需要修剪好，就能给人清新明媚的感觉。较适合中长发。

（3）细软的头发。不宜留过长的发型，头发的重量感增加会使得顶部更扁塌，适合烫发增加蓬松度，如果是要扎起，可以在头顶用倒梳的方法，使发量看上去多一些。

（4）粗硬的头发。这种发质不容易定型，如果选择卷发适合大卷，看起来比较自然。如果选择直发，尽量避免复杂的发型，修剪整齐就显得简单大方。

3. 体型与发型

（1）高瘦型。这种体型的人容易给人细长、单薄、头小的感觉，因此发型需要做得生动饱满些，避免将头发紧贴头皮或过于蓬松。通常适宜留长直发，应避免把头发修剪得太短太薄或盘于头顶。

（2）矮小型。这种体型的人通常给人小巧玲珑的感觉，因此发型也可以和这个特点相适应，以秀气、精致为主，不宜留过长的头发，可以将头发束起或盘起，拉长颈部的长度。

（3）高大型。这种体型对于女性而言会缺乏苗条纤细的美感，通常适宜选择直发或者大波浪卷发，头发不要过于蓬松，应注意线条的明快和流畅。

(4) 短胖型。这种体型通常脖子的部位显得粗短，因此不宜留披肩发，可选择运动式发型，并且尽量露出脖子增加身体的高度感。

4. 服装与发型

(1) 正装。发型宜选择端庄大方的类型，不要过于蓬松随意。

(2) 礼服。头发适合盘成发髻，显得端庄高雅。

(3) 休闲装。适合轻松简单的发型。

【情境小结】

美好的第一印象永远不会有第二次，个人形象无论是在生活中还是在职场中都非常重要。一个人的容貌除了天生因素外，很大程度上也是人的学识、修养和心理等综合因素的外显。因此，我们追求的仪容美是自然美、修饰美和内在美的高度统一。这三者缺一不可，自然美是人们的心愿，内在美是美的最高境界，修饰美是仪容礼仪的重点。通过正确的方法护理皮肤和头发，选择合适的发型，打造合适的妆容，都为我们追求仪容美奠定了基础。

【知识链接】

一、皮肤的日常护理

容光焕发、富有弹性的肌肤既是身体健康的标志，也是构成仪容美的重要部分。保持健美的肌肤是美容的基础，皮肤越润泽、细腻，化出的妆就越自然；反之，如果皮肤粗糙，化妆品不能很好地与皮肤融为一体，会给人妆效不自然的感觉。随着年龄的增长，人的皮肤也会逐渐老化，产生皱纹，这是一种自然现象，但我们可以通过科学合理的方法减慢皮肤老化的过程，让皮肤的青春期保持得更久一些。

确定皮肤类型，选对护肤产品。

1. 干性皮肤

毛孔细小，不易泛油光，不易生痘，但容易出现皮肤干燥，眼角、口部易出现表情纹，在干燥寒冷环境中容易干裂脱皮和松弛。干性皮肤的护理着重在保湿，水分和油分缺一不可。

2. 中性皮肤

看起来健康且质地光滑，水油均衡，是最理想的皮肤状态。中性皮肤的护理只需要适当地补充水分即可。

3. 混合型皮肤

两颊部位呈中性化，但T区部位容易泛油光，偶尔也长痘。混合型皮肤的护理需要考虑区分区域，对干燥部位要充分补油补水，偏油部位则需要使用质地清爽的护肤品。

4. 油性皮肤

皮脂腺分泌过多油脂，皮肤看上去油亮，毛孔易粗大，容易长痘，但不易出现细纹。油性皮肤要注意定期去角质，使用清爽质地的护肤品，对易长痘痘的皮肤要格外注意，不能使用刺激性护肤品，痘痘如果出现红肿需要消炎，不要盲目使用祛痘产品。

5. 敏感性皮肤

皮肤表皮较薄,毛细血管明显,皮肤遇热遇冷都容易发红。使用护肤品要选用敏感性皮肤专用的产品,避免使用含酒精、香精和防腐剂过多的产品。敏感性皮肤在换季时容易出现过敏现象,一旦过敏,需要停用一切护肤品,用清水洁面,注意多补充维生素C来增强皮肤的免疫力。

二、卸　妆

只要在面部涂抹了隔离、防晒和彩妆产品,就必须用卸妆产品,普通的洗面奶无法彻底清除干净彩妆的分子,久而久之容易造成皮肤暗沉、发黄甚至加速老化。

1. 面部卸妆

卸妆油:油能够很好地溶解所有的彩妆,包括防水彩妆。将卸妆油均匀涂抹在面部,用手指轻轻揉搓充分溶解彩妆,然后沾适量水继续揉搓,让卸妆油乳化,接着用清水冲洗,再用洗面奶洁面。卸妆油的缺点是对于混合型和油性皮肤而言,如果溶解不充分容易引起毛孔堵塞。

卸妆乳:质地柔润,适合干性皮肤或干燥季节使用,不会过多地去掉皮肤角质,但是容易造成卸妆不彻底,比较适合卸淡妆。

卸妆水:质地清爽,适合所有肤质,尤其是油性皮肤,不会对皮肤造成负担,不易生痘,使用时用卸妆棉沾取适量在面部彩妆处擦拭,力道要适中,否则容易拉扯皮肤出现细纹。

2. 眼部卸妆

眼睛是整个面部皮脂腺最不发达的区域,因此要使用专门的眼部卸妆产品,通常较为温和,可以多卸几次,但不能用过于强效的产品,容易刺激眼部。如果是卸除眼线,最好使用棉棒沾取卸妆产品,轻轻擦拭。

3. 唇部卸妆

嘴唇是进食的通道口,因此唇部卸妆也要格外注意,尽量选用专门产品,用卸妆棉擦拭,然后漱口,以免卸妆产品进入口中。

三、头发的日常护理

健康的头发在外观和感觉上应具备以下主要特征:头发有很好的弹性和韧性,头发柔顺有光泽,易于梳理,不分叉、不打结,用手触摸时有润滑感。想要保持健康的头发就必须注意头发的护理。

1. 不同发质的护理

(1) 干性发质:头皮干燥,头发易干枯,尽量选择温和的洗发用品,清洗不宜过于频繁。

(2) 油性发质:头皮容易出油,发根容易粘腻,要经常清洗头发,护发素不要触碰到发根和头皮。

(3) 纤弱发质:头发纤细柔软,不要使用过多造型用品,最好使用能够使发根蓬松的造型品。

2. 头发的特殊护理

(1) 头发开叉。发根开叉是因为头皮的营养传达不到发根,要注意修剪开叉的头发,可用阔齿梳来按摩梳理头发,擦拭头发时不要用毛巾揉搓,应采用按压的方法。

(2) 头屑过多。这是头皮干燥的表现,注意补充维生素 B 来平衡头皮的代谢,减少糖、淀粉和脂肪的摄入。要定期洗头,最好采用专门针对过多头屑的产品或药品

(3) 脱发。脱发是因为糖分、盐分与动物性脂肪摄入过多,血液循环不良造成的。脱发的种类很多,通常分为精神性脱发、营养性脱发、药物性脱发和生理性脱发。为避免脱发,要注意消除紧张情绪,保持精神愉悦;多补充各类维生素,不要偏食;戒烟戒酒,避免对头发产生不良影响;不要经常性地染烫头发,尽量减少化学合成剂对头皮的刺激。

(4) 防晒。日常的防晒最容易忽略的就是头发和头皮的防晒,刚洗完头或头发湿漉的状态下,头发的毛鳞片是全部打开的,如果这时候在阳光下暴晒,很容易使发质受到伤害,因此要等头发吹干后再晒太阳。长时间在户外活动时,适当地使用头发的防晒产品也能起到很好的保护作用。

【拓展训练】

一、案例分析

[案例一]

某公司总经理赵先生为视察工作和开拓新市场,下榻于广州某星级饭店。经过连续几天的工作,终于圆满完成任务。回去之前,赵先生与几位分公司领导和来宾打算庆祝一下。他们来到餐厅,接待他们的是一位面容姣好的服务员,接待服务工作做得也很好,可是她面无血色,显得无精打采。赵先生一看到她就觉得没了好心情。仔细留意才发现,这位服务员没有化工作淡妆,在餐厅昏黄的灯光下显得病态十足。开始上菜时,赵先生突然发现传菜员的指甲油缺了一块,当下赵先生的第一个反应是:不知道是不是掉进我的菜里了?这顿饭吃得赵先生心里很不舒服,最后他们喊柜台内服务员结账,可服务员一直盯着反光玻璃在修饰自己的妆容,丝毫没有留意到顾客的需要。赵先生对该饭店的服务十分不满。

分析:1. 请指出案例中服务员在仪容上存在的问题。

2. 本案例对你有哪些启示?

[案例二]

某公司招聘文秘人员,由于待遇优厚,应者如云。中文系毕业的小李同学前往面试,她的背景材料可能是最棒的:大学四年中,在各类刊物上发表了 3 万字的作品,内容有小说、诗歌、散文、评论、政论等,还为六家公司策划过周年庆典,一口英语表达也极为流利,书法也不错。小节五官端正,身材高挑、匀称。面试时,招聘者拿着她的材料等她进来。小李穿着迷你裙,露出藕段似的大腿,上身是露脐装,涂着鲜红的唇膏,轻盈地走到一位考官面前,不请自坐,随后跷起了二郎腿,笑眯眯地等着问话。孰料,三位招聘者互相交换了一下眼色后主考官说:"李小姐,请下去等通知吧。"她喜形于色:"好!"挎起小包飞跑出门。

讨论题:1. 李小姐的应聘为什么会失败?

2. 服装美的最高境界是外在美和内在美的统一,你对这个问题是怎样理解的?

[案例三]

阿美和阿娟是一所美容学校的学生,初学化妆非常感兴趣,走在大街上,总爱观察别人的妆容,因此发现了一道道奇特风景线:

一位中年妇女没有做其他化妆,光涂了一个嘴唇,而且是那种很红很艳的唇膏,只突出了一张嘴。一位女士的妆容看起来真的很漂亮,只可惜脸上精彩纷呈,脖子却粗糙得很,在脸庞轮廓上有明显的分界线,像戴了面具一样。再看,还有的女士用粗的黑色眼线将眼睛轮廓包围起来,像个"大括号",看上去那么生硬、不自然。一位很漂亮的女士,身穿蓝色调的时装,却画着橘红色的唇膏……

讨论题:请帮助阿美和阿娟分析一下,针对以上几种情形,自己化装时应注意哪些问题?

[案例四]

一位先生要雇一个没带任何介绍信的小伙子到他的办公室做事,先生的朋友挺奇怪。先生说:"其实,他带来了不止一封介绍信。你看,他在进门前先蹭掉脚上的泥土,进门后又先脱帽,随手关上了门,这说明他很懂礼貌,做事很仔细;当看到那位残疾老人时,他立即起身让座,这表明他心地善良,知道体贴别人;对于我故意放在地上的那本书,所有的应试者都不屑一顾,只有他俯身捡起,放在桌上;当我和他交谈时,我发现他衣着整洁,头发梳得整整齐齐,指甲修得干干净净,谈吐温文尔雅,思维十分敏捷。怎么,难道你不认为这些小节是极好的介绍信吗?"

讨论题:1. 本案例对你有哪些启示?

2. 你已经拥有哪些"介绍信"了?

3. 反省自身一天的言谈举止,看看有哪些忽略的细节,并请注意及时改进。

二、实践训练

1. 化妆训练:准备化妆品,根据个人特点,为自己化一个职场淡妆。

2. 发型训练:准备发饰,为自己打造一个合适的职场发型。

学习情境二 仪表礼仪

一个人的礼仪，就是一面照出他肖像的镜子。

——歌德

任务一 办公室服饰礼仪

【情境导入】

尚约集团是一家服装生产企业，林诗诗应聘到该公司任集团办公室秘书，今天是第一天上班。为了给大家留下一个良好而深刻的印象，林诗诗精心打扮。假设你是林诗诗，第一天上班你该如何着装？

【知识分享】

服饰，是指人的服装穿着、饰品佩戴的统称，有时也单指衣着穿戴。现代人把服饰视为“人的第二肌肤”，是人的形体外延，对人体有着扬长避短的双重功效。科学巧妙地运用服饰，与人体相貌、身份、场合相得益彰，就是一种流动的艺术、走动的文化，代表着时代的进步和观念的更新。服饰是一种直观可视的语言，是个人向外界传达重要信息的媒介，它反映着个体的性格、爱好、情趣、审美、修养，以及对生活的理解和态度。莎士比亚说：“服装往往可以表现人格。”穿着得体的服饰参加活动，不仅表明了自己的人格与自尊，而且也表现出对他人的尊重。办公室着装，要简洁、明快，适宜工作。

一、服饰得体是办公室工作人员不可忽视的一种修养

办公室人员作为领导的直接辅助者，经常要协助领导接待各方面来客，其良好的个人形象对于搞好关系、协调工作具有不可忽视的作用。在某种意义上，职员的形象往往能反

映一个单位的精神面貌和经营品质，所以，成功的职员都懂得用自己的良好形象推动社会组织的文化建设，用礼仪架起信息沟通的桥梁。同时，服饰礼仪在个人的职业生涯中也起着十分重要的作用。

1. 得体的服饰可以给对方留下良好的第一印象

根据心理学的人际吸引原则，人际交往过程中的“第一印象”往往直接影响日后的交往能否顺利进行。因为人们常以第一次交往的知觉作为判断对方人品、能力的依据，并确定是否继续交往以及交往的方式、交往的深度。心理学家的实验结果表明，人们对他人的认识和看法，往往只是对第一印象的强化或弱化，因此有“公共活动的成败取决于第一次接触”的说法。人很难改变自己的容貌，但很容易改变自己的着装，得体的着装能给人眼前一亮的感觉。

2. 得体的服饰可以增强办公室人员的自信心

学会用服饰装扮自己是办公室人员改善自我形象，增强自信心，在公务活动中被人接受、受人欢迎的重要手段。办公室人员具备了充分的自信心，就能在公务活动中做到彬彬有礼，热情大方，自尊而不自负，坦诚而不鲁莽，谦虚而不拘谨，老成持重而不圆滑世故。我们自己试试就可以发现：当你穿着整洁的西装、打着领带与人交往时，无论是走姿还是坐姿都要比着休闲装庄重许多、精神许多。

3. 得体的着装可以展示办公室人员良好的文化修养

良好的文化修养建立在扎实的学识基础上。办公室人员代表着企业和个人的双重形象，良好的形象反映着企业奋发向上的精神面貌。办公室人员维护个人形象也就是维护企业形象。

二、办公室着装应遵循的原则

服饰能体现办公室人员的文化修养、审美情趣、气质品位等，选择与自己个性、身份、场合、年龄、周围环境相适应的服饰，才能达到真正美的境界，才能为组织、为自己塑造良好的公众形象。作为办公室人员，在着装上应符合以下几方面的原则：

1. 整体性原则

正确的着装，能使形体、容貌等形成一个和谐的整体美。服饰的整体美构成因素是多方面的，包括：人的形体和内在气质，服装饰物的款式、色彩、质地、加工技巧，着装的环境，等等。着装的整体美是由服饰的内在美与外在美构成的。外在美是指人的形体及服饰的外在表现；内在美指人的内在精神、气质、修养及服装本身所具有的“气韵”。打扮是外在的，若能不断充实自己的内涵，培养自己优雅的风度及高贵的气质，那么着装也一定是成功的。

2. 和谐原则

着装的和谐原则，主要指一个人的着装应与自己的年龄、身材、气质、爱好、职业等因素相协调。

3. 符合“社会角色”的原则

人们的社会活动是多方面、多层次的，在不同的社会场合，人们扮演不同的社会角色。在社会活动中，人们的仪表、言行必须符合自身的身份、地位、社会角色，才能被人所接受。

因此，得体的着装，可以满足他人对自己社会角色的期待，有助于自己获得成功。

4. TPO 原则

服饰的基本运用原则是时间(Time)、地点(Place)和场合(Occasion)三者兼顾，简称TPO原则。

“T”原则，即时间原则，包含三个意思：一是指一天中时间的变化；二是指一年四季的不同；三是指时代性的差异。日间是工作时间，着装要根据自己工作性质的特点，总体上以庄重大方为原则。如果安排有社交活动或公关活动，则应以典雅端庄为基本着装格调。晚间可能有宴请、听音乐、看演出、赴舞会等社交活动，由于空间的相对缩小和人们的心理作用，人们往往对晚间活动的服饰比白天活动的服饰给予更多的关注和重视，因此，晚间着装要更讲究一些，礼仪要求也要更严格一些。晚间着装以晚礼服为宜，以形成典雅大方的礼仪形象。西方许多国家都有一条明文规定：人们去歌剧院观看歌剧一类的演出时，男士一律着深色晚礼服，女士着装也要端庄雅致，以裙装为宜，否则不准入场，这一规定旨在强调社交场合的文明与礼仪，同时也体现着西方国家所具有的尊重他人、营造良好的环境与氛围的社会文化。所谓四季性，是指服饰穿戴应考虑春、夏、秋、冬四季的气候环境。拿服装来说，夏天应着轻软、凉爽的服装，冬天应穿保暖、大方的服装，不可冬服夏穿，夏衣冬穿，春秋天的服装可以自然、随意一些。所谓时代性，是指服饰应顺应时代发展的主流和节奏，不可太超前，也不可太滞后。很难想象，一个漂亮的小姐穿着汉代的礼服或比基尼出席一个正式活动会产生什么样的后果。

“P”原则，即地点原则，主要是指服饰穿戴者将要出现的空间环境。地点原则要求人们对即将到达的正式情境有一个了解或估计：是办公室还是码头车站？是高级宾馆还是公园、绿地，或是荒郊野外？然后再选择自己应穿的服装和应戴的饰品，尽量做到在种类、质地、款式、花色等方面与所要到达的地点相协调。例如，女性在办公室环境中工作时，其衬衫或内衣的领口就不能过低、过松或过于繁琐，而应该高低适度、简洁利索。

“O”原则，即场合原则，主要是指衣饰打扮应顾及活动场所的气氛、规格。庄重严肃的庆典、仪式活动着装比较正规；轻松愉快的郊游、远足着装较随便。如亲朋好友在一起的体育游艺活动或野炊郊游，你西装革履、浓妆艳抹，大家一定会觉得你迂腐、俗气，不合时宜，甚至对你敬而远之。因此，当参加远足、郊游一类活动时，应穿舒适、便于活动的便装。乘坐汽车、轮船、飞机等交通工具时，应穿宽松舒适的便装。参加晚会、宴会的服装与日间礼服略有区别，就质料而言，以丝、丝绒、雪纺纱和缎之类最适宜。这些轻软而富有光泽的衣料，最能衬托出女性高雅、窈窕的身姿，而毛、棉织的衣料则稍显笨重，光泽也较差一些，不适合晚会、宴会穿着；颜色以纯色为佳，易给人以端庄之感。

只有认真遵循以上所讲的TPO原则去选择恰当的服装饰品，才可能在公众中树立起自己可亲、可敬、可信的形象，也只有按照这个原则去做好服饰穿着、美容化妆等方面的统一、协调，才能利用服饰、化妆所形成的整体美在我们的社交活动中发挥合理的效果。

三、女士办公室着装礼仪

(一)女士办公室着装的基本原则

(1)配合流行但不损及公司形象，原则是“流行中略带保守”。

（2）衣服质料宜挺括，在办公室内以穿着西装套裙或长裤为宜。

（3）款式以简洁大方、庄重素雅为好，不宜太复杂、装饰太多。

（4）华丽或性感的服装不适合办公室秘书。

（5）避免显得清纯、学生味太浓，让人感觉幼稚。

（二）女士办公室着装要求

女士的办公室着装，基本可分为三种类型：套裙、套装、夹克衫或连衣裙等。但每种都要考虑颜色和面料。

1. 西装套装

西装套装在色彩方面应以清新、雅致而凝重的冷色调为主，如黑色、深蓝色、灰蓝色、中灰色、驼褐色等，均是具有较高信任度的沉稳颜色。其他颜色，如暗酒红、大红、樱红、灰珊瑚红等色彩的服装更适合在庆典时穿着。在各种正式场合，一定要穿着全身同色的套装出席，裙装比裤装显得更为正式。在其余的工作时间里，可将上下装的颜色错开来穿，也可以穿套装上班。套装的整体变化不大，但套装上衣的袋盖、衣领、袖口、衣襟等等，都在细致之处见风格。面料有羊毛制品的，四季皆宜，经久耐穿。夏天最好穿棉织品，亚麻制品要选择混有人造纤维的，如聚酯纤维、人造丝，否则很容易起褶子。

2. 套裙

裙式服装最能体现女性的魅力，合体的裙子能充分显示女性的美感与气质。秘书作为职业女性，西服套裙是其标准的职业装。秘书在工作场所的着装应有别于其他场合，尤其代表着企业（组织）形象时，更要追求大方、简洁、纯净、素雅的风格。

套裙有两件套和三件套之分，套裙上装以西服式样居多，也有圆领、V字领等式样。上衣的长度既可短至腰际，也可长至臀部以下，下装是长短不同的各式裙子。

女性着套裙既不可能像时装一样赶新潮，又不能穿得粗俗乏味，体现不出女性温柔、优雅、轻盈的特性，因此要注意套裙的色彩搭配。

蓝色套裙一般是学校和公司制服中使用得最为广泛的一种服饰，尤其是深蓝色。职业套裙的最佳颜色为蓝色、黑色、藏青色、灰褐色、灰色和暗红色，精致的方格、印花和条纹也可以接受，像粉红、粉蓝、火黄、草绿则更能显示女性的柔美气质。套裙应避免领口开得过大，臂膀过于裸露，同时，不宜选用透明的、耀眼的和织有金丝、银丝或带亮片的服饰。

3. 衬衫

女式衬衫的颜色可以是多种多样的，只要与套装颜色相匹配就可以了。白色、黄白色和米色与大多数套装都能搭配。丝绸是最好的衬衫面料，其次是纯棉。

4. 鞋袜的选择

在正式或非正式场合，秘书一般穿黑色半高跟皮鞋（三厘米左右为宜）。鞋上不宜有过大、过多的饰品。不要穿太细太高的高跟鞋，以防走路不稳。鞋跟不要钉金属钉，以防发出烦人的“咔咔”声。凉鞋、松糕鞋、露脚趾的皮凉鞋是绝对禁止在正式场合穿着的。

在正式场合，应穿长筒丝袜或裤袜，白天可穿肉色或淡色的，晚间活动时可稍深。在办公室或工作场所应预备好一两双袜子，以备袜子在钩破时换用。花色、带网眼和其他鲜艳色彩的丝袜，不适合在职场中穿着。还要注意腿部穿袜子时裙摆与袜口之间不能露出一段腿。穿裙子时不能穿短袜。

5. 围巾

选择围巾时要考虑到服饰整体颜色和款式的搭配，还要考虑围巾的面料、花色与服饰的搭配。

正方形围巾分为大的正方形、小的正方形两种。大的正方形围巾的面料以羊绒、羊毛、丝绸为主，具有保暖和装饰的效果。高档的大的正方形丝巾在整理后会产生丝巾褶，适合与优美华贵的装束相配，比如在正式的社交场所中搭配晚礼服，可以搭在手臂上、围在肩上，甚至可以系在腰上，只要方法得当，都会给自己添加风采。小的正方形围巾以丝绸、纯棉的面料为主，装饰性及实用性极好。日常上班时围在脖颈上的多用丝绸小方巾，围巾角可以在侧面、正面和后面，根据自己的体形条件和气质来选择系法。丝巾的系法多种多样，也要考虑与服饰的协调。

长方形围巾的质地也多种多样，如真丝、羊绒、羊毛围巾等。将真丝围巾做巧妙的斜角折叠、扇状折叠后都可简单地系出颇具风格的丝巾结。

6. 女性小手提包和轻便小袋的选择与携带

小型手提袋是女性日间出席正式场合时使用的重要饰物，精美的小型手袋使人赏心悦目，可以在动态中显示出独特的魅力，受到白领女性的青睐。小型手提袋的面料很多，有金属、漆皮、塑料、串珠、刺绣、抛光制品等等，其款式应是可以拿在手中的小皮包型或手提型。选择小型手提包的原则是小巧、新颖、别致、协调。

轻便小袋比小型手提袋稍微大一些，带子长一些，可以挂在肩上，也可以提在手上。它是女性出席半正式或非正式社交场合的既美观又实用的装饰品。制作轻便小包的面料也很多，选择时应遵循轻便、灵巧、与衣饰色彩协调、有一定的实用性的原则。

四、男士办公室着装礼仪

男士在工作场合的着装首选西装，并且要遵循“三色原则”与“三一律原则”。“三色原则”是指全身的颜色不能多于三种色彩。“三一律原则”是指男士的鞋子、皮带、公文包应为同一颜色。

西装起源于欧洲，于清朝晚期传入中国，20世纪80年代以后在中国重新成为风尚。西装造型典雅高贵，为男秘书办公场所的首选服饰。西装的最大特点是简便、舒适，它能使穿着者显得稳重高雅、自然潇洒。在许多国家，西装都是男士在正式场合的最佳着装选择。

（一）西装的穿着礼仪

西装与衬衫、领带、皮鞋、袜子、裤带等是一个统一的整体，只有它们彼此间统一、协调，才能衬托出西装的挺括和光彩夺目的美感。因此，下面我们按穿着顺序从内到外、从上到下简述一下西装的穿着礼仪。

1. 衬衫的选择与穿着

能与西装相配的衬衫很多，最常见的是白色或其他浅色。衣领的宽度应根据自己的脖子长短来选择。脖子较短的人不宜选用宽领衬衫；相反，脖子较长的人也不宜选用窄领衬衫。领口不能太大，也不能太小，以扣上领口扣子以后，自己的食指能上下自由插进为标准。袖子的长度以长出西装袖口2厘米左右为标准。衬衫在穿着时，应扎进西裤里面。

2. 领带的选择与系法

领带是西装的灵魂，在西装的穿着中起着画龙点睛的作用。领带选择的基本原则是：衬衫、领带与西装三者之间的色彩要和谐。除了衬衫、领带、西装的色彩协调应充分考虑外，这三者的色彩关系还应照顾到穿着者的肤色、年龄、职业、性格特征等等。

领带的具体系法应根据衬衫衣领的宽窄、本人的身高，特别是脖子的长短进行选择。领带系好后，应认真整理，使之规范、定型。如果配有西装背心或毛衣、毛线背心，领带须置于它们的里面，且下端不能露出。毛衣、毛背心不要扎束在裤子里面。

通常领带结有浪漫结、温莎结、王子结、四手结等（如图 1-2-1）。

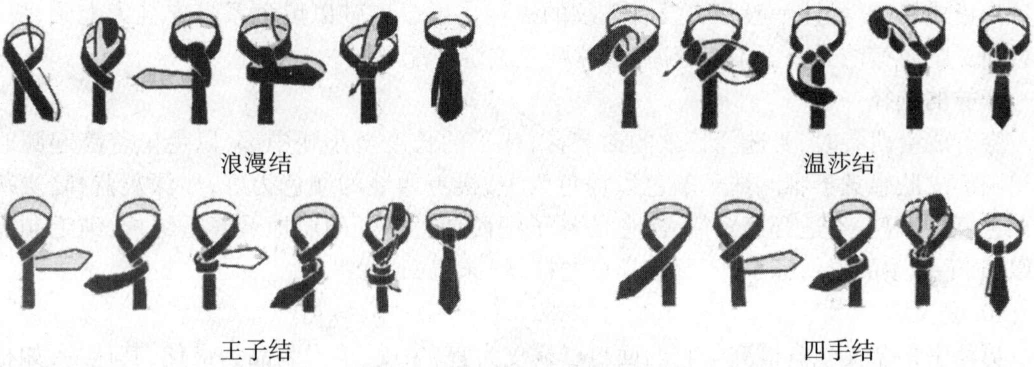

图 1-2-1　领带结的系法

3. 领带夹

领带夹的主要功能是固定领带，并不应突出其装饰的功能。除经常要做大幅度的动作或领带夹作为企业标志时用领带夹外，其他情况最好不用领带夹。佩戴时应注意，领带夹的位置不能太靠上，以从上往下数衬衫第四粒和第五粒钮扣之间为宜。

4. 西装上衣的选择与穿着

选择西装以宽松适度、平整、挺括为标准。当穿好西装后，两臂自然下垂时，两肩以及前后襟应无折皱；两袖的折皱不明显，衣领要平整、无翻翘之处。西装领口要贴背，西装领应紧贴衬衫领并低于衬衫领 1 ~2 厘米，不宜四周荡开。西装衣长为手臂贴着腿侧自然下垂时与手的虎口平，袖长和手腕平，并使衬衫袖口略长出西装袖口 1 ~2 厘米。

西装钮扣的功能主要在于装饰。在非正式场合，钮扣都可以不扣，以显示自然潇洒；在正式场合，单粒应扣上，双粒则扣上上面一粒，三粒扣西装可将中间一粒扣上。双排扣西服则应全部扣上。

西装上衣的几个前襟外侧口袋，统统是作装饰用的。除左上方的口袋可以根据需要置放折叠考究的西装手帕外，别的口袋不应放入任何东西，以保证西装的笔挺平整。钱夹、名片卡、手纸等物品应放入西装前襟两边内侧的口袋里。

5. 手帕、手表的选择

西装手帕是正式场合的装饰之物，男士的装饰手帕一般是白色的，女士的装饰手帕除白色外，还可有粉红色，灰色等。穿着西装时，最好佩戴方形手表。

6. 西裤的选择

西裤的选择除面料外，主要应考虑两个因素：一是大小，二是长短。

西裤的腰部大小要适中，选择方法是，将前面的扣子扣好，拉上链锁后，一只手的五指并拢，看看手掌能否自由地插进，如能，则大小合适。合适的西裤裤长为立正站直后，裤脚可以遮住1厘米左右的鞋帮。直筒裤最正式，其他裤型适于休闲场合。西裤的两侧口袋不宜放置物品，特别是容易造成隆起的物品。

7. 皮带的选择

穿着西装时请一定配西式皮带，颜色以黑色为主，皮带扣以简洁的金属扣为佳。浅色、帆布质地、复杂的皮带扣样式配半休闲、全休闲服饰时才合适。皮带扎好后，不应在皮带上扣挂钥匙等物品。

8. 鞋的选择

在正式场合，男性一般穿着没有花纹的黑色皮鞋。皮鞋以黑色系带皮鞋为上乘，皮鞋的鞋面一定要整洁光亮。不能穿凉鞋、球鞋或旅游鞋配西装。

9. 袜的选择

穿着成套西装时，要选择长款的西装袜，袜子的长度至小腿中部，以免坐着跷起腿时，露出腿部皮肤感觉不雅。袜子颜色以深色为主，接近西装的颜色为好，如深灰蓝、暗炭灰、灰栗色、黑色等。不适合穿短筒、浅色的袜子配西装。袜子的质地最好是纯棉、纯毛制品，或以棉、毛为主的混纺袜子，不要选择尼龙袜、丝袜。

10. 公文包

男秘书的公文包有讲究。它的面料以真皮为宜，牛皮、羊皮制品为最佳，其他的，如棉、麻、丝、革等公文包，难登大雅之堂。色彩以深色、单色为佳，黑色、棕色就是最正统的选择，浅色、多色公文包不适合。若公文包的颜色与皮鞋的色彩一致，就十分完美和谐了。公文包的样式，最标准的是手提式的长方形，箱式、夹式、挎式、背式均不适合做公文包。

（二）西装着装十戒

一戒袖口商标不除。在西装左边袖子的袖口处，通常有一块商标。在正式穿着之前，一定要将商标拆下来。

二戒衣扣扣得不当。西装钮扣是有一定扣法的。除非是在最正式的场合应扣上全部的钮扣，一般情况下，处于站立状态时，两粒钮扣的西装，最下面的一粒钮扣不要扣上，这是穿着男士西装的一项规则。三粒钮扣的西装，最下面的一粒钮扣可以不扣，或者只扣中间一粒钮扣。若处于坐姿状态时，应把西装钮扣全部解开，以防西装走样。在内穿背心或羊毛衫，外穿单排扣西装时，站立时上衣钮扣可以不扣。

三戒衣袋乱放东西。为使西装不走样，西装口袋里尽量少装东西，或不装东西。

西装上衣，除左侧的外胸袋可以放置一块装饰性的真丝手帕以外，不能再放其他东西，尤其不应当把钢笔、眼镜放在里面。内侧的胸袋，可以来别钢笔、放钱夹或名片夹，但不要放过于大过于厚的东西。外侧下方的两只口袋，以不放任何东西为佳。

西装背心的口袋多具装饰功能，除放置怀表外，不宜放置任何东西。

西装裤子两侧的口袋只能放纸巾、钥匙。其后侧的两只口袋，一般不放东西。

四戒鞋袜不般配。在重要场合鞋袜搭配不协调，色彩反差大，这是很失礼的。正式场合不宜穿白色袜子或尼龙丝袜。

五戒领带长度不当。领带上片的长度以系领带者呈标准姿势站立时，领带尖正好垂至裤带带扣中央下沿为最佳，不能太短，更不能比下片还短，也不能太长，太长就很不雅观。

六戒乱用领带夹。领带夹佩戴时应注意，位置不能太靠上，以从上往下数衬衫第四粒和第五粒钮扣之间，领结下3/5处为宜。

七戒内穿多件羊毛衫。胸围以穿一件厚羊毛衫感到松紧适中为宜。

八戒不见衬衫领、袖口。穿西装时，里面不宜穿高领羊毛衫，遮住衬衫领与袖口，这不合西装的穿着规范。

九戒不系领带仍系着领扣。穿西装系领带时，必须将衬衫的全部扣子都扣好，袖口也应扣好。如不系领带，衬衫领口的钮扣可以不扣，让其敞开，否则会让人觉得你忘系领带。

十戒衬衫内穿着高领内衣。西装的标准穿法是，衬衫里不穿棉纺或毛织的背心、内衣。特殊情况要穿的，一定要注意如下三点：一是数量以一件为限；二是色彩要与衬衫的色彩相仿；三是款式上应短于衬衫，领型以“U”形或“V”形领为宜，袖口不可长于衬衫而暴露出来。

【知识链接】

一、首饰的选择与佩戴

1. 首饰的佩戴

首饰，是人们特别是女士们打扮时不可缺少的重要组成部分。目前人们常用的首饰有戒指、项链、耳环、手镯、手链、胸针等等。首饰佩戴适宜，可以增添人们的光彩；反之，即使珠光宝气，也显得庸俗不堪。所以，佩戴首饰必须遵守一定的规范。

（1）戒指。戒指又称指环，是手指的装饰品。在我国古代，戒指的意思是“戒止”，是一种禁戒的标志。戒指的另一个含义是爱情和婚姻的象征。戒指呈圆环状，意味着永恒。传说左手无名指有一条血脉直通心脏，相爱的人把戒指戴在那儿，从此就会心心相印、白头到老，所以世界上许多民族都有在订婚、结婚仪式上佩戴订婚戒指、结婚戒指的习俗。

戒指不是随便戴的，它是一种无声的语言，是一种信号或标志。国际上较为通行的佩戴规范是把戒指戴在左手上。作为特定信念的传递物，戒指的不同戴法，表达出不同的约定俗成的含义：戴在食指上，表示无偶求爱；戴在中指上，表示已经恋爱；戴在无名指上，表示订婚或结婚；戴在小指上则表示独身；大拇指一般不戴戒指。一只手上最好只戴一枚戒指，最多只能戴两枚戒指，即订婚戒指和结婚戒指，可分别戴在无名指和中指上，表示结婚后夫妻关系很好。一个指头上不应戴多枚戒指。

（2）项链。项链的种类繁多，大致分为金属项链和珠宝项链两种，男女均可使用。佩戴时，要注意与自己的年龄、身材、衣服颜色、脸色、头型、脖颈相协调。一般来说，老年人选质地上乘、工艺精细的金属项链为好；中年人宜选工艺性强、质地中档的宝石项链；而年轻人则以选择质地颜色好、款式新的项链为佳。项链的颜色应与服饰、肤色有较大的对比度。

（3）耳环。耳环是女性的主要首饰，使用较普遍。耳环佩戴得当，可以使女性更加秀美灵巧，令脸部显得丰满圆润。

一般来说，佩戴耳环应讲究对称性，即每只耳朵上佩戴一只耳环，而不宜在一只耳朵上佩戴多只耳环。佩戴耳环还应兼顾脸型，脸型和耳环的形状要成反比，即“反其道而行之”。圆润脸庞不宜戴又圆又大的耳环，适宜选用链式耳环或耳钉；方脸型宜选用小耳环或耳坠，不宜戴过于宽大的耳环；长脸型的人宜选用宽宽大大的耳环，不宜戴长而下垂的耳环；而瘦小脸型的人，则适宜戴大而圆的耳环，或珠式耳环。其次，耳环的色彩与肤色要形成对比关系，即深肤色的人戴浅色耳环，浅肤色的人戴深色耳环。皮肤白的人可佩戴翡绿、绛红、金、银等颜色较为鲜艳的耳环，皮肤黑的人则宜选用淡雅、柔和的白色、蓝色、浅粉色耳环。另外，佩戴耳环还要考虑与自己的头型、发式、服装相适应。秘书在正式场合，应避免戴发光、光亮、发声的耳环。

（4）手镯和手链。手镯和手链都是佩戴于手腕上的饰物，但佩戴方法有所不同。一般情况下，手镯可以戴一只，也可同时戴上两只。戴一只时，通常戴在左手腕上，戴两只时，可一只手腕戴一只，也可同时戴在左手腕上。男士一般不戴手镯。手链男女均可佩戴，但仅限戴一条且戴于左手腕。一只手上同时戴两条手链、双手同时戴手链或手镯手链同时佩戴，都是不适宜的。另外，手表与手镯、手链也不能同戴在一只手腕上。秘书在工作场合通常是不戴手镯的。

（5）胸针。胸针是人们佩戴在胸前的装饰品，多为女士所用。常用的胸针多佩戴于上衣的脖领上，也可佩于羊毛衫、衬衣或裙装上。胸针应该戴在第一、第二两粒扣中间平行的位置上，一般戴在左侧。如果是无领的服装，或是向左偏的发型，胸针也可戴在右侧。

2. 佩戴首饰的注意事项

（1）要适量、协调。正像不可能将自己所有的好衣服都穿在身上一样，佩戴首饰也不是多多益善，而是要适量。一般情况下，身上佩戴的首饰不宜超过三种，戴得过多会显得繁杂错乱，令人厌烦。同时，所戴首饰在色彩与质地上要协调一致，即“同质同色”。

（2）要注意场合。上班、运动或旅游时，可不戴或少戴首饰；晚宴、舞会或喜庆场合可佩戴首饰；吊唁、丧礼场合只允许戴结婚戒指、珍珠项链和素色饰品。

（3）要考虑性别。女性佩戴的首饰种类较多，选择范围较广，而男性能佩戴的只有戒指、项链等。正式场合，男性佩戴的饰物应越少越好，一般以戴一枚戒指为宜。佩饰过于花哨繁杂，会有损于男子的雄浑气度。

（4）要考虑着装。比如，穿着考究的服装就应佩戴华贵的首饰；服装飘逸轻柔，首饰宜精巧玲珑；衣服领口大的可选长项链，领口小的选用短项链；等等。首饰的佩戴最重要的是协调，只有协调才会产生美感。

（5）其他饰品。根据出席事由、外形条件和个性喜好，女性佩戴一些饰品也是必要的。胸针、领针、项链、耳环、手镯、围巾别针、腰带扣、金属钮扣等都可以准备，但不能同时佩戴在身上，否则会有炫耀、杂乱和俗气的感觉。“少就是多，少就是妙”是一个经典的搭配原则。

二、西服的流派

目前，国际流行的西装在外观造型上可以分为三大流派——英式、美式、欧式。

英式西装:肩部与胸部线条平坦、流畅,轮廓清晰明快,最能体现绅士派头;面料一般采用纯毛织物,色彩以深蓝色和黑色为主,配以白衬衣和黑领结。整体效果是威严、庄重、高贵。许多上层人物在正规场合都喜欢选择英式西装,故英式西装素有正式西装之称。

美式西装:略收腰身,后背开单衩或双衩,肩部不用过高的垫肩,胸部也不过分收紧,保持自然形态。这种西装不那么刻板,穿着时比较随便,反映了美国人自由清新的着装观念,美式西装最适合做日常的办公室服装。

欧式西装:剪裁得体,造型优雅,肩部垫得很高,有时甚至给人一种双肩微微耸起的感觉,胸部用上等的内衬做得十分挺括,面料多以黑、蓝精纺毛织物为主,质地要求细密厚实。就整体造型来看,欧式西装与英式西装十分相似,但比英式更考究、更优雅,腰身紧收,袖管窄瘦,背后开双衩,裤管呈锥形向下收窄。穿上欧式西装,人显得特别自信和挺拔,并略带一点浪漫情怀。

以上三种风格流派的西装,男士们可以根据自己的爱好、身材和具体场合来选用。一般来说,在宴会、酒会、庆典、会见贵宾等高级社交场合,应穿英式西装;舞会、访友、参观、会议等半正规场合可穿美式西装。

【情境小结】

1. 首先了解尚约集团的企业概况、企业文化。秘书作为企业中的一员,其服饰反映着企业文化与经营理念。

2. 了解该集团对行政办公人员服饰的要求。尚约集团要求员工的服饰优雅得体,显示企业的实力与企业的团队精神,在外观上给人一种管理科学、制度严格、训练有素的印象,也可以使员工增强对企业目标的认同感、使命感、自豪感,产生对企业的归属感,从而形成强大的凝聚力。

3. 林诗诗认识到,在工作场合秘书应成熟、稳重、干练、大方,着装应庄重保守,适宜穿套装、套裙。

4. 林诗诗到商场选购了适合的套装套裙以及皮鞋。

5. 林诗诗上班的第一天,穿着白色衬衫,浅蓝色套裙,肉色裤袜,脚穿一双黑色皮鞋。她给自己化了一个淡淡的妆容,显得青春靓丽、端庄大方。

【拓展训练】

一、案例分析

[案例一]

2013 年 5 月,亚细亚集团对外公布信息,招聘行政助理一名。2013 届文秘专业的毕业生俞晓松,由于工作能力强,被公司录用。为此,俞晓松同学特意买了一套高级名牌西服,因手头拮据未购买领带与皮鞋。上班第一天,刘勇穿着名牌西服、白色衬衫,衬衫钮扣扣得严严实实，脚穿运动鞋到公司报到。办公室主任吕晗在欢迎晓松的到来时，几次欲言又止，办公室的其他人员也向晓松投来异样的目光。

请分析俞晓松的装扮是否符合行政助理的着装礼仪。

［案例二］

记得有一次国外朋友请我去看歌剧。我满心欢喜，穿了一套白色的礼服美美地准时赴约。因为有好几个人，我们约定先到他家会合再一起出发。到了他家，我一看，不好！其他人都穿得很随便。我穿着礼服显得格格不入，甚至笨头笨脑。原来这天的歌剧在一个运动场演出，大家都将坐在草地上，可以说是一次正规但轻松的演出，所以不用穿礼服。都怪自己没有先问一问朋友，结果出了洋相。

说起洋相这个词儿，里面所包含的东西真可谓概括了中国近百年的变迁。出洋相，就是出丑的意思。原来从前我们中国人觉得露出了洋人的样子就是出了丑。明显这个词儿刚出现的时候中国人的审美观是以中国文化为本位的，一切不符合中国文化的都是不好的、丑的。但是经过了近百年的起伏变迁，中国人的审美品位有了很大提高。对穿不穿洋服我没有什么特别的看法，但是我觉得有些中国人穿西服还是不地道，给人一种穿错了衣服的感觉。就好像我们第一次看见穿唐装的外国人一样，说不出的别扭。

经常听到同胞们说洋人穿衣服随便，可能因为这样的想法，他们穿洋服的时候就也随便了。其实这就大错特错了，洋人穿衣是有很多规范的。一般来讲，场合决定了穿的服装是否合适。正式的场合不能乱穿，就是平常的场合也是有约定俗成的一套穿衣规则。譬如洋朋友请吃饭，虽然跟英女王请吃饭的重要性不同，但穿牛仔裤还是显得不是很尊重主人，就是不穿西装最起码也该穿西裤。但如果是好朋友一起去麦当劳又不一样了。所以那次的歌剧，我虽然穿的是很好的白礼服，但因为场合不对还是出了洋相——穿得过于隆重了。

回国以后，我对这问题又有不一样的看法了。不少人好像是采取了洋为中用的政策，西服还是照着自己的规矩穿。我家旁边工地上的工人基本上就都是穿西装上衣和泥的。我提到他们不是对他们有歧视，觉得工人不该穿西装上衣和泥，而是因为我对中国人穿西服要不要自创一套规范还没有想到答案。在国内我还经常看见一些人穿着睡衣在街上跑。最好玩的一次在上海，在南京东路上，看到两夫妻都穿着睡衣在逛街。头发梳得一丝不苟，带着太阳镜，脚上还穿着皮鞋！在国外，睡衣是绝不能在外人面前穿的。很多外国人觉得穿着睡衣跟没穿衣服没什么分别，他宁愿你看到他穿着内衣，也不愿意让你看到他穿着睡衣。这样的偏执实在也有些奇怪，但他们的习惯就是这样。所以大家千万别穿着睡衣就到洋邻居家串门借糖借盐，否则女主人一定会觉得中国男人不文明！

讨论题：1. 读了这篇文章你有何感想？

2. 你对着装的TPO原则是怎样理解的？

二、案例实践

新力公司是一家大型的、产品具高科技含量的保健品公司，创建于1990年。它是在一个只有一百多人的乡镇企业的基础上建起来的，经过十几年的发展，目前在全国保健品市场上已占有很大的份额，在全国各地有一百多个营销窗口，配备了一万多名市场营销人员，产品畅销全国各大城市及东南亚国家和地区。

三月的一天，窗外春光明媚，但新力公司的会议室里却充满了凝重、严肃的气氛。会前，总经理李丰给大家讲了这样一件事：

肃静的会议室里，公司与德方的谈判即将进行，双方将就今后的合作达成协议，这是公司向国外扩大销售市场的又一重要举措。谈判开始后，大家发现坐在李总一旁的薛秘书穿着非常休闲：一件胸前印有图案的T恤衫，蓝色的牛仔裤，白色的旅游鞋。负责送茶水的助理秘书更是花枝招展，耳环闪闪发光，手镯晃来晃去，高跟鞋叮叮作响。每当她进来送水，会谈不得不停歇片刻。外国客人通过翻译开了个玩笑："李总，最好让这位漂亮小姐参加选美去。"

外商的话，是赞美还是讥讽？李总把问题留给了大家。会场先是一阵沉默，接着大家展开了热烈的讨论。经过讨论，大家一致认为，公司在这几年的发展中，在提高产品的科技含量，保证产品的质量、功效，科技队伍的建设上都下过大力气，也曾在拓展营销渠道上动过脑筋，公司始终走的是一条持续向上发展的道路。但从这件事看来，随着公司规模的迅速扩大，职员自身的素质并未随之跟上，因此要加强职员的岗前及在岗培训，特别是对职员内在素质的开发培养一定要抓紧。要为公司的可持续发展积蓄力量，必须提高员工素质，否则企业就没有发展的后劲。会议最后决定：从现在起到2016年，用两年的时间，对所有在职员工进行轮训，轮训期间，要特别加强对职工，特别是管理人员的个人礼仪的训练和要求，要牢固树立"公司荣我荣，公司衰我衰"的意识，改变穿衣服是个人私事的思想。轮训后，除了对应该掌握的技能进行考核外，还要使职员在个人素养方面有大的改观。

会议还决定：今后几年，每年举行一次职工个人形象设计大赛，并对优胜者进行奖励。对在工作岗位上努力提高自身素质、给企业带来效益的人员也要重奖，要在全公司形成学习礼仪、提高自身素质的良好风气。

1. 根据案例内容，以组为单位完成新力公司举行个人形象设计大赛方案及组织现场表演。

2. 每组要确定好每个成员所扮演的角色，要有导演、指挥、服装设计师、化妆师等。

3. 个人表演要结合礼仪的知识来设计，要展示出新时期秘书的个人风采。

三、实践训练

班级学生每十人为一小组，要求按照上班场合的着装礼仪，自行将服装进行搭配，并进行展示。学生间相互评议。

任务二 会务服饰礼仪

【情境导入】

文峰集团于2013年10月18日，公司成立二十周年之际举行庆典活动。假如你是公司行政助理秋诗子，负责庆典接待的有关活动，你要考虑以下问题：

1. 在庆典接待中你该如何选择着装？
2. 晚上，公司在文峰饭店举办答谢宴会，你又该如何穿着？
3. 答谢宴会结束后，公司将举办舞会，你将以怎样的形象出席？

【知识分享】

会务服饰是指参加各类晚会、宴会、舞会、庆典仪式等所穿的服装，它与办公室的职业装有一定的区别。会务场合的着装应该高雅、漂亮、时尚。

礼服分为男士礼服和女士礼服。从广义上讲，礼服泛指一切适合在庄重场合或举行隆重仪式时所穿的服装。不同场合、不同时段、不同会议仪式类型对礼服的要求都不相同，我们要了解礼服的穿着要求与技巧。

一、男士礼服穿着礼仪

1. 中式男礼服

中式男礼服即为"中山装"，是我国男士的传统礼服。中山装是辛亥革命后孙中山先生设计的，每一个细节都有着深刻的寓意。上下左右共有四个贴袋，代表礼、义、廉、耻；前门襟有五粒扣子，代表汉、满、蒙、回、藏五族共和；三粒袖扣代表民族、民权、民生"三民主义"；袋盖像笔架，代表尊重文化；背部不接缝，表示天下合一。

着中山装一定要保持整洁，熨烫要平整，衣领里可稍许露出白衬衫领，前门襟、风纪扣、袋盖扣全部扣好。口袋内不宜放置杂物，以保持平整挺括。配擦亮的黑色皮鞋。中山装适合出席各种礼仪活动，以显庄重、神气、稳健、大方，富有中国男子气派。

2. 西式男礼服

西式礼服又分为日间礼服和晚间礼服两种。一般日落后是穿着晚礼服的时间，胡乱穿着各式礼服是失礼的。

晨礼服，又名常礼服，是白天穿着的正式礼服。通常上装为灰色或黑色，后摆为圆尾形；其上衣长与膝齐，胸前仅有一粒扣。下装为深灰色黑条裤，一般用背带，配白衬衣，灰、黑、驼色领带均可，穿黑袜子、黑皮鞋，可戴黑礼帽。适合参加典礼、婚礼及到教堂做礼拜等活动。

小礼服，也称小晚礼服、晚餐礼服或便礼服。这是晚间集会时最常用的礼服，其上衣与普通西装相同，通常为全黑或全白，衣领镶有缎面，下装为配有缎带或丝腰带的黑裤。系黑领结，穿黑皮鞋，一般不戴帽子和手套。这种礼服适合晚上举行的宴会、晚会、音乐会，观看歌舞剧等场合。

大礼服，也称燕尾服，黑色或深蓝色上衣，前摆齐腰剪平，后摆剪成燕尾状，翻领上镶有缎面；下装为黑或蓝色配有缎带、裤腿外侧有黑丝带的长裤，一般用背带，系白领结，可戴大礼帽，配黑皮鞋、黑丝袜，戴白手套。大礼服是一种晚礼服，适合晚宴、舞会、招待会或递交国书等场合。

近年来，各国穿晨礼服、大礼服的情况越来越少，基本上穿普通西服就可以参加所有活动。一些稍正式的活动，男性穿颜色偏深的西服即可。

二、女士礼服穿着礼仪

1. 中式女礼服

旗袍是典型的中式女礼服。旗袍有各种不同的款式和花色。紧扣的高领、贴身、衣长过膝、两旁开衩、斜式开襟，这些是旗袍的特点。在礼仪场合穿着的旗袍，其开衩不宜太高，应到膝关节上方一到两寸为最佳，着旗袍可配穿高跟鞋或半高跟皮鞋，或配穿高级面料、制作考究的布鞋。旗袍贴身合体、线条流畅，体现出东方女性的婀娜多姿，女士在重要场合穿旗袍不但能显示出女性美，更具有民族风情。

2. 西式女礼服

晨礼服，也称常礼服，通常由质料、颜色相同的上衣和裙子搭配而成，也可以是单件连衣裙。一般以长袖为主。可佩戴手套和帽子，也可携带一只小巧的手包或挎包。晨礼服主要在白天穿，适用于参加在白天举行的庆典、茶会、游园会和婚礼。

小礼服，也称小晚礼服或便服。通常是指长至脚面而不拖地的露背式单色连衣裙，其衣袖有长有短，着装时可根据衣袖的长短选配长短适当的手套，通常不戴帽子或面纱。小晚礼服的地位仅次于大礼服，主要适合于参加晚上6点以后举行的宴会、音乐会或观看歌舞剧时穿着。

大礼服。大礼服为袒胸露背的单色拖地或不拖地的单色连衣裙式服装；佩戴颜色相同的帽子和长纱手套以及各种饰物。大礼服是一种最正式的礼服，主要适用于晚间举行的各种正式活动，如官方举行的正式宴会、酒会及大型正式的交际舞会等。

除以上各式男女常见的礼服外，有时也可视情况穿着夹克衫、各种连衣裙以及其他时装参加一些社交活动。

【知识链接】

服饰色彩的搭配技巧

1. 同种色相配

这是一种简单易行的配色方法，即把同一色相、明度接近的色彩搭配起来，如深红与浅红、深绿与浅绿、深灰与浅灰等。这样搭配的上下衣，可以产生一种和谐自然、浑然一体的色彩美感。

2. 邻近色相配

把色谱上相近的色彩搭配起来，如红与黄、橙与黄、蓝与绿等色的配合。这样搭配时，两个颜色的明度与纯度最好要错开，如用深一点的蓝和浅一点的绿相配，或中橙和淡黄相配，都能显示出调和中的变化，起到一定的对比作用。

3. 主色调相配

以一种主色调为基础色，再配上一两种或几种次要色，使整个服饰的色彩主次分明、相得益彰，这是常用的配色方法。采用这种配色方法时需要注意：用色不要太繁杂、零乱，尽量少用、巧用色彩。一般来说，男性服装不易有过多的颜色变化，以不超过三种颜色为好。女子常用的各种花型面料，色彩也不要过于堆砌，色彩过多，显得浮艳、俗气，最好以一种色调为主，配色或配饰中也要有与主色调相近或相似的颜色。

4. 对比色搭配

不同色彩相配，常采用对比手法。在不同色相中，红与绿、黄与紫、蓝与橙、白与黑都是对比色。对比的色彩，既有互相对抗的一面，又有互相依存的一面，在吸引人或刺激人的视觉感官的同时，产生出强烈的审美效果。因此，鲜艳的色彩对比，也能给人和谐喜悦的感觉。如红色与绿色是强烈的对比色，配搭不当，就会显得过于醒目、艳丽甚至俗气；但若能在红与绿衣裙间适当添一点白色、黑色或含灰色的饰物，使对比逐渐过渡，就能取得协调的效果；或者红、绿中都加以白色，使之成为浅红与浅绿，看起来就不那么刺眼了。

【情境小结】

公司二十周年庆典活动，是公司扩大宣传、提高社会知名度与美誉度的极好机会。作为公司行政助理，在接待工作中一定要展示公司的良好形象。10 月 18 日这天秋高气爽，秋诗子着浅粉套裙，胸前佩戴公司的徽章，手戴手表，袜子选用肉色连裤袜，脚穿黑色高跟鞋。在接待过程中，秋诗子面带微笑，显得端庄典雅，沉稳干练，使来宾产生尊敬和信赖，表现出良好的组织与个人形象。

白天接待完嘉宾，秋诗子换上一件小礼服，并给自己适当地补好妆，摘下手表，戴上耳环，面带笑容地出席答谢宴会。

在参加舞会前，秋诗子刷了牙，给自己适当地补好妆，换上一件连衣裙，显得大方又合时宜。

【拓展训练】

一、案例分析

［案例一］

天润服饰有限公司是一家大型的乡镇服装生产企业，公司创建于1995年，目前公司有员工三百多人。公司为了拓展海外市场，正积极与日本客商合作。

一天，日本客商与公司顾总正进行合作事宜的洽谈。顾总西装革履，一旁的秘书林怡穿着非常休闲：一件胸前印有图案的T恤衫，蓝色牛仔裤，白色的旅游鞋。负责接待的秘书陆佳更是花枝招展，耳环闪闪发光，手镯晃来晃去，高跟鞋叮叮作响。双方洽谈效果不佳。

分析：1. 请指出洽谈时天润公司秘书着装不规范的地方。

2. 假设你是秘书林怡与陆佳，在洽谈场合该如何着装？

［案例二］

国内一家效益很好的大型企业的总经理叶明，经过多方努力和上级有关部门的牵线搭桥终于使德国一家著名的家电企业董事长同意与自己的企业合作。谈判时为了给对方留下精明强干、时尚新潮的好印象，叶明上身穿了一件T恤衫，下穿一条牛仔裤，脚穿一双旅游鞋。当他精神抖擞、兴高采烈地带着秘书出现在对方面前时，对方瞪着眼睛不解上下打量了他半天，非常不满意。这次合作没能成功。

讨论题：为什么这次合作没能成功？

二、案例实践

天润公司决定：加强对职工，特别是管理人员的个人礼仪的培训，改变着装是个人私事的思想。2014年，公司拟举办职工个人形象设计大赛，在全公司营造学习礼仪的良好氛围，提高员工的素质。

根据以上案例内容，模拟天润公司举办个人形象设计大赛的情景。

实训要求一：每10人为一个小组，每个小组设组长1名，每3人扮演同一角色，共分3种场合（工作场合、社交场合、休闲场合）。学生分角色，选择自己认为最合适的工作服装、社交服装、休闲服装进行展示，并根据着装佩戴合适的饰物。

实训要求二：要求学生根据自己的脸型，选择最合适自己的发型，与着装相配。要求女同学根据着装颜色和具体环境自己化妆。

实训要求三：每小组表演时间5分钟左右。出场顺序由抽签决定，小组内的出场顺序、队形由小组成员自己排定。最后评出“最佳秘书形象设计”“最佳社交形象设计”若干名。

任务三 休闲运动服饰礼仪

【情境导入】

2013年11月15日，天一集团童桐董事长与秘书吉思怡，赴哈尔滨洽谈工作业务。假如你是秘书吉思怡，你在旅途中该如何着装？

【知识分享】

休闲并不等于休息，这里的休闲是指工作之余一个人单独自处，或和亲朋好友在业余时间相聚，或者在公共场合与其他不相识者共处的时间。休闲场合的着装追求的是舒适、自然。休闲场合对于服装款式的要求是：舒适、方便、自然，忌正规拘束，整体形象应给人以自由、洒脱、无拘无束的感觉。居家、运动、旅游、娱乐、逛街等等，都属于休闲活动。在休闲场合，人们选择的服装有运动装、牛仔装、家居装、沙滩装，以及各种非正式的便装，比如T恤、短裤、凉鞋、拖鞋、夹克衫等等。在休闲场合，如果身穿套装、套裙、制服、礼服等往往会贻笑大方。换言之，只要不触犯法律，只要不违背伦理道德，只要不有碍他人的身体安全，在休闲场合的穿着打扮可以完全凭个人喜好。

现代人多讲究随意潇洒，希望自己是富有个性的，因此休闲服以棉麻织物居多，强调一种返璞归真、回归自然的风格，而且以穿着舒适舒展为原则，可以是全棉的运动衫、毛衣、夹克衫、T恤衫等，能与任何休闲的裤子搭配。休闲裤的面料可以是棉、毛或法兰绒的。

休闲服的穿着打扮应讲究统一和谐，切忌上身传统、下身休闲，这样就不伦不类了。比如上身套一件休闲服时，一般穿休闲皮鞋或旅游鞋，穿正式皮鞋就不合适了。在一些正式的宴会、招待会等礼仪场合，仍以穿西装为宜。

一、休闲装的搭配技巧

选用适合自己肤色、明亮愉悦的色彩，表达出轻松愉快的休闲氛围。恰当地配合当季的流行色与最佳色彩搭配，体现自己独有的个性。

面料上多选择透气、手感好的纯棉、亚麻、真丝等天然面料，图案可选择花朵、风景、动物、条纹等来源于大自然的图案。

休闲装要与时尚元素结合，如采用流行的配饰、流行的款式等，体现时尚、活力、健康、动感。

二、休闲装的类型

根据所处场合，休闲装可以分为以下几种：

时尚休闲装，巧妙地运用当季的时尚元素，尽情地演绎自己的个性。绿色、黄色、粉色、白色是夏季色谱中的清爽之色，花的装饰是不可或缺的单品。例如，印花宽松裙与同色系的针织背心搭配，中、短裤搭配一件花朵图案的短上衣。

家居休闲装，指在家庭内部穿着的服装，如家居服、睡衣、睡裙等。一般情况下，家居服只适宜在房间内穿着，不宜穿着家居服外出。

运动休闲装，指适合参加各类运动时穿着的服饰。时下流行的运动有瑜伽、形体操、高尔夫等，一般选用色彩鲜艳、款式轻便的运动装，常见的是T恤配一条便裤、短裤或弹力裙，在运动场上拥有健康与美丽。

旅游休闲装，指出门旅游时穿着的服装，应选择轻便、结实、耐磨、透气、易洗的服装。一般选择全棉针织或全棉水洗、沙洗的牛仔服或一些轻柔的化纤面料服装为主，款式简洁、实用、大方，色彩可根据季节而有所变化。无论春夏秋冬，旅游时都应穿旅游鞋，它轻便结实，不管在山地或坡路都能行走自如。总之，外出旅游，旅游服的色彩应与田野、山林、湖泊等自然色协调。

【情境小结】

2013年11月15日，吉思怡穿着橘黄色带帽羽绒服与牛仔裤，脚穿运动鞋，肩背旅行包，充满朝气与活力。

【知识链接】

部分休闲装的穿着

1．夹克衫的穿着

夹克衫是市面上最流行、最随意、年龄跨度最大的一种基本的男子服饰，其特点是随意、大方、实用性强，无论正式或非正式场合，均可以穿着。男子夹克款式多样，质地不一，应根据年龄、肤色、季节等选择合适的夹克。一般而言，冬季，男子夹克以质厚保暖为主，颜色以深暗色为好；春秋宜选薄型的轻便的颜色稍淡雅的夹克。试穿夹克时，以双手伸展自如为原则。夹克长度一般比西装和中山装短些，宽度比西装稍大些。夹克不能盖住整个屁股，长度在腰部以下、臂部半个以上为好。

穿夹克衫时，宜选择合适的长裤。夹克可以配西裤或牛仔裤或便裤，但裤管不宜过于肥大，尤其是矮小的男子，裤子更不应太肥、太大，小裤脚的长裤不适合配夹克穿。出门旅行时，可以身穿夹克，因为夹克有多个口袋，可以放很多东西，相反，西装就不适宜出门旅行，更不适宜在西装口袋里塞满东西。老年人穿夹克可以显得更加年轻、精神，小伙子穿夹克显得随意、潇洒。穿夹克时，可以配穿皮鞋或旅游鞋。

2．休闲西服的穿着

男式西服也可以做成休闲装，面料有小格子薄呢、灯芯绒、亚麻、卡丹绒等，式样大多数为不收腰身的宽松式，背后不开叉，有的肘部打补丁，有的采用小木纹钮扣等等。休闲西服可以内穿T恤衫、花格衬衫、牛仔布衬衫、半高领羊毛衫或西服上装配牛仔裤，灯芯绒休闲西服配正规西裤，以至不同面料、不同颜色的西服上下装组合也能穿出休闲味来。

【拓展训练】

一、案例分析

［案例一］

2013届文秘专业毕业生韦庭亭在一家中日合资企业工作。2013年5月15日，公司组织员工外出郊游。韦庭亭是第一次参加公司的集体活动，她认真准备了一番。郊游这天，她穿着套裙，脚穿高跟鞋，显得自信又有活力。可在郊游途中，公司人员总是用异样的目光看着她，她不知是何处出了问题。

根据案例分析：韦庭亭在郊游中做错了什么？应该如何做？

［案例二］

祁超和几个外国朋友相约周末一起聚会娱乐，为了表示对朋友的尊重，星期天一大早，小超就西服革履地打扮好，对照镜子摆正漂亮的领结前去赴约。北京的八月天气酷热，他们来到一家酒店就餐，边吃边聊，大家好不开心快乐！可是不一会儿，小超已是汗流浃背，不住地用纸巾擦汗。饭后，大家到娱乐厅打保龄球，在球场上，小超不断为朋友鼓掌叫好，在朋友的强烈要求下，小超勉强站起来整理好服装，拿起球做好投球准备，当他摆好姿势用力把球投出去时，只听到“嚓”的一声，上衣的袖子扯开了一个大口子，弄得小超十分尴尬。

本案例中，小超的着装有何不妥？该如何着装？

二、案例实践

有斐集团接待一批重要客商，王益飞董事长安排客商参观游览狼山，要求秘书袁月敏做好客商游览期间的服务工作。假如你是秘书袁月敏，你该如何着装？

学习情境三 仪态礼仪

如果把礼仪看得比月亮还高，结果就会失去人与人真诚的信任。

——培根

【情境导入】

凯悦集团在市场经济的高速发展下，观念不断创新，项目不断增加，利润不断增长，获得了同行的瞩目，成为当地一家极具发展潜力的企业。一次，凯悦集团的李总获悉法国一家知名企业的董事长来本市考察访问，有寻求合作伙伴的意向，李总便请有关部门为双方合作牵线搭桥。让他喜出望外的是，对方也有合作意向，而且希望尽快与他见面。李总特意安排秘书凌子做好会见的接待工作，并嘱咐秘书在接待外宾时注意自己的个人形象与举止姿态。假如你是秘书凌子，在接待、宴请等活动中，应该展示怎样的站、坐、行等姿态？

【知识分享】

仪态，泛指人们身体所呈现出的各种姿态，它包括举止行为、神态表情和相对静止的体态。人们的面部表情，体态变化，行、走、站、立、举手投足都可以表达思想感情。仪态是表现一个人涵养的一面镜子，也是构成一个人外在美好的主要因素。不同的仪态显示人们不同的精神状态和文化教养，传递不同的信息，因此仪态又被称为体态语。

举止行为是一个人外在美的有机组成部分。举止规范的基本原则是保持端庄、文静、温和的形象，使对方产生尊重和信赖。举止行为中，日常姿势最为重要，主要包括站姿、走姿、坐姿和蹲姿。

一、站姿端庄

站立是人最基本的姿势，是一种静态美的体现。

站立时，正确的姿势要求：抬头正首，双目平视前方，嘴唇微闭，面带微笑，表情自然平和。双肩放松，稍往下压，使人体有向上的感觉。躯干挺直，身体重心应在两腿的中央，做到挺胸、收腹、立腰。臀大肌微微收缩并向上提，两腿并拢，直立，髋部上提。

1. 男士站姿

男士站立的正确姿势自己应感觉舒适，给人稳重的信赖感。正确的站姿是肩部平衡，两臂自然下垂，腹部收紧，挺胸，抬头，不弯腰或垂头，不要有萎靡和颓丧的样子。

（1）标准式站姿：双脚并拢或双脚八字步，两脚尖在一条直线上，双臂自然下垂于身体两侧，手的中指贴于裤缝。这种站姿适用于庄重严肃的场合，如升旗仪式、军人站姿等。

（2）男士前腹式站姿：双脚跨立，两脚间距离同于或小于肩宽，手臂略弯曲，双肘微微向外张开，右（左）手自然呈拳状，五指并拢，搭放在左（右）手背及手腕之间的位置上，叠放于腹前。这种站姿适合在隆重、正式场合的场合，如在工作中、与客户交流中使用。

（3）男士背手式站姿：双脚跨立，两脚间距离同于或小于肩宽，双手在背后腰际相握。这种站姿适合在迎宾时使用。

（4）男士单背式站姿：双脚跨立，两脚间距离同于或小于肩宽，一手置于体侧，一手背于身后；或一手放于体前，一手背于身后。这种站姿适合于在引导时使用，引导时体前或体侧的手，可顺势平摊打开作引导。高级西餐厅的男性服务员一般采用单背式站姿。

2. 女士站姿

（1）标准式站姿：女士标准式站姿同男士标准式站姿。

（2）女士前腹式站姿：脚位呈“V”字型（两脚尖分开，在一条直线上，宽度大致为一个脚长，脚后跟并拢）或小“丁”字型（一个脚的脚后跟靠在另一个脚的脚弓，身体微微侧身）。双手虎口相交叠放于小腹前端或腰际（依照中国传统礼仪“以左为尊”的原则，建议左手握右手）。拇指放置于手掌内，其余手指伸直但不要外翘。在工作或社交场合可采用这种站姿，在迎宾或颁奖等重大场合中也可采用这种站姿。

（3）女士交流式站姿：双手轻握放在腰际，手指可自然弯曲。在职场与客户或同事交流时可采用这种站姿。

（4）女士后背式站姿：双脚呈“V”字型或“丁”字型，双手交握放置于背后的髋骨上。

（5）女士单背式站姿：双脚呈“V”字型或“丁”字型，一手置于体侧，一手背于身后；或一手放于体前，一手背于身后。女性在日常社交场合中常采用此种站姿。女性可利用随身携带的各种款式的皮包，摆出优雅的站姿，但必须单手拿包，切不可双手将皮包抱在怀中。（如图1-3-1）

图1-3-1 女士正确站姿示意图

3. 不雅站姿

（1）身体抖动或晃动，给人以漫不经心、没有教养或流里流气的感觉。

（2）双手插入衣袋或裤袋中，显得不严肃，拘谨小气。实在有必要时，可单手插入裤袋。

（3）双臂交叉抱于胸前，有消极、防御、抗议、拒绝之嫌。

（4）双手或单手叉腰，有显摆之嫌，在异性面前叉腰往往有侵犯之意。

（5）两腿交叉站立，往往给人以不严肃的感觉。

（6）无精打采、东倒西歪、弓腰驼背、两肩不平，给人以精神萎靡不振的感觉。

（7）头部歪着、下垂或上仰，或脖子往前伸，收胸含腰，小腹向前挺出，臀部向后撅起，腿部弯曲等姿态，都是极不美观的。

二、坐姿文静

稳重、端庄的坐姿，是展现自我气质与风度的重要形式。

1. 坐姿礼仪

（1）入座时要稳、要轻，就座时不紧不慢，大大方方地从座椅的左后侧走到座位前，自然转身，背向椅子做好入座的准备。在距离座椅前半步站立，右脚向后退半步，轻触座椅为宜，再后退左脚，轻稳地坐下。不要走到椅子前就坐下，很容易碰响座椅，发出噪声。

（2）面带笑容，双目平视，嘴唇微闭，微收下额。

（3）双肩放松平正，双臂自然弯曲，手平行或十指交叉，自然放在双膝上或椅子扶手上。

（4）坐在椅子上要立腰、挺胸，上体自然挺直，上体与大腿、大腿与小腿呈两个自然的90度。

（5）坐在椅子上，要坐满椅子的三分之二或者二分之一，脊背可轻靠椅背。

（6）离座时右脚向后收半步，轻缓起立，往前半步，站稳后再转身离开。如果需要施礼，站稳后微微鞠躬再离开，不要站起来转身就走，显得很唐突很失礼，也很容易碰响椅子。

2. 男士坐姿

（1）标准坐姿：身体重心垂直向下，头部保持平稳，双目平视，面带微笑，腰部挺直，双膝并拢，两脚略分开平放在地，看起来不至于太过拘束。大腿与小腿成直角，两手自然放在腿上或椅子的扶手上。标准式坐姿一般适用于会议、谈判等正式场合，在此类场合中的坐姿，应体现出庄重和严肃。

（2）开膝式坐姿：在标准坐姿的基础上，两膝分开，两脚距离不超过肩膀宽度。此种坐姿适用于服务场合，向宾客传递尊敬、乐于效劳的信息。

（3）重叠式坐姿：在标准坐姿的基础上，右（左）腿叠在左（右）膝上部，右（左）小腿内收贴向左（右）腿，脚尖下点。在一般交谈场合，可根据个人的喜好、穿着、体型，以及交谈对象的身份和椅子的类型来选择和变换坐姿。在咖啡厅内与朋友聊天，坐姿可随意、舒适一些。

（4）交叉式坐姿：在标准坐姿的基础上，小腿前伸，两脚踝部交叉。脚尖不要翘起。一般适用于社交场合，以显出男性的翩翩风度。

3. **女士坐姿**

（1）标准坐姿：上身挺直，双肩平正，两臂自然弯曲，两手叠放在两腿中部。两膝并拢，小腿垂直于地面，两脚尖朝正前方。着裙装的女士在入座时要用双手将裙摆内拢，以防坐出皱纹或因裙子被打折而使腿部裸露过多，不要坐下后再站起整理衣服。一般适用于较正式庄重的场合。

（2）侧坐姿：在标准坐姿的基础上，两腿并拢斜放，将两脚同时放于左侧或右侧。适用于社交场合，显示女性的优雅气质，使人感觉体形修长秀美，气质端庄高贵。

（3）交叉式坐姿：在标准坐姿的基础上，两膝并拢，两脚踝交叉，两脚同时放于左侧或右侧。

（4）斜叠式坐姿：俗称“二郎腿”。在标准坐姿的基础上，左（右）腿斜放，右（左）腿叠放于另一腿上，脚腕绷直，脚尖外展。

（5）开关式坐姿：在标准坐姿的基础上，左脚（右脚）向前伸出，右脚（左脚）后收，双脚成一条直线，前后距离半只或一只脚长。

侧坐姿、交叉式坐姿、斜叠式坐姿适用一般交谈场合或社交场合，或在茶室、咖啡厅、酒吧等与朋友小聚叙旧聊天，较轻松自如的场合。（如图 1-3-2）

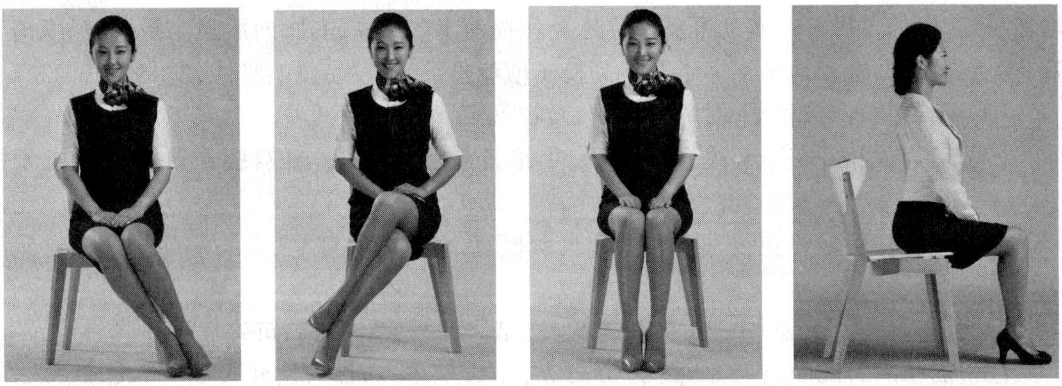

图 1-3-2　女士正确坐姿示意图

4. **应避免的错误坐姿**

（1）入座时不应拖、拉座椅，响声过大；不得起坐过猛，弄得座椅乱响。

（2）坐下后不可前倾后仰，或东倒西歪。

（3）两腿不可过于叉开，特别是女性就座时十分忌讳双腿分开，或者把两手夹在大腿之间。也不可把腿长长地伸出去，侵占别人的空间，给予对方不安全感。

（4）不可高跷起二郎腿或抖腿或摇脚，也不可“ 4 ”字型架腿，晃脚尖，或用脚有节奏地敲击地面。

（5）不可把双脚藏在椅子下或勾住椅凳腿，或把鞋挑在脚尖上晃。

（6）与客人交谈时，要坐正。不可摆弄手指，或将手中的东西不停地晃动，不停地看或玩手机，或把手中的茶杯或物品转来转去，一会儿拉拉衣服，一会儿整整头发都会破坏坐姿。

三、走姿优雅

前面两种姿态属于静态礼仪，走姿就是动态礼仪了。人在走动时要保持动作协调，仪态优雅，飘逸大方（如图1-3-3所示）。

1. 规范的走姿

（1）上身挺直。两眼平视，面带微笑；两肩平稳；抬头，挺胸，收腹，立腰，略提臀，精神饱满。

（2）步行直线。走路要用腰力，腰适当用力向上提，身体重心稍向前。迈步时，脚尖可微微分开，但脚尖脚跟与前进方向迈出在一条直线上，避免“外八字”或“内八字”；年轻女士迈步时，脚内侧踩一条线，所谓“一”字步，男子和中老年妇女则可走两条平行线，所谓“平行步”。

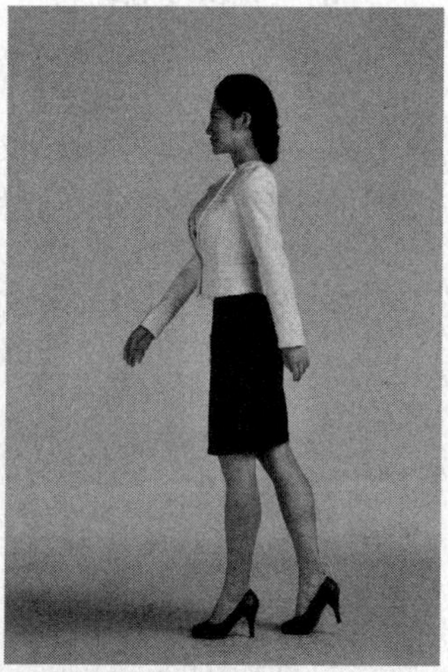

图1-3-3 正确走姿示意图

（3）步态平稳。步伐稳健、自然，脚步轻快并富有弹性和节奏感。行走的速度应保持均匀、平稳，不要忽快忽慢，一般每分钟在80至100步。

（4）步幅适度。因年龄、性别、身高和着装的不同，步幅会有所不同。

（5）手动自然。两臂放松，自然下垂，以身体为中心，以肩关节为轴，两手前后自然协调摆动，手掌朝向体内，前摆约35度，后摆约15度，手臂与身体的夹角一般在10至15度。

（6）身体重心稍向前倾，重心落在前脚掌，腰背笔直，膝盖伸直。一般而言，行走应有目的性，步伐坚定，避免脚步拖拉，步履迟缓，走鸭子步。女士还要步履匀称、轻盈、端庄、文雅，显示温柔之美。

2. 行走中的礼仪规范

（1）应靠右行，原则上走在尊长或领导的后边或左边。

（2）在过道上遇来人时，应主动让道，礼貌问候。

（3）向人告辞时，不要扭头就走，应先向后退半步，再转身离开。

（4）在前方引导时，应侧身向着宾客，走在宾客左前方，保持两三步的距离，并以手指示行走的方向，口中伴随着“这边请”等话语。

3. 应克服的不良走姿

（1）步子太大或太小，步伐跳跃。

（2）双手插入裤兜，或双手背在背后。

（3）身体摇晃，一肩高一肩低，探头，缩脖。

（4）东张西望，叼着香烟在人群中行走。

（5）行走时方向不定，忽左忽右或左顾右盼，说话声音过大，干扰他人。

4. 在不同场合应注意的步态

（1）在室外工作时采用标准步态，步伐不要太大，但要求步频快一些，一般每分钟100单步左右。不能以跑代走，只宜快步走。

（2）在办公室内，步态轻而稳，以不影响他人为原则。

(3) 散步时轻而缓,舒适自然。

(4) 在婚礼、庆典上,步态宜欢快、轻松。

(5) 在沉重悲伤的丧礼上,步态宜沉重、缓慢。

四、蹲姿文明

蹲姿是人在处于静态时的一种特殊体位。蹲姿要领:下蹲时一脚在前,一脚在后,两腿向下蹲,前脚全着地,小腿基本垂直于地面,后脚脚跟提起,脚尖着地。女性应靠紧双腿,男性则可适度地将其分开。臀部向下,基本以后腿支撑身体。(如图 1-3-4)

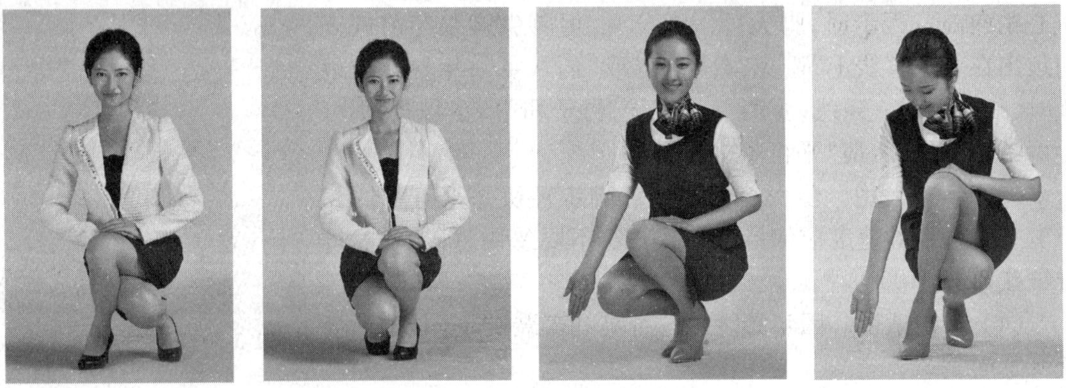

图 1-3-4　女性正确的蹲姿示意图

1. 正确的蹲姿

(1) 交叉式蹲姿。在实际生活中常常会用到蹲姿,如集体合影前排需要蹲下时,女士可采用交叉式蹲姿。下蹲时右脚在前,左脚在后,左右交叉,右小腿垂直于地面,全脚着地。左膝由后面伸向右侧,左脚跟抬起,脚掌着地。两腿靠紧,合力支撑身体。臀部向下,上身稍前倾。

(2) 高低式蹲姿。下蹲时右脚在前,左脚稍后,两腿靠紧向下蹲。右脚全脚着地,小腿基本垂直于地面,左脚脚跟提起,脚掌着地。左膝低于右膝,左膝内侧靠于右小腿内侧,形成右膝高左膝低的姿态,臀部向下,基本上以左腿支撑身体。

(3) 正确的取物方式。走到物品左边,让物品位于自己身体的右侧。腿取半蹲姿势,右腿压住左腿。右手取物。脊背保持挺直,臀部一定要蹲下来,避免弯腰翘臀的姿势。女士如果穿着低领服装时,一手可以护住胸口。女士要两腿并紧,穿旗袍或短裙时需更加留意,以免尴尬。下蹲时注意内衣不露不透。

2. 下蹲时的注意事项

(1) 下蹲拾物时,应自然、得体、大方,不要遮遮掩掩,也不要突然下蹲。

(2) 下蹲时不要距人过近,方位失当;也不要在人身边下蹲,侧身相向。

(3) 不要蹲在椅子上,也不要蹲着休息。

(4) 下蹲时,两腿合力支撑身体,避免滑倒。应使头、胸、膝关节在一个角度上,使蹲姿优美。

(5) 女士无论采用哪种蹲姿,都要将双腿靠紧,臀部向下。两腿叉开,臀部向后撅起,或者两腿展开平衡下蹲,其姿态都是不雅观的。

五、目光宁静

表情是人的心理状态的外在表现。表情是人体语言中最为丰富的部分，人们通过喜、怒、哀、乐等表情来表达内心的情感。表情主要有目光和微笑。在人际交往中，表情尤为引人注目，它的作用与仪容、仪表一样，有时甚至比语言还要重要，因此有人将表情称为人类的第一语言。

眼睛是心灵的窗口，眼神作为一种无声语言，起着传情达意的作用，有时甚至胜过有声语言的含义而使人心领神会。对个人而言，眼睛能够最明显、最自然、最准确地展示自身的心理活动。有神的目光，体现出对事业的执着追求；麻木呆滞的目光，表现了对生活心灰意冷的态度；明亮欢快的目光，展现出胸怀坦荡和乐观；轻蔑傲慢的目光，则拒人于千里之外；阴险狡诈的目光，说明为人虚伪刻薄。在社交活动中，恰到好处的目光应坦然、亲切、和蔼、有神。在正确运用眼神的同时，还要注重训练眼睛的表现力，使自己的眼神更灵活、晶亮，更富于感染力。

眼神是面部表情的核心。在交往时，眼神是一种真实的、含蓄的语言，从一个人的目光中，可以看到他的整个内心世界。一个良好的交际形象，目光是坦诚、亲切、友善、炯炯有神的。眼神的运用要注意时间、角度、部位、方式、变化等五个方面。

1. 视线接触时间

在人际交往中，注视对方时间的长短相当重要。在交谈中，听的一方通常应多注视说的一方，目光与对方接触的时间一般占全部时间的三分之一。

谈话时，若对方为关系一般的同性，应该不时地与对方双目对视，以示尊重；如果双方关系密切，则可较多较长时间地注视对方，以拉近心理距离；如果对方是异性，双目对视不宜持续超过10秒钟，目不转睛地长时间注视不仅使对方不自在，也是不礼貌和失礼的表现。

2. 注视的部位

（1）公务凝视。在磋商、谈判等洽谈业务场合，眼睛应看着对方双眼或双眼与额头之间的区域。这样凝视显得严肃、认真，公事公办，别人也会感到你有诚意。

（2）社交凝视。在茶话会、友谊聚会等场合，眼睛应看着对方双眼到唇心这个三角区域。这样凝视会使对方感到礼貌、舒适。

（3）亲密凝视。在亲人、恋人和家庭成员之间，目光应注视对方双眼到胸部第二颗钮扣之间的区域。这样的凝视表示亲近、友善。但对陌生人来说，这种凝视有些过分。

当然，注视时不能老盯着对方看。英国人体语言学家莫里斯说："眼对眼的凝视只发生于强烈的爱或恨之时，因为大多数人在一般场合中都不习惯于被人直视。"长时间的凝视有一种蔑视和威慑功能，有经验的警察、法官常常利用这种手段来迫使罪犯坦白。因此，在一般社交场合不宜使用凝视。研究表明，交谈时，目光接触对方脸部的时间宜占全部谈话时间的30%～60%。但是集会中的独白式发言，如演讲、作报告、发布新闻、产品宣传等则不一样，因为在这些场合讲话者与听众的空间距离大，必须持续不断地将目光投向听众，或平视，或扫视，或点视，或虚视，才能跟听众建立持续不断的联系，收到更好的效果。

3. 注视的方式

人的眼神和视线也可以表达出丰富的含义，如视线向上表示权威感和优越感，视线向下表示服从与任人摆布，视线平视表示客观、平等和理智（如图 1-3-5 所示）。

视线向上型

视线平视型

视线向下型

图 1-3-5 视线示意图

（1）直视型：直盯盯地看着对方，使对方有紧迫感。初次见面或不太熟悉的男人用这种目光看女士，会使女士感到很不自然，甚至反感。如果女士用这种目光看男人，则有失稳重，容易使一些男人产生邪念。

（2）他视型：与对方讲话时眼睛却望着别处，容易使对方产生误解，以为你不愿意与他讲话（初次接触不久的恋人例外）。

（3）转换型：这种人的目光在与对方讲话时总是四处游移，给人心神不定的感受，也不利于双方谈话。

（4）柔视型：目光也直视对方，但眼神不狠，间或变化一下视角；目光炯炯有神，却又不失柔和。这种人给人以自信和亲切之感，是善于运用目光、容易与人相处的人。

（5）斜视型：不正眼看对方，这是很不礼貌的，也给人心怀叵测的感觉。

（6）无神型：目光疲软，不时看向自己鼻尖。这种目光表现出冷漠之感，往往会使谈话的气氛冷淡。

（7）热情型：目光充满活力，给人以朝气蓬勃之感。这种目光运用得当，可以使对方情绪渐涨，提高谈话的兴趣；但如果不分场合，不辨时宜，一味热情，却不免带来相反效果。

六、微笑愉悦

微笑作为一种表情，不仅是形象的外在表现，也是人的内在精神的反映。当你轻启双唇，宁静轻松柔和，送给别人一个微笑时，便可使对方感到愉快、亲切；当你紧蹙眉心、忧心忡忡时，则可使对方心慌意乱；当你双眉倒竖、虎目圆睁时，可使对方感到一种威慑感。

美国心理学家艾伯特·梅拉比安在一系列实验基础上得出的“信息传递公式”是：

信息传递的总效果 = 表情（55%）+ 语气（38%）+ 语言（7%）。

当然，在使用表情传情达意的作用上，东西方存在较大的差异。西方人较为外向和夸张，表情更为丰富，东方人较为含蓄，表情更为内敛。但可以肯定的是，表情具有较为丰富和生动的副语言作用。

健康和蔼的表情可以给人留下深刻的第一印象，增加交际中的成功率。构成表情的主要因素有两个，一个是眼神，一个是笑容。要学会巧妙地使用自己的眼神和笑容，以帮助自己顺利地开展各项工作。

真正的微笑应发自内心，渗透着自己的情感，表里如一。毫无包装或矫饰的微笑才有感染力，才能被视作“参与社交的通行证”。发自内心的微笑是含而不露的。微笑是含笑于脸部，“含”给人以回味和包容感。如果露齿过多或张嘴笑起来，则在一定场合有失庄重与含蓄。微笑是一种极具表现力的情绪语言。

微笑时，先要放松自己的面部肌肉，然后使自己的嘴角两端平均地微微向上翘起，让嘴唇略呈弧形。微笑时，应当目光柔和发亮，双眼略为睁大，眉头自然舒展，眉毛微微向上扬起。微笑体现出一个人内心喜悦的情感。面露平和、欢愉的微笑，表现出自信、真诚、友善的情感，很容易被交往对象所接受，并缩短心理距离，无形中产生吸引别人的魅力。

微笑分为一度微笑、二度微笑和三度微笑，如图 1-3-6：

一度微笑　　二度微笑　　三度微笑

图 1-3-6　三度微笑图

一度微笑只动嘴角肌，有淡淡的笑意，初次视线接触使用；二度微笑是嘴角肌和颧骨肌同时运动，在彼此关系进一步熟悉时视线接触使用；三度微笑是嘴角肌和颧骨肌与眼睛周围的扩纹肌同时运动，一般可露出 6 ~ 8 颗牙齿，用于表现真诚、平和、满意的情绪。

【情境小结】

接待过程中，接待人员用标准的站姿微笑着迎接来宾。头部正，双目平视，双肩平直，胸略挺，自然放松，手臂下垂，双腿成小八字步法或丁字步法站立，身体重心落在两个前脚掌上，给人以挺拔向上的感觉。

坐在椅子上的接待人员腰挺直，肩放松。女秘书两膝并拢，男秘书膝部略微分开。端庄优美的坐姿给人以文雅、稳重、自然大方的美感。

行走中接待人员步伐稳健、步态轻盈，抬头、挺胸、收腹、立腰，略提臂，目光平视前方，双臂自然前后摆动，手掌心向内，脚步轻巧、自如，并富有弹性和节奏感。

秘书凌子在接待过程中，始终保持真诚的微笑，目光明亮欢快，行为举止得体，她用自己真诚的服务赢得了客商的信赖，为洽谈的成功奠定了基础。

【知识链接】

七种坐姿看出你的心理密码

1. 正襟危坐,两脚并拢并微微向前,整个脚掌着地:说明你为人真挚诚恳,襟怀坦荡。你的特点是做事有条不紊,但容易较真,力求周密而完美,有时甚至有洁癖倾向,这难免拘泥于形式而显得呆板。虽然从外表看来,你有些冷漠,但这都是假象。你是个古道热肠的人。你只做那些有把握的事,从不冒险行事,因此缺乏足够的创新与灵活性。

2. 跷着二郎腿坐着,无论哪条腿放在上面,你都很自然:说明你还比较自信,懂得如何生活,周围的人际关系也比较融洽。

3. 跷着二郎腿坐着,并且一条腿勾着另一条腿:说明你为人谨慎、矜持,没有足够的自信,做事甚至有些犹豫不决。而周围人会认为你的性格太复杂。不过由于你的吸引力和分寸的把握度还不错,所以你能够让大家正确地评价你,并喜欢你。

4. 脚尖并拢,脚跟分开地坐着:说明你做事易犹豫不决,有时过分的一丝不苟将影响变通性。你习惯独处,交际只局限在你感觉亲近者的范围内。不过,你很有洞察力,能以最快的速度对他人的性格做出准确的分析和判断。只是有时你会过高评价自己的能力。

5. 把双脚伸向前,脚踝部交叉:当男人显示这种坐姿时,通常还将握起的双拳放在膝盖上,或双手紧抓住椅子扶手;而女性采用这种坐姿时,通常在双脚相碰的同时,双手会自然地放在膝盖上或将一只手压在另一只手上。那说明你喜欢发号施令,天生有嫉妒心理。所以,说老实话,你可能是个很难相处的人。研究表明,这还是一种控制感情、控制紧张情绪和恐惧心理,很有防御意识的典型坐姿。

6. 腿脚不停抖动,而且还喜欢用脚或脚尖使整个腿部抖动:这种人最明显的表现是自私,凡事从利己角度出发,对别人很吝啬,对自己却很纵容。但你很善于思考,能经常提出一些意想不到的问题。

7. 敞开手脚而坐的人:暗示你可能具有主管一切的偏好,有指挥者的气质或支配性的性格,也可能是性格外向,有时不知天高地厚。女性若采用这种坐姿,还表明她们缺乏丰富的生活经验,所以经常表现得自以为是。

(资料来源:http://www.jiandetang.com/article-8771-1.html)

【拓展训练】

一、案例分析

[案例一]

有一次,一位实习记者去约访星辰集团总裁。约会时间到了,首先来的却是总裁秘书,他对记者说:“对不起,请您再等几分钟,好吗?”记者以为总裁的会议还没有开完,便又耐心地等了一会儿。

几分钟之后，这位总裁满面春风地走出来与记者握手寒暄，并带着歉意说："刚才我在主持一个很重要的会议，表情很紧张也很严肃，散会后带着这样一副表情来见一位不是很熟的人，担心会给你留下一个不好接近的印象，而且也有失礼貌。所以，我又对着镜子休整了片刻，等心情和面孔都恢复正常了，才出来和你见面，实在对不起，让你久等了。"

请分析该总裁对社交场合中微笑魅力的理解。

［案例二］

飞机起飞前，一位乘客请求空姐给他倒一杯水吃药，空姐很有礼貌地说："先生，为了您的安全，请稍等片刻，等飞机进入平衡飞行后，我会立刻把水给您送过来，好吗？"

十五分钟后，飞机早已进入平衡飞行状态。突然，乘客服务铃急促地响了起来，空姐猛然意识到：糟了，由于太忙，她忘记给那位乘客倒水了。空姐来到客舱，看见按响服务铃的果然是刚才那位乘客，她小心翼翼地把水送到那位乘客眼前，微笑着说："先生，实在对不起，由于我的疏忽，延误了您吃药的时间，我感到非常抱歉。"这位乘客抬起左手，指着手表说道："怎么回事，有你这样服务的吗？你看看，都过了多久了？"空姐手里端着水，心里感到很委屈，但是，无论她怎么解释，这位挑剔的乘客都不肯原谅她的疏忽。

接下来的飞行途中，为了弥补自己的过失，每次去客舱给乘客服务时，空姐都会特意走到那位乘客面前，面带微笑地询问他是否需要水，或者别的什么帮助，然而，那位乘客余怒未消，摆出不合作的样子，并不理会空姐。

临到目的地前，那位乘客要求空姐把留言本给他送过去，很显然，他要投诉这名空姐，此时空姐心里很委屈，但是仍然不失职业道德，显得非常有礼貌，而且面带微笑地说道："先生，请允许我再次向您表示真诚的歉意，无论您提出什么意见，我都会欣然接受您的批评！"那位乘客脸色一紧，嘴巴准备说什么，可是没有开口，他接过留言本，开始在本子上写了起来。

等到飞机安全降落，所有的乘客陆续离开后，空姐打开留言本，惊奇地发现，那位乘客在本子上写下的并不是投诉信，相反，这是一封热情洋溢的表扬信。

是什么使得这位挑剔的乘客最终放弃了投诉呢？在信中，空姐读到这样一句话："在整个过程中，你表现出的真诚的歉意，特别是你的十二次微笑深深打动了我，使我最终决定将投诉信写成表扬信！你的服务质量很高，下次如果有机会，我还将乘坐你们的这趟航班。"

讨论题：1. 微笑的魅力何在？

　　　　2. 微笑应注意什么？

二、实践训练

（一）站姿的训练。训练要领：女士双腿并拢收紧，结合表情，注意手位、脚位。

1. 两人一组，背靠背站立。要求两人的脚跟、小腿、臀部、双肩、后脑勺贴紧。每次训练坚持15—20分钟。

2. 靠墙站立。要求脚跟、小腿、臀部、双肩、后脑勺都紧贴墙面。每次训练坚持15—20分钟。

3. 面向镜子，按照动作要领体会站立姿势。恰当的站姿应有挺拔感，就像有一根绳子从脚到头拽着向上拉，人有向上长高的感觉。

4. 练习时，头顶可放物品，头正颈直。也可在两膝间夹一薄薄的纸，双膝靠紧。每天坚持训练15—20分钟。训练站姿，最好穿套裙和半高跟鞋进行，以增强训练的效果。

（二）坐姿的训练。训练要领：入座、离座要轻稳，注意腿部位置和手的摆放。

1. 入座和起座的训练。按口令，进行入座和起座的动作分解训练。

2. 腿部变换练习。重点练习各种坐姿的变换，要求变换的姿态优美，每一种坐姿的腿部位置正确。

3. 坐姿习惯的养成练习。每次训练以15分钟为起点，保持一种坐姿，以达到良好坐姿习惯的养成。

（三）走姿训练。训练要领：头正，肩平，脚步不内外“八”字形，步幅均匀，步行直线。

将一本书放置头顶上，放稳后再松手。接着把双手放在身体两侧，或者双手叉腰，慢慢地从基本站立姿势起步走。这是一种很有效的走姿训练方法，关键是走路时要摆动大腿关节部位，而不是膝关节，才能使步伐轻捷，走时还要注意踩在一条直线上。

（四）蹲姿训练。训练要领：上身挺直，臀部下沉。

1. 动作规范训练。将每一种蹲姿进行动作分解训练。

2. 耐力训练。以3分钟为起点，进行蹲姿耐力训练。

3. 情境模拟训练。根据需要设计场景进行低处拾物、下蹲服务等练习。

（五）微笑训练。训练要领：眼神交流，眼角放松，嘴角肌肉上扬，尽量露出4—8颗牙齿。

1. 照镜子练习法：对着镜子来调整和纠正自己的微笑，把手指放在嘴角并向脸的上方轻轻上提，一边上提，一边使嘴充满笑意。

2. 情绪记忆法：多回忆微笑的好处，回忆美好的往事，发出会心的发自内心的微笑。

3. 发音练习法：发“一”“七”“茄子”“田七”“威士忌”的音，练习嘴角肌的运动，使嘴角露出微笑。

4. 情景熏陶法：通过美妙的音乐创造良好的环境氛围，学会会心的微笑。或相互之间通过打招呼、讲笑话来练习微笑，并相互纠正。

5. 辅助工具训练法：用上下两对门齿叼住筷子进行微笑训练。

（六）眼神训练。为了使眼睛成为传神的灵动工具，在正确运用眼神的同时，还要注意训练眼睛的表现力，使自己的眼睛更灵活、晶亮，眼神更富于感染力，使微笑的表情更自然亲切。

1. 面对镜子睁大双眼，注视着镜中的自己，尽量让眼睛闪光发亮。

2. 训练眼睛的灵活度。在两眼左、右、上、下的位置把醒目的物体固定在一个点上，眼球作左、右横向转动，上、下移动或圆圈转动。练习时头部不要动，只用眼睛随目标转动，训练眼睛的灵活度。

3. 相互之间检测对方眼神是否运用恰当，并结合微笑表情协调整体效果。

情境篇二

日常礼仪

学习情境一 见面的礼节

美德是精神上的一种宝藏，但使它生出光彩的则是良好的礼仪。

——约翰·洛克

【情境导入】

恒盛集团的合作伙伴——天宇集团的总经理王祺先生将前来商谈业务，已经约好见面的时间和地点。鉴于是初次见面，总经理办公室主任李元斌特地安排秘书于娜组织这次见面，并陪同恒盛集团的陈总一起参加商谈。于娜是一位大学毕业不久，刚刚踏上工作岗位的新秘书，缺乏实际工作经验，这使她对这次任务有些担心，生怕出现差错影响到公司的声誉，影响商谈的结果。为此，于娜特地向公司总经理办公室的资深秘书白凡请教。作为秘书于娜，该如何完成这次见面的礼节呢？

【知识分享】

一、招呼有礼，介绍有序

（一）主动打招呼

招呼是联络感情的手段，是沟通心灵的方式和增进友谊的纽带。在人际交往中，我们可以通过与他人打招呼的方式，表现出对他人的尊重，体现出个人的修养与素质。

1. 打招呼的方式

打招呼时，我们可以采用多种多样的方式，比如点头微笑、眨眼微笑、挥手微笑、问好等。可以根据彼此的亲疏程度、环境以及地域文化的不同，灵活运用打招呼的方式。

如果在行走，应该放慢脚步或者停下来，如果在骑自行车，则应该下车或放慢行驶速度，可以微笑着挥手、点头或问好。在室内或非行进过程中时，或是起立，或是欠欠身、点点头都可以。如果在拥挤的电梯里，没有人说话，你最好也不要开口。若遇到他人向你打招呼或是目光相遇，应适时地点头、微笑，甚至回应，视而不见是不可取的。不论在什么地方和什么时候，打招呼的时候，都要面带微笑，眼睛看着对方，表示诚心诚意地向别人奉上一个见面礼。

2. 打招呼的顺序

一般来说，男士应首先向女士致意，年轻的不管男女都应该先向年长者致意，下级应首先向上级致意。两对夫妇见面时，女士先相互致意，然后，男士分别向对方的妻子致意，最后是男士间相互致意。在实际交往场合，有时也不拘泥于以上的顺序，长者、上级为了倡导礼仪规范，为了展示自己的谦虚、随和，主动先向晚辈、下级打招呼，无疑会更具影响力和风度，更能获得敬仰与尊重。

3. 注意事项

（1）打招呼时，我们在使用非语言符号的同时，最好伴之以“您（你）好”“上午好”等简洁的问候语，使招呼显得生动而有活力。

（2）当有人向你打招呼时，也应该用相同的非语言符号和语言以示答礼和谢意。

（3）一般在距对方离 2—5 米时打招呼，如果距离较远，应该挥手致意，切忌大声嚷嚷，特别是在公共场合。打招呼时，男士可欠身或点头致意，如果戴帽子，应该脱帽或将帽檐向上轻掀一下，以示礼貌。

（4）与人打招呼时，叼着香烟或将手插在口袋里都是不礼貌的。如果打招呼时正在抽烟，应将香烟拿在手上，而不应该叼在口中打招呼。

（5）用打招呼的方式离开。离开聚会时，应该向组织者打招呼；离开朋友家时，要向主人打招呼；即使在集体聚餐的餐桌上暂时离开打电话或者去洗手间，也应该向旁边的人打招呼。离开办公室时，应该向你的上司打招呼；离开公务活动时，应该向邀请者打招呼。

（二）介绍礼

在人际交往中，人们经常会认识新朋友，介绍可以缩短人与人之间的距离，可以扩大自己的交际圈，为人与人的互相认识搭起一座桥梁。介绍是指经过自己主动沟通或通过他人从中沟通，从而使交往双方互相认识、增进了解的基本方式。根据介绍者的不同，可以分为自我介绍、他人介绍和集体介绍三种类型。

1. 自我介绍

这是最常用的一种介绍方式。当自己与他人初次见面时，将自己介绍给他人，使对方认识自己。

（1）自我介绍的时机。一般情况下，何时介绍与场合有关，在下面的环境中我们有必要进行适当的自我介绍：

① 在交往中与不相识者相处时。

② 有不相识者要求我们作自我介绍时。

③ 有不相识者表现出对自己感兴趣时。

④ 自我推荐、自我宣传时。

（2）自我介绍的内容。

① 在某些公共场合和一般性的社交场合，自我介绍的内容可以简洁一些，只需包括姓名一项即可。例如，“你好，我是 × ×。”“你好，我叫 × ×。”

② 在工作场合中，自我介绍包括姓名、工作单位、部门、职务等。例如，“你好，我叫××，是××公司的公关部经理。”

③ 在社会交往中，如有意与他人进一步交流沟通，内容需要详细一点，大致包括姓名、工作、籍贯、学历、兴趣及与对方的某些熟人的关系。例如，“你好，我叫××，在××工作。我是××的同学，我们是老乡。”

（3）自我介绍的注意事项。

① 抓住时机。在对方有空闲，情绪较好，又有兴趣时作自我介绍，这样既不会打扰对方，又能让对方很快记住自己。

② 态度自然。自我介绍时态度一定要自然、友善、亲切、随和，要镇定自信、落落大方、彬彬有礼，表现出自己渴望认识对方的真诚情感。任何人都以被他人重视为荣幸，如果你态度热忱，对方也会热忱。语气要自然，语速要正常，语音要清晰。在自我介绍时镇定自若，潇洒大方，有助给人以好感；相反，如果你流露出畏怯和紧张，结结巴巴，目光不定，面红耳赤，手忙脚乱，则会为他人所轻视，彼此间的沟通便有了阻隔。

③ 注意时间。最好能够简洁地进行一分钟自我介绍或不超过一分钟都行。为了节省时间，作自我介绍时，还可利用名片、介绍信加以辅助。

④ 注意方法。进行自我介绍，应先向对方点头致意，得到回应后再向对方介绍自己。如果有介绍人在场，自我介绍则被视为不礼貌。应善于用眼神表达自己的友善，表达关心以及沟通的渴望。如果你想认识某人，最好预先获得一些有关他的资料或情况，诸如性格、特长及兴趣爱好，这样在自我介绍后，容易融洽交谈。在获得对方的姓名之后，不妨口头加重语气重复一次，因为每个人最乐意听到自己的名字。

2. 他人介绍

又称第三者介绍，是指由第三者为彼此不相认识的双方所进行的引荐、介绍。他人介绍通常是双向的，也就是说，要把被介绍双方各做一番介绍。有时，也可以进行单向的他人介绍，即只把被介绍者中的某一方介绍给另一方，这样做的前提是前者认识后者，后者不认识前者。

（1）介绍时的顺序。为他人介绍时，要遵守“尊者优先”为原则，让位尊者先了解情况，以便见机行事，在交际中掌握主动权。

① 先把年轻的介绍给年长的。

② 先把职位低的介绍给职位高的。

③ 先把主人介绍给宾客。

④ 先把男士介绍给女士。

⑤ 先把未婚者介绍给已婚者。

⑥ 先把晚到者介绍给早到者。

（2）介绍时的注意事项。

① 介绍前，一定要征求一下双方的意见，切勿贸然行事，显得很唐突，让被介绍者感到措手不及。

② 介绍时，要注意介绍方式。在正式场合中，不宜直呼其名地介绍，而要使用诸如“王先生，请允许我向您介绍一下，这是我的上司李总”这样标准的句式。

③ 介绍时,应伸开手指,掌心向上,手指向上伸向被介绍人作示意(如图 2-1-1)。切忌用手指指点点。介绍时还可顺便介绍一下双方其他的情况,如单位、职务、籍贯或彼此的关系以活跃气氛。

④ 介绍人和被介绍人都应起立,以示尊重和礼貌;待介绍人介绍完毕后,被介绍双方应微笑点头示意或握手致意。

⑤ 在宴会、会议桌、谈判桌上,视情况介绍人和被介绍人可不必起立,被介绍双方可点头微笑致意;如果被介绍双方相隔较远,中间又有障碍物,可举起右手致意,点头微笑致意。

图 2-1-1 他人介绍示意图

⑥ 介绍完毕后,被介绍者双方应依照合乎礼仪的顺序握手,并且彼此问候对方。问候语有“你好、很高兴认识你、久仰大名、幸会幸会”等,必要时还可以进一步作自我介绍。

3. 集体介绍

集体介绍是他人介绍的一种特殊形式,被介绍者一方或双方都不止一人,大体可分两种情况:一是为一人和多人作介绍;二是为多人和多人作介绍。

(1) 集体介绍的时机。

① 规模较大的社交聚会,有多方参加,各方均可能有多人,为双方作介绍。

② 大型的公务活动,参加者不止一方,而各方不止一人。

③ 涉外交往活动,参加活动的宾主双方皆不止一人。

④ 正式的大型宴会,主持人一方人员与来宾均不止一人。

⑤ 演讲、报告、比赛,参加者不止一人。

⑥ 会见、会谈,各方参加者不止一人。

⑦ 婚礼、生日晚会,当事人与来宾双方均不止一人。

⑧ 举行会议,应邀前来的与会者往往不止一人。

⑨ 接待参观、访问者,来宾不止一人。

(2) 集体介绍的顺序。进行集体介绍的顺序可参照他人介绍的顺序,也可酌情处理。但注意越是正式、大型的交际活动,越要注意介绍的顺序。

① “少数服从多数”。当被介绍者双方地位、身份大致相似时,应先介绍人数较少的一方。

② 强调地位、身份。若被介绍者双方地位、身份存在差异,虽人数较少或只一人,也应将其放在尊贵的位置,最后加以介绍。

③ 单向介绍。在演讲、报告、比赛、会议、会见时,往往只需要将主角介绍给广大参加者。

④ 人数多一方的介绍。若一方人数较多,可采取笼统的方式进行介绍,如“这是我的家人”“这是我的同学”。

⑤ 人数较多各方的介绍。若被介绍的不止两方,需要对被介绍的各方进行位次排列。

排列的方法：A. 以其负责人身份为准；B. 以其单位规模为准；C. 以单位名称的英文字母顺序为准；D. 以抵达时间的先后顺序为准；E. 以座次顺序为准；F. 以距介绍者的远近为准。

（3）集体介绍的注意事项。集体介绍的注意事项与他人介绍的注意事项基本相似。除此之外，还应再注意以下两点：

① 不要使用易生歧义的简称，在首次介绍时要准确地使用全称。

② 介绍时要庄重、亲切，切勿开玩笑。

二、称呼礼貌，握手得体

《礼记·仪礼》道："言语之美，穆穆皇皇。"穆穆者，敬之和；皇皇者，正而美。就是说，对人说话要尊敬、和气，谈吐文雅。日常交往中，称呼之语能够表现出自身的教养，体现对他人的尊敬程度。称呼，即对他人的称谓，用来指代他人或引起他人的注意，反映出双方关系发展所达到的程度，促进人与人之间的良好交往。

（一）称呼礼仪

1. 称呼的方式

（1）性别称呼。在通常情况下，我们一般对男性称"先生"，对未婚女性称"小姐"，对已婚女性、职业女性以及年长但不明婚姻状况的女子称"女士"。

（2）姓名称呼。在工作岗位上称呼姓名，一般限于同事、熟人之间。有三种情况：一可以直呼对方的全名；二只呼对方的姓，在姓前加上"老、大、小"等前缀；三只呼其名，不呼其姓，通常限于同性之间，尤其是上级称呼下级、长辈称呼晚辈，在亲友、同学、邻里之间也可以使用这种称呼。

（3）职务或职称性称呼。以我们交往对象的职务或职称相称，以示身份有别和敬意有加。这是工作场合常见的一种称呼方式。具体有三种情况：一是仅称呼其职务或职称，如"厅长""教授"等。二是在职务或职称前加其姓氏，如"赵厅长""李教授"等。三是在比较正式的场合可在称呼前加姓名，如"张祥局长""李金教授"等。

重点提示：日常生活中，对于职务性与职称性称呼，我们还可采用约定俗成的简称，如"杨局长"简称为"杨局"，"刘工程师"简称为"刘工"等。但有时也要慎用，如"范局长"尽量不简称，以免让人联想为"饭局"。

（4）学衔性称呼。学衔性称呼往往会增强现场的学术性气氛，提高被称呼者学术的权威性。具体说有四种方式：一是仅称学衔，如"博士"等。二是在学衔前加姓氏，如"杨博士"等。三是在学衔前加姓名，如"杨华博士"等。四是为了强调对方的学科，用学科学衔称呼加姓名的称呼方式，如"法学博士杨华"等。

（5）行业性称呼。行业性称呼包括两种情况：一是直接以被称呼者的职业来称呼，如"老师""医生"等，此类称呼前均可加上姓氏或姓名。二是对商业、服务行业的人员可以使用约定俗成的称呼，如"女士""先生"等。行业性称呼，也可以在称呼前加上姓氏或姓名，或按职务加姓名加此种称呼的顺序进行称呼，如"厂长李军先生"等。

2. 称呼应注意的问题

（1）注意不同场合、不同行业的不同称呼。在社交场合，一般对男士称"先生"，对女性称"小姐""女士"；对不同行业的人，还可以采取相应的称呼，如在学校称"老师"，在企业称

“师傅”等。

（2）避免使用错误的称呼。称呼他人时，切忌粗心而出现姓名误读，如对“查”“盖”等这些姓氏望字猜音而发生错误，或对交往对象的年龄、辈分、婚否、职务等一些情况不清楚而错误称呼等。

（3）避免使用地域性的称呼。有些称呼具有地域性，如北京人喜欢称人“师傅”，山东人喜欢称人“伙计”等，但在南方，人们可能会把“师傅”当成“出家人”来理解。

（4）避免使用不适当的称呼。在一些正式的公关活动中，不要将私人间交往的称呼搬到大雅之堂，如尽量不要在正式场合使用“兄弟”“哥们儿”“姐们儿”“老兄”等一类的称呼。

（二）握手礼仪

美国著名盲聋女作家海伦·凯勒曾写道：手能拒人千里之外，也可充满阳光，让你感到很温暖……事实也确实如此，握手是一种语言，是一种无声的动作语言，在相见、离别、恭贺或致谢时，相互表示情谊、致意。握手，双方往往是先打招呼，后握手致意。握手是为了表示一种友好的交流，可以沟通思想、交流感情、增进友谊。热情、文雅、得体的握手能让人感受到愉悦、信任和接受，能够加深双方的理解、信任。因此，正确使用握手礼在各种社交场合非常重要。

1. 握手的方式

握手的标准方式，是行礼时行至距离握手对象约1米处，双腿立正，上身略向前倾，伸出右手，四指并拢，拇指张开与对方相握（如图2-1-2）。握手时应用力适度，上下稍许晃动三四次，随后松开手来，恢复原样。

图2-1-2　握手方式示意图

（1）神态。与人握手时，应神态专注，热情、友好、自然。在通常情况下，与人握手时，应面含笑意，目视对方双眼，并且口道问候。

（2）距离。握手之时，双方彼此之间的最佳距离为1米左右，因此握手时双方均应主动向对方靠拢。若双方距离过大，显得像是一方有意讨好或冷落一方。若双方握手时距离过小，手臂难以伸直，也不大好看。

（3）手位。握手时，手的位置至关重要。常见的手位有两种：

① 单手相握。以右手单手与人相握，是最常用的握手方式。单手与人相握时，手掌垂直于地面最为适当，称为“平等式握手”，表示自己不卑不亢。掌心向上，表示自己谦恭、谨慎，称为“友善式握手”。掌心向下，则表示自我感觉甚佳，自高自大，称作“控制式握手”。

② 双手相握。双手相握，即用右手握住对方右手后，再以左手握住对方右手的手背。这种方式，适用于亲朋故旧之间，可用以表达自己的深厚情谊。一般而言，此种方式的握手不适用于初识者与异性，因为它有可能被理解为讨好或失态。这一方式，有时亦称“手套式握手”。双手相握时，左手除握住对方右手手背外，还有人以之握住对方右手手腕、握住对方右手手臂、按住或拥住对方右肩，这些做法除非是面对至交，否则最好不要滥用。

（4）力度。握手时，为了向交往对象表示热情友好，应当稍许用力。与亲朋故旧握手时，所用的力量可以稍为大一些；而在与异性以及初次相识者握手时，则千万不可用力过猛。当对方久久地、强有力地握着你的手，且边握边上下晃动时，说明他对你的感情是真挚而热烈的；但对方握你手时连手指都不愿意弯曲，只是例行公事般地敷衍一下，没有任何力度，则说明对方对你的感情是冷淡的。另外，男士握女士的手时应该轻一点，不要握满全手，只要握住手指部分即可。

（5）时间。在普通情况下，与他人握手的时间不宜过短或过长。大体来讲，握手的全部时间应控制在3秒钟左右，握上一两下手即可。握手时两手稍触即分，时间过短，好似在走过场，又像是怀有戒意；而与他人握手时间过久，尤其是拉住异性或初次见面者的手长久不放，则容易引起误会或不快。

2. 握手的次序

在比较正式的社交场合，握手礼体现出来的最为重要的礼仪问题，就是握手时双方应由谁先伸手。握手时要遵守“尊者决定”的原则，具体如下：

（1）上下级之间。上级伸手后，下级才能伸手相握。

（2）长辈与晚辈之间。长辈伸出手后，晚辈才能伸手相握。

（3）男女之间。女士伸出手后，男士才能伸手相握。

（4）已婚者与未婚者之间。已婚者伸出手后，未婚者才能伸手相握。

（5）主人与客人之间。主人与客人见面时，应由主人先伸手；客人与主人告别时，应由客人先伸手。

（6）社交场合先至者与后至者之间。先至者伸出手后，后至者才能伸手相握。

3. 握手的禁忌

在人际交往中，握手虽然司空见惯，看似寻常，但是由于它可被用来传递多种信息，因此在握手礼时应努力做到合乎规范，并且避免下列行为。

（1）不可在握手时戴着手套。无论男女，在公共场合中，与人握手均不能戴手套，即使你的手套十分洁净也不行。但是有两种情况例外：一是在隆重的晚会上，女士穿着礼服，可戴着薄纱的长手套握手。二是军人、武警仪仗队员在执行公务时，可戴礼服所配手套行握手礼。

（2）不可在握手时争先恐后，而应当遵守秩序，依次而行。特别要记住，与基督教信徒交往时，要避免两人握手时与另外两人相握的手形成交叉状，这种形状类似十字架，在基督教信徒眼中是很不吉利的。

（3）不可用左手与他人握手。尤其是一些东南亚国家，如印度、印尼等，人们不用左手与他人接触，因为他们认为左手是不洁净的。

（4）不可在握手时戴着墨镜，只有患有眼疾或眼部有缺陷者方可例外。

（5）不可在握手时将另外一只手插在衣袋里。

（6）不可在握手时另外一只手依旧拿着东西而不肯放下，如仍然拿着香烟、报刊、公文包、行李等。

（7）不可以肮脏不洁或患有传染性疾病的手与他人相握。

（8）不可在与人握手之后，立即揩拭自己的手掌，好像与对方握一下手就会使自己受到“污染”似的。

（9）不可在握手时只递给对方一截冷冰冰的手指尖，像是迫于无奈似的。这种握手方式在国外叫作“死鱼式握手”，被公认为是失礼的做法。

（10）不可拒绝与他人握手。在任何情况下，都不能这么做。

三、鞠躬合式，拥抱合礼

（一）鞠躬礼

鞠躬即弯腰行礼，起源于中国商代，是一种古老而闻名的郑重礼节。鞠躬礼在东亚国家较为盛行，尤其是在朝鲜、韩国和日本。

鞠躬礼在生活中表示对别人恭敬，既适用于庄严肃穆、喜庆欢乐的礼仪场合，也适用于一般的社交场合。在一般的社交场合，晚辈对长辈、学生对老师、下级对上级、表演者对观众等都可行鞠躬礼。领奖人上台领奖时，向授奖者及全体与会者鞠躬行礼。演员谢幕时，对观众的掌声常以鞠躬致谢。演讲者也用鞠躬来表示对听众的敬意。

1. 鞠躬礼的礼仪准则

（1）受鞠躬者应还以鞠躬礼。

（2）地位较低的人要先鞠躬。

（3）地位较低的人鞠躬要相对深一些。

2. 鞠躬礼的具体要求

（1）立正站好，面带笑容，目视受礼者，保持身体端正，距受礼者2—3步。

（2）男士双手自然下垂，贴放于身体两侧裤线处；女士右手搭在左手上，双手下垂搭放在腹前（如图2-1-3）。

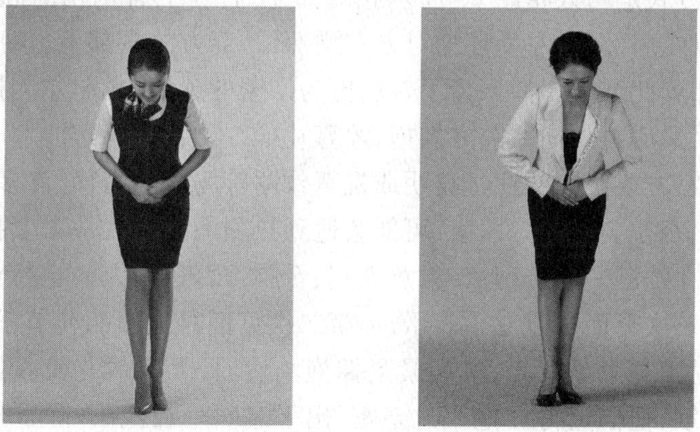

图2-1-3 女士鞠躬示意图

（3）以腰部为轴，以胸部带动整个腰部、肩部向前倾斜，前倾幅度越大表示对受礼者约尊敬，目光随身体向下，同时问候“您好”“欢迎您光临”等。

（4）根据施礼对象和场合，决定鞠躬的度数，确定下弯的幅度。一般有15度鞠躬礼，视线由对方脸上落至自己的脚前1.5米处；30度鞠躬礼，视线由对方脸上落至自己的脚前1米处；90度鞠躬礼。

（5）鞠躬时，弯腰速度适中，之后抬头直腰，动作可慢慢完成。

（6）鞠躬礼完毕起身时，双目应有礼貌地注视对方。

3. 鞠躬礼的错误方式

（1）不脱帽鞠躬。

（2）只弯头的鞠躬。

（3）不看对方的鞠躬。

（4）双腿没有并齐的鞠躬。

（5）驼背式的鞠躬。

（6）头部左右晃动的鞠躬。

（7）口里吃着东西或抽着烟鞠躬。

4. 鞠躬礼的注意事项

（1）正确的呼吸决定正确的鞠躬，随着上半身下弯吸气，弯下后数一、二、三吐气，接着一边吸气一边慢慢抬起上身。

（2）鞠躬不是单纯的点头，手要自然垂下，上半身向前直弯下去。

（3）鞠躬一次即可，不可连续地重复施礼。

（4）地位较高的人还礼时，可以不必鞠躬，可以欠身点头或握手还礼。

（5）不能边看着对方边鞠躬，或边工作边致礼。

（二）拥抱礼

拥抱礼是流行于欧美的一种见面礼节，亲友、熟人见面或告别之时，常常使用拥抱礼，并常与亲吻礼并用。拥抱礼不但在日常交往中常用，也在外交场合中常见。它和亲吻一样，也是通过身体某一部分的接触来表示尊敬和亲热。

拥抱礼的标准方式是两人相距 20 厘米相对而立，各自上身稍稍前倾，右臂偏上，左臂偏下，右手环拥对方左肩部位，左手环拥对方右腰部位，双方的头部及上身向左前方相互拥抱，礼节性的拥抱即到此结束。如果为了表达更为亲密的感情，在向左侧拥抱之后，头部及上身向右前方拥抱，最后再次向左前方拥抱，才算礼毕，一共三个回合。

拥抱礼多行于官方或民间的迎送宾朋或祝贺致谢等场合。当代，许多国家的涉外迎送仪式中，多行此礼。在拉美大部分国家，可能会遇到热烈的拥抱——紧紧拥抱，并在对方肩背上热情地拍打。在欧洲一部分国家，如意大利、希腊、西班牙，人们也行使这种拥抱礼节，商务交往中可能第一次见面多以握手表示，但第二次见面时迎接的礼节很可能是拥抱。在俄罗斯，男性好友见面先紧紧握手，然后紧紧拥抱。然而，大多数北美人如美国人，尤其男性对拥抱持否定态度，他们觉得拥抱太过亲密、出乎意料。在我国，除了外事活动以外，普通的社交场合一般不拥抱。当然，涉外交往中应十分注意尊重对方的民族传统和风俗习惯。有的国家和地区的人，见面时不喜欢拥抱，除了北美人之外，部分欧洲人、东方人（即大部分亚洲人），没有见面拥抱的习惯，而是觉得拥抱令人有些尴尬。

四、恰当展示名片

名片已成为人们社交活动的重要工具，是一种最常见的“介绍信”和“联系卡”，是一种经过设计、能表示自己身份、便于交往和开展工作的卡片。名片不仅可以用作自我介绍，而且还可用作祝贺、答谢、拜访、慰问、赠礼附言、备忘、访客留话等。

（一）名片的内容与分类

名片的基本内容一般有姓名、工作单位、职务、职称、通讯地址等，也有把爱好、特长等情况写在上面的，选择哪些内容，由需要而定，但无论繁简，都要求信息新颖，形象定位独树一帜。一般情况下，名片可分两类。

一类是交际类名片。除基本内容之外，可以印上组织的徽标，或可在中文下面用英文写，或在背面用英文写，便于与外国人交往。

另一类是公关类名片。公关类名片可在正面介绍自己，背面介绍组织，或宣传经营范围。公关类的名片有广告效应，使组织收到更大的社会效益和经济效益。

（二）名片的放置

一般说来，把自己的名片放于容易拿出的地方，不要将它与杂物混在一起，以免要用时手忙脚乱，甚至拿不出来；若穿西装，宜将名片置于左上方口袋；若有手提包，可放于包内伸手可得的部位。不要把名片放在皮夹内、工作证内，甚至裤袋内，这是一种很失礼的行为。另外，不要把别人的名片与自己的名片放在一起，否则，一旦慌乱中误将他人的名片当作自己的名片送给对方，是非常糟糕的。

（三）交换名片的礼节

1. 递送名片

（1）递送名片的顺序。名片的递送先后虽说没有太严格的礼仪讲究，但也是有一定的顺序的，一般是“客先主后，男先女后，身份低者先，身份高者后”。与多人交换名片时，应讲究先后次序，或由近而远，或由尊而卑，或顺时针进行，但一定要依次进行，切勿采用“跳跃式”给名片，以免对方误会厚此薄彼。

（2）递送名片的礼节。向对方递送名片时，应面带微笑，稍欠身，注视对方，将名片正对着对方，用双手的拇指和食指分别持握名片上端的两角送给对方。如果是坐着的，应当起立或欠身递送，递送时可以说一些：“我是××，这是我的名片，请笑纳”“这是我的名片，请多关照”之类的客气话。（如图 2-1-4）

图 2-1-4 递送名片示意图

在递名片时，切忌目光游移或漫不经心。出示名片还应把握好时机。当初次相识，自我介绍或别人为你介绍时可出示名片；当双方谈得较融洽，表示愿意建立联系时就应出示名片；当双方告辞时，可顺手取出自己的名片递给对方，以示愿结识对方并希望能再次相见，这样可加深对方对你的印象。

2. 接受名片

接受他人递过来的名片时，应尽快起身或欠身，面带微笑，用双手的拇指和食指接住名片的下方两角，态度也要毕恭毕敬，使对方感到你对名片很感兴趣，接到名片时要认真地看一下，可以说“谢谢！”“能得到您的名片，真是十分荣幸”

等等。接过后，一定要仔细看一遍，不懂之处当下请教。有时可以有意识地重复一下对方的姓名和职务，以示仰慕。然后郑重地放入自己的口袋、名片夹或其他稳妥的地方。切忌接过对方的名片一眼不看就随手放在一边，不要在手中随意玩弄，也不要拿在手中搓来搓去，否则会伤害对方的自尊，影响彼此的交往。

3. 索要名片

向他人索要名片时，不要直接开口，而是要含蓄地向对方仔细地询问姓名、单位、地址、电话等。如“××先生，今后想向你请教，怎样能找到你?”“××先生，今后怎样和你取得联系?”若对方愿意，一定会送给你一张名片。当他人索要本人名片，而自己又不想给对方时，应用委婉的方法表达此意。可以说：“对不起，我忘了带名片。”“抱歉，我的名片用完了。”若本人没有名片，又不想明说时，也可用这种方法表述。

4. 存放名片

对于所收到的名片要加以整理，分类存放在名片夹内，以便今后使用。不要将它随意夹在书刊、文件中，更不能把它随便地扔在抽屉里面。

存放名片要讲究方式方法，做到有条不紊。推荐的方法有：

(1) 按姓名拼音字母分类。

(2) 按姓名笔画分类。

(3) 按部门、专业分类。

(4) 按国别、地区分类。

(5) 输入商务通、电脑等电子设备中，使用其内置的分类方法。

【情境小结】

秘书于娜给天宇集团的王总一行留下了深刻又美好的印象，体现出良好的礼仪修养。见面过程中，于娜一直面带微笑，主动问好致意，热情、文雅、得体的握手让对方感到愉悦，加深了彼此的理解和信任。商谈时，恒盛集团陈总及其他代表，谈吐大方得体。商谈双方谈得很融洽，圆满成功，表示愿意建立合作关系，并交换了各自的名片。于娜姿态优雅，彬彬有礼，热情大方，表现出接待方的真诚，促进了商谈的圆满成功。

【知识链接】

手表的文化

1. 潮流与现状

在现代社会生活中，表已不再是奢侈品。随着“一人多表”现象的日趋普遍，人们对于手表的追求已不再满足于单一的计时功能，而是希望通过千变万化的表壳造型，形形色色的表盘设计，来拓展表的功能范围，增加手表的艺术品位，使其成为一种能体现个性、体现身份的新潮饰品。

早期的手表非常昂贵,除了计时以外,主要是被用来炫耀身份、地位的。随着人们生活水平的不断提高,科技发展的提速,手表已经普及,并且迅速被人们作为一个时尚焦点或者成功的象征。

与首饰相同的是,人们在社交场合所戴的手表往往体现其地位、身份和财富状况,因此人们在人际交往中所戴的手表,尤其是男士所戴的手表,大都比较引人瞩目。在正规的社交场合,手表往往被视同首饰,对于平时只有戒指一种首饰可戴的男士来说,更是备受重视。有人甚至强调说:"手表不仅是男人的首饰,而且是男人最重要的首饰。"在西方国家,手表与钢笔、打火机曾一度被称为成年男子的"三件宝",每个男人须臾不可离身之物。

2. 不同类型手表的介绍

机械表(上弦),大家最熟识的手表之一,机械表依靠手表机芯的上弦发条提供动力。机械表的特点:不需电池,使用寿命较长,走时准确。

石英表,利用电子技术的新一代自动计时手表。石英表的特点:走时精确,电池寿命比较长(2—4 年),超薄,超轻。

机械自动表,利用表壳里自动盘的旋转来驱动电能,并利用 IC 控制储存能量。需要利用平常手腕的运动来保持能量的产生。这种表的特点:运动就是能量,不需要电池更换,永恒动力。

光动能手表,能量来源是永恒的能源——太阳能。光动能手表的特点:自动储能,智能充电控制等。

3. 手表的选择与佩戴礼仪

佩戴手表若要正确无误,自然先要了解手表,并且善于选择手表。选择手表,一般应注重其种类、形状、色彩、图案、功能等五个方面的问题。

(1) 手表的种类。根据标准的不同,手表可以分为许多不同的种类。在社交场合,人们一般都是依据价格来区分其种类的。按照这个标准,手表可被分为豪华表、高档表、中档表、低档表等四类。以时价而论,豪华表价格在 10000 元以上,高档表在 2000 至 10000 元之间,中档表在 500 至 2000 元之间,低档表在 500 元以下。

选择手表的具体种类时,首先要量力而行,不要做力不从心的事。另外,还要同时顾及个人的职业、露面的场合、交往的对象和同时所选用的其他服饰等一系列相关因素。

(2) 手表的功能。计时,是手表最主要的功能。因此,正式场合所用的手表,不管是指针式、跳字式还是报时式,都应具有这一功能,并且应当精确到时、分,能精确到秒则更好。只精确到时的手表,显然不符合要求。有些附加的功能,如温度、湿度、风速、方向、血压、步速等,均可有可无,而且以无为好。总之,手表的功能要少而精,并要有实用价值。

(3) 手表的形状。手表的造型往往与其身价、档次有关。在正式场合所戴的手表,在造型方面应当庄重、保守,避免怪异、新潮,男士,尤其是位尊者、年长者更要注意。造型新奇、花哨的手表,仅适用于少女及儿童。一般而言,正圆形、椭圆形、正方形、长方形以及菱形手表,因其造型庄重、保守,适用范围极广,特别适合在正式场合佩戴。

(4) 手表的图案。除数字、商标、厂名、品牌外，手表上没有必要出现其他没有任何作用的图案。选择使用于正式场合的手表，尤其需要牢记此点。倘若手表上图案稀奇古怪、多种多样，不仅不利于使用，反而有可能招人笑话。

(5) 手表的色彩。选择在正式场合所戴的手表，其色彩应力戒繁杂凌乱，一般宜选择单色手表、双色手表，不应选择三色或三种颜色以上的手表。不论是单色手表还是双色手表，其色彩都要清晰、高贵、典雅。金色表、银色表、黑色表，即表盘、表壳、表带均有金色、银色、黑色的手表，是最理想的选择。金色表壳、表带，乳白色表盘的手表，也能经得住时间的考验，在任何年代佩戴都不会落伍。

4. 不宜佩戴的手表

在比较正式的交际场合，成年人通常不应佩戴以下不符合礼仪规范的手表。

(1) 失效表，即计时不准确，或是不能计时的手表。戴着这种手表滥竽充数，不仅没有多大作用，有可能误事，而且还会给人没有时间观念的感觉。

(2) 劣质表，即糙钢、塑料质地与做工低劣的手表。这种手表平日戴着尚可，但在正式场合千万不要戴着它去凑合，这一着"不慎之棋"，极有可能会败坏服饰的整体效果。不一定非要戴名牌表，但在力所能及的情况下，应选戴质地与做工稍好一些的手表，以确保自己在必要之时"分秒必争"，"分秒不差"。

(3) 怀式表，又叫怀表、袋表、链表。这是一种极具古典浪漫风格的手表，但是"古调虽自爱，今人多不弹"。在今天使用怀式表，虽意味着怀旧，但已与"只争朝夕"的时代气息格格不入，而且也难以与日常所穿戴的服装搭配。

(4) 广告表，即用作广告宣传的手表，在正式场合佩戴广告表，不仅有可能被人理解为自己是在替人进行广告宣传，还会给人以爱占小便宜之嫌，所以最好不要戴广告表。

(5) 卡通表，即以卡通图形为主制造而成的手表。它属于时装表，可用以同时装、便装搭配，多受少女、儿童的欢迎，但不能与正装搭配，不适合在庄重、严肃的场合佩戴，尤其不适合成年男子佩戴。

(6) 世界表，即可用以同时显示外地或世界各地时间的手表。戴这种不发挥真正的计时作用的手表的人，常常被人当成不切实际、见异思迁，随时想露两手，但又机会无多的可怜的梦想家。

【拓展训练】

一、案例分析

[案例一]

一次，某外贸公司李经理(女)到某服装公司商谈业务。该服装公司张秘书带领李经理去见销售部王经理(男)。见面后，张秘书这样介绍李经理："王经理，这是某某公司的李小姐。李经理，这是我们公司销售部王经理。"当时，李经理听了心中不悦。

请问李经理为什么心中不悦？

[案例二]

宏远公司与某地产公司合作共建一办公楼,双方均有合作的意向。现公司王副总经理(男)就大楼的地点和规模等问题和对方宋副总经理(女)进行商谈,为此双方第二次见面。见面时,王总紧紧握住宋总的手久久不放,并不停地说一些宋总的服装漂亮之类的话。这时,宋总面色尴尬。

请问宋副总经理为什么觉得尴尬?

二、案例实践

[案例一]

王锐是安达集团的员工,这次要去外地出差,同事拜托他去看望一位老朋友薛华,并捎一些土特产给薛华。王锐从未见过薛华,薛华也不认识王锐,王锐特意带上名片前往约见薛华。

实训要求:请同学分别扮演王锐和薛华,表演两人见面的情景。

[案例二]

小杨与小杜是大学同学,他们同时就职于一家大型集团公司,但不在同一部门。由于平时工作繁忙,二人基本碰不上面。年终全体员工都要参加一年一度的聚会,这时候小杨和小杜相遇了。

实训要求:请模拟下面两种相遇场景,并分别运用恰当的见面礼节。

1. 两人在大学里非常要好,这次他们远远地看到对方。

2. 两人在同一年级但不在同一班级,彼此认识,这次他们近距离地相遇了。

三、实践训练

1. 致意。

点头的规范做法;微笑的规范做法;握手的规范做法。

2. 问候、称呼。

模拟遇到一个人时,用"你好""李同学,你好""赵先生,你好""钱小姐,你好"打招呼。模拟同时遇到几个人,可用"你们好"或按身份先高后低的顺序打招呼。另外,"早上好""晚上好"等是用在不同时间的问候。

3. 以小组为单位,进行自我介绍、他人介绍、集体介绍。

4. 训练不同幅度的鞠躬,两个同学彼此鞠躬,保持微笑,并控制好鞠躬的速度。

5. 为自己制作名片,并与同学互相进行名片交换训练。

学习情境二 公共场所礼仪

敬人者，人恒敬之。

——孟子

【情境导入】

星地贸易公司是恒盛集团公司旗下的子公司，也是全国很有影响的进出口贸易公司，目前在全国范围30多个城市拥有贸易分公司。恒盛集团公司陈总经理为了进一步扩大公司在全国范围内的影响，决定带领秘书于娜去北京、上海等几个在全国颇有影响的城市，考察分公司的运营情况。按照陈总经理的要求，于娜将要进行此次出行的准备工作。假如你是于娜，在公共场所应该知道哪些礼仪知识呢？

【知识分享】

一、交通礼仪

在日常生活中，交通出行是必不可少的出行方式。在不同的交通载体下，我们都应该遵循交通礼仪，文明出行。

（一）徒步行走

在公共场合步行时，要自尊自爱，以礼待人。走路时要遵守交通规则，也应当遵守基本的礼仪要求。

1. 遵守规则

（1）在道路上行走时，自觉地走人行道，不要走行车道，还应让出专用的盲道。无人行道时，应尽量选走路边。

（2）遵守靠右的原则行走，不可逆行左侧一方。

（3）二人同行，不应勾肩搭背，夫妻或恋人不可出现搂抱、亲吻等不雅举止，不能表现得过分亲密。

(4) 多人同行时,不宜并排行走,不宜边走边谈,要保持一定的速度,不能行走太慢,以免阻挡后面的人,应该选择安静的地方谈论正事。

(5) 走路时,避免吸烟、吃零食等行为,废弃物品应投入专用垃圾箱。

(6) 自觉爱护公共场所的各种设备、物品,不要攀折树木、采折花卉、涂鸦划痕,不能践踏绿地、草坪。

2. 讲究顺序

在与客人、长辈等同行时,还应注意礼宾顺序。如果并排行,则里为上,外为下,即请客人、长辈走在里侧;如果是单排行进,则前为上,后为下,即请客人、长辈走在前面;如果是三人或三人以上并行,则中间为上,两侧次之,即请客人、长辈走在中间。

3. 合乎礼节

(1) 熟人相遇,要问候,要用恰当的方式与对方打个招呼。对不相识的人,如正面接触,也应该点头友好示意。

(2) 有人问路时,应真诚相助,不要不理睬。向他人问路,事先要用尊称,事后要微笑致谢。

(3) 遇到老弱病残者,或盲人、孕妇、孩子有困难时,应主动上前帮助,不要歧视,更不要讥讽或呵斥。

(4) 通过狭窄的路段时,应请他人先行。在拥挤处不小心碰到别人,要立刻说"对不起",对方应答以"没关系"。

(二) 乘坐汽车

1. 乘坐公共汽车

公共汽车是人们最常用的交通工具,方便又实惠,平时上下班,或者双休日上街购物,都可以选择乘坐公共汽车。乘坐公共汽车,应讲究以下礼仪。

(1) 依次上车。在公共汽车起点站,乘客应自觉排队等候,依顺序上车。到终点站,车靠站停稳后,要先下后上或从前门上后门下,应主动让老弱病残、妇女儿童先上。上了车的乘客应酌情向车厢内移动,不要堵在车门口,以免妨碍后面的乘客上车。

(2) 主动购票。乘客上车后应主动购票或出示月票。下车前,应自觉地向售票员出示车票、月票。乘坐无人售票车时,应将事先准备好的钱币自觉投入箱内。

(3) 座次尊卑。在公共汽车上,座次尊卑的一般规则是:前座高于后座,右座高于左座;距离前门越近,其座次便往往越高。在有的公共汽车上,座位被安排在通道两侧。碰到这种特殊情况时,一般应以面对车门的一侧为上座,而以背对车门的另一侧为下座。乘坐大客车时,越靠前的座位越平稳舒适,除了副驾驶位以外,应当让领导及体弱或年长者坐到前排。

(4) 互谅互让。在车上遇到孕妇、病人、老人和抱孩子的妇女,有座位的年轻乘客应主动让座。当他人给自己让座时,要立即表示感谢。车上人多时,乘客之间难免拥挤和碰撞,乘客都应表现出高姿态,互相谅解,尽量与他人的身体保持一段距离。万一因为车辆摇晃或自己不小心碰撞、踩踏了别人,应立即道歉。反过来,他人因此向你道歉,就应该大度地表示"没关系"。

(5)文明乘坐。上了公共汽车后,应该将随身所带的物品放到适当的位置,不要把它放在座位上或挡在过道上。雨雪天上车后，应把雨伞、雨衣等雨具放入塑料袋中，或提前抖掉身上的雨水和雪花，以免弄湿其他人。不要把腿伸在过道上，有人从身旁通过时，应主动侧身相让。下车提前准备，如需他人让路，应有礼貌地先打一声招呼，或说“借过”“劳驾”。后下车的乘客应主动给先下车的乘客让道。不在车内大声喧哗，更不应嬉笑打闹。与恋人或配偶一同乘车时，举止不宜过于亲密。

(6) 安全卫生。乘客应注意乘车安全，例如，不要在车上打毛衣，不要将雨伞尖对着他人，以免误伤其他乘客。乘客还应尊重司机、售票员的劳动，不要在车上抽烟，不要随地吐痰、乱扔果皮和纸屑。不要在车上吃东西，特别是那些汁水多或容易掉渣的东西，以免弄脏车子或他人的衣物。

2. 乘坐小轿车

鉴于安全、舒适、方便等因素，轿车座位被规定了尊卑、主次之分。乘坐轿车给工作和生活带来了巨大的便捷，同时，乘坐轿车需要保持风度、以礼待人。

(1) 姿态优雅。上车下车，看似简单，其实大有学问，对于女士而言，则尤显重要。女士上下轿车，要采用背入式或正出式，即将身子背向车厢入座，坐定后随即将双腿同时缩入车厢。如穿长裙，在关上门前应先将裙子理好；准备下车时，应将身体尽量移近车门，车门打开后，先将双腿踏出车外，然后将身体重心移至双脚，头部先出，再把整个身体移离车外(如图 2-2-1)。这样可以有效避免“走光”，也会显得姿态优雅。如穿低胸服装，不妨加披一条围巾，以免弯身下车时出现难为情的局面，也可利用钱包或手袋轻按胸前，并保持身体稍直。

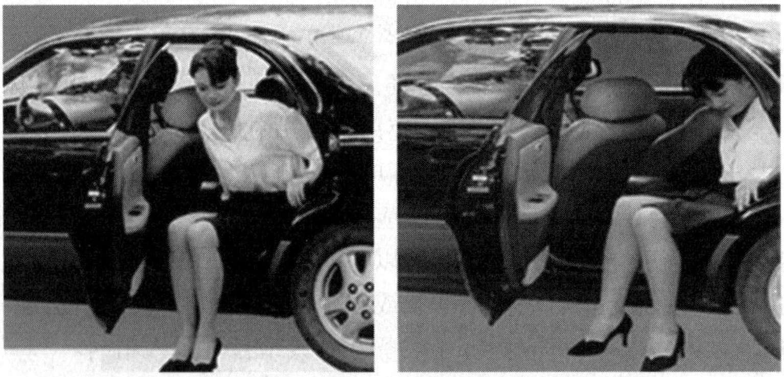

正确的姿势　　错误的姿势

图 2-2-1　女士下车姿势图

(2) 座次有别。在比较正规的场合，乘坐轿车时要分清座次的尊卑，并在自己合适之处就座。乘坐轿车时，最尊贵的座位是与司机成对角线的后排靠右的座位(左向行驶的国家或地区，则为后排左侧座位)，因为这个座位既安全又方便。其次是后排左侧、后排中间、前排副驾驶位。而在非正式场合，则不必过分拘礼。

座次礼仪规则可概括为“四个为尊，三个为上”。“四个为尊”是客人为尊、长者为尊、领导为尊、女士为尊，此四类人应为上座；“三个为上”是方便为上、安全为上、尊重为上，以这三个原则安排座次，其中“尊重为上”原则最重要。

一般来说，如果驾驶者是轿车的主人，座位的尊卑顺序是：前排座为上，后排座为下；右为尊，左为卑。这种坐法体现出“尊重为上”的原则，体现出客人对开车者的尊重，表示平起平坐,亲密友善。乘坐主人驾驶的轿车时,最重要的是不能冷落主人,也就是不能令前排座位"虚位以待",一定要有人坐在那里,以示相伴。由男士驾驶自己的轿车时,若夫人或女友在场,她一般应坐在副驾驶座上。

由专职司机驾驶轿车时,通常讲究右尊左卑,座次是后排为上,前排为下。这时候上座是司机后座,因为该位置的隐秘性好,而且是车上安全系数较高的位置。这时候,副驾驶座也叫随员座,通常坐于此处者多为随员、译员、秘书等,一般不应让女士坐于专职司机驾驶的轿车的前排座,孩子与尊长也不宜在此座就座。(如图 2-2-2)

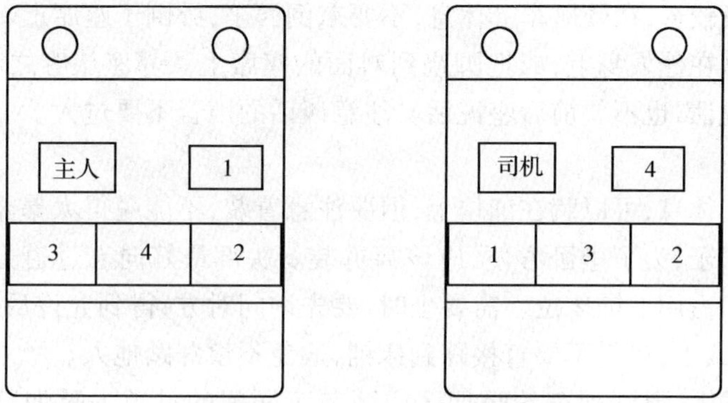

图 2-2-2 小轿车座次示意图

(3) 主随客便。通常在正式场合乘坐轿车时,应请尊长、女士、来宾就座于上座,这是给予对方的一种礼遇。然而,更为重要的是,不能忘了尊重客人的意愿和选择,并应将这一条放在最重要的位置。必须尊重客人对轿车座次的选择,即便对方不明白座次,坐错了地方,也不要轻易对其指出或纠正。这时,务必要讲"主随客便"。

(三) 乘坐火车

1. 有序候车

在火车候车大厅内,携带的物品要放在座位下方或前部,不抢占座位或多占座位,不要躺在座位上使别人无法休息。因火车停靠时间短,乘火车要提前到站。乘坐火车,均应预先购票,持票上车。万一来不及买票,应上车时预先声明,并尽快补票。如果需要进站接送亲友,需要购买站台票。

候车时,要爱护候车室的公共设施,不要大声喧哗,保持候车室内的卫生,不要随地吐痰,吃东西时最好将垃圾放进一个塑料袋里,不乱扔果皮纸屑,也不要把水倒在地上。

2. 排队上车

检票时要自觉排队,不要拥挤、插队。进入站台后,要站在安全线后面等候。要等火车停稳后,方可在指定车厢排队上车。上车时,不要拥挤、插队,不应从车窗上车。有次序地进入车厢,并按要求放好行李,行李应放在行李架上,不应放在过道上或小桌上。还要注意携带行李是有定量的。

3. 位次尊卑

距离火车头愈近的车厢,其位次便愈高。距离车厢中部越近的包厢、铺位或座次,其位次便愈高。皆以面对火车行进方向的一侧为上位,而以背对火车行进方向的另一侧为下位。卧铺则以下铺高于中铺,中铺高于上铺。在同一排座位之中,以临窗者为上座,以临通道者为下座。在同一行座位之中,则以右座高于左座。

4. 座席礼让

在火车上要对号入座,不要抢占认为好的座位。主动帮助老人、孩子、病人、孕妇、残疾人等特殊旅客。放置行李应相互礼让,与人方便,较大行李应放在行李架上。当身边有空位时,尽量让给没有座位的人,切莫图自己的舒适多占座位。

火车行程一般较远,在硬座车上休息,不要东倒西歪,卧倒于座席上、茶几上、行李架上或过道上。不要靠在他人身上,或把脚跷到对面的座席上。邻座旅客之间可以进行交谈,但不要隔着座位说话,也不要前后座说话。注意谈话的声音不要过大。

5. 卧铺休息

在卧铺车厢上休息,可以躺在铺位上,但要注意着装,不能脱得太暴露。女性在夏天乘坐火车时不要穿裙子,为了坐卧方便,应该穿裤装。头部最好向着过道方向。上铺和中铺的旅客不要长时间占用下铺床位。需要坐时,要先询问对方,得到允许后,要道谢。上下床铺时,应从扶梯上或下,尽量不要直接踩到床铺,避免不慎踩踏他人。

有吸烟习惯的人,要到列车的吸烟区或两节车厢间的过道去吸烟,车厢内禁止吸烟。睡眠时要锁紧房门。

6. 用餐须知

在火车餐车用餐,应节省时间。用餐后,尽快离开,以方便更多的人用餐。在车厢内用餐,也要节省时间,不要长时间占用茶几,也不要摆放过多的食物在茶几上。避免携带气味刺鼻的食物。餐后的垃圾应装在垃圾袋里面。

在火车上是可以喝酒的,但只是为了促进饮食,不能像在饭店里一样推杯换盏、猜拳行令,尤其要注意的是,千万不要酗酒。由于火车所能承受的垃圾数量有限,所以最好少吃零食,尤其是一些皮壳较多的零食,不太适合在火车上食用。

7. 车上交际

火车上乘客一般较多,避免不了与他人交际,可以主动问候,报以微笑,可以与邻座轻声交谈。要注意交谈适度,避免喋喋不休、高谈阔论。下车时,要提前做好准备,避免手忙脚乱,忘记物品。如果与他人一路聊了很多,下车时要与人道别。下车时应自觉排队等候,不要拥挤,或是踩在座椅背上强行从车窗下车。

(四) 乘坐飞机

信息时代,交际往来日益频繁,飞机已成为较普通的交通工具。在交通出行中,乘坐飞机是最快捷省时的方式。飞机的个人空间不如火车、轮船等宽敞,遵守礼仪更是必不可少。

1. 提前到达,注意时间

国内航班起飞前半小时停止办理登记手续,国际航班起飞前 1 小时停止办理登记手续,因此应尽早到达机场,在飞机起飞前 1—3 小时到达机场。国内航班一般提前 1 小时到达机场较为适宜;若是出境,因手续繁杂,团队需要提前 3 小时,散客需要提前 2 小时到达机场。抵达机场后,凭身份证和机票前往机场前台办理更换登记牌手续。

2. 物品携带，遵守规定

办理登机手续时，要将欲携带的行李过磅，如有需要托运的行李，可办理相关手续。飞机物品的携带或托运，需要遵守相关的规定。

（1）不能携带或托运的物品。各类枪支械具及其仿制品、各类炸药、爆破器材、火药制品以及其仿制品；管制刀具；易燃、易爆物品（氢气、氧气、汽油、煤油、柴油、酒精及各类氧化剂等），毒害品（剧毒农药等物品），腐蚀性物品（硫酸、盐酸等）；放射性物品等。

（2）不能携带但可托运的物品。各类生活、专业、演出刀具、斧、锤等锐、钝器。

（3）限量携带物品。发胶、衣领净、香水、杀虫剂、空气清新剂、打火机、酒类、碳酸饮料、矿泉水、牛奶、果汁等液态物品。

3. 接受安检，机场候机

（1）在办理登机牌后，要进入候机室（厅）等候，在通过候机室（厅）时需要进行边检、安检。在安检员的引导下，将金属物品、钱包、钥匙、手机、手表及随身携带的物品放置在安检盒里，从人身安检区通过，接受人身安检。

（2）安检结束后，整理好随身携带的物品及行李，在规定的候机室（厅）候机。在候机过程中，保持安静，不要大声喧哗，不要占用座位，不吸烟，垃圾及时放入垃圾箱里。

4. 对号乘坐，讲究细节

（1）进入机舱后，要对号入座，如找不到座位，可将位卡交给空乘人员。座位是依照姓氏的英文前缀来编排座次的，如同行者无法毗邻而坐，应请空乘人员代为协调，勿未经同意就坐在别人位置上。

（2）将行李放置妥当，小背包要放在行李置物柜，小件物品要放好，免得行李柜打开时物品掉落。手提包可放在椅座下方，勿占用走道。飞机未停稳当，不要抢先打开行李舱取行李，以免行李坠落伤人。

（3）飞机起飞前，要关闭手机、手提电脑等无线电设备。按照空乘人员的演示动作，扣紧座位安全带。不乱动飞机上的安全用品及设施。需要找乘务员时，可以按呼唤铃，不宜大声喊叫。

（4）衣着整洁、得体，不随便脱掉鞋子。看书报时，注意手臂与手肘的位置，尽量不占用旁边乘客的空间。进餐时，主动将座椅椅背调至正常位置，以免影响后排乘客进餐，用餐时间，不要在座位间进出行动。

（5）注意不影响他人。使用耳机听音乐，要调整好音量。与邻座乘客可以礼貌地打招呼或稍作交谈，但不应影响对方的休息。如果晕机想呕吐，可以将前面椅背上的带子里的口袋，拿出来套在嘴上，以免呕吐物溅出。

（6）不要长时间占用洗手间。进入洗手间应注意门上的标示，若为 OCCUPIED，表示正在使用中；VACANT，则表示无人，可以入内，并记得将门锁上，使用后要按 FLUSH 键冲水。洗好手后，要将洗水槽四周擦干，以便下位使用者使用。

（7）飞机着陆前 15 分钟至 30 分钟，应收起前排座位后面的小桌板，将报纸杂志有序地放入插袋中。待飞机平稳着陆停稳后，解开安全带，打开手机电源，按顺序走出飞机舱门。上下飞机时，对空中乘务员的迎送问候都应有所回应。

(8) 遇到航班晚点或临时迫降在其他机场,不要惊慌失措,要保持镇静,配合乘务人员的工作。

(五) 乘坐轮船

轮船作为水上交通工具,跟汽车、火车、飞机等其他交通工具相比,历史最为悠久。轮船因价格实惠、可携带较重物品、活动空间较大等优势,受到不少人的青睐。乘坐轮船也需遵守一定的礼节。

(1) 要有秩序地上船,对号入座,不要抢占铺位。

(2) 不能在客房里吸烟。万一轮船起火,大家将无处可逃。到甲板上允许吸烟的地方吸烟。

(3) 不要在甲板上大声唱歌或喧哗,也不要追逐打闹,这样是很危险的。

(4) 晕船者在上船前或乘船中应该服用止晕药。实在忍不住要呕吐时,要到卫生间去或吐到塑料袋中。

(5) 在船上,凡标明"乘客止步"的地方都不能去,那多半是船员工作或休息的地方,不可打扰他们。船上各种电路、开关很多,绝对不能随意触动。

(6) 上下船不得拥挤,有时舷梯较陡,跳板不稳,注意礼让行动不方便的乘客,以免发生危险。

(六) 乘坐地铁

在大中城市生活,地铁是一种非常快捷的现代交通工具,给出行带来极大的方便。不过我们在享受地铁带来的方便的同时,也应遵守乘坐地铁的礼仪及规定。

1. 地铁扶梯礼仪

乘坐扶梯时,注意遵守右侧站立,左侧通行的原则,无论是上行还是下行,乘客都要站在右边,把左边让出来给一些急于赶路的人。要站在黄色安全线内候车,不能倚靠屏蔽门。排队上车,先下后上,不抢座。

2. 地铁车厢礼仪

(1) 注意安全,车门或屏蔽门关闭后,禁止扒门;乘车时禁止手扶、挤靠车门;禁止在车内追逐打闹。

(2) 主动给老、弱、病、残、孕及其他需要帮助的乘客让座。

(3) 尽量保持安静,不在地铁里高声攀谈或大声打电话;不大声播放音乐。

(4) 在高峰时刻,人较多,车厢拥挤,不要堵在门口,阻碍他人上下车,尽量往里面走。

(5) 下雨天,雨伞或其他物品应该收好,不能弄湿他人的衣服。一些尖锐的器具,不能带上地铁,以免误伤他人。

(6) 携带行李时,不能把行李放在旁边的座椅上;背着大背包时,要注意避免堵塞通道。

(7) 地铁里,不能吃零食或早餐,也不能吸烟,这样容易影响其他乘客。

3. 乘客仪态礼仪

古人云:"站如松,坐如钟。"不论是站还是坐,都要端正,展现良好的精神风貌,这是现代礼仪的基本要求。在地铁这样的大众交通工具上,不要东倒西歪,这样的形象让人难以接受。

（1）站姿礼仪。在地铁车厢里应该保持端正的站姿，给人挺直的感觉。不要将双脚大大叉开，如果你不能保持平衡，可以抓住扶手或吊环。但注意不要将身体靠在竖立的钢杆上，或是抱住它不放，这些失礼的动作无疑会“侵占”其他乘客的空间。如果站立过久，支持不住时，可以将左脚与右脚的间距放宽些，或者将一只腿稍稍弯曲，以缓解疲劳，但腿叉开过大就显得很不雅了，而过于弯曲也容易造成身体的倾斜，妨碍到别人。

（2）坐姿礼仪。坐在座位上，也不要有无精打采、自由散漫的姿势。双腿随意乱晃、跷二郎腿、把脚伸到走道上，都是很不文明的行为。对于女性乘客来说，并腿而坐的优雅坐姿尤为重要，稍不留心就仪态尽失了。男性乘客则要注意不可叉开两腿仰靠在椅背上，不要不断地抖动双腿，或歪向一侧。特别是当身边坐着女性乘客时，两腿自然垂放，两手放于身前，身体端正才是最具风度的坐姿。

（七）乘坐电梯

如今电梯已经广泛应用于日常生活的每一个角落，无论是上班还是回家，或者是逛商场，都需要借助电梯。乘坐电梯时，必须遵守一定的礼仪规范。

电梯可以分为自动扶手电梯和升降的厢式电梯两种大类。电梯使用的场合不同，遵循的礼仪也有些不一样。乘坐自动扶梯时，需要靠右侧站立，以便有急事的人从左侧通行；如须从左侧急行通过时，应向给自己让路的人致谢。坐自动扶梯上楼时，不适用“女士优先”原则，下楼时才可让女士先请，因为电梯上行时，走在后面的男士的视线正好落在女士的臀部上，这会让女士感到不舒服，属于失礼行为。

目前，升降的厢式电梯基本采用无人管理式，在这种情况下，更需熟知电梯礼仪，表现出应有的风度。乘坐厢式电梯，需要注意以下几个方面的礼仪规范。

1. 等候电梯

如果在电梯门口处有很多人等候，请勿挤在一起或挡住电梯门口，以免妨碍电梯内的人出来。要在电梯的左边等候，方便乘客下电梯。当电梯超重时，最后上来的人要主动下去。

2. 主动按键

如果电梯门即将关上，但还有人没进来，应该按住开门键，等后面的人进来。先进入电梯的人按住“开门”按钮，只需轻轻触摸按钮，避免多次重复按键。

下属或晚辈应主动操作按键，同乘电梯位次最低的人站在此处。

3. 出入顺序

（1）进入无人管理的厢式电梯时，尊长、女士、客人先进先出，也可以主方或陪同方先进后出，并注意按住“开门”按钮，防止电梯门提前关上。

（2）与不相识者同乘电梯时，进入要讲先来后到，出来则是由外及里依次而出，先出后进。

（3）一般情况下，靠电梯最近的人先上电梯，然后为后面进来的人按住“开门”按钮。电梯里尽量站成“凹”字形，以便让别人出去。

4. 电梯位置

愈靠内侧是愈尊贵的位置，因此可以让尊长、女士、客人先进电梯，并站在内侧位置（如图 2-2-3）。

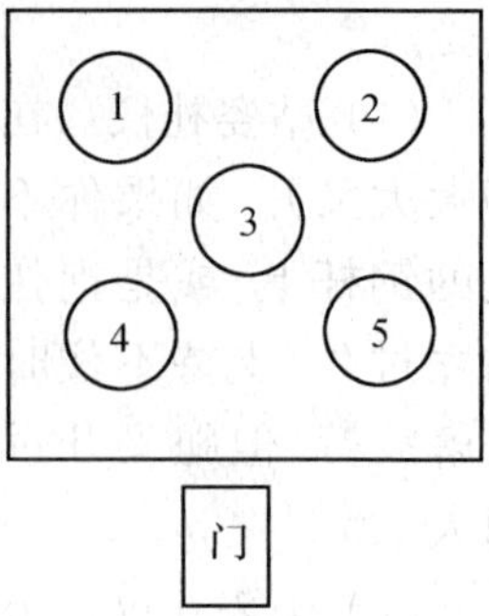

图 2-2-3　厢式电梯位次图

5. 共乘电梯

（1）与上司共乘电梯。

① 下属应该站在电梯口处，以便在开关电梯时为上司服务。而上司的理想位置是在对角处，以使得两人的距离尽量最大化，并卸下下属的心理负担。

② 因电梯空间很小，所以讲话时最好不要有手部动作，更不能指手画脚，动作过大。

③ 打破沉默并不是下属的专利，上司也可利用这几十秒钟增进对下属的了解。

④ 如果上司正在思考或明显不想开口，那非要找个话题也完全没必要。

（2）与客人共乘电梯。

① 陪同客人来到电梯口，要先按电梯呼梯按钮。轿厢门打开时，若客人不止一人，可先行进入电梯，一手按开门键，另一手按住电梯侧门，礼貌地说“请进”，请客人进入电梯轿厢。

② 进入电梯后，按下客人要去的楼层按钮。若电梯行进中有其他人员进入，可主动询问要去几楼，帮忙按下。电梯内可视状况是否寒暄，例如没有其他人员时可略做寒暄，有外人或其他同事在时，可斟酌是否有必要寒暄。电梯内尽量侧身面对客人。

③ 到达目的楼层时，一手按住开门键，另一手做出请的动作，可以说“到了，您先请！”客人走出电梯后，自己立刻步出电梯，并热诚地引导行进的方向。

6. 注意事项

（1）要注意安全。电梯关门时不可强行扒门，或是强行挤人。如人数超载时，要主动礼让。

（2）不要伸长胳膊去按电钮，可请靠近楼层显示屏的乘客替你按。

（3）在电梯里讲话时不宜盯着对方的眼睛不放，目光可适当下移，以嘴巴和颈部为限。

（4）酒后或吃大蒜后，最好嚼块口香糖再上电梯，而香烟则应在上电梯前掐灭。

（5）进入电梯后应立即转身面对电梯门，避免与他人面对而立。

（6）依序进出，遇到老、幼、病、残、孕者，应让他们先行。

（7）拎着鱼、肉等物品时，要包裹严密，尽量放在电梯角落，防止蹭到他人身上。

（8）独自乘坐电梯时，要保持自律，不可有粗鲁的举止和不雅的举止，不要对镜整装、补妆。

（9）在没有明令禁止宠物乘电梯的地方，小宠物应由主人抱起乘梯，大宠物应在没有其他乘客的情况下方可由主人带乘电梯。

（10）应该让残疾人站在离电梯门最近的地方，当他们上下电梯时，应为他们扶住门。

二、街头礼仪

漫行在城市的街头，礼仪让你举手投足间成了一道风景，在城市的喧嚣下折射出个人的素质与修养。

1. 街道行走

(1) 行走路线固定。一个人独步街头,行走的路线应尽量成为直线。如果不是寻找失物,就不要在行进中左顾右盼,东张西望。

(2) 遵守行走规则。步行要走人行道,行人靠右,并且让出盲道。过马路宁停三分,不抢一秒,走人行横道、天桥或地下通道,切忌图快捷翻越绿化带、隔离栏。

(3) 行走要有风度。男女同行的时候,男士应该主动走在靠近街心的一边,让女士靠自己的右侧行走。恋人同行,不要勾肩搭背、搂搂抱抱,女士只能轻挽住男士手臂。街上行走时,随带物品最好提在右手上,若有同龄男士在,物品应由男士代劳。

(4) 约束不良行为。行走时不要吃食物。不要在路上久驻攀谈或是围观看热闹,更不能成群结队在街上喧哗打闹。

2. 上下台阶

(1) 行走讲究次序。上下台阶,应注意一步一阶,不可并排而行挡住后人;上台阶时,应让尊者或女士走在前面;下台阶时,尊者或女士应走在后面。

(2) 上下注意安全。雨天地面潮湿,台阶容易湿滑,上下台阶不可推搡前面的行人或硬行抢道。

3. 驾车出行

(1) 在城市交通中,行车应严格遵守交通规则,做到红灯停、绿灯行、不违章。

(2) 注意礼让。尊重他人的行路权,当前方出现人行横道时,要减速慢行。有人要过马路,要停车礼让。雨天路过有积水的地方时,要减速慢行,以免把水溅到行人身上。应该礼让需要并线的车。

(3) 在雨雪天气中,应尽量减速慢行,以免发生交通事故。夜间不应打开远光前车灯,以免给对面会车司机造成视觉干扰。

(4) 慎重鸣笛。除了在禁止鸣笛的地方不能鸣笛外,还要注意在住宅区、校园、医院等地方尽量不鸣笛。

(5) 在车内食用和饮用食品后剩余的包装物不得随意扔出窗外,可以装入塑料袋,停车后扔进垃圾箱。车内尽量不要吸烟,而且烟头一定要熄灭。

4. 注意事项

(1) 街头不能追逐打闹,来往车辆较多,注意人身安全。

(2) 文明出行,不乱丢垃圾,不随地吐痰,可用餐巾纸包起垃圾,扔进垃圾箱内。

(3) 注意个人形象,衣着整洁,不讲脏话,礼貌待人。

(4) 发现街头冲突,切莫围观、起哄、煽风点火。

三、剧场礼仪

剧场里的文艺表演、音乐演奏,为我们提供了精神文化享受,提高了我们的文化艺术修养。在剧场里,优雅的举止、得体的穿着、有品位的谈吐,处处显出与艺术殿堂的完美融合,这些都得益于剧场礼仪的修炼。

（一）按时入场，遵守规定

一个人文化素质最基本的体现就是时间观念。不能误认为观看演出是个人休闲娱乐活动，可以自由安排入场时间，观看演出应该准时。因为入场券上的开演时间，就是对观众的承诺，必须按时开演以维护准时到场观众的合法利益。对于迟到的观众来说，不仅因看不到精彩的开场，得不到完美的艺术享受而遗憾，而且在众目睽睽之下走进剧场，也影响到了多数按时入场观众的欣赏效果。

一旦迟到，一定要遵守剧场的有关规定，根据不同艺术品种和剧院的要求做到以下几点：

（1）对演出环境要求不高，对演员和观众均不会产生太大影响的剧目，比如京剧、曲艺、杂技、木偶等艺术演出，迟到的观众一般准许及时入场就近入座，待节目中场休息再回到自己的座位。

（2）对演出环境要求很高，对演员和观众都会产生很大影响的剧节目，比如交响音乐会、声乐独唱、合唱、歌剧音乐会，迟到观众不能随时进场，需要等一个曲目结束后，按照服务人员的指引，轻声入场就近入座，待中场休息时可以回到自己的座位。如果遇到曲目较长就需要在场外耐心等待。

（3）对演出环境和对演员观众的影响程度介乎上述两种情况之间的剧目，比如芭蕾舞、话剧、歌舞剧等艺术门类的演出，应根据具体剧节目的要求在确保不影响演员和其他观众正常观看的情况下就近入座，待中场休息时间回到自己的座位。

（二）雍容雅步，营造环境

1. 行为规范，举止高雅

（1）观剧前不宜饮酒，最好不饮烈性酒。如果感觉饮酒过量，最好先到场外休息，待酒醒后再进入剧场。观剧前最好也不食大葱、大蒜等异味较浓的食品。

（2）随身携带的食品、饮料、塑料袋等不可以带入演奏大厅。一般剧场休息厅都设有食品饮料部，观众可在开演前或中场休息厅饮用。因为吃东西发出的响声，哪怕是很细微的声音，都会影响到旁边的观众，这是很不礼貌的。

（3）凭票入场，对号入座，这是最基本的要求。因为不同的区位票价高低不同，用低价票座位坐高价票座位，不仅会增加不必要的换座次数，也会影响他人合理的观剧权。

（4）观剧时，禁止吸烟，包括在卫生间。也不要咀嚼口香糖，如果在观剧前已经咀嚼口香糖，在进入观众厅前将口香糖包在纸内扔到垃圾桶中，千万不要随地乱扔。

（5）尊重知识产权，未经许可不得私自录音、录像及拍照。因为演出票所付的费用并未包含该演出的产权费用。如经允许的拍照，请切记严禁使用闪光灯，因为闪光灯会干扰艺术家的正常发挥，遇到这种情况，艺术家有权利选择退场罢演。

（6）一般情况下，不能随意献花，如有特殊情况要求以个人的名义献花，应事先与剧院工作人员联系，根据演出情况获得同意后，由工作人员安排献花活动。

2. 注重形象，着装讲究

仪表着装是一个人内在气质的直接反映，不同职业、不同场合着装有着不同的讲究。剧场是欣赏文艺表演的艺术殿堂，也是重要的社交场所。着装不仅是个人行为，也是一种公众行为。个人形象会对周围环境产生影响，仪表着装应与剧场的环境氛围相协调。

（1）无论观众看什么演出，都应仪表着装整洁大方无异味，特别不宜穿背心、短裤、拖鞋入场。

（2）观看交响乐、芭蕾舞等高雅艺术的观众，仪表着装更为讲究，除务必做到以上要求外，为表示对艺术家的尊重，一般应穿着比较正式的服装，比如男士穿西装打领带、女士穿典雅的礼服等。

3. 控制言语，安静观剧

（1）入场后请将随身携带的各类数码、通讯产品暂时关机或设置为震动状态。如因特殊情况必须接听电话时，应告知对方待曲目间离开观众厅后再联系。对于演出环境要求严格的剧场一般安装有信号控制设备，观众厅内无法接收信号。

（2）难以自控的咳嗽和喷嚏，必定会给观剧带来干扰。如果喉咙发痒，可以含服非咀嚼型喉糖；暂时控制不了咳嗽或喷嚏，可用手帕或者围巾等来减弱发出的声响，作为礼貌，应向周围被影响了的观众致歉。

（3）观剧过程中，请不要与同伴聊天或对艺术家发表议论，更不要一时高兴跟着哼唱或手舞足蹈，这是非常失礼的行为。

（4）欣赏交响乐作品或组曲时，请不要在乐章之间鼓掌，因为对于篇幅较长的作品而言，一个段落的结束只表明情绪或速度的变换，而不是作品结束。

（5）出于对艺术家的尊重和礼貌，对于演员的精彩表演应以掌声表示敬意，但不能大吼大叫或吹口哨等。演出中途不能鼓掌，应在一个曲目结束后再鼓掌。

（6）精彩演出希望演员返场是可以理解的，但由于各种艺术门类有不同的要求，演出前都有严格、完整的演出方案，所以希望返场只能用持续、热烈的掌声来表示，而不能以大喊“再来一个”等方式强行要求返场，一旦下一个节目的演员上场则应立即安静下来观看演出，否则就是极不礼貌的行为。

（三）鼓掌谢幕，互表谢意

演出剧目结束后，演员谢幕是整个演出活动的重要组成部分，是演员表达对观众谢意的一种高雅艺术文化礼仪。观众也应以礼相待，向艺术家表示敬意和感谢。不同的艺术形式，谢幕也有不同的讲究和形式。

图 2-2-4　鼓掌示意图

（1）在演出过程中，每个节目或曲目结束后演员都会向观众谢幕。但一些小型和比较简单的演出，有时不安排总谢幕，而是在最后一个节目结束后进行演员谢幕，在这种情况下，观众应在最后一个节目谢幕时起立鼓掌（如图 2-2-4），待演员谢幕退场后再自行离开座位，按顺序退场。

（2）一般情况下，大型演出和歌剧、话剧、舞剧、芭蕾舞等都会安排总谢幕程序。由于总谢幕相对时间较长，由一般演员、次要演员和主要演员到主演等依次谢幕。有时导演还特意把总谢幕编排成非常艺术化的程序，在这种谢幕过程中，观众一般不宜站立起来，而应在座位上热烈鼓掌，到总谢幕结束前全体起立报以更热烈的掌声，待演员退场后或大幕开始关闭时再按顺序退场。

（3）交响音乐会的谢幕有独特的形式，其顺序与芭蕾舞等相反，一般是演出结束后指挥先谢幕，然后是首席谢幕，最后是全体乐手起立谢幕。退场也是指挥先退场，然后是首席，其他乐手依次退场。谢幕过程中观众应在座位上热烈鼓掌。因为交响音乐会一般会安排返场，返场后指挥也会再次上场谢幕，这种谢幕或返场有时会多达2—3次，所以欣赏交响音乐会时应在确认乐手离开座位退场后，观众再离开座位有序退场。

四、参观礼仪

参观是指有计划、有组织地对特定的项目进行实地观察的活动。参观礼仪则是针对参观者的一种行为规范。随着现代社会的经济发展，参观活动的开展愈见频繁，遵守参观礼仪，掌握组织参观的技巧，显得非常重要。

（一）策划参观活动

参观活动的策划基本包括：参观景点、参观人数、参观路线、时间安排、休息场所、用餐安排、交通工具的安排、人员分工接待等。用餐安排需要顾及参观者的口味，交通工具要舒适、干净、便捷，一般采用大型客车作为基本交通工具，安全因素应放在头等重要位置。

（二）优选参观项目

参观项目的正式确定，一般应由双方确定，但当参观者不太了解情况时，也可由接待方根据情况先行确定。参观项目的选定，需要注意以下几个方面。

（1）针对业务。参观的具体项目，在一定程度上应当与业务有关，尽量选择最重要的、最有实际价值的项目。

（2）量力而行。尽最大可能使参观者感到满意，可以征求参观者的意见，但必须兼顾费用的高低、时间的长短、路途的远近以及工作的繁忙程度等因素。

（3）注重细节。项目的安排必须考虑气候、交通、安全等客观条件，应当准备参观应急预案，保证参观活动的顺利开展。

（三）参观活动准备

参观时，参观者与接待方之间不可避免地产生交际应酬关系，提前做好必要的准备，才不会在参观活动中失礼于人。

1. 了解背景，准备充分

了解参观项目的背景如历史、现状、发展前途、特色等，这样在参观过程中才能做到心中有数，收放自如，不会出现差错。特别在国外进行参观时，还需要了解所在国的政治、经济、文化、习俗等方面的常识，并遵守该国的法律制度。

在参观准备工作中，还要安排专人负责在礼仪性场合的工作，包括互相问好、参观情况介绍、主要成员介绍等，双方有了大致的了解，参观活动才能顺利有序地开展。

2. 注意衣着，携带用具

参观中的衣着将影响整体形象，既要注意时令与行动方便，也应兼顾具体的参观项目。比如，在参观工厂、农村、部队、学校与机关时应着正装，在参观风景名胜时应着便装，在参观体育馆、运动场时可着运动休闲装。

在参观时,通常需要预备一些必要的辅助工具。例如,参观者应当携带记录工具,为了方便记笔记,应当带上两支以上的水笔和记录本。如果在参观中希望拍照或摄像,还必须准备摄像机、数码相机以及电池、充电器等用具。当然,在录音、摄像、照相之前,应征得对方的同意,这也是一种基本的礼仪规范。

(四) 参观过程礼仪

1. 分工明确,接待有礼

作为接待方,需要在参观之前对全体参观者进行必要的分工,以使参观收到最大实效。领队、引导、接洽、应酬、翻译以及交通、膳食、安全等各个方面的具体工作,都应该具体落实到参观团队中的个人,使每件事情都有专人负责。

在必不可少的礼仪性场合,如迎送参观者时,要出面与对方进行应酬、寒暄,以免到时候群龙无首或是万籁无声。如果制订了发言计划,则应该事先确定进行发言的相关人选,不要临场推来推去,或是随便找人胡诌一通,影响发言效果。

2. 认真参观,尊重对方

参观过程中,要集中注意力,认真参观,不要敷衍了事,尊重接待方的活动安排,认真地观察、聆听、提问、记录。

仔细全面地观察参观项目,不挑三拣四,不跳跃式参观。专心聆听讲解,不与人聊天或心神不宁,不可走神或中途退出。可以有准备、有目的、有礼貌地提问,所提问题要有针对性,有助于自己的考察工作,不可提出让对方尴尬、难堪或不易回答的问题,也不能反复提问或泛泛而问。

(五) 明确参观细节

(1) 在参观活动中,不要大声喧哗或讨论,手机应该关机或设为静音状态。

(2) 注意参观的时间,每个具体参观项目一般都有具体的时间限制,超过规定的时间,接待方通常难以保证正常接待。

(3) 遵守行程路线的规定,有条不紊地进行参观。参观的具体内容,往往内外有别,与参观者的身份有直接的关系,参观者应自我定位准确,千万不可向对方提出过分要求,切不可"勇闯禁区"。

(4) 参观者一般要为接待方准备具有象征意义、纪念意义的礼品,以酬谢对方的盛情款待。

五、舞会礼仪

舞会是现代社会中社交聚会的基本形式,优美的乐曲,美妙的灯光,高雅的舞姿,不仅可以从容地获得自我放松,还可以促进彼此间的交往,扩大自己的社交圈。舞会无疑是展示魅力的场所,在舞场上要注意个人的行为举止,注意自己的临场表现,时时处处遵守舞会的礼仪规范。

（一）策划舞会

1. 邀请参加

比较正式的舞会，首先应考虑邀请参加舞会的人员，并给每个被邀请者发一个请帖。请帖上应注明开舞会的时间、地点和受邀的人员，最好简要说明开舞会的事由或者目的。

2. 布置舞场

（1）舞场的大小。舞场的大小应与客人多少相适应。舞场过小，客人有拥挤感，不便于翩翩起舞，而舞场过大时，整个舞场空空荡荡，又显得气氛不够热烈。

（2）舞场的气氛。应力求使舞会的气氛活泼、热烈且又不失典雅，场地空间可用彩色花环、飘带、彩灯等加以装饰。

（3）舞场的灯光。灯光的亮度及颜色要适当，既不能太亮，也不能太暗。太亮了影响气氛，太暗了容易使人感到压抑。

（4）舞场的座椅。座椅应充足而舒适。可以在舞场四周放些座椅，在角落放上茶几，用来放置饮料、茶点等，若想增加情趣，也可备一点酒。

2. 选好舞曲

跳舞必须有舞曲伴奏，所以舞曲的选择对客人情绪的影响是很大的。好的舞曲能够创造出高雅、欢快、美妙的舞场气氛，必然受到舞客的欢迎，把舞会推向高潮。舞会主办者可以根据主要来宾的年龄、喜好、素质等特点选择舞曲，不同舞步的舞曲穿插播放。

宾客中，如果以中老年人居多，可以选择民族乐曲或世界名曲，或选择节奏稍缓的曲目；如果以年轻人居多，可以选择节奏较快、较强的流行乐曲作为伴奏曲，并适当穿插一些迪斯科，活跃舞场气氛；如果多数人都不太会跳舞，就要多准备些“慢三步”“慢四步”曲子。舞曲选择要丰富多彩，各种舞步的舞曲要穿插播放，音量要适中，不宜过大或过小。

3. 安排舞伴

舞会一般是男女相伴起舞，因此，舞会主办者应考虑参加者的性别比例、年龄层次，安排一定数量的伴舞人员。如举办会议专场舞会时，代表中一般男性居多，舞会主持者应事先从本单位或兄弟单位邀请一些女士前来伴舞。对主要来宾，可以适当提前安排舞伴，轮流邀舞。

4. 安全保卫

舞会从开始到结束，都要十分重视做好安全保卫工作。闲散人员不准入内，衣冠不整者谢绝入场。舞场的气氛要尽量热烈，但舞风必须端正。当发现个别舞客举止不轨时，应由保安人员劝阻或劝其退场。

另外，还要有专人保管宾客的衣服、财物，严防发生财物丢失等不愉快的事件。在舞会进行过程中，要确保舞会的正常进行，防止因一点小事而引起舞会不欢而散。

（二）参加舞会

1. 准备工作

当接到主人的邀请时，如无特殊情况，应愉快地接受，并明确告知主人是否应邀前往，是否带女伴参加等情况。如遇特殊情况不能前往，应向主人说明理由。接受邀请后应做好准备工作。

(1) 着装准备。要选择与舞会的氛围协调一致的服装，男士装扮整齐，可以穿深色西装，如果是夏季，可以穿淡色的衬衣，打领带，最好穿长袖衬衣；女士穿便于舞动的裙装或穿旗袍，搭配色彩协调的高跟皮鞋。如果应邀参加级别较高的舞会，请帖上通常会注明男女宾客的着装要求。在正式的场合，女士要穿质地考究的晚礼服，配以合适的妆容、发型及首饰；男士穿黑色的燕尾服和黑色的漆皮鞋，戴白色的手套。

(2) 形象准备。参加舞会前饮食要合理，过饥、过饱都是不适宜的。不要饮酒和吃葱蒜之类的食物，以免产生异味影响对方，应事先刷牙漱口，清除口中的异味，必要时可准备一些口香糖之类的食品。在入场之前，男女可以往身上洒点香水。男青年要给人以充满青春活力的印象，女青年要显得端庄大方，热情活泼。热天参加舞会前要沐浴，以免汗气熏人，让对方不快。

(3) 舞步准备。对于不会跳舞或刚学跳舞的人，在入舞场前最好多学几种舞步，否则会影响别的舞伴跳舞。不要在舞场学舞步，这样会影响对方的情绪。

2. 邀应礼仪

(1) 舞会程序。正式舞会，第一支舞曲响起时，往往是主人夫妇、主宾夫妇共舞。第二支舞曲响起时，往往是男主人邀主宾夫人、男主宾邀女主人共舞。第三支舞曲响起时，参加舞会者可纷纷入场跳舞。男主人需依次邀请在礼宾序列上排位第二、第三的男士的女伴共舞。从来宾角度来看，男宾应当依礼相邀共舞一曲的女士，包括舞会的女主人、被介绍相识的女士、旧交的女伴、坐在自己身边的女士。

(2) 邀舞礼仪。舞曲奏响以后，一般由男士主动邀请女士共舞。如遇特殊情况，女士可以不失身份地邀请长者或者贵宾，并表达“先生，请您赏光”的意思。邀舞时，男士要大方地走到女士面前，行鞠躬礼，伸出右手邀请，并伴随语言“请您跳支舞，可以吗?”如果女士的家人同在，则应先向女士的亲属点头致意，并征得他们的同意后，走到女方面前立正，微欠身致意说:“小姐，可以请您跳支舞吗?”有时还要向陪伴女方的男士征求说“先生，我可以请这位小姐共舞吗?”得到允许后，再与女方走进舞池共舞。音乐结束后，男士应将女士送到其原来的座位，待其落座后，说声“谢谢，再会”，方可离去。

(3) 应邀礼仪。女士受邀后，回应起身。如果已有人邀请在先，则可以婉言解释:“对不起，已经有人邀请我跳了，等下一曲，好吗?”如果因某种原因不能接受邀请，可委婉推辞:“对不起，我很累了，想休息一会儿。”为尊重邀舞者，直到此曲结束，都不能接受其他男士的邀请。如果拒绝一位男士的邀请后，这位男士再次前来邀请，在确无特殊情况下，女士应答应与之共舞。

如果同时有两位或者两位以上的男士发出邀请，最能顾全他们面子的做法，是全部委婉地谢绝。要是两位男士一前一后走过来邀请，则可以按照“先来后到”的顺序，接受先到者的邀请，同时诚恳地对后面的人说“很抱歉，下一次吧”，并要尽量兑现自己的承诺。

3. 跳舞礼仪

(1) 跳舞中，男女双方都应面带微笑，说话声音要轻细，不要旁若无人地大声说笑，只要对方听到即可。

(2) 舞姿要端正、大方和活泼，整个身体应始终保持平、正、直、稳，无论是进是退，还是向前、后、左、右方向移动，都要掌握好重心，如果身体摇摇晃晃，肩膀一高一低，甚至踩了对方的脚,都是有失风度的。

(3) 在跳舞时,男女双方的神态要轻盈自若,给人以欢乐感;表情应谦和悦目,动作要协调舒展,给人以和谐感。男士不要强拉硬搂,女士不可挂在或扑在对方身上,这样既让对方有不胜负担之苦,自己也有失雅观。

(4) 舞姿应力求标准正确。一般是男子用右手扶着女士腰肢,手掌心向下向外,用右手大拇指的背面轻轻地将女士挽住即可,不应用掌心紧贴女方腰部。男方的左手应让左臂以弧形向上与肩部成水平线举起,掌心向上,拇指平展,只将女伴的右掌轻轻托住,不能随意捏紧或握住。女伴的左手应轻轻放在男方右肩上,而不应勾住男方的脖颈。

(5) 跳舞时,双方应保持一定的身体距离,不能握得或搂得过紧,有些舞蹈动作需握或搂时,也应一带而过,停留时间过长则有失风度。一曲终了,双方应立即分开,缓缓退出舞池,切不可继续共舞或搂扶。男伴应将女伴送至座位。跳回步舞(布鲁斯)时,舞步可稍微大些,表现出庄重、典雅和明快的姿态;跳三步舞(华尔兹)时,双方应保持一臂的距离,让身躯略微昂起向右,使旋转时重心适当,表现出热情、舒展、轻快的情绪与节奏;跳探戈舞时,随着乐曲中切分音所含节拍的弹性跳跃,男女双方的步法与舞姿变化较多,舞步可稍大些,但男士应注意不可将脚伸入到女士两脚间过远,回旋时也不要把女士拉来拖去;跳伦巴舞时,男女双方可随着音乐节奏轻轻扭动腿部及脚踝,但臀部不应大幅度地摆动。

4. 共舞禁忌

(1) 在正常情况下,两位女士可以同舞,但两位男士却不能同舞,两位男士共舞等于宣告他们不愿意邀请在场的任何一位女性,无形中表明他们是同性恋关系。

(2) 不论是男士或女士,如果一个人单独坐在远离人群的地方,别人就不要去打扰。但如果是坐在一群人的中间,则可以邀请其跳舞。一般来讲,女士不应该随意拒绝邀请。

(3) 男士和夫人一同去跳舞,跳过一曲之后,如果有人前来向其夫人邀舞时,应按礼节促请夫人接受,绝不能代夫人回绝对方的邀请,这也是失礼的表现。

(4) 女士跳舞时态度固然应和谐可亲,但不能乱送秋波,有失自己的稳重。即使是热恋中的一对,也不宜过分亲昵,因为这对周围的人来说是不礼貌的。

(三) 礼貌退场

当音乐停止,主持人宣布本次舞会结束时,要听从安排,按时结束,不能因为自己没有跳够而迟迟不愿退场,也不能急匆匆地抢在别人前面离去。应该向主人道别后,将衣帽穿戴整齐,然后退出舞场。

【情境小结】

在公共场所,最能体现一个人的道德与境界。于娜在人行道上靠右行走,并让陈总走在内侧,说话得体,音量适中,保持匀速;乘坐公共汽车,排队上车,并给一位老人让座。在去北京的火车上,于娜让陈总睡在下铺,自己睡在上铺,下铺临窗风景优美,陈总不停赞叹。北京分公司的一场舞会上,于娜身着晚礼服,舞姿优美,举止优雅,礼节有度,给所有参加舞会的人留下了深刻印象。从北京飞到上海,于娜提前预订了飞机票,并按时登机,顺利抵达。上海分公司安排的参观活动上,于娜认真聆听讲解,进行了记录和拍摄,作为资料带回去。这次出行，于娜出色地完成了任务，充分展示了良好的礼仪修养，维护了恒盛集团的公众形象。

【知识链接】

"高雅"与"高傲"仅一字之差，却有天壤之别，但因为高雅和高傲存在着共性，如不做低俗的事，喜欢独特的事物和行事稳重，这三个明显特征都使人不好把控高雅和高傲的界限。

下面就告诉大家如何避免走进"高傲"的误区。

1．弯月式的微笑

为了避免给他人留下冷漠的印象，你可以修炼弯月式的微笑。对着镜子微笑，让嘴角呈现30度上扬，像月牙一样。经常进行"弯月式的微笑"练习后，当你遇见同事、朋友就可以展现你优雅的微笑了。这个时候，你还可以加个象征式的点头，这样别人就不会觉得你很难相处了。

当然，这里还有一个要诀：微笑要发自内心。只有发自内心的微笑才能让别人感觉到你的诚意。那么，怎么才能判断自己的微笑不会给别人很假的感觉呢？其实，要判断自己的微笑是否具有感染力非常简单：如果你在微笑的时候，可以感觉自己的眼角也随着上扬，心情也顿时变得舒畅，那么这个微笑一定是具有感染力的微笑，别人一定可以从你的微笑中感受到你的诚意。

2．收起你冷酷的眼神

生活中，很多人"高傲"到连自己都没察觉到。他们的眼神非常冰冷。在与人交谈时，碰到别人提起他们不感兴趣的事情，就投以漠不关心的眼神，久而久之，就会给别人留下孤芳自赏的印象。所以，想避免给别人留下高傲的印象，赶快抛弃冷酷的眼神吧。对着镜子，仔细观察自己的眼神，想象一些愉快的人或事，要慢慢地让自己的眼神变得更加温柔，最好能在你的眼神里看到温暖。这个小练习是很多礼仪小姐每天要做的功课，因为出色的礼仪小姐要给被接待的人留下温暖、亲切的印象。所以，她们每天都会抽出时间对着镜子观察自己的眼神，从心底里发出微笑，再让眼神也出现笑意。

3．学会同低俗人相处

生活中，不管你是什么样的人，都难免会碰到低俗的人。怎么办？远远地避开他们？有他们的场合就不参加？不，我们没办法选择环境，但是我们可以决定自己的行为。当一大帮同事中，有人讲低俗笑话的时候，你不必认真去指责，你可以假装微笑打发过去。参加宴会，别人在讲英雄史或者玩低俗游戏的时候，你可以选择转移注意力，譬如看电视或与志同道合的朋友聊天。遇到自己实在不想做的游戏，你只需要坦言"不擅长"来拒绝即可。如果事先知道聚会不适合自己，干脆找个借口推辞掉，以免在参与的过程中产生不快。

（资料来源：http://www.welcome.org.cn，有改动）

【拓展训练】

一、案例分析

[案例一]

公司派车送客户去飞机场，由小李负责送行，在引导客人上车时，小李拉开副驾驶座的车门对客户说："王经理，您坐这儿，这儿的视野好。"到了飞机场的时候，小李的上司张经理已经在那里等了。返回的时候，小李坐在后排左边的位子上，张经理坐在了后排右边的位子上。半路上司机有事，由于小李不会开车，所以车就由张经理开，小李担心气氛沉闷，于是不时和张经理聊天。

试分析小李的做法，指出不妥之处，并说说应该怎么做。

[案例二]

小婷在某公司的项目开发部门工作，一次，公司派小婷陪同部门经理去另一家公司参观学习。到了参观地点，小婷问接待人员，可不可以提供纸笔方便记录。对方安排了详细的参观路线，小婷觉得麻烦，就自行参观，并拿着照相机不停拍摄。接待人员发现后，提醒说，有些地方不能随便参观与拍摄。小婷不以为然地说，没什么呀，就拍个照而已。

请分析小婷的做法，指出不妥之处，并说说应该怎么做。

[案例三]

一天，一位客人乘坐电梯准备下到一楼。当电梯行至公司行政办公楼层时，走进两位身穿公司制服，正准备去参加每月生日会的员工。两位员工边聊边随手按了一下电梯按钮，但随即发现错按了五楼，而员工生日会通常在三楼或二楼举办，于是员工改按了三楼的按钮。当到达三楼，电梯门打开后，员工发现三楼好像没有来参加生日会的人，那生日会应该是在二楼举办，于是员工又按了二楼。员工的行为引起一同乘坐电梯的客人的不快。

试分析这两位员工的行为举止有何不对，乘坐电梯应该遵守哪些礼仪。

二、案例实践

[案例一]

一次，某公司小孙乘坐飞机前往广州出差，在飞机飞行过程中，小孙打开座位前的小桌板，放倒了座位靠背，一边吃午餐，一边听音乐。吃完饭，他又站起来东看看西瞧瞧，还把座位下面的救生衣拿出来摆弄；又从前排到后排地来回走动，总想发现点什么似的。

实训要求：

1. 讨论：小孙这样做是否合适？

2. 实训：请演示正确规范的做法。

[案例二]

一天，某公司销售部洪部长派他的助理小文乘火车到深圳，给一个他们有长期往来的大客户送一个新产品的样品。

实训要求：

1. 讨论：第一次一个人出远门的小文，在火车上要注意哪些礼节？

2. 实训：分组训练，角色扮演。

三、实践训练

1. 训练乘坐电梯礼仪。

(1) 等候电梯,主动按键;

(2) 进出顺序;

(3) 电梯的尊卑位置。

2. 训练上下轿车的姿势。

(1) 背入式;

(2) 正出式。

3. 同学们围成一圈,把教室中间布置成舞池,调好背景音乐,男生邀请女生共舞,训练邀舞礼仪、应邀礼仪、跳舞礼仪。

学习情境三 沟通礼仪

> 交往以对方为中心。
>
> ——金正昆

任务一 语言沟通礼仪

【情境导入】

王飞飞是刚刚工作的秘书，一次奉命接待一位公司的客户。客户来到公司，小王看见了，上来就说："陈先生，我们经理让你上去。"这位陈先生一听，心想：我又不是你的下属，凭什么让我上去就上去，哪有这样做生意的？一气之下就对小王说："你们要想做生意，自己来找我，我回宾馆了。"

秘书小王应该怎么做，才不会出现这样的场面？讨论一下我们在与人见面交谈时应该注意哪些礼仪行为。

【知识分享】

"一言之辩，重于九鼎之宝；三寸之舌，强于百万之师。"谈话是表达思想及情感的重要工具，是人际交往的主要手段，在人际关系中起着十分突出的作用。精湛的语言艺术在人际交往中的威力是不可低估的。在丰富多彩的礼仪形式中，谈话礼仪占有重要地位，在一定意义上讲，它标志着一个社会的文明程度，反映着一个人的修养与素质。

人际交往离不开谈话，谈话的得体与否，常常决定着办事是否顺利，甚至成败。可见，谈话在交际中的重要性是不容忽视的。提高语言方面的修养，学习、掌握并运用好谈话礼仪，对于我们每个人来说，都是十分重要的。

成功的交际活动往往依赖于成功的交谈，但如何交谈才能对他人、对事业产生好的效果呢？这在很大程度上取决于对交谈礼仪的掌握和对交谈艺术的运用。

俗话说：一句话让人跳，一句话让人笑。说话能力的高低体现着一个人的内涵、素养。一个说话讲究艺术的人，说出的话常常是说理切，举事赅，择辞精，喻世明；轻重有度，褒贬有节，进退有余地，游刃有空间；可陶冶他人之情操，也可为济世之良药；可以体现个人的雄才大略，更能提高个人的社会地位。任何事物都是由其形式和内容组成的，交谈礼仪也不例外，下面大致从形式和内容的角度谈谈公关交谈中的几个礼仪要求。

一、交谈礼仪的基本准则

英美国家最著名的礼貌原则是 Leech 提出的六个原则：得体原则，慷慨原则，赞誉原则，谦逊原则，一致原则，同情原则。而我国由于和英美等西方国家有着较大的文化背景差异，因此汉语文化中的礼貌原则必然和英美国家的礼貌原则有一定的差异性。Leech 的学生顾曰国结合他的导师的理论，根据汉语文化的源与流，提出了汉语文化中礼貌规范的四大特点：尊重（respect）、谦逊（modesty）、态度热情（attitudinal warmth）、文雅（refinement），并在此基础上提出了汉语礼貌原则的五个准则：①贬己尊人准则；②称呼准则；③文雅准则；④德、言、行准则；⑤求同准则。（如图 2-3-1）

图 2-3-1　交谈礼仪

1. 第一印象没有第二次机会——称呼准则

“喂，你给我找一下某某某。”一位先生有急事给某客户打电话，拨通电话后，高声地让接电话者去找人。正好那天接电话者心情不佳，听到这种电话心情更是不快，而且接电话者也知道他要找的人正在开会，这时也不能接听电话。于是接电话者不高兴地说：“他不在。”随即挂掉了电话。这位先生不知道客户到底干什么去了，什么时候才能打电话找着人，急得像热锅上的蚂蚁，他不知道造成这一结果的唯一原因是打电话忘了“客气”。

现代的礼貌行为在某种程度上仍然遵循着“上下有义，贵贱有分，长幼有序”的原则。称呼语代表了人与人之间的一种社会关系，称呼语的改变往往意味着人与人之间关系的改变。

在日常工作、生活中，要注意礼貌地称呼他人，改掉那些比较俗气，甚至带有侮辱性的称呼或绰号。这一条说起来很简单，但在我们与他人的日常交往中往往会习惯成自然地“改不过口”，甚至没能做到对对方基本的尊重，而这在公关乃至日常活动中都是非常失礼的。

某县技术监督局的蔡盈是一名新同志。在这位“80后”的意识里，似乎没有“上司”和“同事”的概念，对比她大的男士一律叫“哥”，女士则一律叫“姐”，即使在办公室也哥啊姐啊的。一次，市局要在单位召开工作会议。前一天，领导让蔡盈准备会议材料，蔡盈一口保证：“哥，这点小事儿，您就放心吧！”第二天，会议如期进行，可她预备的材料却出现了缺页的问题。主任赶紧安排人去补救，会议自然进行得不顺利。会议结束回到办公室，主任把材料摔到蔡盈面前：“这就是我对你的放心？”蔡盈一脸委屈：“哥，我真的不是故意的。我明明是打完了啊！”当着很多人的面，蔡盈如此争辩。主任一听更恼火了：“哥，哥，谁是你哥，以后请注意称谓！办公室不是家庭！你要执意这样，就去别的部门吧！”

职场中，同事之间常以“哥、姐”相称，显得大家的私人关系很密切，但是这种亲热的称呼最好不要太过，尤其是要注意自己和上司之间的关系。如果太过亲热，少不了让人说闲话，而且如果在工作中太过随意和亲热地称呼，容易让工作伙伴觉得你不够成熟。在工作环境中，最好不要把私人关系和同事关系混为一谈。故事中的蔡盈在这方面做得就欠妥当。在主任示意她不喜欢称他为“哥”时，她就应该及时改变称呼；特别是当主任对她工作中的失误进行批评时，她还“哥，哥”地辩解，就显得更不得体了，这也难怪主任会火冒三丈。因称呼不当被上司下逐客令，蔡盈的教训不可谓不深刻。

2. 交往黄金法则与礼貌用语——文雅准则

人际交往中有两条著名的法则，即黄金法则和白金法则。黄金法则强调“你想人家怎样待你，你也要怎样待人”，这一法则又称为“为人法则”，几乎成了人们普遍遵循的处世原则。而白金法则的精髓就在于“别人希望你怎样对待他们，你就怎样对待他们”，从研究别人的需要出发，然后调整自己的行为，运用我们的智慧和才能使别人过得轻松、舒畅。黄金法则和白金法则启示我们，在社交中和处理人际关系时，必须要尊重人，尊重每一个人的人格，就像我们自己希望受到别人尊重一样。

要学会使用一些必要的文明礼貌用语，如“请、您好、谢谢、对不起、再见”等等。如果你能够很好地做到以上这几个方面，就一定能给对方留下一个文雅有礼、富有涵养的美好印象，使对方愿意与你进行更多更深层次的沟通与交流。沟通时用语要文雅。用语文雅，本身体现出对他人的尊重。譬如称呼对方时用“您”“先生”“小姐”，比直接称“你”“哎”“喂”等的交际效果要好得多。用“请问您贵姓啊？”代替“你姓什么呀？”也会使人听了更舒服。

礼貌用语的确表达着对他人的问候、尊敬和热情，但如果说多了则会使人感到机械，说不好也容易给人以虚伪、做作之感，所以在使用礼仪语言时，在真诚的前提下，可以对礼仪语言巧妙地加以变换，使之生动活泼，更好地传达谦虚热情和亲切真诚之意。日常生活中经常会用到“欢迎光临”这类用语，但是如果我们一连见到同一个人几次，每次都说同样的话，也实在呆板。我们可以在保留原意的前提下，稍加变动，使其生动活泼起来。如上海某大酒店的一位门厅服务人员在第一次见到王先生时，便面带微笑地向他致意：“您好！欢迎您光临我们酒店。”当王先生第二次来到酒店时，这位服务员因为前次对王先生的接待而认出了他，边行礼边说：“王先生，欢迎您的再次到来。”并随即陪王先生上了楼，此时的王先生因为被这位服务生认出并记住了姓名，自然很高兴，感到很温暖，有宾至如归之感。时隔数日，当王先生第三次踏入该酒店时，那位服务员脱口而出：“欢迎您的又一次光临！”一个表示欢迎的敬辞，在这位服务生的口里有了三种表述。在交际中，为了使他人更深地感受到你的真诚，可以通过巧说敬语，使本身机械、呆板的礼仪语言变得生动起来，从而更好地实施我们的礼仪，更深地表达我们的热情。

3. 中国人的谦称——贬己尊人准则

中国式礼貌的最大特点是“自贬”和“自谦”。贬己尊人准则即对自己或与自己相关的事物要“贬”，要“谦”；对听者或与听者有关联的事物要“举”，要“尊”。谦语是向人们表示一种自谦和自恭的词语，以敬人为先导，以退让为前提，体现着一种自律的精神。在交谈中常用“愚”“愚见”“请问我能为您做点什么”等；日常生活中的惯常用法有“寒舍”“太客气了”“过奖了”“为您效劳”“多指教”“没关系”“不必”“请原谅”“惭愧”“不好意思”等等。常见的谦称有以下几种：

“小”字一族。谦称自己或与自己有关的人或事物。如：小弟，男性在朋友或熟人之间谦称自己；小儿，谦称自己的儿子；小女，谦称自己的女儿；小人，地位低的人自称；小生（多见于早期白话），青年读书人自称；小可（多见于早期白话），谦称自己；小店，谦称自己的商店。

“老”字一族。用于谦称自己或与自己有关的事物。如：老粗，谦称自己没有文化；老朽，老年人谦称自己；老脸，年老人指自己的面子；老身，老年妇女谦称自己。

“敢”字一族。表示冒昧地请求别人。如：敢问，用于问对方问题；敢请，用于请求对方做某事；敢烦，用于麻烦对方做某事。

“愚”字一族。用于自称的谦称。如：愚兄，向比自己年轻的人称自己；愚见，称自己的见解。也可单独用“愚”谦称自己。

“拙”字一族。用于对别人称自己的东西。如：拙笔，谦称自己的文字或书画；拙著、拙作，谦称自己的文章；拙见，谦称自己的见解。

“敝”字一族。用于谦称自己或跟自己有关的事物。如：敝人，谦称自己；敝姓，谦称自己的姓；敝处，谦称自己的房屋、处所；敝校，谦称自己所在的学校。

“鄙”字一族。用于谦称自己或跟自己有关的事物。如：鄙人，谦称自己；鄙意，谦称自己的意见；鄙见，谦称自己的见解。

另外还有：寒舍，谦称自己的家；犬子，称自己的儿子；笨鸟先飞，表示自己能力差，恐怕落后，比别人先行一步；抛砖引玉，谦称用自己粗浅的、不成熟的意见引出别人高明的、成熟的意见；等等。

4. 以礼相待“给面子”——德、言、行准则

安东尼·罗宾谈起华人首富李嘉诚时说：“他有很多的哲学我非常喜欢。有一次，有人问李泽楷，他父亲教了他一些怎样成功赚钱的秘诀。李泽楷说赚钱的方法他父亲什么也没有教，只教了他做人处世的道理。李嘉诚这样跟李泽楷说，假如他和别人合作，假如他拿七分合理，八分也可以，那李家拿六分就可以了。”也就是说：他让别人多赚二分。所以每个人都知道，和李嘉诚合作会赚到便宜，因此更多的人愿意和他合作。这是种典型的“吃亏是福”的思想，中国人的语言礼貌中讲究“退一步海阔天空，忍一时风平浪静”。

德、言、行准则指在行为动机上，尽量减少他人付出的代价，尽量增大对他人的益处；在言辞上，尽量夸大别人对自己的好处，尽量缩小自己付出的代价。在一件事情上，无论对方发挥了多大的作用,在表示感谢时,我们总是会说:"这次全仰仗您的帮助事情才能成功,要没有您,这件事情一定办不成,真是非常感谢。"对方会欣然笑纳,不过,即使真的是对方对事情的达成起到关键性的作用,对方的答话往往是:"些许小事,不足挂齿。"互谦互让,互夸互赞,形成了彬彬有礼的通行准则。

5. 求大同存小异——求同准则

生活中我们难免会遇到纷争,工作中也常有与对方意见不一致的时候,这个时候,我们是应该据理力争,还是有其他更好的方法呢? 卡内基告诉我们:"与别人交谈,不要先讨论你不同意的事,要先强调——而且不停地强调——你所同意的事。"他告诉我们:"因为你们都在为同一件事而努力,所以你们的相异之处是在方法,而不在目的。"懂得尊重别人的感受,懂得妥协的人,才是内心真正强大的人。只有求大同,存小异,才有可能实现双赢或是多赢。

当我们与人交谈时,如果双方意见有分歧,我们要时刻提醒自己,我与对方的目的是一致的,都是希望将这件事情往积极的方面推进,这点是最重要的,其次才是商讨运用什么方法可以达到这个目的,谋求双方的双赢。

苏格拉底是人类历史上最伟大的哲学家之一。他的"苏格拉底法"众所周知。所谓"苏格拉底法",就是他问对方会做出肯定回答的问题,然后渐渐引导至他设定的方向。他继续不断地问,你继续不断地回答"是",等到你察觉到时,你们已得到肯定的结论了。如果与别人的意见有分歧时,为了能真正解决纷争,我们得记住苏格拉底的方法,问些温和的问题——一些能引发别人"是"反应的问题。

所谓交际中的"求同"准则,就是指我们在说话、讲演时,立意、选题和方法等一定要与对方的心理需求相适应,尽量做到有的放矢,这样就能缩短交际双方的心理距离,造成一种心理相容的气氛,收到事半功倍的说服效应。一位美国演讲理论家曾说过,人们都爱听顺耳的话。要避免争论,青年大学生往往在争论中不服输、面红耳赤,甚至演化成直接的人身攻击或严重的敌意,这对人际关系的有害影响是显而易见的,要"求同存异"。语言艺术运用得好,就能吸引和抓住对方,调动彼此倾谈的激情、兴趣,从内容到形式适应对方的心理需要、知识经验,有助于人际交往。

二、交谈礼仪的技巧

1. 适合的才是最好的——内容得体

言谈得体就是说话要适时、适情、适机,一切以适度、恰当为原则。对于这一点,吕叔湘先生是这样描述的:"此时此地对此人说此事,这样的说法最好;对另外的人,在另外的场合,说的还是这件事,这样的说法就不一定最好,就该用另一种说法。"要做到言之有体,主要可以从以下两个方面入手。

首先,要考虑交谈中彼此所处的身份和地位。其次,从语法修辞角度来看,一要尽量避免运用有武断之嫌的词语,如"一切""完全""根本"等,用中性词语为宜;二要多用陈述句和一般疑问句,少用或干脆不用祈使句和反问句;三要多用动词,用事实说话,少用但非不用形容词和副词。当然,要做到这些方面绝非一朝一夕或仅靠理论支撑即可,而是需要我们不断实践并不断从中吸取教训、总结经验,在不断积累中学会把握"得体"的尺度,使自己在交谈中游刃有余。

如秘书建议上司采用某一方法并予以评价时,如果说"我认为这是唯一可行的方法",就不如说"这个方案不一定是最好的,但它是目前看来唯一可行的",后者效果可能会更好。有时谈话的对象是单位内部的同事,秘书必须将一个有关辞退、处分、拒绝之类的决定告诉对方,此时,在准确表达的前提下,用语委婉含蓄会使双方都好受些。从淡化事件的角度也可以这样说,"这事过去了,现在你有了新的机会",或"这次我帮不上忙,非常抱歉"。如果对方是客户,当其提到一些不便谈论的问题时,不要轻易表态或拒绝回答,可以借机转移话题,以免影响关系。如一位客户来你单位参观,你作为本单位的秘书负责全程陪同。在参观过程中,若客户突然问起你方产品的产量、公司的产值一类原本不宜问到的问题,此时,你完全可以运用适当的谈话技巧,用另外的方式来表达"无可奉告"之意。比方说,"单位让我们生产多少,就生产多少","有多大生产能力,就生产多少","能卖出去多少产品,就能创造多大产值","一年和另一年创造的产值,往往不尽相同"。面对这种照顾对方情绪的"答非所问",但凡敏感识趣者都会知难而退。

2. 到什么山上唱什么歌——力求投机

俗话说:话不投机半句多。易中天教授曾经说过:"古今中外做成大事的人,通常都是那些最了解人性的人。"所谓"知人者智"。在人际交往中,首先要了解一个人,才有对对方真正的尊重可言。要了解别人,并不是要去了解别人离婚了没有、一个月挣多少钱、住多少平方米的房子等等,而要尽量地去了解人性。了解别人是一种智慧。

要注意选取与对象共同的话题。从内容上来看,选择交谈话题最好的办法是就地取材,即按照当时所处的环境觅取话题。例如出于社交的需要,对被拜访者、被看望者所处的环境中的某样物品加以称赞,常常是最稳妥、最得体的开场白,由此可引出某方面的话题来。交谈时可向对方了解一些他熟悉的、有兴趣的问题,让对方谈他最熟悉、最感兴趣的事情,表明你已机智地吸引了对方交谈的兴趣,这样话语才会绵绵不绝。可以有一些公共的话题,比如当前发生的社会事件、热点问题,最近热播的影视剧、体育赛事及流行时尚等。此外,秘书人员在公务交往中,有关个人隐私的内容,如年龄、收入、婚恋、健康、个人经历、宗教信仰等,如果不是对方主动提出来或是工作需要必须了解的内容,就不要谈论。另外如非议他人、趣味低级的话题、敏感话题等,也是应该避开的。

你对一位潜心研究学问的学者大谈"股票""生意经",他定会嗤之以鼻;相反,你对一位经商的人大谈"治学之道",他也势必听得百无聊赖。一个具有敬业精神、勇于开拓创造的人,希望能得到事业、工作方面的具体指导和建议;而生活困难、穷困潦倒的人,则盼望能听到扶贫济困、发财致富的信息。爱好音乐、绘画、书法的艺术者,集邮者,垂钓养花者,纪念品收藏者和球迷、歌迷、棋迷们,都会对自己的兴趣爱好津津乐道,谈起来眉飞色舞,甚至手舞足蹈。

3. 精诚所至金石为开——真诚用心

交谈的态度要真诚。美国总统林肯说过:"真诚是我待人的美学原则。"不论多么美妙的话语,如果缺乏诚意,也不过是花言巧语而已。巴金说过:"文学的最高技巧是无技巧。"巴金并非反对技巧,而是想强调真情实感比技巧更为重要。说话也是如此。所以无论你的口才如何,真诚、有诚意都是最重要的,这也是任何礼仪实施的首要的基本要求。

真诚用心,就要注重倾听。一般而言,人们都更倾向于主动表达,而绝少有只喜欢倾听的,相对来说,在沟通中善于倾听就显得尤为重要。你可以使用更深入的询问方式,来表示出你在认真倾听,可以这样说:“请告诉我更多你所关心的事。”“请问你所关心的某某事是怎么回事啊?”“我对你刚才说的很感兴趣,你能告诉我是什么导致你如此相信它的吗?”“你为什么对某某事感到如此满意?我好像也挺有同感的。”

在沟通的过程中,沟通者一定要在沟通中对事实或感受做正面反应,千万不要对此表现出抵触情绪。譬如说:“多告诉我一些你所关心的事”或是“我了解你的失落”总比说“喂,我正在工作”或“这不是我分内的事”(这很容易激怒对方)要好。

用重述的方式印证对方讲的话,有助于准确理解对方表达的意思。在沟通中,对方说的和自己所听到的有时可能会产生理解上的偏差,这是因为我们个人的分析、假设、判断和信仰可能会歪曲我们所听到的事实。为了确保你能够真正了解对方说的意思,重述一遍你听到的内容,以及你的想法,同时再询问:“我理解得对吗?”如果你对某人说的话有情绪反应,就直接说出来,并询问更多的信息:“我可能没有完全理解你的话,我是以我自己的方式来理解的,我想你所说的就是某某的意思吧?”或者直接问:“这是你的意思吗?”

4. 声音能引起心灵的共鸣——魅力声音

德国哲人黑格尔曾说过:“同样一句话,从不同人嘴里说出来,具有不同的含义。”意大利著名的悲剧家罗西也为这句话做了最好的注解。有一次罗西应邀为外宾表演,他在台上用意大利语念起一段话。尽管外宾听不懂他念的是什么内容,但却无一例外地被他那满脸的辛酸和凄凉的语调所感染,都禁不住泪如泉涌。当罗西表演结束后,翻译解释说,其实刚才罗西念的根本不是什么台词,而是大家面前桌子上的菜单。声音、语调的作用就是如此神奇。我们甚至可以说声音也是有表情的,你需要巧妙而合理地调控它们,为你说的话注入真挚的感情,为交谈的内容锦上添花。温和、友好、坦诚的声音能使对方放松,增加信任感,扫除心理屏障,热情的嗓音通常和笑容联在一起 ,可以将电话铃声作为开始信号,只要铃声一响,微笑就开始 。

对于交谈的声音,可从音量、语速和语调三个方面来阐述。

(1) 音量标准。特别要注意控制自己的音量。在国际礼仪中,以说话声音高低适度为有修养。所谓适度,就是以能让交谈对象听清而不影响他人为准。在火车里,在飞机上,或者在机器轰鸣的工厂里,不得已需要提高声音说话,但平时就没有必要大声说话。试想四周一片宁静,或树下谈心,或围炉叙旧,高声谈话是何等煞风景啊!在客厅里,过高的声音会使主人讨厌;在公共场所,过高的声音会让同伴觉得难堪。声调略低,是职业的需要,有利于树立良好的职业形象。西方人有这样一种说法,在餐馆里说话声音最大的就是中国人。这当然有失偏颇,但是,中国人热情好客,在餐桌上喜欢闹酒,其实,在公共场合这样做是失礼的。

(2) 语速适中。交谈中陈述意见要尽量采用中速,平实稳重。为了表达的需要,在特定的场合下,也可以通过改变语速来引起对方的注意,加强表达的效果。比如语速变慢,以引起注意。不论何种语速,都要以对方能够听清为主,这也是对对方的尊重。像《中国好声音》里主持人华少这样的特殊语速主要是为了节目效果,如果在生活中以这样的语速来表达,会让人产生你其实不想让我听清你说什么的错觉。

在人际交往中，有一个模仿原则，即对方说什么样的语速，你就尽可能说相同的语速。这样会让对方感觉舒服。中国有个歇后语，叫做急惊风遇见慢郎中——干着急，意思是急病遇上了慢性子的医生。生活中，一个语速很快的人与一个语速很慢的人在一起说话，就会产生歇后语所说的那种尴尬。

（3）语调温和。要根据交际对象、交际场合的不同，恰当运用不同的语气、语调交谈。如面对上司、长者时，语气要平和、谦恭，给对方以敬重感；面对同事、客人时，语气要和缓、有礼；面对下属时，语气要亲切、随和。

（4）热情自信。说话本身是用来传达思想感情的，所以，说话时的神态、表情都十分重要。表情有时候甚至比有声语言更为重要，面无表情或表情冷淡，都会破坏沟通的氛围。礼仪学中的表情礼仪主要是指目光和笑容两方面的礼仪规范。微笑是社交场合中最富吸引力、最令人愉悦也最有价值的面部表情。

5. 沉默是最难驳倒的论辩——适时沉默

沉默的力量是无边的，它可以帮你说服反对你的人，让你向成功迈进。我们要学会沉默，学会在别人论己时保持沉默。在特定的环境中，沉默常常比论理更有说服力。我们说服人时，最头痛的是对方什么也不说。反过来，如果劝者保持沉默什么也不说，被劝者的抱怨或无知就找不到市场了。

伊利亚·爱伦堡的长篇小说《暴风雨》出版后，在社会上引起震动。某报主编不知从哪里得到了斯大林对《暴风雨》的看法——认为此书是“水杯里的暴风雨”。为了讨好领导，主编就组织编辑部人员讨论这部小说，以表示该报的政治敏锐性和高度的警惕性，表明该报鲜明的立场。讨论进行了数小时，发言人提出不少批评意见。由于主编的诱导，每篇发言都言辞辛辣而尖刻，如果批评成立的话，足以让作家坐几年牢。可是在场的爱伦堡极为平静，他听着大家的发言，显出令人吃惊的无动于衷的沉默态度，这使与会者无法忍受，纷纷要爱伦堡发言，并要求他从思想深处批判自己的错误。

在大家的再三督促下，爱伦堡只好发言。他说：“我很感谢各位对鄙人小说产生这么大的兴趣，感谢大家的批评意见。这部小说出版后，我收到不少来信，这些来信中的评价与诸位的评价不完全一致。这里有封电报，内容如下：‘我怀着极大兴趣读了您的《暴风雨》，祝贺您取得了这么大的成就。——约瑟夫·斯大林。’”

主编的脸色很难看，以最快的速度离开会场，那些批判很尖刻的评委们，都抱头鼠窜了。爱伦堡的聪明在于，巧妙运用沉默，最后才拿出撒手锏，形成对反对者的迎头一击。

不同的沉默方式有不同的作用，运用时必须恰到好处。

不理不睬的沉默可让人摆脱无聊的纠缠。当你正为自己的事情忙得不可开交的时候，同事却不知趣地想跟你闲聊，或者有推销员厚着脸皮赖着不走，或者有人找你去做你不想做的事情。这时，你应尽可能对他们一言不发，不理不睬。过一会儿，他们见你无反应，定会知趣地悻悻走开。

毫无表情的沉默能让人深思。有些人发表意见时态度很积极，但不免有些偏颇，令人难以接受；若直截了当地驳回，易挫伤其积极性，若循循诱导又费时，精力也不允许，最好的办法便是毫无表情的沉默。他说什么，你尽管听，“嗯”“啊”……什么也不说，等他说够了，告辞了，再用适当的不带任何观点的中性词和他告别：“好吧！”或“你再想想。”别的什么也不用说。这样,他回去后定然要竭思尽虑:今天谈得对不对?对方为什么不表态?错在哪里?也许他会向别人请教,或许自己就会悟出原因。

信心坚定的沉默能使人顺服。某领导有一次交代属下一项较困难的任务,当然,他能胜任。交代之后,对方讲起了"价钱"。该领导一直保持沉默,连哼也不哼。"困难如何大……""条件如何差……""时间如何紧……"说着说着下属就不说了,最后说了一句:"好,我一定完成。"

沉默是金,有时沉默不语能够出奇制胜,有时滔滔不绝反而有理说不清。

6. 良言一句三冬暖——学会赞美

赞美是人生的润滑剂,生活中需要赞美别人,授人玫瑰,手有余香。对于别人而言,由于你的赞美而变得更加光彩,对于自己来说,你已经为自己的人际关系开辟了一条平坦的道路。

柯立芝任美国总统期间,一天对女秘书说:"你今天穿的衣服很漂亮,你真是一位年轻迷人的小姐。"女秘书受宠若惊,因为这可能是沉默寡言的柯立芝对她的最大夸奖了。但柯立芝话锋一转,又说:"另外,我还想告诉你,以后抄写时标点符号要注意一下。"像柯立芝这样在批评之前先表扬对方,以表扬来营造批评的氛围,能让对方在愉悦的赞扬气氛中同样愉悦地接受批评。因为人在听到别人对自己的某些长处的表扬之后,再听到他的批评,心里往往会好接受得多。美国管理专家戴维·马尔思说:"在社会交往中,虽然我在世界各地见到过许多伟人和普通人,但我仍然要去寻找发现一个人,不管他的身份多高、多重要,他在赞扬面前总比在批评面前做得更好,而耗费的精力更小。"戴维·马尔思的秘诀就是不论在公开还是在私下的场合,都赞美别人。赞美可以使人奋发向上,促使一个人不断进步和发展。

人们爱听赞美之辞,出于人的自尊需要,是一种正常的心理需求。因为经常听到真诚的赞美,获得他人的肯定,就能明白自身的价值,有助于增强自信心。赞美他人不仅让他人得到快乐,自己在人际交往中也能得到意想不到的收获。从心理学角度讲,赞美是一种有效的交往技巧,能有效地缩短人与人之间的心理距离。所以我们要学会赞美,恰当的赞美能为自身和组织创造一个良好的人际环境。

最有效的赞美不是"锦上添花",而是"雪中送炭"。赞美的效果在于见机行事、适可而止,真正做到"美酒饮到微醉后,好花看到半开时"。每个人身上早已众所周知的明显长处不是最值得赞美的,或者说不是最有效的赞美,最有效的赞美应是对蕴藏在对方身上的既可贵又尚未引起重视的优点的赞美,因为对对方来说这是以前没有得到过的赞美,所以最有实效。有的人不习惯当面直接赞美别人,或不习惯当面被直接赞美,而采用恰如其分的间接赞美,其意义与效果并不亚于直接赞美。如"严师出高徒""将门出虎子""名厂无劣品"之类的说法,就是一种间接的赞美。

表扬要表扬到点子上。迈克尔·乔丹是驰誉世界的篮球明星,也是美国青少年崇拜的英雄人物之一。有一次,乔丹问队友皮彭:"咱俩谁投 3 分球更好些?""你!"皮彭说。"不,是你!"乔丹十分肯定。乔丹投 3 分球的成功率为 28.6%,而皮彭是 26.4%。但乔丹对别人解释说:"皮彭投 3 分球的动作规范、自然。在这方面他很有天赋,以后还会更好。而我投 3 分球还有许多弱点!"乔丹还告诉皮彭,自己扣篮时多用右手,或习惯地用右手帮一下,而皮彭双手都行，用左手更好一些。这一细节连皮蓬自己都没有注意到。1991 年 6 月，美国职业篮球联赛的决战中，皮彭夺得 33 分，超过乔丹 3 分，成为公牛队在这个时期的 17 场比赛中得分首次超过乔丹的球员。这是皮蓬的胜利，也是乔丹的胜利。用心发现，其实每个人都有可爱、出色的一面，“智者千虑，必有一失，愚者千虑，必有一得”，我们应以谦卑之心赞美他人的强项。

赞美他人，在表达方式上是可以推陈出新，另辟蹊径的。富兰克林年轻时，在费城开一家小小的印刷所。那时，他参加了宾夕法尼亚州议会的选举。在选举前夕，困难出现了。有个新议员发表了一篇很长的反对他的演说，在演说中，这名议员竟把富兰克林贬得一文不值。遇到这么一个出其不意的敌人，是多么令人恼火呀！该怎么办呢？富兰克林自己讲述道：“对于这位新议员的反对，我当然很不高兴，可是，他是一位有学问又很幸运的绅士。他的声誉和才能在议会里颇有影响。但我绝不对他表现出卑躬屈膝的阿谀奉承，以换取他的同情与好感。我只是在隔数日之后，采用了一个别的适当的方法。我听说他的藏书室有几部很名贵又很少见的书。我就写了一封短信给他，说我想看看这些书，希望他慨然答应借我数天。他立刻答应了。”富兰克林用一种不露痕迹的赞美方式赞美新议员，恰如“润物细无声”。表达赞美的方式有很多，要针对具体情况选择最为恰当的方式。选择赞美方式时，既要考虑表达方式的新意，又要考虑对方的感受及最后的效果，综合思考，将会找到最适宜的表达方式。

7. 幽默来自智慧，恶语来自无能——幽默风趣

英国哲学家培根曾经说：“善谈者必善幽默。”具有幽默感的人，往往有较高的智商和较好的人际关系与工作业绩。据统计，那些在工作中取得成就的人，并非都是最勤奋的人，而是善于理解他人和颇有幽默感的人。幽默不仅可以让人愉悦，还可以解决问题、帮助人摆脱困境。在处理工作、生活中的问题或矛盾时，若采用幽默的艺术，将会收到意想不到的效果。

幽默是一种高超的语言艺术，这种艺术是在婉言曲说中产生的。说话直愣的人不可能创造出幽默来。按部就班，一是一，二是二，实说实，虚说虚，没有任何的发挥就不可能碰撞出幽默的火花。

曾两度出任英国首相的威尔逊，在一次演讲中当演讲刚刚进行到一半时，台下突然有个捣乱分子高声打断了他：“喂！狗屎！垃圾！”当时，威尔逊虽然受到了干扰，但他急中生智，不慌不忙地说：“这位先生，请少安毋躁，我马上就会讲到你所提出的关于环保的问题。”全场的人都为他的机智反应和诙谐回答鼓掌喝彩。很显然，捣乱分子是有意辱骂威尔逊“狗屎、垃圾”，目的是想给威尔逊难堪，打乱他的演讲计划。可威尔逊却镇定自若，巧妙地转移话题，将骂人的“狗屎、垃圾”这个肮脏的词语与环保话题联系起来，既回应了捣乱分子的挑衅，又缓和了会场的严肃氛围，保证了演讲的顺利进行，最终赢得了大家的热烈掌声。

周恩来总理的许多机智故事也充分体现了言语幽默的这一交际效应。如在一次记者招待会上，一位外国记者不怀好意地问周总理：“总理阁下，在你们中国，明明是人走的路却为什么要叫‘马路’呢？”周总理不假思索地答道：“我们走的是马克思主义道路，简称马路。”这一故事中，外国记者的用意是把中国人比作牛马，和牲口走一样的路。这些话里显然包含着对中国人的极大侮辱。但如果真从“马路”这种叫法的来源去回答他，即使正确也是没有什么意义的。周总理把“马路”的“马”解释成马克思主义，这种柔中带刚的回答让这位外国记者始料不及。

一般说来，幽默应避免敌意和冲突，否则，幽默就会被减弱或者消亡。从这个意义上讲，婉言曲说最适合构成幽默。

长篇小说《围城》重版，《谈艺录》与《管锥篇》问世以后，钱钟书的名声日盛，求访者愈来愈多，钱钟书有不愿意接受访问的习惯。有一天，一个英国女人打电话给他，要求拜访，钱钟书在电话里说：“如果你吃了一个鸡蛋感觉很好，又何必认识那只下蛋的母鸡呢？”这里钱钟书自比“母鸡”，虽然是有意贬低自己，但明白地表达了英国女人没有必要来拜访他的意思。

如果你有风趣的思想，并且能够轻松地面对自己，你便会发现自己可以原原本本地接受自己的身高、体重或其他身体特征；你也会发现幽默能帮你以新的眼光对待你对自身经济的忧虑。也许你无法得到真诚的爱，但是你能使你的人际关系充满温暖和谐——与人分享欢乐，即使是和仅仅有一面之缘的人也会有很好的关系。自嘲是自己对自己幽默，是消除自己在沟通中胆怯的良方。自嘲是运用戏谑的语言，向别人暴露自身的缺点、缺陷与不幸，说得俗一些，就是把脸上的灰指给对方看。俗话说得好：“醉翁之意不在酒。”自嘲同样是这个道理，有着独到的表达功能以及实用价值。

三、交谈时应注意的事项

1. 举止要恰当，谈话距离要适当

手势不要过多，幅度不要过大；注意姿态，如双方并排而坐，谈话时可把身体侧向对方，以示专注；不要和对方离得过近或过远，尤其注意不要唾沫四溅，以免失态。

2. 要照顾到在场的所有人

不要只跟主宾交谈，对其他在场的客人也要用目光照应一下，让每个人都感受到你对他们的关注和尊重。

3. 手势语不宜太多

在交往中，我们还要切记手势不要做得太多太过分。有些人在讲话时，几乎每一句话都要配上一个手势，给人一种多此一举的感觉。另外一些人则由于神经紧张原因，控制不住自己的手，连续地重复着一种机械动作，而这种动作不论是与他的语言内容还是与当时的气氛都没有什么关系。这些多余的动作，不论是对吸引听众注意力还是丰富谈话的内容都没有帮助，反而会使听众产生厌倦的感觉。

4. 不要中途打断他人的话或是和人争辩

对方讲话时，中途打断或是和人争辩都是不合礼仪的。若确实有没有听懂或听清之处，也要等对方的话告一段落或中途停顿的时候再插话。可以这样说，“对不起，请允许我插一句”，“对不起，您的话是不是这个意思……”自己讲话时，要给别人发表意见的机会，不要滔滔不绝、旁若无人。

5. 要耐心倾听

对方讲话时，要耐心倾听，目光要注视对方。这是尊重的需要，也是礼仪的需要。在倾听的过程中适当提问，既可表达对对方的尊重，也可获取相关信息。

6. 尊重习俗，注意禁忌

社会习俗文化制约着人们的言语行为，人们的言语行为又反映了一定的社会习俗文化。因此，在与不同国家或民族的人们交谈时，应特别注意政治及宗教信仰方面的禁忌礼仪，以免失言。

7. 要主动融入交谈圈

不论是在正式交谈还是在非正式交谈中，我们都应该主动融入交谈圈。也许我们与围坐一起交谈的人并不熟悉，也许我们对这个话题所知甚少或者全无兴趣，但既然目前坐在这里与人交谈，就必须表现出兴趣和热情，而不能以自己的情绪去影响他人。我们可以适当地插一两句话，跟大家一起点头、微笑、皱眉等，这样就自然地融入了交谈圈。当然，也可以主动引起某个有意义的话题，活跃交谈气氛。

【情境小结】

秘书王飞飞由于没有掌握语言的沟通技巧，在接待客户的过程中把客商给得罪了。客商到来时如果小王礼貌地说："陈先生，我们董事长在办公室等您呢，请跟我来。"客商一定会很乐意地随小王来到董事长办公室，他们之间的合作也会有好的开端。

【知识链接】

一、影响个人魅力的20禁忌

经常以不悦或对立的语气说话
应保持沉默时偏偏说话
打断别人的话
滥用人称代词，言必带"我"字
谈话时插入和自己有亲密关系，却使别人感到不好意思的话题
自吹自擂
嘲笑社会上的穿着规范
对不熟悉的人写内容过分亲密的信
对政治或宗教发出抱怨
表现过于亲密的行为
对自己不了解的人或事任加评论
公然质问他人意见的可靠性
在甲的朋友面前说一些瞧不起甲的话
指责和自己意见不同的人
当着他人面，指正部属/同事的错误

当场表示不喜欢
老是想着不幸或痛苦的事
评论别人的无能力
以傲慢的态度拒绝他人要求
在电话中谈无聊的话题

二、说话的艺术

急事,慢慢地说
大事,清楚地说
小事,幽默地说
没把握的事,谨慎地说
没发生的事,不要胡说
做不到的事,别乱说
伤害人的事,不能说
不开心的事,找对对象说
开心的事,看场合说
伤心的事,不要见人就说
别人的事,小心地说
自己的事,看看别人怎么说
尊长的事,多听少说
夫妻的事,商量着说
孩子的事,开导着说
现在的事,做了再说
未来的事,未来再说

三、汉语中的日常礼貌用语

初次见面说久仰,看望别人说拜访。
请人勿送用留步,对方来信用惠书。
请人帮忙说劳驾,求给方便说借光。
请人指导说请教,请人指点说赐教。
赞人见解说高见,归还原物叫奉还。
欢迎购买叫光顾,老人年龄叫高寿。
等候客人用恭候,接待客人叫茶后。
客人来到说光临,中途要走说失陪。
送客出门说慢走,与客道别说再来。
麻烦别人说打扰,托人办事说拜托。
与人分别用告辞,请人解答用请问。
接受礼品说笑纳,好久不见说久违。

四、一句话使人哭，一句话使人笑

你找谁？

有什么事？

你是谁？

如果你需要我得帮助，你必须……

你找他有什么事情？

不知道/我怎么会知道？

没这回事，不可能的/没有这种可能，我们从来没有……

知道了，不要再讲了。

我只能这样，我没办法。

干不了。

这是公司的政策。

请问您找哪一位？

请问您有什么需要帮忙的吗？

方不方便告诉我，您怎么称呼？

我愿意帮助你，但首先我需要……

请问有什么可以转告的吗？

对不起，我现在手头还没有相关的信息。

对不起，也许需要向您澄清下……

您的要求我已经记录清楚了，我们会在最短的时间跟您联系。请问，您还有什么其他要求？

对不起，也许我真的帮不上您！

很抱歉，这件事我们目前还难以胜任。

根据多数人的情况，我们公司目前是这样规定的……

【拓展训练】

一、张波是你们班新来的同学，酷爱音乐。只是来班上好几天了都不愿意和同学们交谈。如果你是张波班上的班长，很想和张波交朋友，应该如何与他进行交流沟通？

先请几位同学面向全班进行模拟表演；然后展开全班讨论，看看哪一种做法更好，说出理由。

二、如果你是某职业院校的应届毕业生，在一次人才招聘会现场，不经意地听到旁边两个闲谈的经理人的谈话。其中一个经理人的公司需要几名毕业生，而刚好你所学的专业符合要求。面对如此情况，你是否有兴趣加入他们的谈话？如果有兴趣，请问你准备如何加入他们的谈话？

分组由学生试着扮演里面的角色，抽准备较好的小组上台表演。表演结束后由全班同学进行讨论，最后得出最佳的结论。

三、你是公司职员小张，今天公司来了一名反映产品质量问题的老人，老人由于年纪偏大，表达不是很清楚，而且一说就是老半天。面对这样的情况你应该如何处理？请学生选出代表进行表演。

四、同样的一家公司推荐同样的产品，怎么会有两种不同的待遇？请针对以下两个案例谈谈你的看法。

【案例一】

小王：赵总，你好，我是大华公司的销售人员小王，这是我们产品的资料，你看你们是否感兴趣？

赵总：放这里吧！我有时间再看，如果感兴趣的话给你打电话。

小王：你看看，我们的设备质量好，而且价格也便宜……

赵总：对不起，我还有个会，我会和你联系的，好吗？

小王：……

（小王刚走，赵总顺手将小王的资料扔进了垃圾桶。）

【案例二】

老李：赵总，您好，我是大华公司的销售人员老李，这是我们产品的资料，您看你们是否感兴趣？

赵总：放这里吧！我有时间再看，如果感兴趣的话给你打电话。

老李：如果用我们的设备，会比贵公司现在用的 X 型号的设备效率提高 30%，而且节能 10%……

赵总：效率提高 30%？还节能，你是哪家公司？

赵总停下工作，随即翻阅了老李带来的资料。

任务二　商务沟通礼仪

【情境导入】

新力源公司朱昊经理到医院探访病人，公司的同事来电话，铃声让另一床正闭目养神的病人睁开了眼。朱先生接起电话就谈上了工作。尽管电话时间不长，但那位被吵着了的病人一直脸色不悦。针对此事，请你谈谈社交礼仪行为中接打电话应注意什么。

【知识分享】

一、电话沟通礼仪

电话是现代人之间进行交流和沟通的便捷工具。在没有电话的时代,人们很可能为了讲一句话而千里迢迢地登门拜访,现在,通过电话能立刻就与对方进行联系。在商业领域,通过电话行销,能够使公司的整体工作效率大幅度提高。在商务交往中,电话不仅仅是一种传递信息、获取信息、保持联络的寻常工具,而且也是自己所在单位或个人形象的一个载体。

在商务交往中,普普通通的接打电话实际上是通话者所在的单位为通话者本人绘制的给人以深刻印象的电话形象。电话形象即人们在通电话的整个过程之中的语言、声调、内容、表情、态度、时间感等的集合,它能够真实地体现出个人的素质,待人接物的态度,以及通话者所在单位的整体水平。正是因为电话形象在现代社会中无处不在,而商务交往又与电话难解难分,因此凡是重视维护自身形象的单位,无不对电话礼仪给予高度的关注。

拨打电话需要什么礼仪呢?

1. 重要的第一声

我们打电话给某单位,若一接通就能听到对方亲切优美的问候声,心情一定会很愉快,双方对话能顺利展开,心里也对该单位有了较好的印象。

在电话中只要稍微注意一下自己的行为就会给对方留下完全不同的印象。同样说:"你好,这里是××公司",声音清晰、悦耳,吐字清脆,就会给对方留下好的印象,对方对其所在单位也会有好印象,这就是语调的魅力。用清晰而愉快的语调接电话能显示出说话人的职业风度和可亲的性格。

2. 在恰当的时机拨打电话

打电话应该以客为尊,让客户产生宾至如归的亲切感觉,这就应该注意在恰当的时段内打电话。通常,早上10:00~11:30、下午2:00~4:00是所有公司的"黄金"时段,打电话的时段应该尽量选择在这些最有绩效的时段。

最佳的通话时间主要有两个:一是双方预先约定的时间,二是对方方便的时间。通话应当尽量选择上述的最佳通话时间而避开不适当的时段。例如,某人最近发生了重大事情,这时候就不要打电话骚扰对方,否则对方心情会变得浮躁。

打电话时要留意时差,要搞清地区时差以及各国工作时间的差异,不要在休息日打电话谈生意,以免影响他人休息。即使客户已将家中的电话号码告诉你,也尽量不要往家中打电话。在美国你可以通过电话向一个素不相识的人推销商品,而在欧洲、拉美和亚洲国家,电话促销或在电话中长时间地谈生意就难以让人接受。其次,选择适当的通话时间,一般情况下,不在早上8点之前、晚上10点以后、三餐之间给人打电话,以免干扰他人。还有,老年人大多数有午睡的习惯，无特殊情况，也不要在中午给老年人打电话。

通话时机的选择要点：
>不要在他人休息时间内打电话
>给海外人士打电话前要了解时差
>打公务电话不要占用他人的私人时间
>避开对方的通话高峰时间
>避开对方业务繁忙时间
>避开对方生理厌倦时间

3. 端正的姿态与清晰明朗的声音

不管与谁进行电话交流，整个通话过程都应遵循“态度恭敬、举止文明、语气谦和、内容简洁”的原则。虽然电话交流不同于面对面的交谈，但通话过程中你的情绪、表情、举止，包括知识、能力和修养，完全可以从你的谈话方式、态度、语言、语调、声音中反映出来，对方可从你在通话中的表现感受到你的人品和内在素养，并留下深刻印象。这种印象，很可能会影响以后彼此工作上的接触和交往。所以，要始终以“对方在看着我”的心态接打电话，做到专心致志、心无旁骛，切不可心不在焉。

打电话过程中绝对不能吸烟、喝茶、吃零食，即使是懒散的姿势，对方也能够听得出来。如果你打电话的时候弯着腰躺在椅子上，对方听你的声音就是懒散的、无精打采的。若坐姿端正，身体挺直，则发出的声音也会亲切悦耳，充满活力。打电话时的语调应平稳、柔和、安详。这时如能面带微笑地与对方交谈，可使你的声音听起来更为友好热情。

打电话时声音要文雅有礼，以恳切之话语表达。嘴与话筒间应保持适当距离，适度控制音量，以免听不清楚，产生误会，或因声音粗大而让人误解为盛气凌人。因此，打电话时，即使看不见对方，也要当作对方就在眼前，尽可能注意自己的姿势和语调。如图 2-3-1 所示。

图 2-3-1 打电话的正确姿态

4. 迅速准确的接听

现代工作人员业务繁忙，桌上往往会有两三部电话，听到电话铃声，应准确迅速地拿起听筒，接听电话，以长途电话为优先，最好在三声之内接听，在礼貌问候对方之后应主动报出公司或部门名称以及自己的姓名。

电话铃声响一声大约 3 秒钟，若长时间无人接电话，或让对方久等，是很不礼貌的。对方在等待时心情会十分急躁，你也会给他留下不好的印象。即便电话离自己很远，听到电话铃声后附近没有其他人，我们也应该用最快的速度拿起听筒。这样的态度是每个人都应该具有的，如果电话铃响了五声才拿起话筒，应该先向对方道歉。若电话响了许久，接起电话只是“喂”了一声，对方会十分不满，会给对方留下恶劣的印象。此时，拿起电话就应先向对方致歉：“对不起，让您久等了。”当来电话的人说明找谁之后，不外乎三种情况：一是刚好本人接电话；二是本人在，但不是他接电话；三是他不在办公室里。此时，针对第一种情形说：“我就是，请问您是哪位？”针对第二种情形接话人说：“他在旁边！请稍候。”针对第三种情形，接话人则说：“对不起，他刚好出去，您需要留话吗？”切忌拿起电话劈头就问：“喂！找谁？”同样，来电话人需要留话也应以简洁的语言清晰地报出姓名、单位、回电号码和留言。结束电话交谈时，通常由打电话的一方提出结束，然后彼此客气地道别。无论什么原因，若电话中断，主动打电话的一方应重拨。

5. 认真清楚的记录

要简洁而完备地记录电话内容，需随时牢记5W 1H 技巧。所谓5W，一是 When，何时；二是 Who，何人；三是 Where，何地；四是 What，何事；五是 Why，为什么。1H 是 How，如何进行。在工作中，这些资料都是十分重要的。

5W 1H通话要点：
>WHY（理由）：打电话的目的、理由
>WHAT（内容）：商谈细节
>WHO（对象）：洽谈对象
>WHEN（时间）：对方合宜的通话时间
>WHERE（场所）：洽谈较适宜的场所
>HOW（方法）：应如何表达较得体

6. 不要“煲电话粥”

当你有急事找对方而对方电话一直占线，你一定会心急如焚。然而，你自己是否也曾有过“煲电话粥”的情形呢？

打电话切忌喋喋不休，不分重点，唠唠叨叨，说个没完，而要简明、扼要，节省时间。电话交谈所持续的时间以谈话内容多少来定，事多则长，事少则短。如果不是预约电话，时间须5 分钟以上的，那么就应首先说出自己的通话大意并征询对方现在讲话是否合适方便，若不方便可请对方另约时间。有时候来电话的人“啰啰嗦嗦”，你不愿再花费时间和他无聊地谈下去，可以礼貌地说：“我不想占用你太多的时间，以后再谈行吗？”

“3分钟原则”：
在打电话时，发话人应当自觉地、有意识地将每次通话的长度，限定在3分钟之内，尽量不要超过这一限定。

7. 挂电话

结束电话交谈一般应当由打电话的一方提出，然后彼此客气地道别。电话接听完毕之前，不要忘记复诵一遍来电的要点，防止因记录错误或者偏差而带来的误会，使整个工作的效率更高。例如，应该对会面时间、地点、联系电话、区域号码等各方面的信息进行核查校对，尽可能地避免错误。最后的道谢也是基本的礼仪。来者是客，以客为尊，千万不要因为电话客户不直接面对而认为可以不用搭理他们。实际上，客户是公司的衣食父母，公司的成长和盈利的增加都与客户的来往密切相关。因此，公司员工对客户应该心存感激，向他们道谢和祝福，再轻轻挂上电话。不可只管自己讲完就挂断电话，电话礼仪的特点，直接与电话形象密切相关，不论是打电话还是接电话，都必须以礼待人，克己而敬人。假如不注意在使用电话的过程中讲究礼貌，无形之中将会使自己的人际关系受到损害。我们应该随时保持良好的电话形象，养成良好的电话礼仪

电话接听的基本技巧：
>左手持听筒，右手拿笔
>电话铃声响过两声之后接听电话
>报出公司或部门名称
>确定来电者身份、姓氏
>听清楚来电目的
>注意声音和表情
>保持正确姿势
>复诵来电要点
>最后道谢
>让客户先收线

习惯。

8. **手机使用礼节**

随着时代的发展,移动通信工具已经成为信息及时传递的重要工具,也是职业经理人与时间赛跑的利器。但是,如果使用时不讲究必要的商务礼仪,不但会影响自己的个人形象,而且还可能殃及公司的对外形象。因此,移动通信工具的使用礼仪,是商务办公礼仪很重要的组成部分。目前的移动通信工具主要是手机。

手机等移动通信工具的使用,将会分散人们对其他事情的注意力。另外,手机本身还会产生电磁辐射。因此,在使用手机的过程中,必须牢记安全准则。一般说来,以下场合中应当严格禁止手机使用:驾驶汽车的时候;加油站、面粉厂、油库等易燃场所;病房内;飞机飞行期间。

现在手机的普及率非常高,几乎每个上班族都有手机。但是,由于手机属于私人电话,在上班时间内应该尽可能少用手机。如果确实有使用手机的必要,则应该将其设置为震动模式,避免手机铃声干扰其他人。

公共场合应该尽量做到不使用手机。如果遇到非打不可的电话,就应该寻找一个较为偏僻的地点,压低通话音量。千万不要大呼小叫,弄得全场人员都听到,这种干扰别人的行为必将招致大家的反感。

在一些手机信号比较弱的地区,有时候通话质量不高,通话的声音不得不提。在这种情况下,应该向对方说明信号不好,征得对方同意后挂断电话,等到信号较强的时候再通话或者选择其他的方式进行联系。

二、传统书信礼仪

书信是人类生活中最普通、最古老、最具有准确性的一种沟通方式。尽管电话、可视电话已经普及,但书信的功效仍然不会被其他的沟通方式所完全取代。尽管书信礼仪现在一般都已经表现为电子邮件礼仪,但书信的作用仍然是无法替代的,而且在偏远地方和中老年人群中,书信仍然是他们社交与沟通的重要方式之一。那么书信礼仪的规范有哪些呢?

1. **书信的格式**

(1) 书信开头的格式。第一排通常顶格写称谓,后加冒号,以示尊敬。称谓应当符合对方的身份,并充分照顾到双方关系的远近亲疏程度,就是既要长幼有序,又要礼貌得体。长幼之间,长对幼可用名字、小名等,幼对长则必须用尊称;上下级之间可称同志,也可称职务。总的原则是:长幼有序,礼貌待人,因人而异,大方得体。

(2) 书信正文内容。可根据不同情况采取不同文风,如公事可用平淡之口吻,私事可用起伏之口气,情人之间可用动情之语言。首先是问候,除了“你好!”“节日好!”之外,一般地说,很多人都比较喜欢用的问候语有“近好!”“还好吧?”之类。其次是询问对方近日情况,以示关心。再次是回答对方上封信所提问题,或自己对此事的看法及打算。最后可陈述自己对对方的要求、希望或一些其他想法。

正文的格式:问候语比较短的可以紧接在称谓之后写,也可以另起一行并空两格写,其他段落均应在开头处空两格。

(3) 书信结尾。可写上“顺祝冬安!”之类,也可写上希望加强双方联系云云。其格式是:另起一行写上"顺祝"或只写一个"祝"字,不能不空格或过多地空格。另起一行,也可空两到四行,顶格写上"冬安""夏安"之类的话,并在后面加上感叹号。

(4) 书信落款。写上姓名、日期,还可写上附言。其格式为:在"冬安"之类的右下角,通常必须至少空一行,也可视整封信的内容及占用纸张的情况适当多空几行,所有落款最好都不要写到右边行末,距离行末以两到五个字为宜。

2. 信封

信封的正面应依次写上邮编、地址、单位名称,收信人全名及称呼,一般写"同志""先生"或"小姐""女士"即可。其后应写上"收""启""鉴"或"敬启"的字样。其标准格式是:在信封的左上角六个空格内填写邮政编码;另起一行于信封中间写上收信人地址、单位、部门;再另起一行于信封正中间写上收信人姓名及称谓,也可加写一个"收"或"启"字等;最后另起一行,于信封的右下方写上寄信人的地址、单位、部门,寄信人的姓名一般可以不写,再另起一行,落款处可写上某某缄,意思是寄信者封口。最后,与落款对应位置下面写上寄信人的邮政编码。

3. 注意事项

第一,写信时禁忌用红笔或铅笔,私人书信最好不用打印方式,公函则可以用打印方式,但是末尾的签字必须由写信者亲笔书写。信不能开着口子发出去,假如是请人带信的话,就要开着口子当面交给带信人,以示信任。如果是他人让你带信时,最好是当面把开口信封好,以表示谨慎、认真。第二,信写完以后,一定要检查一下,至少阅读一遍,看看有无遗漏、错别字等,如果有,就要纠正过来。遗漏的意思和话写在附语里,附语写多少条都无关紧要。还有一点要特别注意,即同时写几封信时,一定要把信封和信纸(内容)看清楚,千万不可张冠李戴,把给王某的信寄给张某,而把张某的信又寄给王某,一错就必然是两个同时错,因此必须注重这些细节。传统书信值得借鉴的内容很多,这里着重介绍一下书信中使用的敬称和谦称。

(1) 敬称。敬称是对他人表示尊敬的称呼。敬称的方式很多,比较常见的方法之一,是将古代爵称等转换成敬称。例如"君",原指天子或者君王,后来"君"转化为比较宽泛的敬称:称父亲为"家君",称已故的祖先为"先君",妻子称丈夫为"夫君"等等。也可以用作对他人的尊称。

古代天子有三公、九卿,公、卿也都被用作敬称。如果对方德高望重,可以在他的姓之后加"公"字,称为"某公",抗战期间,周恩来以其独特的人格魅力,使当时的民主党派,甚至是国民党进步人士均尊称他为"周公"就是一个很典型的例子。

称呼他人的亲戚,一般在称谓前加"令"字,如"令尊大人""令堂大人""令伯""令叔""令兄""令弟""令妹"等。对于他人的孩子也是如此,称对方的儿子为"令郎"或"令息",女儿为"令爱"或"令嫒"。也可以在称谓前加"贤"字,如"贤伉俪"(夫妇)、"贤乔梓"(父子)、"贤弟"等。

(2) 谦称。谦称是与敬称相对的称谓,一般用于自己。对他人用敬称,对自己用谦称,是中国人的传统。

从先秦文献可以知道,当时的贵族都有特定的谦称,如《老子》说:"王侯自称孤、寡、不谷。""孤"和"寡"都是少的意思,王侯称孤道寡,是谦称自己德行浅少的意思;"谷"是善的意思,“不谷”犹言不善。古人每每用“臣妾”作为谦称。古代有“男曰臣,女曰妾”之语,“臣妾”的本义,犹后世言奴才。谦称自己的儿子为“犬子”“贱息”等。对自己的父母固然要敬重,但在与他人提及自己的家人时,就不能用敬称,而要用谦称,一般是在称谓之前加一“家”字,如称自己的父亲为“家父”,或者“家君”“家严”;称自己的母亲为“家母”或“家慈”。如果父母已经去世,则对人要称“先父”“先大人”“先母”。同样,对他人称呼自家的其他亲戚,也都要加一“家”字,如“家伯”“家伯母”“家叔”“家叔母”“家兄”“家嫂”;对比自己年龄小的,则可以称“舍弟”“舍妹”等。自称或者用“愚”字,如“愚兄”“愚弟”。对他人称呼自己的妻子,一定要用谦称,如“内人”“内子”“拙荆”;或者用平称“爱人”“太太”。常常听到有人向对方介绍自己的妻子时说:“这是我夫人。”如果介绍的一方地位较高则问题不大,如果地位较低,这样介绍就显得非常失礼,如前所说,诸侯的原配才能称为“夫人”。普通人相交,称对方配偶为夫人,略有恭维的意思,称自己的配偶为夫人,就显得有些自大了。

三、网络礼仪

随着社会的快速发展,信息化进程的不断加快,人民生活水平的切实提高,网络连起了千家万户,它正以人们难以想象的速度、力度、深度和广度影响着学生的学习和成长。网络以其便捷、大容量、交互性强等特点,为现代生活打开了一个五彩缤纷的虚拟空间。网络无疑已成为另类社会,是一个异度空间,成为相当一部分青少年课余消遣、精神寄托的首选。

然而,随着网络日益为众人所熟知和使用,各种各样的网络道德问题也慢慢浮出水面。在传统社会中,人们的几乎所有活动都受到旁人或社会的监督,以产生自我约束,然而网络社会创造了完全隐蔽的个人空间,网络行为完全受自己意识的控制,在缺乏有效监督的情况下,会使学生道德失范,甚至会导致青少年产生人际交往困境。

所谓的网络礼仪,也就是在使用互联网时,使用者应该遵循的约定俗成的规定。我们在享受互联网带来的便捷之时,应当自觉地遵循一定的礼仪,它是人际交往的润滑剂,它可以塑造自身形象,调节人与人之间的关系,展示自身的良好修养,促成健康有序的网络规范的形成,构建和谐畅顺的网络交际;反之,如果忽视网络礼仪,将会对他人造成干扰与不愉快的情感体验,破坏自己的网络形象,为自己的交际设置一道壁垒。

网络礼仪是在网络交往中所形成的。与网络社会的特点相适应,网络礼仪也有自己的一些特点,它是网民行为文明程序的标志和尺度,主要由问候礼仪、语言礼仪、交往方式礼仪组成。

网络有网络的游戏规则,最基本的规则大约可以概括成两条:“自由”与“自律”。网络鼓励并尊重个性的发挥,在正常的社会生活中,个人为了获得更多的群体认同,常常不得不放弃自己的一些想法。而在网上,由于地理位置的消失,出现了“中国村”“地球村”的概念,任何团体——不管范围多么狭小,都是可能组织的。网民不必再去追求更大团体的认同,每个人都可以成为小团体中的一员,可以充分自由地发挥。正是“自由”这一点使得有些东西必须坚决抵制,包括:过度沉溺于游戏;不恰当地过度使用网络;不尊重网络另一端的网民;令人憎恶的、骚扰性的或其他反社会的举动;故意损坏或打扰他人工作与生活;制造网络病毒;等等。人们厌恶这些威胁,所以在有自由的情况下,必须自律,真诚善良是自律的前提,如果我们仔细琢磨,就会发现遵守网络礼仪规范是十分必要的。

1. 网络礼仪的内容

礼节一:记住人的存在。互联网给予来自五湖四海的人们一个共同的地方聚集,这是高科技的优点,但这往往也使得我们面对着电脑屏幕忘了自己是在跟其他人打交道,我们的行为也因此容易变得粗劣和无礼。因此,网络礼仪第一条就是“记住人的存在”。如果你当着面不会说的话在网上也不要说。

礼节二:网上网下行为一致。在现实生活中,大多数人都遵纪守法,同样地在网上也应如此。网上的道德和法律与现实生活是相同的,不要以为在网上与网民交流就可以降低道德标准。

礼节三:入乡随俗。在网上,不同的论坛有不同的规则。在一个论坛可以做的事情在另一个论坛可能不能做。比方说在聊天室打哈哈发布传言和在一个新闻论坛散布传言是不同的。最好的建议:先观望一会儿再发言,这样你可以知道论坛的气氛和可以接受的行为。

礼节四:尊重别人的时间。在提问题以前,先自己花些时间去搜索和研究,很有可能同样问题以前已经问过多次,现成的答案随手可及。不要以自我为中心,别人为你寻找答案需要消耗时间和资源。

礼节五:给自己在网上留个好印象。网络的匿名性质,使别人无法从你的外观来判断你是怎样的人,因此你的一言一语成为别人对你印象的唯一判断。如果你对某个方面不是很熟悉,找几本书看看再开口,无的放矢只能落个“灌水王”帽子。同样地,发帖之前仔细检查语法和用词。不要故意挑衅和使用脏话。

礼节六:分享你的知识。除了回答问题以外,这还包括当你提了一个有意思的问题而得到很多回答,特别是通过电子邮件得到回答以后,你应该写份总结与大家分享。

礼节七:平心静气地争论。争论是正常的现象,要以理服人,不要人身攻击。

礼节八:尊重他人的隐私。别人与你用电子邮件或私聊(ICQ/QQ)的记录应该是隐私一部分。如果你认识的某个人用笔名上网,在论坛未经同意将他的真名公开就不是一个好的行为。如果不小心看到别人打开电脑上的电子邮件或秘密,你不应该到处广播。

礼节九:不要滥用权力。管理员版主比其他用户有更多权利,他们应该珍惜这些权利。游戏室内的高手应该对新手手下留情。

礼节十:宽容。我们都曾经是新手,都会有犯错误的时候。当看到别人写错字,用错词,问一个低级问题或者写篇没必要的长篇大论时,你不要在意。如果你真的想给他建议,最好用电子邮件私下提议,人都是爱面子的。

2. 电子邮件礼仪

现如今,可能已经找不到没有电子邮箱的网民了。特别是职业人士,还拥有使用公司域名的邮箱。职业人士利用公司邮箱发送邮件与私人信件有着很大区别,存在着职场邮件礼仪方面的新问题。

据统计,如今互联网每天传送的电子邮件已达数百亿封,但有一半是垃圾邮件或不必要的。“在商务交往中要尊重一个人,首先就要懂得替他节省时间”,电子邮件礼仪的一个重要方面就是节省他人时间,只把有价值的信息提供给需要的人。

电子邮件的写作礼仪可以参考传统书信的礼仪规范,但又有与传统书信不同的特殊要求。通过写电子邮件能看出一个人为人处世的态度。作为发信人,写每封电子邮件时,要想到收信人会怎样看这封电子邮件,时刻站在对方立场考虑,将心比心。同时勿对别人之回答过度期望,当然更不应对别人之回答不屑一顾。

(1) 主题。主题是接收者了解邮件的第一信息,因此要提纲挈领,使用有意义的主题行,这样可以让收件人迅速了解邮件内容并判断其重要性。

① 主题一定不要空白,这是最失礼的。

② 主题要简短,不宜冗长,一般要求是不超过12个字。

③ 主题要能真实反映文章的内容和重要性,切忌使用含义不清的标题,如"王先生收"。

④ 一封信尽可能只针对一个主题,不在一封信内谈及多件事情,以便于日后整理。

⑤ 可适当通过使用大写字母或特殊字符(如"*""!"等)来突出主题,引起收件人注意,但应适度,特别是不要随便就用"紧急"之类的字眼。

⑥ 回复对方邮件时,可以根据回复内容需要更改主题,不要"RE""RE"一大串。

(2) 称呼与问候。

① 恰当地称呼收件者,拿捏尺度。

邮件的开头要称呼收件人。这既显得礼貌,也明确提醒某收件人,此邮件是面向他的,要求其给出必要的回应;在多个收件人的情况下可以称呼"大家""ALL"。如果对方有职务,应按职务尊称对方,如"某经理";如果不清楚职务,则应按通常的"某先生""某小姐"称呼,但要把性别先搞清楚。

有英文名的,不熟悉的人不宜直接称呼英文名,对级别高于自己的人也不宜称呼英文名。

称呼全名也是不礼貌的,不要逮谁都用个"Dear ×××",显得很熟络。

② 电子邮件开头和结尾最好要有问候语。

最简单的开头写一个"Hi",中文的写个"你好";结尾常见的写 Best Regards,中文的写"祝您顺利"等祝语。俗话说"礼多人不怪",礼貌一些,总是好的,这样即便邮件中有些地方不妥,对方也能平静地看待。

(3) 慎重使用群发邮件功能。

① 给重要人物的重要邮件一定要一对一单独发送。

② 群发操作之前一定要慎重考虑所采用的操作方式是否妥当。一旦发出,"覆水难收"。

③ 不重要的通告式非保密邮件,可以在特定地址非保密组群里以三种形式群发,但要根据对方邮箱特性,慎重选择使用"并列收件人""抄送"和"暗送(密送)"功能。

④ 回复他人邮件时,一定要再次检查收件人地址是否正确。

(4) 邮件正文。正文是邮件最重要的部分,注意以下几点:邮件正文要简明扼要,行文通顺。注意根据收件人与自己的熟络程度、等级关系,邮件是对内还是对外性质的不同,选择恰当的语气进行论述,以免引起对方不适。尊重对方,"请""谢谢"之类的语句要经常出现。尽可能避免拼写错误和错别字,这是对别人的尊重,也是自己态度的体现。如果是英文邮件,最好把拼写检查功能打开;如果是中文邮件,注意拼音输入法带给你的同音别字。

在邮件发送之前，务必自己仔细阅读一遍，检查行文是否通顺，拼写是否有错误。在商务信函里面使用“:)”之类的笑脸字符会显得比较轻佻，只用在某些你确实需要强调出一定的轻松气氛的场合才用。

（5）邮件附件。附件是邮件的一个重要组成部分，要注意以下几点：如果邮件带有附件，应在正文里面提示收件人查看附件；附件文件应用有意义的名字命名，不用看不懂的文件名；正文中应对附件内容做简要说明，特别是带有多个附件时；附件数目不宜超过4个，数目较多时应打包压缩成一个文件；如果附件是特殊格式文件，因在正文中说明打开方式，以免影响使用。

（6）结尾署名。每封邮件在结尾时都应签名，这样对方可以清楚地知道发件人信息。虽然你的朋友可能从发件人中认出你，但不要为你的朋友设计这样的工作。电子邮件消息末尾加上签名档是必要的。签名档可包括姓名、职务、公司、电话、传真、地址等信息，但信息不宜行数过多，一般不超过4行。你只需将一些必要信息放在上面，对方如果需要更详细的信息，自然会与你联系。引用一个短语作为你的签名的一部分是可行的，比如你的座右铭，或公司的宣传口号。但是要分清收件人对象与场合，一定要得体。不要只用一个签名档，对内、对私、对熟悉的客户等群体的邮件往来，签名档应该进行简化。过于正式的签名档会显得与对方疏远。你可以在Outlook中设置多个签名档，灵活调用。签名档文字应与正文文字匹配，以免成出现乱码。字号一般应选择比正文字体小一些的。

（7）及时回复邮件。收到他人的重要电子邮件后，即刻回复对方一下是必不可少的，这是对他人的尊重，理想的回复时间是2小时内，特别是对一些紧急、重要的邮件。

对每一份邮件都立即处理是很占用时间的，对于一些优先级低的邮件可集中在一特定时间处理，但一般不要超过24小时。

如果事情复杂，无法及时确切回复，那至少应该及时回复说“收到了，我们正在处理，一旦有结果就会及时回复”云云。不要让对方苦苦等待，记住：及时作出响应，哪怕只是确认一下收到了。

如果你正在出差或休假，应该设定自动回复功能，提示发件人，以免影响工作 。回复不要少于10个字，只回复“是的”“对”“谢谢”“已知道”等字眼，是非常不礼貌的。为避免无谓的回复，浪费资源，可在文中指定部分收件人给出回复，或在文末添上以下语句：“全部办妥”“无需行动”“仅供参考，无需回复”。

3. 使用QQ等实时聊天工具的礼仪

（1）遵时守信。孔子曰：民无信不立，与朋友交，言而有信。当你与别人约定时间在QQ上聊天或商谈某项事情时，一定要严格遵守事先约定的时间上线，如果因为网络或其他原因拖延了时间或者不能如期上线，要通过电话或短信的方式告知对方，或者待能上线后说明理由并真诚地向对方道歉。

（2）热情有礼。热情的人总会获得良好的人缘，建立良好的人际关系。与面对面的交流相比，QQ聊天看不到对方的表情、动作，感受对方是否热情主要凭借文字信息，因此要非常注意措辞及说话的口吻。热情的态度会使人产生受重视、受尊重的感觉。相反，对人冷若冰霜，则会伤害到别人的情感。比如，当别人用问候语“您好”向你打招呼时，同样要用“您好”“上午好”“下午好”“晚上好”等不同时段的问候语予以及时回复，千万不能置之不理或隔了很长的时间才给予回应。

（3）忙而有礼。当你有工作要处理而又开着QQ时，应该把登录状态设置为“忙碌”“请勿打扰”模式。假定设置成了以上模式，仍然有好友和你打招呼时，应当见缝插针地回复对方；如果你确实非常忙，无暇顾及别人的消息，那就告诉对方并表示歉意，并将自己的模式设置为“隐身”，或者干脆下线专心工作。如果登录后看到对方处于“忙碌”“请勿打扰”状态，最好不要与之闲聊。如若确有重要的事情，尽快用言简意赅的话陈述完毕是上策。

（4）杜绝非礼貌用语的使用。在使用文字交谈时，以下几类语言与语气是应当避免的：第一，不雅的粗话；第二，不洁的脏话；第三，匪气十足的黑话；第四，命令的语气；第五，冷漠的语气。

（5）注意双方的互动。交谈是双向互动的过程，所以不要始终使自己处在讲话的位置，如果只顾自己发表意见而不愿听别人说话，甚至不容别人插话，交谈就变成了“一言堂”，这样的谈话方式，或许可以显示文采，但结果往往事与愿违；反之，也不能一直处于沉默状态，要时不时地给以对方一定的回应。

（6）正确使用表情符号。在网络里，人们会用标点符号或者一些表情符号表情达意，以增强表达效果。在发出一个表情之前，应先在心里掂量是否与当时的语境相适应，还需要检查一下是否用鼠标错点了表情，以免误发成另一种不合时宜的表情，引起不必要的误会。

（7）“好友资料”谨记在心。卡耐基曾强调记住别人名字的重要性，记住对方的名字，并把它叫出来，等于给对方一个很巧妙的赞美，会让对方感觉到你在重视他，关心他；如果把对方的名字忘了，或写错了，就会处于非常不利的地位，也是一种无礼的表现。QQ聊天时，记住别人的名字也是一种尊重 。有时候好友太多，加之网名千姿百态，很容易记混淆，可以修改昵称或备注来记住网友的姓名等资料信息，方便自己记忆。

【情境小结】

在接打电话的过程中，我们以不影响他人为原则，在公共场合接打电话一定要轻要适度。朱昊到医院探访病人，在接打电话时更要轻，同室的病人正闭目养神，被朱昊吵得无法休息，朱昊的行为明显是不礼貌的。

【知识链接】

一、全国青少年网络文明公约

要善于网上学习，不浏览不良信息
要诚实友好交流，不侮辱欺诈他人
要增强自护意识，不随意约会网友
要维护网络安全，不破坏网络秩序
要有益身心健康，不沉溺虚拟时空

二、网络礼仪的基本规则

- 规则 1：记得彼方是人。（推己及人）
- 规则 2：在实际生活中遵循的道德标准，在网络上也同样要遵守。（表里如一）
- 规则 3：明白你所处网际空间的规范。（入境随俗）
- 规则 4：尊重他人光阴，节省频宽用量和主机储存空间。（资源共享）
- 规则 5：在线用语温文儒雅。（行道以礼）
- 规则 6：共享专家知识。（传播善知）
- 规则 7：网络论战要客观理性。（伐战以德）
- 规则 8：尊重他人隐私。（尊重隐私）
- 规则 9：勿滥用你的权力。（行权以仁）
- 规则 10：宽恕他人过错。（薄责于人）

（摘自台北市教育局《资讯素养与伦理（国中版）》）

三、如何在办公室打电话不尴尬？

1. 像工作一样打电话。即使是你老公来的电话，问你下班吃什么菜或是去哪儿看电影这些问题，声音轻柔一点点就可以了，把该说的话说完，别给人一下子变了一个人的感觉就不会太尴尬。

2. 通话时间尽量短。繁忙的办公室肯定不能让你私聊，私人电话如果没有特别重要的事情，尽量控制在 3 分钟以内，这样既不影响自己的工作也不影响其他人。

3. 手机尽量调成振动。把手机调到振动状态，电话进来的时候只有你自己知道，有时候你电话都已经打完了，也不会有人注意到你。

4. 改发短信。如果不是特别重要的人给你打电话，先把电话挂掉，然后回短信给他，看看什么事情，再决定是否需要通个话。

5. 音量一定不要太大。在办公室接到私人电话的时候，别因为是朋友就兴奋得忘形，声音如果太大，很容易引起别人注意，最后倒霉的只有你自己。

6. 离开办公区。如果你的闺密非要跟你说说她昨晚吵架的事儿，而你又没办法推脱，就悄悄离开办公区吧，因为长时间通话时你声音再低也逃不过别人的注意。

【拓展训练】

一、网络是个虚拟的空间，我们是否因此就可以为所欲为呢？阅读下面的案例，谈谈遵守网络礼仪的重要性。

［案例一］

周末，小方和两个好友在网吧玩网络游戏，他们的游戏角色与一网名为“霸王龙”的玩家在网上遭遇并进行了激战，双方一边战斗，一边在网上互发短消息进行语言攻击。无意中，小方说出了自己所在网吧名字，不一会，七八个男青年闯进了小方所在的网吧大打出手。

[案例二]

小王在网上群聊,一个素不相识的人一上来就把矛头直指向他,满口脏话,粗言秽语,不堪入眼,小王忍无可忍,与其对骂起来,心中还一直为自己鼓气,此乃礼尚往来,是以其人之道还治其人之身也。

[案例三]

一位美国教授说,一个学生发了一封电子邮件给他,信件开头是"Hi",然后直呼其名。教授说,从信件用词来说,这名学生的英文水平不低,怎么就不懂基本的通信礼仪呢?为了证实自己的猜测,教授回信要求这名学生打印或手写一封信给他。对比两封信,教授感慨不已:这名懂得通信礼仪的学生为什么在虚拟的世界里就不遵守了呢?

二、以小组为单位,根据以下提供的情景,同学自行设计情节和对白,模拟表演,然后全班讨论该如何正确地接打电话。

15日上午,华凤公司小王秘书接到领导指示,要她马上电话处理以下几件事情:(1)通知销售公司所有品牌经理于16号上午9点半在公司会议室开会;(2)通知A客户于当日下午4点在王总办公室谈合同价格;(3)取消下周四公司将召集的中层干部会议。

三、请你依据情境回答问题。

假设为了给公司联系业务,你准备给美国的 Brown 先生打个电话:	
1. 准备在工作日的什么时间打这个电话?	
2. 预计通话时长是多少?	
3. 通话内容是否需要用文字准备一下?	
4. 如果不慎打错了电话,而对方恰好也是和公司业务对口的公司,你是直接挂电话,还是说声"sorry"再挂电话,或者有更好的想法?	
5. 通话中,电话突然中断,你将如何应对?	
6. 最好该由谁终止谈话?	

四、请回答下列问题。

1. 假设你正在电话里和一个客户谈生意,另一部电话突然响起。你将怎样应付这种局面?

2. 如果有个电话是你接听的,所找之人为你的同事,而你的同事恰巧不在。请你简要设计一下电话记录。

情境篇三

校园礼仪

学习情境一 人际关系

弟子不必不如师，师不必贤于弟子。

——韩愈

【情境导入】

华茜同学在校学习期间对日语产生了浓厚的兴趣。为了学习日语，她请同学介绍认识了一位学校的日语老师。一天，老师因临时调课一直上课到晚上六点，朱茜就一直在老师的办公室外守候着，在走廊外默默地记着日语单词。如果你是朱茜，你能做到吗？

【知识分享】

一、师生礼仪

教学活动是师生之间的双边活动，师生关系是维持教学活动的基本关系。在教师与学生之间发生业务关系、伦理关系、情感关系的过程中，常常会发生一定的矛盾，如果师生双方没有采取协商、对话等方法去化解矛盾，而是采取不当的言行，则小矛盾将会变成冲突。在当今社会，师生关系应该是一种互相理解、真诚相待、共同进步的关系。教师可以凭借自己的经验引导学生，学生也可以凭借自己的敏锐、朝气影响老师。教学不再是教师生硬的灌输，而是师生之间智慧与智慧的启迪、思维与思维的碰撞，是师生之间共同探讨、共同成长、共同走过的一段美好的历程。

（一）大学生与老师交往的原则

尊重。与老师交往中要把握好的重点就是尊重。大学生尊重老师，要在认识上、感情上理解老师、体贴老师。要尊重老师的劳动，课堂上要认真听讲，积极思考，这也是尊重。学习中以进取的心态、严谨的风格参与活动、完成学习任务也是对老师的尊重。有创新意识，对老师的教学提出建议，同样也是尊重老师的体现。在成长过程中，犯错误是在所难免的，关键是能否知错就改，如果能，则既表现出我们的宽广胸怀，也表现出对老师的尊重。要养成使用礼貌用语，主动向老师问好的习惯，不仅体现出你文明礼貌的素养，还增进了师生感情。尊敬老师从点滴做起，从现在做起。

交往有度。师生的职责不同，人格相等，和谐的师生关系要求师生之间以民主的方式进行交流，不应过分随意，应该把握好分寸。

真诚。真诚就是诚恳，真心实意，坦诚相待，以从心底感动他人而获得他人的信任。真诚是交往的前提和基础。

不说假话。要做到真诚首先要“假话全不说”。比如不能随便评价别人或者评价别人的作为，若要评价则一定要客观真实，如对同学的作品，不做一味的浮夸，更不要提出不切实际的批评；做错了事情，如上课迟到，老实交代远比编造借口更容易得到老师的谅解……有时候太直白不行，但也决不能编造所谓的“善意的谎言”。“真话不全说”，可以选择沉默，或者换个方式告知。

信守承诺。以诚相待可获得他人的信任。只有说话算数，言出必行，才可以让别人相信你。答应别人的事情，就应该想方设法做到，遇到困难不应该想如何逃避，而应该去尽力克服。

（二）师生交往的礼仪

1. 课堂礼仪

学校的中心工作就是教学，教学活动是教师、学生花大部分时间和精力参与的内容，所以，课堂礼仪的要求体现师生关系的基本特征。教师准时到教室，学生做好准备，师生互相尊重，维护秩序，都是课堂上师生必须共同遵守的礼仪。

课前。教师准备好上课的内容，拿好教具，提前两分钟到达教室。到达教室后，教师可用亲切的目光扫视教室一周，使学生安静下来。教师的良好表现能给学生愉悦的感觉，带给学生好的情绪。

学生则更应该有时间观念，遵守时间，在打预备铃时或之前进入教室。为教师做好准备，如擦干净黑板、讲台，准备好教学仪器。做好上课准备，如准备好笔记本、练习册和文具等学习用品，安静端坐，等候教师的到来。

课中。课堂上课铃一响，就意味着教学活动的开始，教师在遵守纪律方面应该做好表率，上课准时，不迟到。如果因一些特殊情况而不能准时到课堂，教师应该向学生道歉，并简要向学生说明原因，请求学生的谅解。然后应立刻转入上课的正题，将学生的注意力集中到教学内容上，巧妙解决因自己的迟到带来的影响。

学生在教师宣布上课，班长喊“起立”后，应该起立站好对老师行注目礼，问候“老师好”。姿势要端正。上课时要认真听讲，端正坐姿，对老师的提问或发问要先举手后回答，在经老师同意后，在原位处起立就提问回答或发问，态度要严肃认真，姿态和表情要大方，目光要正视，声音要适中、清晰，不要故意做出或弄出一些声音引人发笑。回答不出来应向老师说：“对不起，我还没有考虑好。”举止要端庄。衣着整洁，在课堂上，夏天不能穿拖鞋和袒胸露背的衣服，不能戴墨镜上课，冬天不能戴帽子或口罩。男女同学交往不能过分亲密，不要当面顶撞老师。上课时不交头接耳，不窃窃私语，不大声喧哗，不离开位置走动，关闭手机等，不接听电话，不听音乐，不吃东西、嚼口香糖。

学生如果因特殊情况上课迟到,应先在教室门口喊“报告”,经老师同意后方可进入课堂上课。如果教室门关着,要轻轻敲门,在老师同意后才能进入。需要和老师讲明迟到的原因,以求老师的谅解,如不能当场讲明原因,可课后和老师说明。走向座位时,速度要快,脚步要轻,动作的幅度要小,尽量不发出太大的响声。坐下后,立即集中注意力,认真听讲。要把迟到对课堂秩序造成的影响减小到最低程度。

老师对于迟到的学生要注意相应的礼节。首先,当学生有礼貌地报告以后,老师应允许学生进入教室,不要无理拒绝,不能用生硬的语气训斥学生。有学生不便讲明迟到原因的,就不要当场追问,可在课后再了解,以免中断上课,影响大部分人上课。如发现学生有不正当的行为,或者撒谎欺瞒老师,应该批评教育。

下课。下课铃响起后,老师宣布“下课”,如果老师未宣布下课,学生应安静听讲,不要忙着收拾书本,或把桌椅弄得有声音,这是对老师的不尊重。待老师离开教室,学生再自由活动,如有听课老师,应当在听课老师离开后,学生再活动。

老师在下课铃声响起后,应及时下课,注意不要拖课,让学生有充分的休息时间和准备下一课的学习。

最后提醒:注意保持教室的卫生和秩序。不要在黑板、墙壁、课桌椅上乱写乱画,不要在教室里乱扔果皮、纸屑,不随地吐痰。在教室里随时保持安静、整洁,维持教室的良好学习环境。课间不要追逐打闹,以免影响同学的学习和身心健康。课间休息时,在楼道内行走要靠右慢行,不要快速奔跑或猛拐。

2. 课外礼仪

学生进办公室送作业、找老师谈心或者其他的事情,也要有一定的礼貌。进办公室一定要征得老师的同意,不管门是否关着,都应该敲门,得到老师的允许后再进办公室。如果自己找的老师不在,对别的老师也要有礼貌。进门时,一定要向老师陈述原因,如“老师,我找××老师”。不要随意乱翻老师办公桌上的东西。进入老师办公室后,不要不请自坐,办完事后立即离开,并向老师有礼貌地告别。进出办公室时动作要轻快,不要影响老师的工作。开关门时一定要轻开轻关。

和老师交谈时,态度要诚恳,实事求是。声音要柔和,音量适中,切忌大声说话。听老师谈话时,应与老师的目光多交流,注视的位置在老师的双眼与头的三角区,必要时可点头应和老师的讲话。交谈中少打手势,交谈距离应保持在1.5米左右。当对老师的观点有不同看法时,不要直接反驳,可以婉转地说:“这个问题我考虑考虑,不过我认为……”

进入老师办公室时,如果自己要找的老师正在和别的老师交谈,不要轻易打断老师的谈话,可在旁边静候。如果自己要找的老师不在办公室,应该退出或者坐下静候。

老师和老师之间、学生和学生之间经常在校园内遇到,同事相见、师生相见时应遵守一定的礼仪要求。

老师之间相遇,作为同事,双方一般都应主动热情招呼对方。早上可道声“早”,课间相遇可互相点头微笑,临下班则互相道声“再见”。

师生相遇时,学生要主动问好。要使用人称敬称(您)、姓名敬称(如张老师、张丽老师)、职衔敬称(如李教授、陈处长、黄院长)。问候语一般为“老师好”,早上可说“老师,早上好”等。同时要看和老师相遇的地点,在校门口相遇,应和老师打招呼,并请老师先行,不要抢行。在电梯或楼梯口上相遇，要主动靠右让路，不要多人并排行走。在电梯相遇要照顾老师，学生先进电梯，后出电梯，主动为老师按楼层所需的指示键。如果在校内的公共场所，学生要主动为老师提供方便，如在图书馆让老师先行查找、阅读资料。如果和老师相遇的距离较远，可行注目礼、点头或挥手致敬，近距离用鞠躬或握手礼。

二、同学礼仪

新生进入大学后，都希望有丰富的人际交往，拥有令人感到友善、温暖、和谐的人际关系。然而，经过几个月的集体生活，有的同学人际关系和谐，精神振奋，而有的同学人际关系糟糕，心情非常郁闷，影响学习和生活。

（一）同学人际关系紧张的原因

宿舍同学来自不同的地方，有不同的饮食习惯、家庭背景、爱好兴趣及价值观等。混合宿舍中不同年级、专业及班级的同学也有不同的作息时间，这种不同导致宿舍同学间沟通交流的方式及时空间受到限制。宿舍中不同人的作息时间不同影响到大家的休息，也容易产生生活细节上的矛盾。如果我们不注意自己的生活细节，顾己而不考虑他人感受，不尊重别人，往往得不到宿舍同学的认同而会遇到宿舍人际交往的困难。

宿舍生活中太近距离的接触导致生活中很平常的细节也能引发矛盾。宿舍生活中最不能容忍的生活细节有很多，如有些同学在家喜欢睡懒觉，到了学校也是如此，有时会影响别的同学打扫卫生，有的同学没有良好的卫生习惯，随地吐痰，不把垃圾扔进垃圾桶里等。

宿舍同学间面临着多方面的人际竞争，如竞选班干、学生会，申请入党及奖、助学金，申请勤工助学岗位，考试竞争等。在名额有限的情况下，竞争成为大学生活的方式之一，虽然它培养了大学生的竞争能力并为以后的社会竞争作准备，但如果竞争中存在明显能感知到的不公平，则会引发同学之间的不和谐。

每个同学性格不一样，有些人格特性却是大家都难以接受的，并经常导致冲突，如自私而不顾他人的感受，懒惰，养尊处优，“大小姐”脾气，妒忌，喜攀比，背后喜说人闲话，小气，斤斤计较，勾心斗角，情绪冲动，瞧不起人等。更重要的是，不同的家庭背景及价值观可能会引起宿舍内部的人际“分裂”。

（二）正确处理好同学之间的关系

1. 尊重

同学之间首先要相互尊重。相互尊重体现在以下几方面：

见面要主动与同学打招呼问候。与同学打招呼一方面表示对同学的的尊重，另一方面表明自己自信健康的心态。

当同学遇到困难，如学习暂时落后，遭遇不幸、偶尔的失败时，不应嘲笑、讽刺、歧视，而应热情帮助，真诚地伸出援助之手。

2. 礼貌相待

有求于同学时，须用“请”“谢谢”“麻烦你”等礼貌语言；借用学习用品时，应先征得同意后再拿，用后及时归还并致谢。

3. 和睦相处

在宿舍里,每位同学都要自觉遵守作息时间,按时起床,按时熄灯就寝,起床、就寝动作要轻,说话声音要小,尽量避免打扰别人。

自觉保持宿舍内的清洁卫生,既要搞好个人卫生,又要热心主动地搞好室内的清洁卫生。

不要随便在他人床上坐卧。未经主人允许不要随便动用他人的茶具、碗筷、毛巾等用具。不要随便翻阅别人的书信、日记等。

带朋友到宿舍来玩,不要在室内喧哗、嬉笑、打闹,以防影响同室人的学习、休息。

对来拜访的同学要热情礼貌友善。对同学家长的造访要礼貌周到地接待。

爱护宿舍的公共财物及各种用品,主动打开水,搞好宿舍同学之间的团结,严于律己,宽以待人。

参加校内各项集体活动时要遵守有关的规章制度,同学之间要相互谦让有礼,相互照顾帮助。

4. 宽容大度

人际交往中产生误解和矛盾是不可避免的。大学生个性较强,接触密切,不可避免地会产生矛盾。这就要求大学生在交往中不要斤斤计较,而要谦让大度、克制忍让,不计较对方的态度,不计较对方的言辞,并勇于承担自己的行为责任,做到"宰相肚里能撑船"。宽容克制并不是软弱、怯懦,相反,它是有度量的表现,是建立良好人际关系的润滑剂,"化干戈为玉帛"就能赢得更多的朋友。在宽容别人身上的缺点时,应该看到别人身上的优点,这样才能赢得别人的尊重和信任,同时,也要清楚地认识到自己身上的缺点和不足。古人说得好,"水至清则无鱼,人至察则无徒",明白了这些道理,就会多一些宽容,多一些真诚,从而获得多一些友谊。

5. 善于相互沟通交流

遇到问题的时候,同学们必须坐下来,平心静气地说出各自心中的意见和想法,大家一起进行充分的讨论,并在各退一步的基础上形成一个统一的意见,定出大家都必须遵守的规则,并按照这些规则进行监督。时间久了,大家也就习惯了,关系也就融洽了。

6. 男女同学的交往

男女同学交往,要以礼相待,要相互尊重、相互帮助。男同学应彬彬有礼,女同学应文雅大方,接触的地点要公开,举止、言谈要大方有礼,相互不要靠得太近。男女生之间不宜过分亲昵,过分亲昵不仅显得太轻佻,引起对方反感,还容易造成不必要的误会。男女同学之间,不能互起绰号,不能讲粗话、脏话和庸俗的传闻,不能久久凝视对方,不能打打闹闹。对异性同学的容貌、身体和衣着,不应评头论足。对异性同学的弱点、缺点,不可进行嘲讽,而应热心帮助。

三、交友礼仪

人们依据各自的年龄、性别、职业、职位、所处环境等情况而扮演着不同的社会角色。不同的角色有着不同的行为规范,所以在和不同的人相处时,有不同的要求和技巧。人与人之间的交际往来必须遵循一定的礼仪,而在朋友之间,也存在着这样的礼仪。不管你事业多成功，不管你长得多漂亮、穿得多时尚，如果缺乏这种朋友间的交际礼仪，肯定不会有人愿意和你做朋友。也就是说，如果缺少这种礼仪，那么自身所具有的优点和魅力也会荡然无存。

要处处替他人着想，切忌自我中心。要搞好人与人之间的关系，就要学会从他人的角度来考虑问题，善于作出适当的自我牺牲，这样才能交到朋友。交友要有选择：善交益友，乐交诤友，不交损友。

我们应该同那些能够帮助自己进步，能够在某些方面给自己以良好影响的人交朋友。在生活中，人人都希望自己能够结交益友，让友谊的力量为自己的进步助一臂之力。真挚的友谊，不仅表现在能与朋友共享欢乐，能为朋友排解烦恼，能替朋友分担不幸，还表现为对朋友的缺点和错误能进行坦率地批评与诚恳地劝告。也正因为朋友间敢于互相批评，友谊才倍显纯洁和珍贵。因此，面对朋友直言不讳地批评，我们一定不要生气，甚至记恨朋友，而应该欣然接受，并且衷心地感谢朋友，做到乐交诤友。与其他情感一样，友谊也有品质的高低、优劣之分。与损友相交，那种友谊必是低品质的、有害的，因此，我们在生活中一定不能交损友。

（一）交友的原则

1. 平等交往

平等，主要指交往双方态度上的平等。我们每个人都有自己独立的人格、做人的尊严和法律上的权利与义务，人与人之间的关系是平等的关系。在交往过程中，如果一方居高临下、盛气凌人、发号施令、颐指气使，那么他很快便会遭到孤立。大学生往往个性很强，互不服输，这种精神是值得提倡的，但绝不能高人一头，因同学之间在出身、家庭、经历、长相方面的客观差异而对人“另眼相看”。坚持平等的交往原则，就要正确估价自己，不要光看自己的优点而盛气凌人，也不要只见自身弱点而盲目自卑，要尊重他人的自尊心和感情，更不能“看人下菜碟”。

2. 尊重他人

每个人都有自己的人格尊严，并期望在各种场合中得到尊重。尊重能够引发人的信任、坦诚等情感，缩短交往的心理距离。一般来说，大学生的自尊心都较强，因此，大学生在人际交往中尤其要注意尊重的原则，不损伤他人的名誉和人格，承认或肯定他人的能力与成绩。坚持尊重的原则，必须注意在态度上和人格上尊重同学，平等待人，讲究语言文明、礼貌待人，不开恶作剧式的玩笑，不乱给同学取绰号，尊重同学的生活习惯。

3. 真诚待人

真诚是人与人之间沟通的桥梁，只有以诚相待，才能使交往双方建立信任感，并结成深厚的友谊。热情关心、真心帮助他人而不求回报，对朋友的不足和缺陷能诚恳批评。对人、对事实事求是，对不同的观点能直陈己见而不是口是心非，既不当面奉承人，也不在背后诽谤人，做到肝胆相照、赤诚待人、襟怀坦白。

4. 互助互利

人际关系以能否满足交往双方的需要为基础。只有交往双方的心理需要都能获得满足，其关系才会继续发展。因此，交往双方要本着互助互利原则。互助，就是当一方需要帮助时，另一方要力所能及地给对方提供帮助。这种帮助可以是物质方面的，也可以是精神方面的;可以是脑力的,也可以是体力的。坚持互助互利原则,就要破除极端个人主义,与人为善,乐于帮助别人。同时,又要善于求助别人。别人帮助你克服了困难,他也会感到愉快,这也可以进一步加深双方的情感交流。

5. 讲究信用

信用是成功的伙伴,是无形的资本,是中华民族优秀的传统。信用原则要求大学生在人际交往中要说真话,言必行,行必果,答应做到的事情不管有多难,也要千方百计、不遗余力地办到。如果经再三努力而没有实现,则应诚恳说明原因,不能有“凑合”“对付”的思想。守信用者能交真朋友、好朋友,不守信用者只能交一时的朋友或终将被抛弃。坚持信用原则,要做到有约按时到,借物按时还,不乱猜疑,不轻易许诺、信口开河,让人家空欢喜。

6. 宽容大度

大学生个性较强,接触密切,不可避免地会产生矛盾。这就要求大学生在交往中不要斤斤计较,而要谦让大度、克制忍让,不计较对方的态度,不计较对方的言辞,并勇于承担自己的行为责任,做到“宰相肚里能撑船”。他吵,你不吵;他凶,你不凶;他骂,你不骂。只要我们胸怀宽广,发火的人一定也会自觉无趣。宽容克制并不是软弱、怯懦的表现,相反,它是有度量的表现,是建立良好人际关系的润滑剂,能“化干戈为玉帛”,赢得更多的朋友。

(二) 交友的技巧

1. 倾听

在与人交谈时,要注意倾听他的讲话,并给予适当的反馈,这样才可以更好地交朋友。

聚神聆听他人的讲话,是表示对他人的尊重、理解和接受,这是连接心灵的桥梁。同时,在表达自己的思想时,也要讲究含蓄、幽默、简洁、生动。含蓄既表现了你的高雅和修养,同时也起到了避免分歧、说明观点、不伤关系的作用。提意见、指出别人的错误,要注意场合,措辞要平和,以免伤人自尊心,产生反抗心理。幽默是语言的调味品,它可使交谈变得生动有趣。简洁要求在与人谈话时掌握该说的说,不该说的不说的原则。与人谈话时要有自我感情的投入,这样才会以情动人,此谓之生动。当然要掌握好表达的技巧,需要不断实践,并不断提高自己的文化素养,拓宽自己的视野。

倾听并不是毫无意义的附和,一个优秀的倾听者可以获取大量信息,可以赢得对方的欢心,甚至还可以提高自己的谈吐水平。布里德奇就曾说:“学会了如何倾听,你甚至能从谈吐笨拙的人那里得到收益。”当然,倾听也是有技巧的,以下几点值得大家注意:保持一定的眼神交流;手上不要有太多的小动作,以免让人觉得你心不在焉;适时地给予回应,可以是言语上的回应,也可以是表情或是肢体动作,如微笑、点头。

2. 赞美

人类行为学家约翰·杜威曾说:“人类本质里最深远的驱策力就是希望具有重要性,希望被赞美。”每个人都希望被赞美,这源自于个体渴望被尊重、被认可的精神需求。

赞美别人,本是一件“予人玫瑰,手有余香”的乐事,可很多人总是把赞美与恭维、溜须拍马挂钩,加上东方人含蓄的特性,大家总羞于开口说一声“好”。其实,赞美并不等同于恭维,说一句“你的肤色晒得真漂亮”或者“你这个主意不错”,其实只是最基本的关注和认可,它传递了赞美者友好、热情的待人态度,也表明了赞美者的喜好与品位。

3. 兴趣

兴趣在人际交往中也起着不可忽视的作用。一个拥有某种兴趣爱好的人,其生活定是充满激情与感染力的,他们有着比别人更多可供交流的经历和感受,也有更多类型的休闲活动和朋友。兴趣可以带来交谈的话题,如果兴趣广泛,那么和什么人谈话都会比较投缘,人缘也可能越来越好;兴趣可以带来更多的朋友,加入某种协会,会结识很多不同领域的朋友,大家因共同的爱好而结缘,而有关兴趣的交谈会让彼此变得单纯。要培养自己多方面的兴趣和爱好,因为只有爱好广泛的人才能够结交更多的朋友。

(三) 异性相交的礼仪

当今,男女同学手牵手的背影已成为大学校园的一道风景线,有的学生甚至认为"恋爱是大学的一门必修课"。对于大学生谈恋爱,大学生要有自己的态度和标准。

1. 树立正确的恋爱观

爱情的主要基础在于思想一致,兴趣、爱好、性格相投。正确选择爱情,理解爱情,才能得到爱情。正确的爱情观的基础是双方互相爱慕,志同道合。择友的标准是全面衡量,品德为重。择友的态度是认真严肃。

爱贵在主动。爱的主动性包括关心、责任、尊重、认识。爱包含着关心,爱是对我们所爱的生命成长的主动关注。缺乏这种主动的关注就不是爱。爱是对另外一个人的主动渗透,是对对方的尊重及责任感。

爱重在给予。爱给予了什么?给予他所具有的最宝贵的东西,给予了他的生命。这并不意味着他为另一个人牺牲了生命,是指他给予另一个人的是他生命的活力,是他的宽容、理解、体贴、欢乐,是他的志趣、他的知识、他的智慧、他的幽默,也包容了他的苦恼、他的脾气、他的缺点、他的悲哀……

把自己的真实想法告诉对方,当面表白时可以确认对方对自己是否有好感。要选择时机和地点,最好选择在对方被自己感动的时候。可以营造浪漫的气氛,先说一些轻松的话题,表白时,要看着对方的眼睛,让对方感受到自己的诚意。

当面表白遭拒可能会让你感到尴尬,有时用间接的方式可能较为自然。间接表白的最好方式就是情书了。情书的文字要优美,感情要真挚,既要表达心意还要打动对方。间接表白可以多试几次,有时对方会被你的坚持所感动。当然,表白不能给对方造成困扰。

(四) 婉拒示爱

准备答应对方的"示爱"要记住,现阶段能否承担爱情关系带来的后果,他(她)是否真心爱我,今后如果两人关系发生改变,你能否有足够的心理能力去承受。如果自己不能找到肯定的答案,就不要轻易答应甚至以身相许。

(1) 切莫因为怕伤害对方的感情而听任关系渐渐恶化。如果双方不再互相吸引,那就要坦诚地正视,"长痛不如短痛"。

(2) 关系破裂时,不要用邮寄的方法归还你们的"定情之物",也不要把"告别"的字条悄悄夹在对方的书里就算了事。要面对面地谈,尽可能真诚详细地讲清楚你的感情变化。

(3) 要尽量避免在大庭广众之下谴责你昔日的"友伴"。那种"我要向全世界宣告你的丑行"的态度,只不过显示了你自己品行拙劣而已。所以,尽量不要在家人和亲密朋友的范围之外宣泄你的愤愤之情。

(4) 如果牵扯到财物,就要物归原主。这包括你可能借用过的东西(光碟、录像带等)。可以直接交给本人,也可以送到对方家里。你的朋友当然也可以帮助传递物品,但如果你们两人中间有什么没有解决的争端,还是你亲自处理为好,不要通过第三者。

(5) 出言污辱或是拒不理睬你往日的友伴,特别是在共同的朋友面前这样做,是没有涵养的无礼举动。如果你这时的感情脆弱,不妨在一段时间内尽量避免碰面。粗鲁的行为并不能使感情的伤口愈合。一旦对方以牙还牙,你就会感到更加沮丧。

(6) 如果面对这最大的拒绝你真的是很伤心,很难过,那么在众人面前也要假装满不在乎,等到没人时再大哭一场,而且心里还要时时默念:塞翁失马,焉知非福!

【情境小结】

一个人要想获得成功并不断延续自己的成功,就必须始终以学生的身份和心态立身处世,重视师长这一类的人在我们生命中的意义,尊重他们,向他们学习。

【知识链接】

一、今天,我们怎样尊师

尊师,是中华民族一个有着悠久历史的优良传统。古人说“天地君亲师”,讲究“一日为师,终身为父”,并且在拜师入门之时要行极其隆重的大礼,由此可见古人对老师的重视。

韩愈云:师者,传道授业解惑也。培养一个人,教师起着重要的作用,因此,将“师”置于“天地君亲”之后,与“父”等同是再正常不过的事情了。

在社会发展至物质文明高度发达的今天,我们继承了泱泱大国的千年尊师传统,为此,我们将每年的9月10日定为教师节,将“人类灵魂的工程师、太阳底下最光辉的职业”等华丽的词语置于教师身上,以感谢教师。

古人有古人尊师的方法,几十年前有几十年前尊师的方法,如今,我们应该怎样尊师?

尊敬老师,请将教师节的“尊师”精神贯穿在每一天。每年9月10日属于教师,每年这一天,社会各界纷纷用各种方法来表达对教师的感激的心情;每年这一天,众多现在的学生和曾经的学生都在反复念叨着“师恩似海深”这样一句话……但是,诸多尊敬在许多人那里只能持续一天,而且形式大于内容,更看重的是给教师办个什么样的庆贺会,甚至送了什么样的重礼。心灵深处的尊重往往靠器物的价值来衡量,这显然有悖于“尊师”的真谛。因此,尊敬老师,就请将教师节的心态放诸每一个平凡的日子里。

尊敬老师,请不要将诸多虚幻的称谓置于老师的头上。不错,“教师是人类灵魂的工程师”,但从某种程度上讲,教师这个职业也是一个赖以生存的职业,教师用教学这种技能来取得生存的保障,除了生成的“产品”是人之外,教师这个职业同农民、工人等职业没有任何不同。老师不需要过于崇高的称谓，越崇高产生的压力越大。“蜡炬成灰泪始干”不是老师企盼的境界，老师企盼的是自己越烧越亮，燃烧更长时间，照亮更多的人。

尊敬老师，请用一颗平常心来看待老师。教师承担着“加工”我们人类下一代的重任，担负着我们优秀的文明能一代又一代传承下去的重大历史责任，因此，整个社会从精神层面赋予教师崇高的地位，从现实方面对教师给予近乎严厉的要求，比如，老师不能有丝毫的毛病、缺点，在学生面前必须是一副“高大全”的形象。但教师首先是一个人，教师也有常人的缺点毛病，教师也会犯错，因此，在教师犯错的时候，我们应用平常的心态来对待教师。时刻记着教师只是一个凡人，而不是一个圣人。

尊敬老师，请不要用个别不良教师否定整个群体。“学高为师，身正为范”，每一个能够承担起“老师”这一称呼的人，都会用这八个大字来要求自己。在教师这个行业里，也有如同其他行业一样的“劣币”，不要因为个别不配教师称号的教师的行为而否定整个群体。请不要因为个别不良教师的行为而出台诸如“男教师不能单独和女学生谈话”的荒唐规定，尽管有败类，但更多的是兢兢业业、恪尽职守的老师。

“十年树木，百年树人”，相比其他行业，老师身上肩负的责任更为重大。现今的社会更应该是一个知识社会、尊师社会，在沧海桑田的日月变迁中，只有学会了尊师，才能获得个人、民族、国家长久的发展空间。

（资料来源：http://hsb.hsw.cn/2007-09/10/content_6548609.htm，有改动）

二、朋友间交往的礼仪禁忌

朋友犯错时，只知道嘲笑和指责。

答应替朋友保守秘密，但转头就告诉了别人。

对朋友不能以诚相待。

经常捉弄朋友。

没有听懂朋友的意思时，就会发脾气。

如果朋友和自己的意见不同，就会吵起来。

明明是自己错了，还要争辩。

交朋友的时候，注重外表。

不愿听朋友说心事。

当朋友遇到困难的时候，不是躲到一边，就是装作不知道。

三、交友之忌

1. 忌嫌贫爱富。对待朋友，应不分贫富，一视同仁。不要见了富者就热情周到，见了贫者则冷淡敷衍。

2. 忌分别时粗心。客人离去时，如果刚跨出家门，你就“砰”一声将门关上，就会引起客人的疑心，以为自己不受欢迎。

3. 忌交谈无笑声。恰当的笑声有助于交谈的愉快进行。愉快的笑声会增进友谊，特别是交谈中的笑声，能够取得一般词语起不到的效果。

4. 忌对朋友不信任。朋友是志同道合的人，应互相信任，忌轻信流言蜚语而对朋友有失礼言行。

5. 忌往来频繁。朋友来往切忌频繁，过多的来往会产生厌烦。

6. 忌因亲密而不拘礼节。越是亲密朋友，越要礼貌来往，互相敬重，互相谅解。否则，反目成仇的事是有可能发生的。

7. 忌贸然介绍。为他人介绍朋友，要先了解双方是否有结识的愿望，切不可贸然进行。

8. 忌谈话时动作不得体。谈话时表情要自然，声音不宜过高，手的动作不宜过大，不要用手指人，不要随便插话，不要冷落第三者，不要左顾右盼、心不在焉，不要老看手表等等。

9. 忌"一阔脸就变"。友情是难能可贵的。发了财，做了官，出了名，也不能忘掉旧日的朋友。

10. 忌嫉妒朋友的进步。真正的朋友应该为朋友的进步感到高兴，并以此为一种动力，激励自己进步。嫉妒心会影响朋友之间的关系。

11. 忌对朋友乱猜疑。对朋友怀疑、不放心，生怕自己会上当受骗吃大亏，这样无法交上知心朋友。

12. 忌以利认朋友。唯利是图，不但交不上真正的好朋友，连旧朋友也会分道扬镳。

（资料来源：http://www.jkbaby.cn/templates-blog-2-Diary_nr-17032-7754，有改动）

【拓展训练】

一、请你就生活中与同学的相处，谈谈你是如何处理与同学之间的关系的。

二、请你学写一封情书给他（她），表达你的爱慕之情。

三、就你周围的朋友，谈谈你对朋友的认识。

学习情境二 具体场所礼仪

生活里最重要的是有礼貌，它比最高的智慧、比一切学识都重要。

——赫尔岑

【情境导入】

海霞和江丽是好朋友。江丽性格开朗，海霞却有些内向，俩人在性格上的互补让彼此的相处非常融洽，都把对方视作无话不说的闺密。

这些天，江丽发现海霞总是闷闷不乐，问她原因她却支支吾吾，只说没事。在传达室拿信件的时候，江丽发现有一封是家里寄给海霞的，便帮她带回了宿舍。回去的路上，江丽总觉得这封信里或许藏着海霞不愿言语的秘密，出于好奇和对海霞的关心，江丽找到一间空教室，拆开了海霞的信……

回到宿舍，江丽和其他几位室友从自己的生活费中凑了几百块钱，在海霞回来的时候交给了她，并向她说明自己了解她最近家中突变的经过，大家愿意帮她共渡难关。谁知海霞并没有为此感动，反而大动肝火，冲江丽发了一通脾气以后，跑出了宿舍。你知道海霞为何如此生气吗？

【知识分享】

一、课堂礼仪

课堂是同学们学习知识、掌握技能的主要学习场所，遵守课堂纪律、重视课堂礼仪，是尊师重教的重要体现，不仅有助于提高自我修养，完善自我，使自己德、智、体、美全面发展，也能帮助大家在一个良好的环境氛围下获取科学文化知识，提高学习效率。下面我们就按照课堂教学进行的顺序和大家一起来学习相关的课堂礼仪。

（一）课前准备

1. 文明着装

课堂是学习知识的神圣场所，穿短裤、背心、拖鞋，或是戴口罩、手套等进入都是不合适的。人们常把大学校园喻为“象牙塔”，在其中学习的人必然也该是有着文明优雅举止的“天之骄子”，进入课堂需穿着与学生学习身份相符的服装。

2. 提前进入教室

应该在上课铃响前3—5分钟就到教室，在座位上准备好上课要使用的课本、文具，时间充裕的话，还应再预习相关知识，把状态调整到最佳，安静等待正式上课。

（二）课堂秩序

1. 尊敬老师

韩愈曾经说过，师者，传道授业解惑也，老师辛苦研究、备课，将自己所学无私地传授给学生，无论是出于礼仪规范还是出于道德素养，同学们都应尊敬老师，尊重老师的教学工作。古人说“一日为师，终身为父”，对于师长，最好的感谢和报答，就是在课堂上认真听讲、勤奋学习，配合老师共同完成好课堂教学。

发言前举手示意，征得同意后再讲话。认真倾听、做好笔记，遇到疑惑，举手发言示意，不要随意打断老师授课的连贯性。在得到老师同意后，起身站立，谦逊地提出疑问或不同意见，切不可随意讲话、交头接耳，坐而不站立与老师对话也是不礼貌的。

发言声音响亮，态度谦虚端正。在与老师交谈时，除了态度严肃认真外，还要注意声音清晰洪亮，遇到不会的问题也要回答抱歉，不要有抵触等类似的负面情绪。

遵守课堂礼仪规范。开始上课和下课时，都应对老师行注目礼或是起立欢迎、欢送，以示尊敬。下课时，一般情况下要让老师先离开，或是帮助老师整理教学设备，送作业本到办公室等，不要着急蜂拥到门口。

理解教学差错，宽容老师失误。“人非圣贤，孰能无过”，老师在课堂教学方面有时也会出现类似于口误、笔误，喊错学生姓名，教学方法不当等差错，这时同学们应给予充分理解和尊重，千万不可哄堂大笑、起哄闹事，应善意地提醒或在课后友好地与老师沟通交流。

2. 遵守纪律

准时上课，不无故旷课。碰到特殊情况导致迟到时，应先喊“报告”，得到老师批准后方可进入教室，轻快地跑到位置上，迅速就座，尽可能小地影响方才正常有序的课堂秩序。课后应向老师说明迟到原因并避免再出现类似情况。若遇突发事件，不能按时上课，应提前办理好请假手续，绝不可以随意旷课。

严格遵守课堂纪律。课堂上应认真听讲，看课外书、做其他功课或者听音乐、玩手机、打瞌睡、随意走动、随意进出教室等现象，都严重违反了基本课堂秩序。更不能将食物带到教室里，甚至在课堂上偷偷吃东西。女生也需注意不要在课上照镜子、梳头、补妆等，这些看似爱美的行为有违课堂纪律，极不合时宜。

3. 专心听讲

古话说“站如松，坐如弓”，没有规矩不能成方圆。课堂上应认真端坐听讲，双腿自然平放，不可趴在桌上，或跷二郎腿、将脚伸到过道里等。在老师还没宣布下课的时候，即便下课铃响,也应继续认真听讲,不要忙着收拾书本或者起哄。

(三)保持教学区域的卫生

1. 保护课桌椅等公共财物

除了刚才提到的不带食物进入课堂外,还应注意避免“课桌文化”,不要在课桌上随意涂画,挪动课桌椅时应轻拿轻放,不要在教室里追逐打闹,除了不安全外,还容易撞倒桌椅,造成损坏。

2. 保持黑板、墙面的整洁

有些同学喜欢拿教学用的粉笔在教室的墙上或教学楼内的公共区域乱涂乱画,或者是用修正液、记号笔等随处“涂鸦”,这些都是不文明的。

3. 自觉保持公共卫生

在以上“不要”做一些事的同时,我们还应记得去做一些事。例如在课间及时擦干净黑板,以供老师上课使用。对于公共教室的卫生,自觉维护好,在离开前随手将周边的废物垃圾带走,维护好我们大家共同的教学设施和学习环境。

二、宿舍礼仪

学生宿舍是大学生在校期间重要的活动场所,同学们学习、娱乐、生活的很大一部分时间都在宿舍里度过。良好的宿舍环境对保证学生在宿舍内的人身和财物安全,维护学生在宿舍内的正常学习生活秩序,促进学生身心健康发展都起着重要作用。

一个宿舍的面貌,在一定程度上体现了同学们的劳动卫生习惯和精神文明状况,进而反映了他们的文化修养和思想修养。所以,宿舍礼仪是每个学生都应该记在心间,落实在行动上的。

(一)个人内务

(1)每天打扫卫生。确保桌面整洁,地面干净,被子叠放整齐美观,床单、蚊帐清洁平整,在宿舍吃东西,应注意食物的密封保存,确保安全卫生,及时处理食物残渣及变质的食物。定期倾倒垃圾,以免在室内产生异味,招惹蚊虫。

(2)有序摆放物品。学习用品和生活用品要统一整齐地放在指定的地方,贵重的物品更加不能随便丢放,闲置时应将其妥善放在安全的橱柜里。

(3)注意个人卫生。衣服、鞋袜要定时清洗,床单被褥应经常晾晒更换,换下的脏衣物也不要乱丢乱放,应置于隐蔽的地方,并及时清洗。

(4)禁止明火,保证用电安全。严格按照宿舍内务的要求,不做规则明令禁止的事。例如不使用大功率电器、蜡烛等,不做在宿舍里私接电源烧水、取暖、做饭等存在严重安全隐患的行为,电扇、电脑等要放在安全的位置,使用完毕及时拔掉电源开关,以免发生安全事故。

(二)公共内务

实行内务轮值制度,将阳台、过道等公共区域的卫生打扫包干到人,树立宿舍是我家,人人为我,我为人人的良好意识。不随便向窗外、楼下倒水,不随便乱抛纸屑、果壳等垃圾。

（1）墙面的整洁。平时不在墙面乱涂乱画，不随意张贴图画、贴纸，定期打扫墙面包括顶面的卫生，确保无蜘蛛网、灰尘。宿舍的整体装饰风格应协调一致，体现积极向上的精神风貌。

（2）卫生间的清洁。卫生间、洗浴间是大家共用的空间，注意保持卫生清洁，不要随地丢弃垃圾、杂物，在使用后要及时冲刷，确保无污垢、无异味，地面无积水。

（3）合理利用阳台。宿舍阳台是供晾晒衣物、被褥的地方，平时要经常打扫，不要在阳台堆放杂物、垃圾，保持阳台的整洁通风，否则极易滋生霉菌，招引蚊虫。

（三）宿舍中的人际交往

宿舍是同学们在校期间共同的家，但是这个家庭中的成员来自五湖四海，每个人都有自己的性格、生活习惯，因而舍友之间的相处，寝室之间串门、接待亲友或外人来访，也要注意相关的礼仪，以保持温馨愉快的宿舍氛围。

1. 室友间的礼仪

（1）言行举止。不在宿舍里吸烟、喝酒、赌博，注意穿着得体，不要过分暴露，打电话时间不应过长，声音以通话对方能听到为宜，不宜过高，以免影响宿舍内其他同学的正常学习、休息。在室友学习、休息的时候，走动要尽量减小声响，不要大声说话或是开大灯强光，影响他人。

（2）交往分寸。室友间的相处要注意文明用语，尊重他人的风俗习惯，不要随意给别人取绰号或是议论嘲笑室友的言行，交谈中开玩笑要适当，不可过分地恶作剧。

（3）借用物品。借用室友的物品，需先征得对方的同意，并在用完后及时归还。如果有损坏，应该主动给予赔偿。切不可随意动用他人的物品。

（4）个人隐私。自己的私人物品要妥善保管存放，同时尊重他人隐私，绝不可私自拆阅他人信件，不能翻看别人的日记，不要随意窥探、追问、偷听别人的私事，如将室友在宿舍里与别人通话时的交谈随意告诉别人，妄加议论。

2. 外人来访时的交往礼仪

（1）到其他寝室去串门，应先得到对方的邀约或同意，要记得敲门，不可随便乱闯；进入后，应与其他同学打招呼。

（2）不要随便乱动别人的东西，更不可随意乱用别人的物品，最好在对方示意或指定的地方就座。

（3）选择好时间，避免在午休或熄灯前后串门，打扰他人休息。逗留时间不宜过长，举止文明，谈吐文雅，注意不要影响宿舍里其他同学的正常生活。

（4）在准备接待外人来访时，应提前向在宿舍里的室友打好招呼，若是亲友或异性来访，更应事先说明情况，待室友有所准备后，方可进入。进入后，主动为双方介绍，避免唐突来访打扰室友。

（5）宿舍有他人来访时，应友好问候，热情接待。

（6）遵守学校的规章制度，不可随意留宿他人，更不可在室友不知道的情况下，借用室友的床铺或其他个人物品给来访者。男女同学间不可随便串门，如有需要，需经过相应的审批手续，并且不可做过多逗留。

三、食堂礼仪

《礼记·礼运》中说过:“夫礼之初,始诸饮食。”显然,礼仪在中国人的日常饮食中是非常重要的。大学生在校期间的一日三餐基本上都是在学校食堂解决的,虽然较为简单,但其中也有许多的重要行为规范需要注意遵守。

(一)餐前礼仪

1. 排队买饭

由于统一的作息时间安排,同学们到食堂进餐的时间通常比较集中,常常会出现成群结队涌入食堂的情况,这更要求每位同学自觉地维护公共秩序,讲究先来后到,在选菜窗口按照先来后到的顺序依次排队。随意地插队、乱挤、乱抢不仅有悖礼仪规范,也会给有序的排队秩序造成混乱,若是发生争执,反而影响购买饭菜的速度。

2. 合理选择膳食

“量入为出”。在根据个人的口味购买菜肴时,应该按照“吃多少买多少”的原则,量力而行,避免出现浪费食物的现象,并且每餐每顿的进食量以七八分饱为宜,过饱对身体健康不利。购买有汤或者其他汁水类较多的菜肴时,不要盛得过满,免得溢出来弄脏餐桌或地面。

合理搭配。在食物的选择上,应该注意荤素搭配,营养均衡。健康合理的膳食搭配是同学们进行一切活动时能量供给的源泉。

3. 文明就座

在用餐的高峰时段,食堂的就餐位置有时会出现供不应求的情况,这时应遵循“一人一座”的原则,不要将书包、课本等个人随身物品放在邻座,占用本就紧张的座位,雨天时也不要将雨伞等雨具放在桌上或椅子上,以免影响他人使用。在食堂里有时会看到个别学生用书本等物品代同学占座的现象,这会影响当下需要就餐的同学,是不礼貌的行为。

(二)进餐礼仪

1. 坐姿

在座位上就餐,同样要注意相应的礼仪。我们常说“坐有坐相”,在吃饭时,应该两脚自然并拢,双腿自然平放,将一只脚撑在邻座位置上或将脚随意伸长,甚至影响到经过同学的正常行走,都是不文明的,也会有绊倒他人的潜在危险。双手可以放在桌面上,或将手自然地放在双膝上,最好不要在吃东西时将手肘放在桌面上。

2. 进食

交谈。中国人讲究“食不言,寝不语”,但在现代社会,餐桌成了人们沟通交流的一个重要场所,繁重的课堂学习结束后,同学们往往也喜欢在进餐时与伙伴们交谈感想,此时要注意相关的礼仪。例如,嘴巴里有食物时是不宜开口讲话的,说话的音量以对方能听见为宜,不能高声喧哗,甚至放声大笑,在聊得兴奋时敲击碗筷等餐具的行为更是不合适的。

进餐过程。夹菜时一次的量不宜太多,取用适量。在进餐时,要闭嘴咀嚼,不要发出“吧唧吧唧”的声音,不要把舌头伸得过长去接饭菜,骨头、鱼刺等残渣不要随意吐在桌上或地上,以免影响下一批就餐的同学。应该将它们放到空置的餐具里,放的时候也不要直接从嘴巴里吐到餐具上，要用筷子夹放到碗盘里。若是遇到咳嗽、打喷嚏的情况，应该用手或纸巾捂住嘴，并把头转向后方。吃到异物时，不要直接吐到桌面上，而应用纸巾接住包裹起来或者离开餐桌吐到垃圾筒里。

餐具使用。在学校食堂用餐时使用的餐具比较简单，一般包括碗盘、筷子、汤匙等，但使用时也需要注意一些礼仪细节。要注意避免用筷子在菜盘里挑拣或上下翻动，把筷子竖插在食物上面，敲打碗盘，在夹有汤汁的食物时用筷子抖掉汤汁，一边说话一边挥舞筷子甚至用筷子指向别人等行为。此外，吃饭时勿用双手端起碗进食，这样的举止并不端庄雅观。

3. 用餐结束

（1）起身离开。如果和师长、同学共同进餐，先吃完离开时要说“我吃好了，你们慢慢吃”等招呼性的告别语句，注意礼貌。转身离开的动作幅度不要过大，以免妨碍到其他仍在进餐的人。

（2）餐具回收。用餐结束后，如果有吃剩的饭菜，要倒进指定的泔水桶里，不要随意倒在水池中，餐具也要送到指定的回收处，不要将使用过的餐具留在位置上，或将碗倒扣在桌上。

（3）餐后清洁。在用餐完毕后，要记得擦嘴、擦手，不要将油渍、食物残渣留在嘴巴周围。需要剔牙的，应该使用牙签，不要用筷子等食用工具剔除，当众剔牙是不礼貌的，若有其他人在时，应用一只手掩住口部，剔出来的食物不要再次入口或者随手乱弹、乱吐，也不要一直叼着牙签，这些都是相当不雅观的举动。

四、图书馆礼仪

大学校园里的图书馆是供师生们浏览报纸杂志、查阅资料、使用专业工具书阅读学习的场所。人们常常把图书馆比作收藏知识的神圣殿堂，攀登知识高峰的阶梯。丰富的藏书，明亮整洁的环境，安静幽雅的氛围，让每一个置身其中的人都能静下心来专注学习，这样优美的环境需要每一位同学遵守相应的图书馆礼仪去维护好它。

（一）言行举止

（1）着装整齐。进入图书馆时，着装一定要整洁得体，拖鞋、短裤、吊带背心等服饰都是不合适的。

（2）文明就座。进入图书馆要依次有序，不可争先恐后，入馆后不要抢占位子，也不要用书本等物品替别人占位。需要离开较长时间时，应带走自己的物品，回来后重新找座位，不要长时间空占位子，影响他人正常使用的需要。

（3）保持馆内安静。在图书馆里走动、入座、翻阅资料等一切行动都要轻，切不可高声讲话，也不要长时间地与熟人在馆内交谈。在入馆前应该将手机铃声提示调整在振动或静音模式上，如需接打电话，需走出阅览室或图书馆，不要直接在馆内交谈。用耳机听歌或其他音像资料时，声音不要过大，以免漏音影响别人。就座挪动椅子时，应将椅子离开地面进行移动，不要直接拖动发出声音。至于追逐喧哗、吃零食、睡觉等有悖图书馆文明礼貌的行为，更要杜绝。

（二）借阅图书

（1）办理手续。在图书馆借、还图书，要按照相应的规定办理手续登记，并且应按期归还。

(2) 爱惜图书。要爱惜图书,查阅时轻拿轻放,不可在书籍上随意涂画。如需保留相关资料,应办理借书手续,经过管理员的同意,复印留存,不可私自裁剪获取。如不小心损坏了书籍,应该主动承认,并且照价赔偿。

(3) 合理借阅。在阅览室借阅书籍时,应看一本借一本,不要一次借取多本书刊,看完后应归还到原处,不要随意丢在桌上。

(三) 电子阅览室的使用

随着科技的发展和网络信息时代的到来,很多学校的图书馆都配有电子阅览室,供同学们查阅电子资料,共享网上资源。在使用电子阅览室时要注意遵守相关规定,办理上机手续,不要私自往电脑上安装软件,更不能利用网络发布或观看有害信息。有些学校为了丰富同学们的课外知识,提供相关的电子教学光盘,供大家在阅览室观看,这些是不能私自带出图书馆的。

【情境小结】

历史上,伯牙为了子期绝弦,因为知音难寻。对于离乡背井在外求学的同学们来说,有一个志趣相投、无话不说的好朋友,是一大幸事。可是每个人都有自己的隐私,再好的同学、室友之间,也应保持适当的距离,不要过分关心他人的私事。

在宿舍礼仪中,我们强调尊重他人隐私,绝不可私自拆阅他人信件,翻看别人的日记,随意窥探、追问、偷听别人的私事。江丽虽然是出于好心想帮助海霞,但是未经过海霞同意就私自拆阅海霞的家书,并将此事告知他人,忽视了基本的礼貌,好心办坏事,使俩人结下了心结。

【知识链接】

南京出台15条教师礼仪规范:进教室先给学生微笑

"上课!""起立!"讲台上,伴随着学生的起立致敬,身着职业装的老师面带微笑,弯腰向着台下行了一个标准的90度鞠躬。南京同仁小学师生们正在进行的礼仪形象展示,吸引了不少老师和学生观看。

南京市教育局昨日下发了一份《礼仪建议》,建议的对象不是中小学生,而是他们的老师。"不留长指甲,发型简洁。多用敬语'请'字和尊敬手势,目光关注每一个学生……"这份建议涵盖了着装、举止、教学等各方面内容。

"我喜欢老师穿得漂漂亮亮、精神抖擞地来上课,我会抢着举手回答问题。"五年级学生李家齐说,打扮清爽的老师会让他在课堂上积极表现。同仁小学的李楠老师很认同教师除了内强素质,还要外塑形象的观点。她举例说,有一次上课她穿得比较正式,一进教室,学生们就不约而同地鼓掌,夸她很精神,课上得很轻松,师生互动也特别好。

"学生们常常会根据老师的表情来猜测老师对自己的感觉。如果老师带着自己的不愉快走进教室,学生会误认为老师不喜欢自己,对自己有偏见。"同仁小学的李梅老师说,每当她走进教室的时候,她都会暗示自己先要给学生一个微笑。"作为一名教师,我们都希望成为一个受学生欢迎和爱戴的人,那么首先要学会微笑。"

(资料来源:《新华日报》2010 年 9 月 15 日,记者 李月宁)

【拓展训练】

一、由于教学方法新颖,擅长将理论教学与社会实际联系,在教学过程中旁征博引、风趣幽默,孙老师的课一直受到法学班级学生的欢迎,常常还有其他专业的学生到教室旁听。这一天,大家早早来到教室,可是上课铃响了半天,还不见孙老师的身影。眼看十分钟过去了,教室里的同学们越来越不耐烦,有些同学甚至玩起了手机游戏,还有些开始窃窃私语,猜测老师迟迟不来的原因。如果你是班级的班长,在这样的情况下,你觉得应该采取怎样的做法,维持有序的课堂秩序?

二、为了帮助部分家庭经济有困难的同学解决一部分费用,同时提高图书馆的管理服务,学校决定在贫困生中选拔 5 名同学到图书馆勤工俭学,主要在书库负责将还回的图书返回书架,同时帮助管理员维护好阅览室的秩序。若你是这 5 名同学中的一员,为了营造良好的阅读环境和氛围,你觉得可以从哪些方面入手,纠正一些同学在图书馆里的不良行为,共创和谐环境?

三、又到 9 月新生入学时,作为一年级英语专业班级学生的班导生,为了帮助学弟学妹们尽快熟悉校园环境和大学生活,请你用一周的时间,按照规范的礼仪,引导、带领新生到图书馆借阅书籍、查询电子资料,并到食堂文明就餐。

四、配合学生会纪检部、生活部,对课堂纪律、宿舍内务按照礼仪标准进行检查评比。

学习情境三　校园活动礼仪

财富不是永久的朋友，但朋友是永久的财富。

——列夫·托尔斯泰

【情境导入】

这些年，大学生的心理健康问题日益受到各高校的重视，不少学校都成立了专门开展大学生心理教育工作的学生工作部门。为了普及心理健康教育的知识，共享丰富的心灵盛宴，心理教育中心请来了心理学专家张斌博士为同学们做专题讲座和团体辅导活动。作为参加这两项活动的学生，你怎样让自己在活动中取得最大的收获呢？

【知识分享】

为了丰富同学们的校园生活，培养大家德、智、体、美、劳各方面的能力，拓展视野，增强集体主义观念和团队合作技能，学校往往开展丰富多彩的各种活动。无论是运动会、文化节，还是学术报告、演讲比赛等，都给同学们提供了施展才华的广阔舞台。要确保这些校园活动顺利开展，文明有序的礼仪是必不可少的重要保障，同学们应扮演好自己在活动中的角色，遵守纪律要求，服从活动组织的统一安排。

一、活动前的准备

预知活动安排。不管参加什么类型的活动，事先都应熟知活动安排，包括举办的时间、地点，作品或技能要求，有一些活动如运动会对服装等有明确具体的要求，也应预先熟知。

做好活动准备。若是直接参与者，则应做好充分的准备工作，从身体状态、相关的知识储备到应战心态的调整，都应尽量达到最佳，这不仅是为了取得好的成绩，也是对活动的尊重。若是观众或其他参加集会的人员等，则要提前到达活动场地，按活动组织者的安排就位，聆听讲座等还要带好相关的文具以做笔记。把手机等通信设备调到静音或振动状态。

二、活动期间的礼仪规范

认真积极参与。在参与活动的过程中，要专心致志、全神贯注，不能交头接耳，随意走动，中途离场，或者是吃东西、抽烟等，要自觉维护好活动秩序。

营造良好氛围。作为活动参与者，应秉持“重在参与”的精神，重视活动或者比赛过程中的实践努力，不要将关注重点放在最后的名次上，对其他获奖选手应给予大方真诚的祝贺。作为观众，在活动达到高潮或演出精彩时应报以热烈的掌声，以示鼓励祝贺或赞同钦佩。对临时突发的状况，应安静耐心等待，绝对不要趁机起哄闹事，或是对台上演员、参与者喝倒彩等，这些都是个人修养低下的表现。

维护场地卫生。我们常常看到在一场大型活动结束后，人员散尽，留下一片狼藉，现场到处是废纸、果壳等，活动主办方在事后还要花大量的人力精力去打扫会场。其实，只要我们每个同学都保持好自身周边的环境卫生，在离开前将垃圾带走，或在发现乱丢乱扔现象时及时友善制止，留下一个干净整洁的活动场地并不是一件难事。

保证活动秩序。在活动期间，要配合组织者进行相应流程，在别人发言或表演时随意打断，是极其不礼貌的。若因为个人原因需要离场或是已经被动地影响了活动的正常有序进行，应悄悄离开活动现场或者立即道歉，避免更严重的干扰。

三、活动结束

耐心等待活动结束。若是活动时间较长，或有拖延现象，也应耐心参与，不要频频看表，或是急于收拾东西随时准备离开。

有序离开活动场馆。对于讲座或是演出谢幕等，应报以较长时间的掌声以示感谢，待主席台上人员离开后再离场。在活动结束时，应听从组织者的安排依次离场，或自行有序排队离开，不要一哄而散或者横冲直撞。

【情境小结】

参加讲座、团体辅导等校园活动，应穿着比较正式的服装，团体辅导中可能会有相关的体能活动，最好避免穿着裙装、高跟鞋等不方便行动的衣服类型。提前进入会场，按照指定位置就座。在活动开始前把手机调到静音的状态，准备好笔记本等，安静等待活动的开始。

在张博士入场时，鼓掌欢迎。认真倾听张博士的讲述，对重要的内容做笔记，在讲座精彩的部分，和其他同学一起给予掌声，保持良好互动。在团体辅导过程中，认真参与，全神贯注，按照活动要求严格完成，以达到最好的活动效果。不要中途无故离场，或在活动进行中与旁边的同学交头接耳，在参与的过程中认真思考，待集体交流时畅所欲言。

活动快结束时，对张博士的精彩报告表示感谢，等待张博士和学校领导离场后再收拾东西，带走位置旁的纸屑等垃圾，有序离场。

【知识链接】

广州亚运礼仪志愿者:不只是微笑

每当我们打开电视机,观看各种赛事的颁奖时,除了令人振奋的国歌和运动员那闪动的泪光,还有一道风景让我们难忘。她们有优雅的举止,迷人的笑容,她们用乐观向上的工作热情带给我们美的享受,她们就是礼仪天使们。

微笑是她们的代名词,但在采访完暨大亚运礼仪天使后,我们明白那仅仅是无数汗水凝聚的刹那。

第16届亚洲运动会的礼仪志愿者是通过"亚运天使"亚运颁奖礼仪专业志愿者全国选拔赛,高标准、严要求地挑选出来后经40天的集训形成的一支由380名志愿者组成的礼仪颁奖队伍。她们的任务是力求完美顺畅地完成亚运颁奖,在亚运赛场上为奋勇拼搏的运动员,为全世界爱好体育、关注亚运的人们奉献476场隆重、热烈、庄严、盛大的颁奖仪式。

一个多月前,候选队员们还在顺德南方医科大学进行亚运封闭性培训。"高标准,精心打造颁奖仪式;零失误,完美呈现亚运风采",从集训负责人的话语中可以看出,形容礼仪志愿者的四个词语看似简单,其实富含深意,"端庄、高雅展现的不仅是个人的气质,更是民族文化、地域文化在女性身上体现出来的气度;亲和则是我们作为亚运会东道主的一种态度"。

昨日,来自暨南大学的礼仪队队长梁令芬接受了记者的采访,向我们讲述了亚运礼仪志愿者背后的故事。

"一般人看来,礼仪志愿者就是穿着漂亮的衣服,化上妆,往那儿一站。其实并不是仅此而已。"梁令芬告诉记者,这可能是大家对于礼仪小姐的一种误解。

她们接受的培训是多方面的。40天里,她们进行了十天军训,并进行了理论课程学习,包括志愿者培训、人生观价值观、音乐欣赏、基本英语会话、现代礼仪素养、现场应变与交流、决赛场馆知识、运动项目知识、场馆颁奖仪式运行方案等。专业课程、芭蕾形体、颁奖礼仪基础和颁奖仪式实践训练也在其中。在这么繁杂的培训里,每个队员都经历了巨大的考验。梁玲芬说:"一天练下来,很多志愿者都会在QQ群里说'我肩膀痛,腰疼,腿痛,全身都痛'。然而每天下课后,'天使'们还是会在私底下努力地练习,为了能展现最美的姿态。"

队员们的形体训练强度很大。用"勺子"练微笑,用"书本"练平衡,用"纸"练站姿,没有芭蕾舞蹈基础的要重头学起。每一个礼仪动作的角度精确到数字。引领时身体前倾15°,转身45°,拐弯的时候不能像平常人一样拐,要踩好点,90°拐弯,手臂弯曲的角度、托盘的动作也有要求,手臂与侧腰大约是一拳远的距离,端托盘时,大拇指是露在托盘外面的。这些难以估计的细节是她们每天努力的目标。因此,当你在亚运期间看到礼仪小姐优雅大方、准确得体的动作时,无须讶异。

"成功的花儿,人们只惊慕它出现时的明艳,然而它的芽儿浸透了奋斗的泪泉,洒满了牺牲的血雨",美丽的亚运礼仪天使就是那一朵朵饱经磨砺的花儿,将在亚运的天空下绽放。

【拓展训练】

一、案例分析

[案例]

刘明月同学因在军训期间表现突出,被评选为“先进个人”,并作为学生代表在军训先进表彰大会上发言。第一次站在主席台上,面对台下3000多名师生,刘明月感到无比紧张。在脱稿讲话到一半时,她突然忘词了。心跳急剧加快,汗珠也滴滴答答地滚落下来,可是越着急脑袋里越是一片空白,她局促地站在台上,双手不自觉地捏着裤腿,不知如何是好。这时台下不知由谁带头响起了鼓励的掌声,看见台下同学们期待的眼神,老师信任的目光,刘明月顿时冷静下来,有了自信,讲稿居然也奇迹般地浮现在脑海,她顺利地完成了发言。

请分析上述案例中台下师生对校园活动礼仪的理解。

二、案例实践

[案例]

为丰富校园文化生活,展现当代青年学生奋发向上、朝气蓬勃的精神风貌,为青年学生提供展示自我魅力的平台,引导大学生树立正确的生活目标和良好的形象,农学院决定举办第四届“大学生职业形象设计大赛”,具体安排如下:

1. 活动主题:“农情魅影,瑰留于心”。

2. 参赛对象:全院学生。

3. 比赛形式:

(1) 选手以组为单位(每组限带一名助手),在规定的时间内现场化妆和换装(以职业主题为主),化妆、换装完毕后各组进行走秀并由助手解说(走秀时需背景音乐,由参赛选手自选自带;可自配走秀道具)。

(2) 走秀结束后,由各组组员分别进行才艺展示,既可选择与当日着装风格相贴切的表演,也可自选演出,突出个人特长。

(3) 评委对各组参赛选手进行职业礼仪问答。

4. 奖项设置:

集体奖:最佳设计奖、最佳创意奖、最佳台风奖、最佳默契奖

个人奖:最佳人气奖、最佳才艺奖、最佳形象奖(各一名)

助手奖:最佳贡献奖(两名)

5. 注意事项:

请参赛选手自带后援团,参赛服装及配饰、道具、音乐伴奏等自备。

根据案例内容,制作此次活动参与观众的相关安排通知并下发,以确保活动有序开展。

情境篇四

职场礼仪

学习情境一 求职面试

> 礼节及礼貌是一封通向四方的推荐信。
>
> ——伊丽莎白女王

任务一 面试前的准备

【情境导入】

通南大学文秘专业的李思睿今年7月即将毕业，不巧的是赶上了“史上最难就业年”，全国高校毕业生人数创历史新高。李思睿和应届毕业生一样，纷纷赶赴各种招聘会，积极投简历，无奈大多如石沉大海般没有回应。这天，李思睿接到了博纳科技有限公司的电话，通知她参加两天后举行的面试。在欢欣激动的同时，李思睿也有些惴惴不安，不知该如何为这次面试做准备。

【知识分享】

告别校园，进入职场的第一关就是求职，面试是成功求职的临门一脚。在面试的过程中，招聘公司通过面试官与求职者的面谈，确定你就是他们所需要寻找的人才，最后决定录用你。在人际信息交流形式中，面谈是最有效的，它结合了语言交流、眼神交流和肢体语言交流，获取的信息量是最大、最全面的，是其他求职形式无法取代的。

整个面试过程可以分为面试前、面试中和面试后三个阶段，每个阶段都大有讲究。求职者必须掌握面试整个过程中的相关礼仪，力求留给面试官一个最佳印象，成功获得录用的机会。

归纳起来，面试过程就是求职者向面试官展示四张名片：

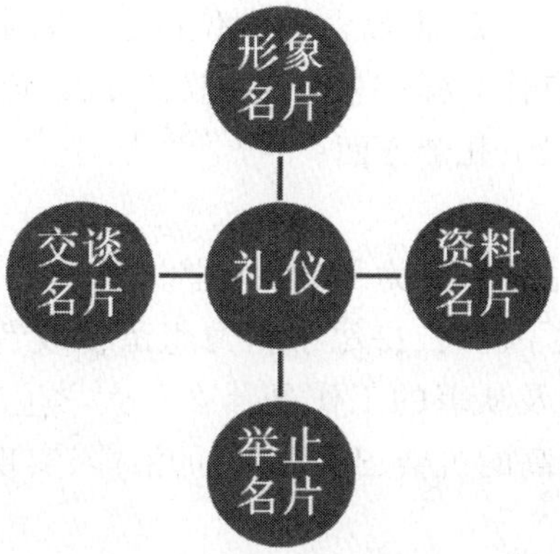

第一,形象名片:与招聘岗位相符合的职业化的仪容仪表,会给面试官留下专业、可信赖的印象。

第二,资料名片:对招聘公司、招聘岗位和面试官的情况了解程度反映了求职者对招聘公司和岗位的向往和重视程度。

第三,举止名片:面试整个过程中表现出来的行为举止是否符合规范,合乎礼仪。

第四,交谈名片:交谈可以了解一个人知识的广博程度、语言表达的功底等,它客观反映了一个人的文化素质和内涵修养。

正如心理学家奥里·欧文所说:"大多数人录用的是有礼节的人,而不是最能干的人。"这四张名片相辅相成,密不可分,共同传达出来的信息是:礼仪就是最好的一张名片。

"凡事预则立,不预则废",未雨绸缪才能取得理想的效果。面试前的准备是面试能否成功的一个基本条件,能提高面试成功的概率。盲目仓促地参加面试不仅浪费双方的时间和精力,而且失败的结果会对求职者造成打击,留下心理阴影。面试前的礼仪包括以下几个方面。

一、定位准备

(一)自我定位

对于即将参加面试的你,不妨问自己几个问题:

"我准备好就业了吗?"是家人催促我赶快找工作,我迫于压力找的,还是看见大家都忙着找,我不找就感觉落后了?对于与校园截然不同的职场,我对它了解多少?

"我就业的目的是什么?"是为了纯粹赚钱还是为了实现自己的理想抱负,抑或是将所学专业知识付诸实践?

"我的职业规划是什么?"我是打算一辈子就从事这一行工作还是暂时性从事?家庭和工作对我的意义哪个更大?

如果对这几个问题都有明确的回答,那么表明你已经做好面试的心理准备,可以进行下一步准备工作了。自我检查面试时能否将所学知识做系统的展现,特别要熟悉掌握自己各方面的情况,如学过哪些课程,哪些知识与应聘的工作有关,自己有何能力、特长、个性、爱好、长处等。许多学校都会开设职业生涯规划一类的课程,帮助毕业生分析个人的专业和志向,可以充分利用这类课程为真正的面试做准备。

以上几个问题其实就是关于就业观念的定位问题。就业观念是有关就业的意识、态度、想法。而态度决定行为,有什么样的就业观,就有什么样的就业行为。目前,大学生中常见的就业思想误区表现在以下几个方面:

1. 择地而不择业

一部分大学生以选择一个好地方为目的,择业以地域而不是以事业为主。抱着"宁为凤尾,不为鸡头"的心态,削尖了脑袋,拼尽了全力想留在或者进入各种社会资源丰富的北上广深等一线城市,完全不顾及从事的工作是什么。大学生应抛弃地域因素,首先考虑该工作能否给自己提供学习、提高的机会,开发自己的潜能,实现自我发展。

2. 缺乏自知之明

一些大学生不能真正认识自己,过高地估计自己,对就业岗位期望值过高,自我定位过高——工资看外企,职位看白领,单位看名气,环境看气派,因此总是找不到一个适合自己的就业岗位,到最后反而"嫁不出去",成为"剩男""剩女"。

3. 自身职业定位模糊

由于是初次择业,大多数毕业生一般都抱着"边走边瞧,边走边跳,走一步算一步"的想法,还有的大学生不清楚自己的擅长和潜质,不知道自己适合干什么,缺乏必要的自我分析能力,没有一个明确的职业认识,也没有完整的职业生涯规划。

4. 物质至上,无长远打算

有的大学生求职观念的功利性太强,只顾眼前利益,对于外企、国企、政府机关等热门单位趋之若鹜,出现"扎堆"求职的现象。求职张口就问福利待遇如何,目光短浅,以金钱为主要衡量标准。忽略了一个理想的就业单位要能提供培训机会、有职业发展的前景,能将个人的能力得到施展和提高。大学生就业时不能只注重眼前的经济利益,而应该用长远的、发展的眼光来看待每个就业机会,将每个就业机会作为提升自己职业素质的途径。

5. 社会因素的干扰

一些毕业生受亲朋好友的影响较大,自己已看好某个职位,该职位符合自己的兴趣和特长,能充分挖掘自身潜力,却因周围亲朋好友的反对而发生动摇。现实生活中存在的社会职位竞争的不公平、操作不规范的现象,也常常使毕业生感到很迷茫,找不准位置,看不清方向。

6. 心理素质不过硬

一些毕业生在择业中或盲目从众,或消极逆反,或过于自负,或过于自卑,这些对毕业生顺利就业造成巨大的障碍。

7. 依靠关系

一些毕业生想依靠父母或其他关系网得到工作和生活上的照顾,忽视自身素质的锻炼和提高。

大学生在求职时,应纠正上述不正确的就业观念,在了解社会需要、职位要求的情况下,客观全面地分析自己,根据自己的专业技能、综合素质进行自我定位。

接下来,总结一下自己大学期间有哪些突出的成绩,如获过何种奖励、参加或主持过哪些重大活动,甚至包括捐献过多少次血等,以利于面试时充分展示自己的优势。

（二）对方定位

"知己知彼，百战不殆"，搜集对方的信息，可以帮助你在面试过程中很好地与面试官沟通，充分显示你的诚意。对方的情况具体分为招聘单位和面试官两方面的情况。

对于招聘单位，求职者要尽可能了解目标单位的全部情况，包括资金规模、经营状况、生产什么产品或提供什么服务、领导声誉、社会形象、发展态势、企业文化、竞争对手的现状，以及行业中有哪些共性的问题（如政府法规、国际间的价格竞争）、待聘的职位及其所属部门、该部门的主要职责、与待聘职位有关系的具体任务等。

对于面试官，求职者要尽可能了解面试官的姓名、性格、工作背景及经历、兴趣、爱好等。

了解以上信息的渠道是多元的，可以是报纸、书刊等印刷类的媒体，可以是公司官网和各类网站等电子类的媒体；可以听取家人、亲戚、朋友的意见，还可以动用其他的一些人脉资料，听取有经验的他人的建议等。尽可能多地掌握这些资料，以免在面试的过程中，特别是提问的环节无话可说。

此外，应尽量了解到达招聘公司的交通路线，有什么车到，是否需要转换车。要留出充裕的时间去搭乘或转换车辆，包括一些意外情况都应考虑在内。必要的话，还可以提前去一次面试地点以熟悉环境和掌握所花费的时间。

二、物品准备

（一）简历

简历是个人简要陈述的履历，记载一个人的教育学历、专长以及就业经验，是本人的代表，尤其在面试者还未见到你之前，他所凭借的就是从简历上所寻到的信息。简历是自我介绍的重要媒介。必须将热情注入简历中，用恰当的表述呈现出你的优势和独特之处，让招聘方感到"非你莫属"。一份吸引人的简历，是获取面试机会的敲门砖。所以，努力写一份"动人"的简历，成了求职者首要的工作。

1. 制作简历的原则

（1）简洁性原则。在众多简历中，90% 的简历在 30 秒内就会被搁置一旁，只有少数吸引人的简历才会被留下来。就业专家认为，一般情况下，简历的字数控制在二三百字之间即可，长度以 A4 纸 1 页为限，简历越长，被认真阅读的可能性越小。高端人才有时可准备 2 页以上的简历，但也需要在简历的开头部分有资历概述。

一般情况下，采用 A4 纸打印简历，A4 纸是当前大多数公司使用的文件纸张，具有一定的亲和力和正式感觉。千万不要使用 A4 以下的纸张，除非你明确知道这个公司的文件是以 A4 以下如 B5 纸张为常用文件用纸，否则给人以小气、寒酸和局促之感。

（2）特色性原则。刚毕业的大学生写简历时，常常利用招聘求职网站提供的固定格式的简历表格，内容大同小异，缺乏个人特色，难以引起对方的兴趣。其实，简历格式和外表的重要性远远超过人们预料。一份好的简历不仅有独特的范本、主题突出的经历，而且有特点的包装和格式是吸引住用人单位人事经理的主要方面之一。

独特的范本并不是否定参考范本，而是建议你放弃照本宣科的抄袭。比较好的做法是:参考众多的优秀简历模板,取其优点,重新拟一份适合自己的、符合对方的简历,加入自己的巧思,体现自我。这就要对招聘公司的文化有一定的了解。例如,外资企业通常对外语水平要求较高,因而可以突出自己在这方面的专长及经验;而外资企业中的日资企业,较为中规中矩,他们比较重视细节,因此对于简历版面的整洁、视觉的舒服度以及条例式的介绍,要求较高;普通集团式大企业一般要求相关经验,且通常喜欢严谨、简洁、大方的语言表述方式;广告公司偏爱大胆新鲜的表现方法。因此,针对不同公司的属性及文化,稍微修正简历的内容与表现形式,具有重要的意义。

其次,适当地使用各种字体格式,如斜体、大写、下划线、首字突出、首行缩进或尖头等方式,有重点有节奏地表达思想。有些求职者以为另类的简历会让人耳目一新,所以往往追求新、奇的特色。除非是你寻求的职位有些别样,否则最好在简洁、醒目上下功夫,不要过于花哨,否则适得其反。

(3) 明确性原则。明确你要寻求的是不是这个职位。只有你明白这个职位做什么才能突出你的经历。第一轮简历的筛选基本上是比较固定的。如果你不符合一些明确的标准,只有1/3 左右的公司会给予机会。

强调你适合这个职位的成功经验和经历。如果你应聘的是行政人员,你最好不要过多地说你能做一个合格的销售人员。如果你寻求的是一个具有决策影响力的职位,你不要让"可能""也许"这样的词汇出现在简历上,因为这样只能让人感到你不是一个果断的人。

(4) 真实性原则。不要试图编造工作经历或者业绩,谎言不会让你走得太远。大多数的谎言在面试过程中就会被识破,更何况许多大公司(尤其是外企)在面试之前会根据简历和相关资料进行背景调查。这也是对应聘者诚信的基本考量。

最后,身处地球村的时代,即使公司没有要求,附上英文简历也可能潜在地替你加分。但是一定要保证英文的纯正与标准。一份不标准的英文简历,恐怕只会给你扣分,反而弄巧成拙。

2. 简历的正文

一般情况下,简历的正文包括以下四部分:

(1) 基本情况介绍。包括姓名、性别、年龄、籍贯、政治面貌、学校、系别及专业、婚姻状况、健康状况、身高、爱好与兴趣、家庭住址、电话号码等。

(2) 学历情况概述。学习历程、在校期间获奖情况、爱好和特长、参加过的社会实践活动、所任职务、承担的任务等。

(3) 工作经历。介绍曾经工作过的单位名称、职位、个人工作成绩、培训或深造就学情况、工作变动情况、职务升迁情况等。

(4) 求职意向。即求职目标或个人期望的工作职位,表明你通过求职希望得到什么样的工种、职位,以及你的奋斗目标,可以和个人特长等合写在一起。

不要写得过于复杂和啰嗦。要知道,面试官第一次看一份简历的时间不过是短短的几秒钟而已。

3. 简历的写法

(1) 要仔细检查已成文的个人简历,绝对不能出现错别字、语法和标点符号方面的低级错误。最好让文笔好的朋友帮你审查一遍,因为别人比你自己更容易检查出错误。

（1）公文包，挑选大方的职业化的款式，不要过于时髦和昂贵，大小能够放下 A4 纸为佳，这会给人以专业人员的印象。

（2）笔记本，登记求职记录，如参加过面试的公司名称、时间、地址、联系人和联系方式，以及特殊的要记录的事项，随时更新情况和以备查询。

（3）签字笔，不要用一次性的水笔。

（4）个人身份证及复印件。

（5）毕业生推荐表并内附一张容光焕发的标准登记照。

（6）各种证明材料，毕业证、学位证、获奖证书等文件的原件和复印件。

其中，文件材料应平整放在牛皮纸的信封或者资料袋中，不要零散塞在公文包的各个角落，在面试官提出要看相关文件时可以及时准确地拿出来，也顺便留给面试官一个整洁细心、懂得收纳的好印象。递送资料时，应双手奉上，以示尊重和谦逊。

（7）小镜子，在私下场合检查仪容仪表。

（8）纸巾，以备不时之需。

三、形象设计准备

卡耐基指出："良好的第一印象是登堂入室的门票。"有研究指出，会面之后所得到的有关其人的印象，往往与今后所形成的印象相一致。求职者应尽量做到仪容规范、仪表大方、举止得体，与招聘岗位相符合，给面试官留下大方、干练的良好印象。服装及饰品是求职者留给面试官的第一印象，得体的穿着打扮能使其为自己加分，自己也增加自信，在面试中发挥更好。（有关服饰礼仪可以参考情境篇一中的内容）

（一）服装要求"整洁得体"

3.8 秒的时间就决定了你对对方印象的好坏，所以服装仪容是非常重要的。根据 TPO 原则选择恰当的面试服装。"衣贵洁，不贵华，上循分，下称家"是面试服装的总体要求。

1. 整洁着装

面试前检查一下自己的服装是否有污点或者破损和线头，是否平整，最好穿熨烫过的衣服。一个衣着不整、邋里邋遢的求职者很容易给面试官留下生活自理能力差、涣散懒惰、缺乏责任感的印象，难以得到人们的信任。还要注意的是职业套装不要第一次就穿去面试。

2. 得体着装

对求职的女生而言，薄、透、露、过分短小和紧身的服装会使自己看起来粗俗和廉价，与职场格格不入，甚至令人有别的想法，给自己招来不必要的麻烦。衣着打扮太过花哨，会让人以为你花了大部分的时间在衣着打扮上，而没有把精力放在工作上，甚至还会让人觉得你的行为举止有失庄重，给人轻佻的感觉。

（1）女生着装色彩要表现出青春、典雅的格调。用颜色表现你的品位和气质，不宜穿抢眼的颜色。丝袜以透明近似肤色的颜色最好，要随时检查是否有脱线和破损的情况，最好带一双备用的。穿式样简单、没有过多装饰的皮鞋，后跟不宜太高，颜色和套装的颜色一致，如果不知道如何配色，最简单的办法就是穿"前包趾，后包跟"的黑色船鞋。凉鞋、拖鞋在面试时就不要穿了。如果习惯随身携带包，那么包不要太大，款式可以多样，颜色要和服装的颜色相搭配。佩戴饰物应注意和服装整体的搭配,最好以简单朴素为主。招摇的配件会吸引别人的目光,然而别人与你相处的同时,也会因为过度注意这些招摇的配件而忽略对你个人表现的关注。

(2)对男生而言,过分运动和休闲的服装可能会让自己感到自在和放松,但会给面试官留下"走错地方"的感觉。所以,为自己准备一套面料考究、裁剪得体的职业套装吧。西装的色调要用以给人稳重感觉的深素色为主,如藏青色、蓝色、黑色、深灰色等。配套的衬衫最容易的选择是白色。领带应选用丝质的,领带上的图案可以根据自己的爱好选择,最好是单色的,它能够和各种西装和衬衫相配。单色为底,印有规则重复出现的小圆点的领带,格调高雅,也可以用。斜条纹的领带能表现出你的精明。领带在胸前的长度以达到皮带扣为好。深色的袜子、黑色的皮鞋。皮带要和西装相配,一般选用黑色。男士着装可依据三一律原则:皮鞋、皮带、皮包颜色一致,一般为黑色。注意西装上衣的口袋是起装饰作用的,不可用手机、钱包、纸巾等物将之塞得鼓鼓囊囊。

(3)一般来说,无论男女,穿西装或者职业装都比较适宜,但是具体到不同的行业又要具体考虑,要有的放矢地准备面试服装 。如果是去金融、法务、政府部门、事业机关面试或者应聘文员、秘书等岗位,最好穿正式、稍保守的西装或套装,给人干净利落、诚实稳重的印象;如果是去广告、公关等较强调创意的公司面试,则穿衣打扮不应太保守, 否则别人会觉得你很死板,感受不到应有的活力,可以穿设计感较强的服装,突显个性与创意; 如果是去时尚杂志应聘,选一些时尚前卫,有个人风格,但不暴露的衣服比较适合。根据具体的职业性质以及应聘单位的企业文化来定位自己的形象,灵活地选择得体适宜的衣着对自己进行包装,让面试官觉得你就是他们公司的员工。对于应届毕业生来说,允许有一些学生气的装扮,也可以穿休闲类套装。它相对正规套装来看,面料、鞋子、色彩的搭配自由度更高。身上穿的、手上戴的均能反映出求职者对所申请的职位的理解程度。另外,面试时所穿的西服、衬衫、裤子、皮鞋、袜子都不宜给人崭新发亮的感觉 ,不要轻易尝试没有穿过的衣服,如果是第一次穿着此件衣服,可以先在家里练习坐立行走各种姿势,以免举手投足显得别扭。因为面试时大多是坐下来谈话,不妨在镜子前面坐下来好好端详自己,比手画脚一番,以免在面试当场手忙脚乱;舒适感是很重要的,舒适的穿着不但让你的行为举止自然,更可以给你自信。

男女生的职业套装不要买过于昂贵,甚至比面试官还高级的,否则会让对方觉得来面试的是面试官的高阶主管或老板的千金(公子),或者让面试官对你的金钱观和工作态度产生怀疑。

(二)仪容

仪容仪表是一个人的基础形象问题,第一印象应该引起求职者的足够重视。第一印象中除去合理的着装外,恰当的发型和整洁的容颜占很大比重。(具体内容参看情境篇一"个人形象礼仪")

观察一个人,一般从头看到脚,因而首先应根据脸型、体型、气质、衣着、职业性质等因素来选择一个合适的发型。长发的女性最好做到"前不盖眉,后不披肩",即不要披散长发过肩,刘海不要盖住眉毛,应对刘海进行适时的修剪,不要遮住视线。盘发是最佳选择,会让整个人看起来端庄文雅。

男生以简单、利索、庄重的发型为好，最好是“前不过眉，后不及领”，两侧不遮耳朵，忌长发、卷发、光头、中分。力求干练庄重，不能太另类和夸张。头发要梳理整齐，保持清洁。

保持面容整洁，女生可以化个淡妆，略施脂粉，让自己看起来气色好，有精神，切记浓妆艳抹，给人感觉轻浮虚荣。不宜擦过多香水。手部保持清洁，指甲应修剪整齐，女生不要涂有颜色的指甲油。男生不留胡须，或修剪整齐。保持口腔清洁，不能喝酒或吃有异味的食品。眼镜要和自己的脸型相配，镜片擦拭干净。

得体的服饰加上恰当的发型、得体的容貌会令自己看起来职业感增强，增加求职者的自信，再配合恰当的礼仪，定会留给面试官一个可信赖的好印象。

【情境小结】

“机遇只偏爱那些有准备的头脑”，面试前的准备是面试能否成功的一个先决条件。面试前必须做好定位(包括自我定位和对方定位)、物品、形象设计等方面的准备工作，分别从心理、实物、个人形象三个方面对自己进行全方位的包装。充分的面试准备能够为应聘增加获胜的砝码。李思睿可以这样做：

1. 资料的收集准备工作。虽然面试的程序和模式有一定的相似之处，但是具体到特定的单位又有不同之处。李思睿应该通过各种渠道对该招聘单位进行深入了解，如经营状况、生产的产品或提供的服务、发展态势、企业文化、竞争对手的现状、待聘的职位及其所属部门、该部门的主要职责等。关于面试官的信息，掌握得越多越好。这样才能在面试时做到回答问题游刃有余。

2. 物品的准备工作。应该挑选一个大小合适的较正式的公文包，其他各种装饰包都不适用。各种面试材料：中英文简历，求职信，身份证、各种证书等复印件和原件，登记照等应整齐地归放在透明资料带中，看起来一目了然；笔记本、签字笔等基本办公用品一应俱全；镜子、纸巾等个人物品也和其他物品相区分，放在相应内层包内。只有公文包收拾得干净利落，才能在需要的时候很快找到对应物品。

3. 对个人形象进行恰当设计。流行的服饰、发型和妆容并不适用于面试，应根据应聘单位的企业文化和应聘岗位的性质选择恰当的职业感强的服饰。对于秘书这个岗位而言，稳重、可信任的风格才是正确的，如一套大方合体的黑白职业套裙、简洁利落的盘发、清新淡雅的职业妆，让人看起来神采奕奕，就非常符合面试的场合。

【知识链接】

一、求职面试着装的5个忌讳

禁忌一：脏污和皱褶

肮脏、破旧、皱得像酸菜干的服装，也许很“酷”，但绝对不适合穿去面试，如此装扮会让人觉得你个性吊儿郎当，没有诚意。此外，流行一时的仿脏污、故意抓皱褶的前卫风服装，也不适合。

禁忌二：太过性感或裸露

你的身材可能非常性感火辣，但在面试时，最好还是包紧一点，以免火辣的身材蒙蔽了面试官的眼睛，只看见你的身材，没看到你的才华。

禁忌三：浑身名牌

参加面试，衣着装扮的确要花钱打点，但不代表就得要浑身名牌。浑身名牌，常会给人“败家”“个性娇纵”“不肯吃苦耐劳”的负面印象，就算是应征精品业的工作，也不必如此。不过，拎一只材质好一点的名牌包，是被许可的，但最好品牌的 Logo 不要太明显。

禁忌四：装可爱或太花哨

你无法忍受一成不变，特爱“与众不同”，疯狂迷恋粉红色系的娃娃装……忍下来，这场面试决定你的一生，暂时把内心里的“粉红狂”收起来，把身上的粉红娃娃、缤纷花朵、绒毛玩具、公主发夹一一取下，乖乖去面试吧！

禁忌五：不化妆或过度浓妆艳抹

也许你是自然主义者，不爱化妆，但面试时最好还是上点妆，适当遮住黑斑、雀斑和黑眼圈，让自己的气色好一点。不过，太过浓烈的浓妆艳抹也不合适，会让你显得太过匠气，也要避免。

（资料来源：http://www.yuloo.com/qiuzhijiuye/news/1204/886091.shtml）

二、简历范文

[范文一]

<table>
<tr><td>姓　名</td><td>杨彬彬</td><td>性别</td><td>女</td><td>出生年月</td><td>1992 年 06 月</td><td rowspan="3">照片</td></tr>
<tr><td>籍　贯</td><td>广东省</td><td>民族</td><td>汉</td><td>身体状况</td><td>良好</td></tr>
<tr><td>政治面貌</td><td>团员</td><td>身高</td><td>163cm</td><td>外语程度</td><td>英语</td></tr>
<tr><td>所在学院</td><td>深圳艺术
职业学院</td><td>学历</td><td>大专</td><td>曾任职务</td><td colspan="2">校广播台副台长及编辑</td></tr>
<tr><td>所学专业</td><td colspan="3">涉外文秘</td><td colspan="2">特长</td><td>画画,摄影</td></tr>
<tr><td>毕业时间</td><td colspan="3">2014 年 6 月</td><td colspan="2">联系电话</td><td>13526594562</td></tr>
<tr><td rowspan="2">家庭住址</td><td colspan="3" rowspan="2">深圳福田区黄木岗
西区 43 栋 403 室</td><td colspan="2">邮政编码</td><td>518035</td></tr>
<tr><td colspan="2">E-mail</td><td>1122334455@ sohu. com</td></tr>
<tr><td>所学课程</td><td colspan="6">秘书学、文秘写作、公关实务、谈判学、人际心理学、公共关系、应用写作、政治经济学、档案管理学、中国文化史等。</td></tr>
<tr><td>语言能力</td><td colspan="6">英语良好,普通话良好,粤语精通。</td></tr>
<tr><td>熟悉软件</td><td colspan="6">熟悉 Microsoft Office 办公室软件:Word , Excel , Powerpoint,并获得全国计算机一级证书。</td></tr>
<tr><td>技能</td><td colspan="6">中级(四级)秘书证、高级涉外文秘证书、普通话二级甲等证书、英语四级证书。</td></tr>
<tr><td>自我评价</td><td colspan="6">具有较强的时间管理能力;优秀的外联和公关能力,具备解决突发事件的能力;较强的适应能力及抗压能力;工作细致认真,谨慎细心,责任心强;具有很强的人际沟通、协调能力,团队意识强。</td></tr>
<tr><td>社会实践经历</td><td colspan="6">2012 年暑假期间在中国平安保险公司深圳分公司担任业务部办公室秘书。
2013 年 5 月至 10 月的休息日在爱情岛君山公园导游科担任地接导游。
在校期间还做过一些兼职工作:美的空调(2012 年 4 月)、联想手机(2012 年 11 月)、宣武堂吉他街舞培训班校园推广总代理(2013 年 10 月至 12 月)。
2014 年 3 月至 5 月,在深圳市南山区教育科学研究所办公室秘书实习,参与草拟、校对重要文件及调查报告工作,办公室档案管理工作,办公室日常工作以及局会议的筹备和后勤工作。</td></tr>
<tr><td>最后附言</td><td colspan="6">只为成功找机会,不为失败找借口!</td></tr>
</table>

[范文二]

基本情况

姓名	罗文涛	性别	男	照片
出生年月	1991年12月	身高	176cm	
身体状况	健康	民族	汉	
政治面貌	共青团员	籍贯	重庆市荣昌县	
移动电话	13594873436	固定电话	13594873436	
E-mail	470656305@ qq. com	地址	重庆市荣昌县许溪村9组7号	
邮编	402460	学校	重庆市信息技术职业学院	
学历	大专	专业	计算机辅助设计与制造(数控方向)	

自我评价

在工作中能吃苦耐劳,责任心强。平时善于交友,乐于助人。

技能/专长

1. 能通过CAD,UG绘图软件绘制一些三维图案,能通过手工绘图在图纸上绘出物体的三视图。
2. 参加国家级考试全国计算机一级、ISO 9000内审员、办公高级操作员、CAD(中级)考试,全部合格。
3. 通过国家大学英语四级考试。

所获证书及奖项

1. 2011—2013学年度多次荣获奖学金,多次获"三好学生"称号;
2. 2011年12月荣获重庆市CAD技能竞赛计算机组三等奖;
3. 2012年10月获美国ATA认证CAD中英文证书,国家劳动和社会保障部证书。

社会实践经历

2012年暑假在深圳富士康集团进行了一次为期2个月的职场体验式实习。

兴趣爱好和其他

篮球

三、求职信范文

［范文一］

尊敬的女士/先生：

您好！

我是华东科技大学计算机软件专业四年级学生孙建军，指导教授建议我到贵公司应聘高级程序员一职，并认为我符合贵公司的要求，能胜任这份具有开拓性和挑战性的工作。

我大学二年级始进入系实验室兼职，三年级通过高级程序员考试，并在指导教授的指导下负责完成多项任务。其中，在复旦单片机中心负责开发 IC 卡读写器、分布式出入门管理系统，在复旦网络中心负责开发办公室自动化系统，在复旦 CAD 实验室负责开发 FPGA 逻辑优化与工艺映射软件包。

四年大学生活，我不仅取得了优异的学习成绩和多次获得奖学金，更培养了自己很强的自学能力和分析问题、解决问题的能力；多次担任项目负责人，更增加了我的责任心以及与人合作的能力，并锻炼了我的组织、协调能力。基于此，我认为自己符合贵公司高级程序员职位的要求。

随信附有我的简历、有关证明材料及联系电话，希望在您方便的时候能得到与您面谈的机会。

此致

敬礼！

求职者：孙建军

2014 年 5 月 11 日

［范文二］

尊敬的领导：

您好！谢谢你在百忙中审阅我的求职信。我是常州大学服装系 2014 年应届毕业生，面临择业，我满怀憧憬和期待，愿坦诚地向贵单位自荐，并将我的材料函呈上，敬请审阅。

我毕业于一所年轻的学校，十六年的寒窗苦读造就了自强不息的我。大学三年生活短暂而充实，一千个日日夜夜，我荡起智慧之舟，迎朝阳，送落霞，遨游于知识的海洋。我明白：现代社会，机遇与挑战并存；我懂得：只有不懈的努力才会有好的收获。正是凭着这种信念，我以乐观向上的进取精神，勤奋刻苦的学习态度，踏实肯干的工作作风，团队合作的处事原则，开拓进取，超越自我，力争成为一名有创新精神、积极开放的复合型人才。

大学生活是我人生中最重要的一个阶段，是我探索人生，实践真知，超然智慧，走向更加成熟的过程。几年来，我立志做一个学好自己专业的优秀大学生，我不仅有扎实的理论基础，而且有一定的实际操作能力以及吃苦耐劳的团队合作精神。出身农村家庭使我具备了勤奋、诚实、善良的性格，培养了我不怕困难挫折、不服输的奋斗精神。

自信和执着是我的原则，沉着和乐观是我处事的态度，爱好广泛使我的生活更加充实。面临择业，我对社会和自己都充满信心，渴望得到社会的认可，能有机会发挥自己的聪明才智，对社会有所贡献。

尊敬的领导，雄鹰展翅急需一方天空，良马驰骋尚待一方路径。我真心希望成为贵公司一员。相信您的信任和我的实力的结合将会为我们带来共同的成功。蒙阁下抽暇一顾此函，不胜感激！

此致

敬礼！

求职人：史晴晴

2014年4月27日

［范文三］

尊敬的领导：

您好！

我是中国人民大学文秘系的学生宋雨辰，今年六月即将面临毕业。

中国人民大学是我国综合性人才的重点培养基地，具有悠久的历史和优良的传统，并且素以治学严谨、育人有方而著称；中国人民大学文秘系则是全国人文社会学科基地之一。在这样的学习环境下，无论是在知识能力还是在个人素质修养方面，我都受益匪浅。

四年来，在师友的严格教益及个人的努力下，我具备了扎实的专业基础知识，系统地掌握了秘书基础与实务、公文写作等有关理论，熟悉涉外工作常用礼仪，具备较好的英语听、说、读、写、译等能力，能熟练操作计算机办公软件。同时，我利用课余时间广泛地涉猎了大量书籍，不但充实了自己，也培养了自己多方面的技能。更重要的是，严谨的学风和端正的学习态度塑造了我朴实、稳重、创新的性格特点。

此外，我还积极地参加各种社会活动，抓住每一个机会锻炼自己。大学四年，我深深地感受到，与优秀学生共事，使我在竞争中获益；向实际困难挑战，让我在挫折中成长。祖辈们教我勤奋、尽责、善良、正直；学校培养了我实事求是、开拓进取的作风。我热爱贵单位所从事的事业，殷切地期望能够在您的领导下为这一光荣的事业添砖加瓦，并且在实践中不断学习、进步。

收笔之际，郑重地提一个小小的要求：无论您是否选择我，尊敬的领导，希望您能够接受我诚恳的谢意！

祝愿贵单位事业蒸蒸日上！

求职人：宋雨辰

2014年4月5日

［范文四］

尊敬的公司领导：

您好！

衷心地感谢您在百忙之中垂阅此信，为一位满腔热情的大学生开启了一扇希望之门！怀着对贵公司积极进取精神的敬慕和对美好未来的憧憬，谨向贵公司发出这封求职信，请允许我毛遂自荐。您的信任就是我的动力！

我叫曹岚薇，毕业于通南农业大学环境科学专业。普通的院校，普通的我却拥有一颗不甘于平凡的心。我，自信，乐观，敢于迎接一切挑战。虽然只是一名普通的本科毕业生，但是，年轻是我的本钱，拼搏是我的天性，努力是我的责任，我坚信，成功定会成为必然。

经过大学四年的锤炼，在面对未来事业的选择时，我对自己有了更清醒的认识，由于我有较好的学习能力，加上“努力做到最好”的天性使然，四年来，在班级40名学生中，我一直保持着前五名的好成绩，在学年230人中，我也总是能排在前30名，与学校二等奖学金有着不解之缘。

大学四年中，我练就了较好的实验操作技能，能够独立操作紫外可见分光光度计、核磁共振仪、高效液相色谱仪、气相色谱仪、气相色谱与质谱联机等仪器。但我并没有满足，因为我知道，大学是学习与积累的过程，为了更好地适应日后的工作，我还不断地充实自已，顺利通过了大学英语四级考试。大四时，由于专业课成绩较好，我被列入班级保送研究生的名单，可惜的是，在班级只有四个保研名额的情况下，我仅以一分之差与之失之交臂。

但是，我知道，一切的辉煌与失败早已成为过去，我将要面对的是更具挑战的未来。听闻贵校招聘环境科学专业的教师，我冒昧地投出自己的求职简历。四年的寒窗苦读给了我扎实的理论知识、实验操作技能及表达能力，我虽然只是一名普通的本科毕业生，但大学四年教会了我什么叫“学无止境”。我相信，在我不断努力刻苦的学习中，我一定能够胜任这份高尚的职业，通过我的言传身教，定会为祖国培养环保方面的专业人才。一直坚信“天道酬勤”，我的人生信条是“人生在勤，不索何获”。给我一次机会，我会尽职尽责。

一个人惟有把所擅长的投入到社会中才能使自我价值得以实现。别人不愿做的，我会义不容辞地做好；别人能做到的，我会尽最大努力做到更好！发挥自身优势，我愿与贵单位同事携手共进，共创辉煌！

我相信，虽然是应届毕业生，但是我有着初生牛犊不怕虎的精神，我可以没有任何压力和杂念地投入到工作中去。

感谢您在百忙之中读完我的求职简历，诚祝事业蒸蒸日上！

此致

敬礼！

求职人：曹岚薇

2014年4月19日

【拓展训练】

一、案例分析

[案例]

张筱佳是李思睿的同班同学，今年6月份即将毕业，参加了几场招聘会，投出多份简历后，终于有家公司打电话要她参加周三上午的面试，应聘职位是行政助理。张筱佳没有对这家公司进行更深入的了解，觉得各种面试都差不多，关键是形象好就可以了，于是把精力放在了个人形象上。面试这天，她精心打扮了一番，穿上特意去买的最新流行的波西米亚风长裙，烫成大波浪的长发如瀑布般披在肩上，戴着夸张的大圆圈耳环和造型别致的大号项链，化个浓妆，贴上假睫毛，最后挎着一个草编装饰包，将简历、求职信、各种证件胡乱地塞进包里，对着镜子左顾右盼，自我感觉很满意，自信满满地前往面试地点。

请分析张筱佳的做法有何不妥之处。

二、实践训练

让学生按照参加面试的场合和要求进行自我形象的设计，包括发型的选择、仪容的修饰和服饰的搭配，向其他同学展示，教师和其他同学可共同讨论，给予点评。根据实际情况评选出"最佳面试发型奖""最佳面试服饰奖"等。

任务二　面试中的礼仪

【情境导入】

面试这天终于到了，李思睿精心打扮一番，带齐面试所需的各种材料自信满满地前往博纳科技有限公司。当她到达该公司时，距离面试时间还差十分钟，李思睿被前台接待人员带入了一间会议室，那里还有其他六位同样参加面试的求职者。接待人员让李思睿稍事等待就去处理其他事务了，留下李思睿等待面试。请问：

1. 在等待进入面试室的这段时间李思睿可以做什么？
2. 从进入面试室到坐下开始与面试官交流这段时间，李思睿该如何做？
3. 面试结束，李思睿该如何大方得体地离开面试室？

【知识分享】

当万事俱备，求职者就可信心满满地参加面试了。面试相当于与面试官最直接的"短兵相接"，求职者的言行举止都让面试官尽收眼底。所以，求职者一定要掌握恰当的面试礼仪，它是个人素质的一种外在表现形式，是面试制胜的法宝。如果对礼仪知识知之甚少，或忽视礼仪的作用，在一个小环节上出现纰漏，必然会被淘汰出局。遵循面试礼仪就要注意以下环节。

一、遵时守约，独自前往

“赶早不赶晚”，无论何种理由导致的迟到都是绝对不允许的，会被认为缺乏自我管理和约束能力，不尊重对方和自己。很多公司会安排较多人面试，迟到几分钟就很有可能与该公司失之交臂。太早到达招聘公司也不恰当，对方没准备好，没有时间接待你，你的出现干扰了对方的工作，会让对方怀疑你的时间观念，令你的第一印象大打折扣。尤其是外企特别注重这点，通知几点就是几点。但如果面试官迟到了，包括他们有其他不妥之处时，也不要面露愠色，将不满流露出来，而应尽量表现得大度开朗一些，这样往往能使坏事变好事。因为面试也是一种人际磨合能力的考查，你得体、周到的表现，自然是有百利而无一害的。

提早出发，提前到招聘公司，可以在附近看看，或者去招聘公司的洗手间整理一下自己的服装仪容、所带资料，嚼一片口香糖，稳定情绪，调整心态，关掉手机，最后带上自信的微笑和清新的口气提前5~10分钟到面试地点。遇有恶劣天气，更要准时到达。天气越坏越是面试的好时机，因为一可减少竞争者，二可体现求职者守信可靠的品质，给对方以好感。

请勿找人陪同或者携伴“亲友团”“情侣档”“亲子游”前往面试，因为如果连面试都要有人来陪着打气，会被面试官认为是不成熟、缺乏主见、独立性和自信心差，将来难胜大任。

面试过程中，用辞方面占求职者总体印象的10%，语言音质方面占40%，非语言交流则占到50%。非语言交流是面试中的形体语言，一个面试礼仪良好的人，将有更多的机会获得这次面试的成功。无声胜有声的形体语言更能给人留下深刻印象，要不时检点自己的一言一行，善于察言观色，明察秋毫。

二、礼貌等待，做好准备

从踏入招聘公司那一刻起，面试其实就已经开始了。求职者应直接走到前台，不要四处张望，把访问的主题、有无约定、访问者的名字和自己名字报上，如无前台，则向就近的工作人员或保安求助，注意文明用语，经指导后表示感谢，然后到相应的区域落座等待，保持安静，注意标准坐姿。不要来回走动显得浮躁不安，不要对他人谈论的事随意插嘴，以免给人肤浅嘴快的印象。如果来面试的还有其他求职者，可以轻声地与他们简单礼貌寒暄，这可以体现出你的谦虚和容易接近；但不要深聊，因为这可能是你未来的同事，甚至决定你是否称职的人，你的谈话对周围的影响是你难以把握的，这也许会导致你应聘的失败。要坚决制止的是：在接待室恰巧遇到朋友或熟人，

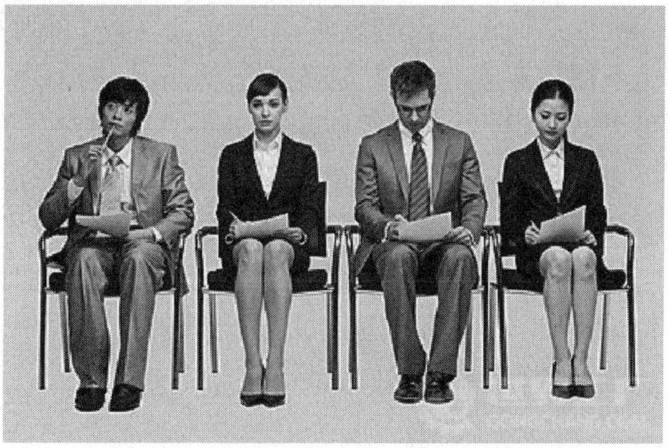

就旁若无人地大声说话或笑闹；吃东西，抽香烟，拨弄手机。手机应在踏入招聘公司时就关

闭或调到静音状态,以免面试时出现尴尬的场面。

当前一个求职者的面试结束,如果没有人通知也不要擅自走进面试房间,而是要在外面耐心等待。当听到自己的名字被喊到,就有力地答一声“是”,然后再敲门进入。

三、入室敲门,得体称谓

不管门是开着、关着还是半开半关,都要敲门,力度以里面的人能够听到为宜,获许后进入面试场合,忌探头向内张望,让人感觉贼眉鼠眼,心术不正,应整个身体一同进入,从容自然地转过身去正对着门,用手轻轻将门合上,动作要轻。回过身来向面试官问好,大方得体,不要过分殷勤、拘谨或过分谦让,行鞠躬礼或点头礼。

得体称呼,“大哥”“帅哥”等市井称呼就不要脱口而出了,“先生”也尽量避免,如果不清楚面试官的头衔,不妨称呼“经理”“主管”“前辈”“老师”等。

四、保持微笑,谨慎握手

给面试者的第一张名片一定是微笑,不仅在开始,整个面试过中也要始终保持微笑,微笑可以缩短双方的心理距离,营造良好的面谈氛围,堪称是职场制胜的法宝。一位有经验的面试官说:“即使你今天晚上收到三封拒绝信,你也要面带微笑地去接受明天早上新的面试。如果能做到这一点,找工作不成问题。”保持谦和热情的态度,这会给面试官以精力充沛、富有生机和自信的感觉。

如果面试官没有主动握手,就不要贸然主动伸手,尤其对方是位女士的时候。如果面试官主动握手,要在他的手朝你伸过来之后就用右手握住它,双眼直视对方,自信地说出你的名字,有力地摇两下,然后把手自然地放下。长时间地握住对方的手或者快速捏一下对方的手掌,说明你过于紧张,而面试时太紧张表示你无法胜任这项工作;轻触式握手显出你很害怕而且缺乏信心,在面试官面前应表现出你是个能干的、善于与人相处的职业者。专业化的握手能营造出平等、彼此信任的商业氛围,你的自信也会使人感到你能够胜任而且愿意做任何工作。

五、大方就座,讲究仪态

如果面试官没有说话,不要急于落座,否则会被视为傲慢无礼,当面试官说“请坐”,你也不用故意客套地说“您先坐”,大方得体地回应“谢谢”再入座 。若对方一直没请你入座,可以适时提出“请问我能坐这里吗?”得到对方许可后再致谢入座。如果觉得座位不舒服,可以提出请求,获许后道谢再入座。遵循“左进左出”的原则,轻而缓地从左边拉开椅子,尽量不要发出嘈杂的声音,坐定后注意不同性别的坐姿,这在“情境篇二”中已介绍过。

身体的各种姿态也能传情。不管是走进面试室还是坐着面谈,都要保持挺直端正的姿势,展现求职者朝气蓬勃、精力充沛的精神风貌。不良的仪态会引起人们的反感,如仰靠椅子背坐着,会给人以放纵感。

六、约束举止，规范得体

面试场合属于正式场合，与平时的社交场合和休闲场合不同，不得将平时生活中的不良习惯带到面试场合，时刻注意坐姿和走姿。

坐定后，随身携带的物品如公文包放座位下右脚的旁边，小皮包则放在椅侧或后背，不可挂在椅背上，切忌放在面试官办公桌上。

为了吸引听者的注意力，使言谈显得有声有色和增强感染力，在说话中可以适当加进一些手势，但动作不要过大，更不要手舞足蹈，这是失礼的行为。一般情况下，双手放在恰当的位置。不要做个人习惯性的小动作，如无意识地频繁眨眼睛，摸耳朵、鼻子，绕弯头发，身体不自在地扭动，双腿反复抖动，玩弄衣带、笔、纸片等分散注意力的物品，玩手指头，抠指甲，抓头发，挠头皮，抠鼻孔，跷起二郎腿乱抖，用脚敲踏地面，双手托下巴，甚至捂嘴说话等，这些举措都反映出求职者缺乏必要的教养和素质，会让面试官认为求职者不够重视此次面谈，甚至怀疑谈话内容的真实性。可以提前演习，找家人、朋友、同学扮演考官，模拟表演各种面试中可能出现的场景。

在实际面试中，很多求职者正是因为一些细小的不好的习惯，破坏了自己的形象，从而导致面试失败。因为很多面试官都是通过小节来观察人的，面试中的语言交流倒是其次的，关键是面试官无法相信一个在面试中就不注意小节的人在今后的工作中能够表现良好，把工作有条不紊地做下去。

七、目光接触，表情自然

当面试官问话时，应当注意聆听，不可以东张西望。心灵之窗的眼睛应聚焦到面试官身上，展现出自信、对对方的尊重以及对招聘公司的向往。眼睛自然平视面试官的眼鼻三角区（“ 社交区”），目光平和而有神，专注而不呆板，不要一直盯着不放，否则面试官会感觉不舒服，甚至觉得你有攻击性，应该时不时地移动一下眼神。如看面试官的眼鼻处 15 秒左右，再自然转向其他地方，隔 30 秒再回到面试官的眼鼻处。眼神的交流不仅体现尊重，而且可以获取一些信息，与面试官的动作达成默契。回答问题前，可以把视线放远处 ，如看面试官身后的背景墙面约两三秒钟做思考，不宜过长，开口回答面试官问题时，应该把视线收回来。如果面试官不止一个人，回答问题时一定要以目光扫视其他人，而将焦点集中在主面试官身上。如果其他面试人员对你单独提问，一定要将焦点转移到他身上，回答完后再转移回来。思考问题时可以看着对方身后的墙，不要看天花板或窗户外边。

切忌东张西望，看手表或是室内装修与物品，那会显得漫不经心，不太重视；眼皮低垂，不敢看人，则显得缺乏自信。也不要伸长脖子，企图窥视面试官的笔记。

表情自然，让人看起来赏心悦目。“笑是最完善的礼仪”，是自信的第一步，会改善与面试官的关系，也能消除紧张感；表现出热情、开朗、大方、乐观的精神状态。不要哭丧着一张脸，面带疲倦、表情呆板、大大咧咧、扭扭捏捏、矫揉造作、表情夸张等都不会给面试官留下最佳印象。应保持神情专注，当面试官提问或介绍情况时，要仔细聆听，为了表示你已听懂并感兴趣，可以在适当的时候点头或适当提问、答话，形成一种良好的互动氛围。

八、自我介绍，良好开端

几乎任何面试程序都从自我介绍开始，作为简历和自荐信补充与完善的自我介绍，除了传递必要的个人信息外，也是面试官考查应聘者逻辑性思维能力和口头表达能力的机会。自我介绍的时间一定要控制好，基本保持在三分钟左右。

自我介绍一般分为三部分：第一，介绍自己的学校及专业，这一部分可以少说一些；第二，自己的工作经验、学习到的知识经验以及自己的能力，这是介绍的重点；第三，自己对应聘的工作及企业的了解，这一点也是很重要的。

自我介绍是很好的表现机会，应把握以下几个要点：首先，要突出个人的优点和特长，并要有相当的可信度。特别是具有实际管理经验的要突出自己在管理方面的优势，最好是通过自己做过什么项目这样的方式来叙述一下，语言要概括、简洁、有力，不要拖泥带水，轻重不分。重复的语言虽然有强调的作用，但也可能使面试官产生厌烦情绪，因此重申的内容应该是浓缩的精华，要突出你与众不同的个性和特长，给面试官留下几许难忘的记忆。其次，要展示个性，使个人形象鲜明，可以适当引用别人的言论，如老师、朋友等的评论来支持自己的描述。第三，坚持以事实说话，少用虚词、感叹词之类。第四，要符合常规，介绍的内容和层次应合理、有序地展开。要注意语言逻辑，介绍时应层次分明、重点突出，使自己的优势很自然地逐步显露。最后，尽量不要用简称、方言、土语和口头语，以免对方难以听懂。当不能回答某一问题时，应如实告诉对方，含糊其辞和胡吹乱侃会导致失败。自我介绍应反复练习，熟记，但表达时不能生硬，让人感觉在背稿子，而要以交流的语气说出，语气中肯又不失激情，不要让面试官觉得乏味。

九、适度音量，控制语速

音量保持适度，不要尖声尖气，扭捏作态，也不要声细无力，传达出一种不自信的信息。音调适中，声音太低给人不自信的印象，太高了又有咄咄逼人之感。

控制语速、语调。一般来说，语速掌握在每分钟 120 字左右，注意语句间停顿，滔滔不绝和发连珠炮式的方式会让对方应接不暇，感觉压迫，无暇吸收说话的内容，正如萨迪所说，“讲话气势汹汹，未必就是言之有理”，且显示说话者的紧张或急躁，缺乏稳重。语速太慢，声音听起来就非常阴郁悲哀，令人生厌，会显得求职者缺乏朝气。力求每个字吐字清晰。

回答问题态度诚恳，内容属实，不可编造谎言，也忌夸夸其谈，在面试中，如果遇到实在不会答或不懂的问题，应坦诚相告，这才是上策。

著名的交际大师戴尔·卡耐基年轻时曾到一家公司谋求推销员的工作,总经理看着这个不起眼的年轻人,出了一道试题,好让他知难而退。"嗨,假如我让你把一台打印机推销给本地的农场主,你行吗?""对不起,先生,我没办法做到,因为农场主不需要它,我的一切努力将是徒劳。"卡耐基不假思索地回答。"恭喜你,小伙子,从今天开始你就是我们公司的推销员了。"卡耐基就是因为说了一句大实话获得了一份宝贵的工作。他的成功之处,就在于他不同于其他的求职者。一般求职者千方百计去干一件不可能的事情,而他大胆地说出自己真实的想法。卡耐基的成功告诉我们,有时候,你头脑中真实的想法,就是你成功的法宝。

十、回答简练,谈吐得当

回答掌握技巧,谈吐优雅,使用普通话,多用礼貌用语, 称呼对方时用尊称"您",不出现脏话俚语;尽量不用毫无意义的"嗯""这个""哦"之类的口头禅, 这会让人有气势微弱的负面观感,不妨换成"是""知道""了解"等肯定回答。回答问题前可以给自己几秒钟的时间思考清楚再回答,表达时吐字清晰,逻辑性强,不卑不亢,神情镇定。对待提问既不可仅仅被动回答"是""不是",又不可滔滔不绝,兴奋地口沫横飞,离题万里。要学会察言观色,通过观察面试官的表情变化,掌握面试官的关注点,根据事先的准备着重表达。

切忌不能打断面试官的问话或抢问抢答,也不要激动地与面试官争辩某个问题, 否则会给人急躁、鲁莽、不礼貌的印象。频繁使用一些专业术语,会给人感觉班门弄斧,产生适得其反的效果。

十一、最后一问,大有讲究

据最近的一项在线调查显示:超过97%的面试官都会在面试的最后时刻抛出一个看似漫不经心的问题:"你还有什么问题要问我们的吗?"面试官问得轻描淡写,但你绝不能掉以轻心,因为这里暗藏玄机。这是一个绝佳的展示你对招聘公司和职位了解程度的机会,展现你的思辨能力和反应能力的机会,也就是给你一个化被动为主动的机会。有不少求职者前面表现很好,就倒在这最后一问上。

面试经验不丰富的求职者容易走入几个极端:一个是自然地条件反射般地回答"没问题",这相当于主动放弃一个让面试官了解自己的机会;另一个是过分热切和迫切地想知道答案:"你们会录取我吗?"或者"你们觉得我怎样?"这种求职者以为时机已经成熟,可以知道结果。还有更多的人第一反应就是问最关心的薪水,的确,在现代社会中,劳资双方已是平起平坐的对等地位,在贡献才学的同时,也有权利知道公司是否可以提供你所想要的报酬、福利和资源。但薪资待遇不适合在第一次面试时就当作首要的考虑,这样会给人华而不实、锱铢必较的感觉,何况很多公司的薪酬制度即使在内部,也是保密的。另外,如果招聘方认可你的能力,对方会根据他们的制度主动与你商讨,而且如果能进入一家规模和效益等各方面良好的公司,薪酬亦会不错。对于急于打探薪酬的求职者,大部分老板都会觉得:你能给公司带来的贡献还是未知数,就开始计较薪酬的问题,况且我又还没有决定要录用你,问这么多干嘛?

一般而言,最后一问不该问的问题有:薪资待遇、过于高深的问题(如"贵公司针对目前的金融风暴有何对策?”)、超出应聘岗位的问题(如“除了秘书这个岗位外,我对贵公司的文化宣传干事岗位也非常感兴趣”)等,求职者应正确认识自己,围绕一个特定岗位施展浑身解数证明自己就是最佳人选,那种故作高深、吃着碗里看着锅里的求职者只会让面试官选择放弃。

求职者应随机应变,审时度势,适当提问。比较恰当的问题包括:招聘公司对应聘岗位的期望,招聘公司提供培训、进修的机会,升迁的渠道等,让面试官感受到求职者发自内心的对该岗位、该单位的兴趣和关切以及务实的工作精神。

十二、礼貌离开,善始善终

当被通知面谈结束或者被暗示(如面试官起身,整理资料,或者说“很高兴与你谈话”之类的话)可以离开时,注意起身离座的规范。轻声把椅子扶正推至原位置,不要发出声响。致谢,如果面试官有伸手过来,则握手道别,否则不要主动伸手。如果在面试过程中有送上一次性水杯,则可问下“需要我带出去吗?”面对面试官缓步退出,步伐不应太快,出门后再对面试官行点头礼,轻声关上门。

注意不能一边向面试官致谢并道别,一边整理自己的个人材料、衣着等,这是极不礼貌的,尽管你可能是无意识的。道别本身就是一件应该认真完成的事情,当你把它和其他事情合并进行时,就会给别人留下不好的印象。也不能因怕耽搁面试官的时间,匆忙收拾东西,抓着文件资料,夹着公文包和外衣就慌张地出去,过一会又返回询问面试官自己是否丢下了什么东西。这种冒冒失失的行为不符合职场人员的身份。有的求职者从座位上站起来,一不注意,放在膝上的文件材料撒了一地;或者站起来,又跺脚又搓手,像是刚看了场电影;有的求职者道别时,和面试官东拉西扯,就是走不出去;有的求职者走上前去,和面试官道别,却用眼神瞅面试官的面试记录,更有甚者,凑到跟前,要求翻看面试记录;有的求职者向面试官道别后,就认为面试结束了,边哼着流行歌曲边悠然地向外踱去。这些不恰当的举止会使之前努力留下的好印象毁于一旦。因此,请整理好随身物品,尤其是各种文件材料,归整齐,放入公文包里,再与面试官道别。

道别时不能厚此薄彼,只对面试官有礼貌,而对其他的人傲慢粗鲁。从踏入招聘公司开始,里面的每个人都是你的面试官。对接待过你的人员微笑,礼貌道谢。细节决定成败。

十三、随机应变,展露修养

招聘单位希望招聘到的人除了具备专业岗位技能外,更希望其综合素质高,修养内涵兼具。为了综合考察这点,招聘单位处处都可能设置“小陷阱”,求职者稍不留心,就可能中了圈套。常见的“小陷阱”如在公司干净的地板上扔张纸片或小块杂物,故意胡乱摆放桌椅等,求职者不要视而不见地走过,而要将其捡起来扔到垃圾桶或归放整齐。在日常生活中养成注意观察和从我做起的习惯,才是最好的应对策略。

【情境小结】

求职面试时,由言谈举止等细节入手打造自己的最佳职业形象,给面试官留下良好的直观印象。其实,礼仪的培养是一个长期的过程,需要不断加强自身修养,应该从平时开始有意识地加强此方面的磨练,最终将之内化为自身的素质。在上述情境中,李思睿应该这样做:

1. 当李思睿在会议室与其他面试者等待期间,应该在刚进来时和周围面试者礼貌打招呼或微笑点头示意,关闭手机,可与其他面试者简单轻声寒暄,也可找个位置坐下,静静地翻看准备的资料,同时调整自己的心态。

2. 轮到李思睿面试时,李思睿应该礼貌地敲门,获许后从容进入,反手轻轻关上门,主动问候"李经理,您好!",大方地握住面试官伸过来的手,听到面试官说"请坐"后,大方入座,同时将随身携带的公文包放到椅子后背,采用垂直式坐姿,全程保持适度微笑,目光平视面试官的眼鼻三角区,准备回答面试官的提问。

3. 当听到面试官说"谢谢你参加今天的面试",李思睿该意识到这是面试结束的信号,她应真诚地说"谢谢您给我这个宝贵的机会!",从容地从座位上起立,轻声把椅子扶正推至原位置,面对面试官缓步退出,出门后再对面试官行点头礼,轻声关上门。离开前,李思睿对接待她的接待人员致谢,与之礼貌道别。

【知识链接】

经典面试问题回答思路

面试过程中,面试官会向求职者发问,而求职者的回答将成为面试官考虑是否接受他的重要依据。对求职者而言,了解这些问题背后的"猫腻"至关重要。下面对面试中经常出现的一些典型问题进行了整理,并给出相应的回答思路和参考答案。读者无须过分关注分析的细节,关键是要从这些分析中悟出面试的规律及回答问题的思维方式,达到"活学活用"。

问题一:请你自我介绍一下。

思路:①这是面试的必考题目。②介绍内容要与个人简历相一致。③表述方式上尽量口语化。④要切中要害,不谈无关、无用的内容。⑤条理要清晰,层次要分明。⑥事先最好以文字的形式写好背熟。

问题二:谈谈你的家庭情况。

思路:①对于了解求职者的性格、观念、心态等有一定的作用,这是招聘单位问该问题的主要原因。②简单地罗列家庭人口。③宜强调温馨和睦的家庭氛围。④宜强调父母对自己教育的重视。⑤宜强调各位家庭成员的良好状况。⑥宜强调家庭成员对自己工作的支持。⑦宜强调自己对家庭的责任感。

问题三:你有什么业余爱好?

思路:①业余爱好能在一定程度上反映求职者的性格、观念、心态,这是招聘单位问该问题的主要原因。②最好不要说自己没有业余爱好。③不要说自己有那些庸俗的、令人感觉不好的爱好。④最好不要说自己仅限于读书、听音乐、上网,否则可能令面试官怀疑求职者性格孤僻。⑤最好能有一些户外的业余爱好来"点缀"你的形象。

问题四：你最崇拜谁？

思路：①最崇拜的人能在一定程度上反映求职者的性格、观念、心态，这是面试官问该问题的主要原因。②不宜说自己谁都不崇拜。③不宜说崇拜自己。④不宜说崇拜一个虚幻的或是不知名的人。⑤不宜说崇拜一个明显或具有负面形象的人。⑥所崇拜的人人最好与自己所应聘的工作能“搭”上关系。⑦最好说出自己所崇拜的人的哪些品质、哪些思想感染着自己，鼓舞着自己。

问题五：你的座右铭是什么？

思路：①座右铭能在一定程度上反映应聘者的性格、观念、心态，这是面试官问这个问题的主要原因。②不宜说那些容易引起不好联想的座右铭。③不宜说那些太抽象的座右铭。④不宜说太长的座右铭。⑤座右铭最好能反映出自己的某种优秀品质。⑥参考答案——“只为成功找方法，不为失败找借口”。

问题六：谈谈你的缺点。

思路：①不宜说自己没缺点。②不宜把那些明显的优点说成缺点。③不宜说出严重影响所应聘工作的缺点。④不宜说出令人不放心、不舒服的缺点。⑤可以说出一些对于所应聘工作“无关紧要”的缺点，甚至是一些表面上看是缺点，从工作的角度看却是优点的缺点。

问题七：谈一谈你的一次失败经历。

思路：①不宜说自己没有失败的经历。②不宜把那些明显的成功说成是失败。③不宜说出严重影响所应聘工作的失败经历。④所谈经历的结果应是失败的。⑤宜说明失败之前自己曾信心百倍、尽心尽力。⑥说明仅仅是由于外在客观原因导致失败。⑦失败后自己很快振作起来，以更加饱满的热情面对以后的工作。

问题八：你为什么选择我们公司？

思路：①面试官试图从中了解求职者求职的动机、愿望以及对此项工作的态度。②建议从行业、企业和岗位这三个角度来回答。③参考答案——“我十分看好贵公司所在的行业，我认为贵公司十分重视人才，而且这份工作很适合我，相信自己一定能做好。”

问题九：对这份工作，你有哪些可预见的困难？

思路：①不宜直接说出具体的困难，否则可能令对方怀疑求职者不能胜任工作。②可以尝试迂回战术，说出求职者对困难所持有的态度——“工作中出现一些困难是正常的，也是难免的，但是只要有坚忍不拔的毅力、良好的合作精神以及事前周密而充分的准备，任何困难都是可以克服的。”

问题十：如果我录用你，你将怎样开展工作？

思路：①如果求职者对于应聘的职位缺乏足够的了解，最好不要直接说出自己开展工作的具体办法。②可以尝试采用迂回战术来回答，如：“首先听取领导的指示和要求，然后就有关情况进行了解和熟悉，接下来制订一份近期的工作计划并报领导批准，最后根据计划开展工作。”

问题十一：与上级意见不一是，你将怎么办？

思路：①一般可以这样回答：“我会给上级以必要的解释和提醒，在这种情况下，我会服从上级的意见。”②如果面试你的是总经理，而你所应聘的职位另有一位经理，且这位经理当时不在场,可以这样回答:“对于非原则性问题,我会服从上级的意见,对于涉及公司利益的重大问题,我希望能向更高层领导反映。”

问题十二:我们为什么要录用你?

思路:①求职者最好站在招聘单位的角度来回答。②招聘单位一般会录用这样的求职者:基本符合条件、对这份工作感兴趣、有足够的信心。③如:“我符合贵公司的招聘条件,凭我目前掌握的技能、高度的责任感和良好的适应能力及学习能力,完全能胜任这份工作。我十分希望能为贵公司服务,如果贵公司给我这个机会,我一定能成为贵公司的栋梁!”

问题十三:你能为我们做什么?

思路:①基本原则上“投其所好”。②回答这个问题前求职者最好能“先发制人”,了解招聘单位期待这个职位所能发挥的作用。③求职者可以根据自己的了解,结合自己在专业领域的优势来回答这个问题。

问题十四:你是应届毕业生,缺乏经验,如何能胜任这项工作?

思路:①如果招聘单位对应届毕业生的求职者提出这个问题,说明招聘单位并不真正在乎“经验”,关键看求职者怎样回答。②对这个问题的回答最好要体现出求职者的诚恳、机智、果敢及敬业。③如:“作为应届毕业生,在工作经验方面的确会有所欠缺,因此在读书期间我一直利用各种机会在这个行业里做兼职。我也发现,实际工作远比书本知识丰富、复杂。但我有较强的责任心、适应能力和学习能力,而且比较勤奋,所以在兼职中均能圆满完成各项工作,从中获取的经验也令我受益匪浅。请贵公司放心,学校所学及兼职的工作经验使我一定能胜任这个职位。”

问题十五:你希望与什么样的上级共事?

思路:①通过求职者对上级的“希望”可以判断出求职者对自我要求的意识,这既是一个陷阱,又是一次机会。②最好回避对上级具体的希望,多谈对自己的要求。③如:“作为刚步入社会的新人,我应该多要求自己尽快熟悉环境、适应环境,而不应该对环境提出什么要求,只要能发挥我的专长就可以了。”

问题十六:你在前一家公司的离职原因是什么?

思路:①最重要的是:求职者要使招聘单位相信,自己在前一家单位的“离职原因”在此家招聘单位里不存在。②避免把“离职原因”说得太详细、太具体。③不能掺杂主观的负面感受,如“太辛苦”“人际关系复杂”“管理太混乱”“公司不重视人才”“公司排斥员工”等。④但也不能躲闪、回避,如“想换换环境”“个人原因”等。⑤不能涉及自己负面的人格特征,如不诚实、懒惰、缺乏责任感、不随和等。⑥尽量使解释的理由为求职者个人形象添彩。⑦如:“我离职是因为这家公司倒闭。我在公司工作了三年多,有较深的感情。从去年始,由于市场形势突变,公司的局面急转直下。到眼下这一步我觉得很遗憾,但还要面对现实,重新寻找能发挥我能力的舞台。”

同一个面试问题并非只有一个答案,而同一个答案并不是在任何面试场合都有效,关键在于求职者掌握了规律后,对面试的具体情况进行把握,有意识地揣摩面试官提出问题的心理背景,然后投其所好。

(资料来源:http://yingyu.100xuexi.com/view/examdata/20100717/833AC671,有改动)

【拓展训练】

一、案例分析

［案例］

面试那天，李思睿提前十分钟到达了面试公司，在前台的指引下来到会议室暂时等待，看到其他不认识的应聘者，李思睿习惯性地到一个角落，自顾自找地玩起手机。等到有人喊到她的名字时，李思睿推开面试间的门，不等面试官说话就一屁股坐到他的对面，随手将携带的包放到桌上。面试结束后，李思睿起身推开椅子，拿起包就头也不回地离开了面试室和应聘单位。李思睿还感觉不错，觉得面试官提的问题都能回答，那家公司十有八九会录用她。

分析李思睿的不妥之处并提出改进建议。

二、实践训练

将学生两两分组，自行决定扮演角色，一人饰演面试官，一人饰演求职者，模拟面试过程。要求演练的内容必须包括从进入面试室到离开面试室，道具可自行准备。挑选两到三个小组到讲台前进行实战演练，老师和其他同学给予评价。

任务三 面试后的礼仪

【情境导入】

面试结束了，李思睿离开博纳科技有限公司回到学校，忐忑不安地等待最终结果。她准备给面试官打一个感谢电话，抓住最后一个机会表达自己的诚意，增加被录用的砝码。请问她该怎么做？

【知识分享】

离开公司所有人的视野后，现场面试才算暂时告一段落，同时不要忘记面试后还有一些事要做，这同样属于面试礼仪。

一、感谢信

感谢信是求职者建立自身良好形象的最后机会，它能使你显得与其他求职者有所不同。写信致谢与打电话感谢都是不错的表达方式。如果平时是通过电子邮件的途径与公司联系的话，那么在面试结束后发一封电子感谢信，是既方便又得体的方式。

但大多的情况下还是写书面感谢信更好一些，特别是在面试的公司非常传统的情况

下,更应如此。写感谢信时注意以下几点:

(1) 书面感谢信最好用白色的 A4 纸,字的颜色要求是黑色。

(2) 内容要简洁,最好不要超过一页纸,在书写方式上有手写和打字两种。打印出来的感谢信较为标准化,表示你熟悉商业环境和运作模式,但有时难免给人留下千篇一律的印象。如果想与众不同,或是想对某位给予你特别帮助的主考官表示感谢,手写则是最好的方式,这个前提是你的字写得要比较漂亮且好辨认。

(3) 感谢信必须是写给某个具体负责人的,你应该知道他的姓名,不可以写什么"负责人""部门负责人"之类的模糊收件人。

(4) 感谢信的开头应提及你的姓名及简单情况,以及面试的时间,并对主考官抽出时间进行面试表示感谢,对应聘单位表示敬意。中间部分要重申你对该公司、该职位的兴趣,或增加一些对求职成功有用的新内容。结尾可以表示你对得到这份工作的迫切心情,以及为公司的发展壮大做贡献的决心。

二、打电话

打电话表示感谢可以在面试后的一两天之内进行。电话感谢要简短,最好不要超过 3 分钟,电话里不要询问面试结果。因为这个电话仅仅是为了表现你的礼貌和感谢,让对方加深对你的印象而已。打电话的时候,要按照标准的接打电话礼仪规范操作。

(1) 挑选恰当的时间。公务电话要在正常工作日的上班时间打,而且尽量避免工作繁忙(如周一上午等)、用餐时间、休息时间以及生理心理疲倦时间(临下班前或放假前)等。

(2) 控制音量,嘴离话筒 3 厘米左右为宜。无论对方的态度或语气如何,你不能对着话筒大吵大嚷,乱发脾气。保持微笑,对方即使看不到你,也会从语气当中感受到你的表情和心情。

(3) 切勿多次打电话。并非凡事都多多益善,一次打电话表示感谢就足以,为了加深印象而刻意多次打电话致谢,会适得其反,影响到对方正常的工作,使对方有受到骚扰的不适感,留下糟糕印象。

(4) 有礼应对受拒。有的招聘公司可能会在电话中直接告诉你面试结果,得到录用当然是皆大欢喜的好事,但也可能遭到淘汰。此时要保持情绪稳定,忌讳态度语气 180 度大转弯,应付一下草草挂电话,更不可对着电话发飙。应该冷静地询问淘汰原因,可以用前后一致的语气说"对不起,我想请教一下没有被录取的原因,我好再努力"。了解原因可以为下次成功应聘奠定基础。有时,受拒时的谦虚和有礼可能为你赢得"绝地大反击"的机会。

三、记录

久经"沙"场的求职者应该养成并保持做记录的习惯,最好将之内化成自身的职业素养。

(1) 在整体就业形势比较严峻的现实中,求职者往往参加不止一次面试,所以有必要记录下自己所投简历的公司全名、地址、联系电话、应聘岗位等,以示区分,便于整理和事后查看。有的求职者因投出简历过多,到招聘公司参加面试时居然都回忆不起来应聘的哪个岗位,这样的应聘态度能得到怎样的结果可想而知。

(2) 仔细回忆面试的整个过程,将面试官的提问和其过程中发生的细节记录在笔记本中,还可以记下自己的体会。不管此次面试成功与否,这些都应成为每个求职者的宝贵经验。

(3) 在记录的过程中调整心态,“胜不骄,败不馁”,总结经验和教训。如果被淘汰了则要整理心情,鼓起勇气投入下一阶段的工作。如果被录用了,也别高兴得太早,不妨仔细思考下这是自己的第几选择,不要为了求职而求职。在艰难的求职过程中,大多数的求职者受到屡次打击后都会失望灰心,将择业标准一降再降,甚至红了眼,看到招聘就投简历、面试,全然不顾这个岗位是否符合自己的职业规划。在现实社会中,有些招聘公司会在岗位招聘人员已满的情况下,善意安排一些他们比较认可的求职者从事其他岗位的工作,此时也需要求职者认真思索要不要这份工作。尽量避免在职场上走弯路。

在求职过程中注重求职礼仪能够帮助求职者给招聘单位留下一个良好印象,增加招聘单位录用自己的机会。

【情境小结】

1. 精心挑选打电话的时间。李思睿应尽量避免一些对方不方便的时间,如休息、用餐、工作繁忙、临下班和放假时间等。周五的下午,人心浮躁,大家都想着下班和即将来到的周末,此时打电话效率不高。类似的,周一上午也不宜打电话,此时一般公司有例会,正值繁忙,或者公司员工还处在“假期综合征”中,通话效率也不高。

2. 明确打电话的主题。面试后的电话应以表示感谢为主,再次表达想去招聘单位工作的期望,对于面试结果最好不要打探,以免显得为人浮躁。更不能在还不知道是否被录取的情况下就详细询问诸多与切身利益相关的问题,给人留下一个过于关心个人利益、锱铢必较的不良印象。

3. 控制打电话的时间。公话的通话时间一般不超过 3 分钟,太久的通话会干扰对方的正常工作。要做到这一点,不妨在打电话前想好要说的话,或者列在纸上,语言表达言简意赅,态度谦虚,要令对方感受到诚意。

【拓展训练】

一、案例分析

[案例]

面试结束了,张筱佳在忐忑不安地等待面试结果,按捺不住迫切的心情在第二天(周五)的下午打通了招聘单位的电话,在简单的问好和表示谢意后,张筱佳忍不住问起面试的结果,对方说:“我们还要商量一下,等结果出来再回复你,可以吗?”张筱佳不甘心,继续问起工资待遇、年假及周末休息、五险一金的缴纳比例、加班费等问题。六七分钟后,对方说:“不好意思,我现在有紧急事情要处理,稍后再联系你。”张筱佳再打电话过去,对方总是处于忙音。张筱佳心中不悦,觉得该公司没有礼貌。

分析张筱佳的不妥之处并提出改进建议。

二、实践训练

1. 要求每位学生完成一封面试结束后寄给面试官的感谢信（手写或电子版均可），从中挑选出完成较好的三封，展现给全班同学，大家共同分享值得学习的地方。

2. 将学生两两分组，自行决定扮演角色，要求学生模拟面试后给面试官打电话表示感谢的场景。小组讨论练习后挑选两到三个小组到讲台前进行实战演练，老师和其他同学给予评价。

学习情境二　办公室礼仪

礼貌是最容易做到的事，也是最珍贵的东西。

——冈察尔

任务一　办公室举止礼仪之电梯礼仪

【情境导入】

这天上午，李思睿要去12楼的财务处找财务总监签一张报销单，当她站在6楼的电梯处等待电梯时，发现公司郝阳总裁刚从会议室出来，步行到电梯口处等待电梯。此时，李思睿应该怎么表现？

【知识分享】

现代办公室大多安装电梯，人们上下班和外出办公，少不了使用电梯。一个小小的举动可能使你的人际关系更为融洽，令老板对你青睐有加，让客户对你百般信任，当然也可能给他人留下糟糕的坏印象，为自己构建一个恶劣的人际环境，诸事不顺。

下面根据电梯的类型、乘坐的人数等，分别介绍电梯礼仪。

一、自动扶手电梯

（1）自觉右立左行。自动靠右边站立，扶好扶手，空出左侧通道，以便有急事的人通过。国内很多的公共场合都能看到这样的提示标语，国外则基本没有这种标语，因为这种观念已经内化到普通市民的观念中，不需额外提醒。我们国人在这方面的确有待提高。

（2）不要催促别人快点。用语言催促甚至动手动脚推搡前面的乘客，不礼貌且危险。如遇有急事，可向前面的人说声“劳驾”“借过”“对不起”等，对为自己让空间的乘客友好地道谢。

（3）杜绝打闹嬉戏。公共场合应注意自己的言行，嬉戏打闹会妨碍到他人，让他人觉得此人不成熟，产生厌烦感，甚至带来危险。如一男士发现前方隔一人处站了朋友，他想打招呼，用随身携带的伞尖去捅朋友的肩膀，结果伞上的雨水滴到了中间那位乘客的身上，伞也碰到他的头，双方为此由大吵大闹到大打出手，搅得整个电梯甚至办公大厅的人都不得安宁，最后门卫出面调解。

（4）禁止大声喧哗。短短几十秒的乘电梯时间内，尽量别大声说话或者接打电话，无论是公事还是私事，被他人听到都不好，更何况别人是不愿意听的。

（5）灵活机动地讲究各种礼仪。上楼时，不适合“女士优先”，下楼时才适合。因为如果请女士站在前面，电梯开动有高度落差，那么后站立的男士视线会恰好落在女士的臀部，这会让双方都感到不舒服，万一女士穿的是短裙则更尴尬。这属于非常失礼的表现。

二、轿箱式电梯

1. 进电梯

（1）与不相识的多人同时等候电梯时，不要拥堵在电梯门口，应为出电梯的人留一条出口。电梯到达时，不要争先恐后地挤入电梯，而是要先出后入，或者一边出一边入。与相识的他人同时等候电梯时，如果是有人值班的电梯，晚辈、男士或职员应让尊长、客人和女士先入，自己后入；如果是无人值班的电梯，男士、晚辈或职员应先进入电梯，一手按住“开门”按钮，另一手按住电梯门，施礼并礼貌地说“请进”。随后站在按键旁边，询问尊长、客人和女士到几楼，得到答案后帮忙按楼层键。

（2）先进入电梯的人应尽量往里走或站在电梯门两侧，站成“凹”形，腾出中间的空间让给最后上的人。不要图方便站在电梯门口。

（3）等待即将快步到达者。看见迎面快步走来的其他人，及时按住“开门”按钮，等他人进来；一上电梯就关门，不愿等后来者，是非常缺乏修养的行为。

美国人进入电梯后习惯反复按“开门键”等人，直到确认无人进电梯才会松开“开门键”，不过，没有人会去按“关门键”，因为在美国人心里，一进电梯就按“关门键”的人是粗鲁和刻薄的。也切忌为了等熟人而不顾其他乘客，让电梯长时间停在某一层，这会引起其他乘客的不满。

（4）按按钮注意事项：

① 即使电梯中的人都互不认识，站在开关处者，也应为别人服务。特别是看到有携带东西不便按按钮或有身体残障的人，更应主动帮忙按按钮。

② 有序按动按钮。依次按动自己所要去的楼层按钮，如果离按钮太远或电梯拥挤，尽量让离按钮近的乘客帮忙按楼层按钮，使用“请帮我按一下……层”“谢谢”等礼貌用语。

③ 一般情况下，不需要去主动按开关门按钮，只需安静地等待电梯门自动开关。如果特殊情况需要按下按钮，只需轻轻按一下。忌讳狂躁地反复按开关门按钮。只需按一次，指示灯亮了，就表示电梯收到信号，不需要再按了，电梯有个 2—3 秒的反应时间，不会因你按按钮的频率高就加速。切忌大力快速按按钮，甚至用拳头狂按按钮，嘴里还骂骂咧咧的。

（5）强行扒开即将关闭的电梯门是非常危险的举动，常会导致电梯障碍；当电梯人数超载时,依旧强行挤入,或者不肯下去,都是缺乏教养的表现。应该耐心等待下一趟电梯。

2. 电梯行进中

(1) 无论是进还是出,都尽量不站在进门处。为了图方便而进入电梯后站在门口,不但造成拥挤,还使有的人无法进入电梯,耽误了时间。其实,如果你坐的楼层少,可以后进电梯,站在门口,方便出来。如果你先进去了,站在了靠里面也没关系,你在出电梯时向身边的人说声“劳驾”,大家也会给你让路的。面朝电梯门站立。无论是与不相识的人还是与尊长、客人面对面地站着都会感到尴尬,大家应尽量侧身面对他人,目光自然平视电梯门,不要凝视他人。

(2) 如果同乘电梯的还有上级或客人,则应讲究电梯位次:愈靠内侧是愈尊贵的位置。下属站在操作按键处,以便在开关电梯时为上司服务。操作按键是晚辈或下属的工作,辈分最低的人站在此处。领导的理想位置是在对角处,以使得两人的距离尽量最大化,这样下属的心理压力会减少。

(3) 在狭小的电梯空间内,人与人之间的距离小于最低的社交距离,电梯内视状况决定是否需要寒暄。如果没有其他人,可略作寒暄。不高声谈笑,甚至唾沫横飞,尽量避免深度交谈。如果有很多人,那一定要少说话,因为里面的每个人都在听说话,话题太“公”不好,太“私”也不好,一般不要深度交流,而且大家之间的距离非常近,说话不要有手部动作,更不能指手画脚,表演欲过强。如必须讲话,应低声细语,接打手机亦是如此。一般情况下,遇到领导或同事,点头微笑便可。此时太过殷勤地谈话会引发当事人的反感和他人的厌恶。

(4) 还有其他一些动作也要注意避免。如不应当对镜整装。有的电梯装有镜子或者表面有反光的装饰墙,是为了起到扩大电梯空间的装饰性功能,不要把电梯当成自家的卫生间或化妆间,不顾他人在场,当众补妆或整理发型等。不吸烟,不乱扔垃圾。二手烟的危害,人人皆知,人人深恶痛绝,别把这种恶习带到电梯里。避免过度使用香水。即使闻到强烈刺激的味道,也不要表现出厌恶之情,这会令对方感到难堪,也是失礼的表现。

3. 出电梯

(1) 自己后进,站在电梯口但又没到目的楼层,后面有人要下,不要硬站在门口不动,任凭身后的人潮水般涌出去,可以先出电梯,腾出空间让身后的人离开,再走回原位。

(2) 到达尊长、客人的目的楼层时,应一手按住“开门”按钮,另一手施礼,做出请出的动作,同时说“到了,您先请”,目送对方离开电梯。

(3) 先到达自己的目的楼层,等电梯停稳后,应对电梯内认识的人点头示意,说一句

“失陪了”“我先出去了”，再走出电梯。如果电梯内挤满了人，则不必刻意遵循“女士优先”的原则，无论男女，离门口近的人先出电梯。礼仪的最大功能不是看你了解、知道多少，是不是严格地运用，而是能否灵活地根据具体情境去运用，表达出对他人的尊重，维持自己的良好形象。

(4) 到达目的楼层，自己先出电梯。在中国的职场环境中，进电梯的礼仪是客人为先，领导为次。但在国外，特别是欧美国家，进电梯的礼仪准则只有一条，那就是“女士优先”。“女士优先”的规则与职位高低、年龄大小毫无关系。通常进出电梯的次序是：年长女士，年轻女士，年长男士，年轻男士。就算是跟年长的男士或自己的领导在一起，他们也会请女士先进入电梯，因为女性应该享受和接受这种尊重。

【情境小结】

方寸之间的电梯可以看成是一个小职场，一个不经意的小举动可能融洽与他人的关系，也可能给他人留下一个糟糕的坏印象。区别不同类型的电梯，掌握进出电梯的相应礼仪，能够帮助你更好地适应办公室职场。李思睿应该这样做：

1. 在等待电梯时，无论遇到领导还是同事，都应该主动礼貌地微笑问好。

2. 与多人同坐电梯时，应讲究次序进电梯。如遇无人值班电梯，应先进后出，电梯到达时，李思睿应先进入按住电梯门，施礼并礼貌地说“郝总，请进”；如遇有人值班电梯，应后进后出。

3. 进入电梯后，自觉站在按键旁边，询问郝总要去的楼层。电梯内侧的位置是上位，应主动让给领导或他人站。得到答复后，视电梯内的情况(有无人，人多少)再决定要不要讲话，即使讲话也应该是常见的寒暄语，保持适度微笑，回答对方的问题时，礼貌地侧身面对郝总站立，目光适度接触。

4. 出电梯的礼仪也不可忽视。如果对方先到达，应按住开门键，边说“郝总，再见”边用目光送别；如果自己先到达时，应面对对方说“郝总，我先行一步，再见”。

【拓展训练】

一、案例分析

[案例]

这天上午十点，行政处的刘楠楠要去采购部领取当月的办公用品，在等待电梯(无人)的过程中，财务部的肖经理也来到电梯前等待。刘楠楠顿时就紧张起来，感觉局促，手脚不知道如何摆放，更不知道说些什么，涨红着脸站在肖经理背后进入电梯，站在电梯最里处，一句话也不说。眼睛只能死盯着楼层显示屏，短短十几秒钟的时间感觉特别漫长和难熬，整个电梯的气氛都尴尬不已。到达采购部的楼层时，刘楠楠逃似的越过肖经理窜出了电梯，快步走进采购部，长吁一口气。

分析案例中刘楠楠的不妥之处。

二、实践训练

将学生两两分组，自行决定扮演角色，设置以下不同情境，要求学生在讨论练习后挑选两到三个小组到讲台前进行实战演练，老师和其他同学给予评价。

要求：演习整个乘坐电梯的过程，从等电梯到进电梯、电梯行驶中直至出电梯。

情境一：秘书和领导、客户等多人一起乘坐电梯。（分有人值班电梯和无人值班电梯两种情况）

情境二：秘书和其他同事一起乘坐电梯。（分有人值班电梯和无人值班电梯两种情况）

任务二　办公室举止礼仪之开关门礼仪

【情境导入】

上午十点左右，自称来自远航生物制药股份公司的张副总经理来到博纳科技有限公司拜访，李思睿确认预约并得到涂经理的同意后，要将张副总经理带至涂经理办公室，她该如何做？

【知识分享】

小小的开关门动作也能看出一个人是否具备职业素养。良好的开关门动作会让人受益匪浅。

一、敲门

（1）敲门是礼仪中看似微乎其微的事，但一时的疏忽大意或莽撞无礼可能造成无法挽回的损失。入室前先敲门体现的是对室内主人的尊敬，告诉室内主人有人来了。敲门一般是用右手，手指自然弯曲，掌心朝向自己，用中指（食指）第二指节敲击门，一般为三声，连续、有节奏地敲击，声音清晰，力量适中即可。有门铃的时候轻轻按一下，等待回音，如无应声，稍等3—5秒，给主人准备的时间，再稍加力度，敲三下。

（2）敲门声正是“未见其人，先闻其声”，就像第一印象一样，十分重要。适宜的敲门声会让主人留下好印象，对自己的态度自然也好；相反，不适宜的敲门声会令主人心生不悦，态度也就好不到哪去。敲门的响度要适中，敲得太轻了别人听不见，太响了不礼貌而且会引起主人反感。敲门时,绝对不能用拳捶、用脚踢,更不要"嘭嘭"乱敲一气,如果房间里面有人正在休息,会惊吓到他们。

(3) 如果遇到门是虚掩着的,也应当先敲门。这个敲门有两层意思:一是表示一种询问:"我可以进来吗?";二是表示一种通知:"我要进来了"。门关不关不要紧,要紧的是须经主人同意。

(4) 敲门过后,室内主人可能会说"请进",还可能问清身份再说"请进"。针对第二种情况,则要讲究回答技巧,《弟子规》给出答案:"人问谁,对以名,吾与我,不分明。"即应该清晰地报上自己的名字,如果说"是我",让人无法分辨是谁。获得室内主人批准后方才进入。"非请勿入"是敲门的基本原则。

(5) 即使是进自己的办公室,如果门是关着的,也应该先敲一下,或许有同事正趁着没人在里面处理个人的事,也有可能正撞见同事在论人非,虽然论人非是他们的不对,但被你撞见还是会令他们感到很尴尬。避免看到别人不愿意让人看到的事情,是对他人的尊重。

(6) 进入房间后,如对方在讲话,要稍等静候,不要中途插话,如有急事要打断说话,也要等机会,而且要说"对不起,打断您的谈话了"。

二、开门

(1) 办公和公共场合的开关房门都应该注意动作规范,手轻推、轻拉、轻关,态度谦和,不能以肘推、脚踢、臀拱、膝顶等不雅姿势进入房间。进出房门时,开关门的声音一定要轻,乒乒乓乓地关开门是十分失礼的。房门的开关需要配合相应的手势,门把手在右边的时候用左手开门,门把手在左边的时候用右手开门。

(2) 如果是与多人同时进入房间还要讲究顺序。如果与同级、同辈共同进入房间,要相互谦让,走在前边的人打开门后要为后面的人拉着门。假如是不用拉的门,最后进来者应主动关门。即使后面没有人,也请作状推门一秒(即身体虽已进了门框,但一只手仍向后推着门一秒钟)。如果是与尊长、客人一起进入某房间,具体到尊长、客人还是自己进入房间的先后顺序,则要视门的具体情况而定,常见的有以下三种情况:

如遇房门向外开时,敲门获许后,轻缓地打开门侧身用手或身挡门(这样可以为对方扶住门,以免发生意外,也会显得彬彬有礼),留出入口,热情对尊长、客人说"请进"并施礼,请尊长、客人先进,自己后进。进入房间后,用右手把门轻轻关上。请尊长、客人入座,可说"请稍后",然后安静退出。

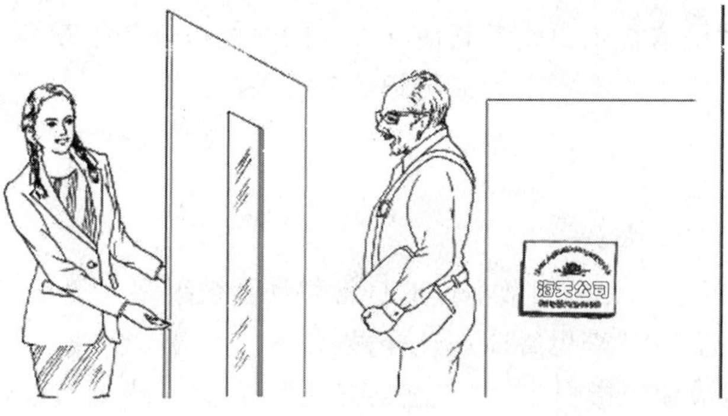

如遇房门向里开时，敲门获许后，自己先进入房间，侧身用手或身挡门，对尊长、客人说“请进”并施礼。轻轻关上门后，请尊长、客人入座后，安静退出。

如是旋转式房门，自己先迅速过去，到另一边等候尊长、客人。施礼的手势要规范，并且口、手并用，施礼的同时注意礼貌用语。

三、关门

（1）在被容许进房间后，轻轻推门（或拉门）进入，并要转身将门关上，不要反手将门带上。进入房间要注意脚下，要是被地毯什么东西绊倒是很狼狈的。

（2）离开房间也要关门，关门时应该面向门里将门轻轻关上，切忌不能背对着屋里的主人关门，这是不礼貌的。

开关门时，若手里拿着东西或者其他不方便的时候可以先把东西放下，再开门或关门，也可以请别人帮忙，但千万不要用脚甚至膝盖来开关门。

【情境小结】

敲门、开门、关门这一套再细微不过的日常举动会被很多人忽视，其实这也关乎个人的职业形象。在上述情境中，李思睿应该这样做：

1. 引领客户时应使用指引步，即走在客户左前方两三步处，让客户走在路中央，边礼貌地对客户说“请往这边走”边施礼，上半身微倾向客户，与客户的步伐保持一致，适当做些介绍,与客户保持恰当的目光接触,途中注意引导提醒客户。切忌自顾自地走在前面,将客人甩得好远或者走在客人身后,用语言指挥客人。

2. 入室前先敲门,获许后方开门是常识。贸然推门或拉门进入会干扰室内人工作,把对方吓一大跳。李思睿应该用右手轻敲三下门,得到涂经理“请进”回答后方才进入。

3. 对待房门向外开和向内开的不同门,有不同的开法。根据实际情况进入房间,侧身用手挡门,对客户说“请进”并施礼。

4. 李思睿应该将客户介绍给经理,待客户和经理握手坐下后,见经理没有别的吩咐,李思睿按照上司、客人的顺序打招呼,再行撤行步轻轻关上门,安静退出。

【拓展训练】

一、案例分析

[案例]

一天,刘楠楠正在上班,一个事先有预约的客户到了,刘楠楠在获得经理许可后,要将该客户带到经理办公室,她像平时和经理走路一样,走在客户后方,用语言提示客户上下楼,左右转,到达经理办公室。刘楠楠推开房门,站在门口对客户施请进礼,然后一声不吭地就关上门,离开经理办公室。刘楠楠没注意到经理和客户都暗暗皱起了眉头。

分析刘楠楠的不妥之处并提出改进意见。

二、实践训练

将学生两两分组,自行决定扮演角色,要求学生根据不同类型门的情况演练从敲门到开门到最后关门离去的过程,实际对话内容可自行发挥。小组讨论练习后挑选两到三个小组到讲台前进行实战演练,老师和其他同学给予评价。

任务三　办公室举止礼仪之递物与接物礼仪

【情境导入】

李思睿将张副经理引进涂经理办公室后,涂经理示意李思睿奉茶,李思睿该如何做?大约过了二十分钟,李思睿桌上的电话响了,涂经理要李思睿拿一份编号为13B0803的合同给张副经理签,李思睿又该如何做?

【知识分享】

“双手递接,互视微笑”是递物与接物的总体要求,这样可以表示对对方的尊重。根据所递接物品的不同,递物与接物有不同的规范和要求。

一、递物

（1）双手递物。如果是站着递物，那么递物时应上身稍稍前倾；如果是坐着递物，那必须要欠欠身或站起来递给对方。切不可挺胸抬头或坐着不动地将东西递给对方。必须同时说一声符合情境的礼貌用语，如“您拿好”“请喝茶”“谢谢”“麻烦您了”等。

（2）递交文件资料。工作中有文件资料需要上级领导过目签字时，应该用双手递上文件或资料，并且使文件的正面对着接物的一方。对方应点头或致谢。

（3）递送尖利物品。所递的物品有利刃的话，如水果刀、斧头等物件，必须将有利刃的一面向下，自己手握刀背，刀把朝向对方。或者双手托住刀身，刀刃朝向自己。递送同时还应提醒对方“您注意点儿”。

（4）有明显的把手，如拐杖、茶杯等物品，必须要将有把手的一面递给对方。“献杖者执末”，如果所递的物品有明显的上下区别，如钢笔、筷子等物品，必须将上头的一面面向对方递过去。

（5）所递的东西较小，无法双手相递时，必须要用右手持物。左手轻扶臂将东西递给对方。

（6）递送茶杯时，应左手托底，将茶杯把指向客人的右手边，双手递上。递送饮料、酒水时，应将商标朝向客人，左手托底，右手握在距瓶口 1/3 处。

二、接物

（1）接受对方（即使是晚辈、下级）恭恭敬敬递过来的物品，应该同样用双手去接，并以适当的方式致意或道谢。

（2）当对方是站立或虽坐着但欠身将物品递给你时，你必须要站立起来或欠身接过物品来。即使递给你物品的是你的晚辈、你的下级，你也应欠欠身，表示对对方的尊重。

（3）如果对方递过来带有利刃的物品，当你接过来后必须要迅速将利刃转过来，不要继续对着对方。

（4）如果对方递过来的物品对你来讲确实没有价值的话，在对方没有离开前，你也应该将该物品放在一个合适的位置，切不可随意扔到一边，同时也应该说一声符合当时情节的礼貌用语。如递过来的是文字材料，你要整齐地放在桌上；如递过来的是名片，你应礼貌地看看，然后放好，切不可随意扔到桌上或抽屉里。

【情境小结】

接递物品的举动传递的依然是对对方的尊重,应根据所接递物品的具体种类,选择恰当的方式,不要因为这一细小动作而给别人留下无礼的印象。李思睿应该这样做:

1. 奉茶前有技巧地询问对方意见,应让对方有选择的余地,常见的问法是"请问您喝点什么?"但这实则是开放式的问题,会让对方无从答起,或者对方的答案在你能提供的范围之外,双方都会尴尬,所以不妨这样问:"我们这里有红茶、绿茶、咖啡和矿泉水,请问您喜欢哪种?"

2. 奉茶的正确做法应该是左手托底,将茶杯把指向客人的右手边,双手递上。同时说"您的红茶,请慢用"。

3. 递送合同时应该边说"经理,这是您要的文件"边双手递上合同,使合同的正面朝向经理。当需要客户签字时,李思睿立刻将签字笔的笔盖打开,递给客户,保证笔尖朝向自己。

【知识链接】

在接递物品的举动中应该注意的是,越是正式庄重的场合,初次相识的人之间,身份地位相差越大越要讲究礼仪。与外宾打交道,递接物品可先留意对方是用单手还是双手递接,随后再跟着模仿。在泰国、印度、马来西亚和中东等一些国家,左右手有着明确的分工,都用右手拿东西,给别人递东西也都用右手以示尊重。忌用左手,因为他们认为左手是用来洗澡、上厕所的,是不干净的。日本人则喜欢用右手送自己的名片,左手接对方名片。

【拓展训练】

一、案例分析

[案例]

一天,东远有限公司的一供货商客户来洽谈业务,经理示意刘楠楠奉茶招待,刘楠楠问道"请问您想喝什么?"客户客气地说:"都可以,随意。"稍后,刘楠楠端来了红茶,左手持茶杯,右手托茶托,送到客户手上。洽谈期间,经理打电话要A马上送一份合同给客户看,并要客户签字。刘楠楠将合同字面朝向自己,左手送给客户,右手将签字笔递到客户手里。

分析刘楠楠的不妥之处并提出改进意见。

二、实践训练

将学生两两分组,自行决定扮演角色,要求学生根据不同的物品(如名片、文件、笔、饮品)演练递物接物的场景,实际对话内容可自行发挥。小组讨论练习后挑选两到三个小组到讲台前进行实战演练,老师和其他同学给予评价。

任务四 办公室环境礼仪之公共办公区礼仪

【情境导入】

这天下午三点，涂经理来到李思睿的办公桌前，交给她一摞多达200多页的资料，并要求李思睿在下午四点开会之前把这些都复印完。李思睿来到复印室，发现前面有个同事正在使用机器，还有一个同事在排队，估计一时半会他们还复印不完。正当李思睿在想这个问题时，财务处的小王也拿了资料走进来。

1. 请问此时李思睿该怎么办？
2. 复印中途遇到机器有故障，李思睿该怎么办？
3. 结束复印，李思睿该如何做？

【知识分享】

所谓办公室礼仪，是指工作人员在从事办公室工作中尊敬他人，讲究礼节的规范和程序。尽管政务和商务不同，行业、企业的情况亦有差别，但办公室礼仪基本是相通的。办公室礼仪适用于办公室工作人员的一切上班时间和办公地点之内，是任何办公室工作人员均应恪守不怠的。办公室礼仪直接影响到办公室的形象和工作效率，是一个单位的形象窗口。办公室礼仪不仅是对领导、同事的尊重和对公司文化的认同，更是一个人素质涵养的直接展现。办公室礼仪不可少。常见的办公场合及相关礼仪包括以下几种：

一、走廊通道

工作时间不要随意串岗，或者在走廊上做与工作无关的事。

（1）走路时注意走姿，要舒展肩背，不要弯腰驼背，个人形象代表公司整体形象。

（2）放轻脚步声，尤其是穿皮鞋的女士，不要因为“笃笃笃”的高跟鞋声引人侧目。对于专心工作的其他同事而言，这种声音是令人心烦的干扰声。即使有紧急的事情需要处理，也别大步奔走，而是尽量踮着脚加快脚步，否则会让人觉得不稳重，影响公司形象。

（3）三人以上不并排走，尽量前后错开。挡住他人道路是不礼貌的做法。

（4）遇到领导或客户要礼让，不能强行。按照右侧通行的原则，如果反向行走遇到迎面来人时，应主动让路。

（5）与领导或同事相遇应点头、微笑、问好，不要装作没看见，不加理睬。

（6）不要与人在走廊聊天，不得高声喧哗、旁若无人，更不得唱歌、吹口哨。

二、员工餐厅

按时就餐，尽量避免在自己的工位上用餐，如果有条件则选择在公司内的餐厅进餐。实在不能避免在工位上用餐，尽量节省时间，或者就餐完毕之后迅速通风，以保持工作区域的空气流通。在员工餐厅就餐注意的礼节包括：

(1) 自觉排队，不插队。可适当谦让他人。不可推推搡搡，打闹嬉戏。

(2) 文明打饭，尊重劳动。根据自己的食量打饭，尽量不留剩菜剩饭。

(3) 不替他人占座，不随意移动桌椅或其他设施，爱护公物。

(4) 吃饭时要精神集中，不可做玩手机或者看报纸等与吃饭无关的事情。

(5) 用餐的动作要文雅一些。夹菜时，不要碰到邻座，不要把盘里的菜拨到桌子上，不要把汤泼翻，不要将菜汤滴到桌子上。

(6) 要闭嘴咀嚼，细嚼慢咽，这不仅有利于消化，也是餐桌上的礼仪要求。决不能张开大嘴，大块往嘴里塞，狼吞虎咽的，更不能在夹起饭菜时，伸长脖子，张开大嘴，伸着舌头用嘴去接菜；一次不要放入太多的食物进口，不然会给人留下一副馋相和贪婪的印象。

(7) 咀嚼饭菜，嘴里不要发出“叭叭”“呱唧呱唧”的声音。口含食物，最好不要与别人交谈，如遇别人问话，等食物咽下后再回话。

(8) 遇到熟悉的同事可轻声交谈，内容不要涉及领导或工作，声音切忌太高。

(9) 开玩笑要有节制，以免口中食物喷出来，或者呛入气管，造成危险。

(10) 交谈时，最好放下勺子、筷子，如不放下，也不要用手中的餐具挥舞或指指划划。

(11) 餐具不要碰得叮叮当当地响。

(12) 不要口对热汤吹气，尤其是对面有人时，待汤冷了再用勺子送入嘴里。

(13) 吐出的骨头、鱼刺、菜渣，要用筷子或手取接出来，放在自己面前的桌子上或放在事前准备好的纸上并及时倾倒，不能直接吐到桌面上或地面上。

(14) 如果要咳嗽、打喷嚏，要用手或手帕捂住嘴，把头向后方转，并向同桌人表示歉意。吃饭嚼到沙粒或嗓子里有痰时，要离开餐桌去吐掉。

(15) 嘴角沾有饭粒，要用餐纸或餐巾轻轻抹去，不要用舌头去舔。

(16) 吃完后，不得当众剔牙，应用手或餐巾纸挡住，牙签用过后放入餐巾纸内并折断。

(17) 用餐完毕，送回餐具。

(18) 注意卫生，节约水电。

三、复印室

职场办公离不开打印、复印各种文件资料。在复印室办公时应注意：

(1) 使用的先后问题。复印机是公司里使用频率较高的公共设备，同事容易在使用时间上发生冲突，一般来说，遵循先来后到的原则，但如果后来的人印的数量比较少，可让他人先用，不要长时间霸占机器。当先来的人已花费了不少时间做准备工作，那后来者就等一会儿再来。

(2) 在公司里一般不要复印或打印与工作无关的私人资料。这种行为会给他人留下爱贪小便宜的坏印象，尤其是领导很忌讳有这种毛病的员工。

(3) 如果复印机纸用完,谨记添加。如果碰到需要更换碳粉或处理卡纸等问题,应先处理好再离开,如果不知道如何处理,就请别人来帮忙,不要悄悄走掉,把问题留给下一个同事,让人觉得你不为别人着想,遇到困难和责任不敢承担。也不要因各种原因将怨气发泄在办公机器上,如猛捶狂打机器。

(4) 使用完毕后,不要忘记将原件拿走,否则容易丢失原稿,或遗失信息,造成不必要的不便与麻烦。使用完后,要将复印机设定在节能待机状态。

四、会议室

为解决某个问题,员工需要利用开会的形式进行讨论和交流,这是一个很好的与同事和领导相处的机会。在会议室时应注意以下事项:

1. 规范着装

会议通常是正式的活动。一般情况下,与会者的服装一定要规范。应主要着正装。比如,可以穿制服、中山装或西装套装、西服套裙等式样庄重、文雅、传统、保守的服装。不仅如此,服装的图案和色彩也要尽可能简单和素雅。色彩过多、颜色过于艳丽、图案过于稀奇古怪或花里胡哨的服装,是不宜在会议期间穿着的。

会议的主持人、报告人以及在主席台上就座者,在规范着装方面必须带头。一定要重视,不要随随便便穿着夹克衫、T 恤、无袖衫、短裤、短裙、拖鞋之类的便装赴会,让人觉得形象不严肃。

2. 遵守时间

参加会议时应当自觉地遵守会议的时间安排。具体说来,包括以下几点:

(1) 应准时到达会议地点。所谓准时到会,并非正点抵达,而是应有一定的提前量。在本地参加会议,应至少提前 5 分钟到达会场,方便做一些会前准备,并找到座位。去异地参加会议,则最好是提前一天报到,以熟悉会议有关情况。

(2) 切忌迟到。千万不要因为个人的姗姗来迟而让其他与会者“大家等一人”,引起大家的不满。

(3) 提倡整点开会。会议有严格的时间安排,时间一到,会议就应当立即开始,而不得以任何借口延迟。

(4) 提倡限时发言。要高效地完成一个会议,就要求每一名发言人都限时发言。这一规定,应不分发言人的身份,不对任何人例外。发言人要切记少讲、精讲,有明确的时间观念,将发言控制在时间要求的范围内。

(5) 提倡正点散会。会议的全部议程通常都应在规定时间之内完成,不宜拖延。

3. 维护秩序

在会议举行期间,工作人员应自觉地维护会场的正常秩序,确保其顺利进行。

(1) 听从会务人员的安排,在指定之处就座。讲究座次。按照惯例,会议室接待礼仪的座次排列通常依照面门为上,以右为尊的原则。根据职务选择。不要根据个人喜好乱坐位置。业务会议不应区分性别,不应男女坐对面。不允许“擅自离队”,寻找无人之处、偏远之处就座,企图“忙里偷闲”,也不能特意与相熟的人在一起。

(2) 开会过程中,不得到处走动,尽量不要中途退场。如果必须离开,要轻手轻脚,以不影响发言者和其他与会者。如果长时间离开会议或提前退场，应该和会议组织者打招呼，说明理由，征得同意后再离开。

（3）会前把该做的预备工作做好：准备记录的笔记本、笔等，会议中不要随便向别人借东西，以免打扰他人。

（4）有领导或与会者发言时，可在适当时以自己的掌声予以鼓励。鼓掌要适时、适量、适当，合乎礼仪，不能随意起哄。

（5）对会议安排或其他方面有意见的话，可通过正当的方式向上反映，不要在会场上借题发挥，无事生非，聚众闹事。也不能因为意见相左而与其他人在会上争执不休。别人发言时，不能打断、插话或进行反驳。轮到自己发言时，注意言简意赅与文明用语。如果是书面发言，要时常抬头扫视一下会场，不能只低头读稿，旁若无人。偶尔的微笑与视线接触既可显示自信，又说明尊重会场上的其他与会者。发言完毕应表示感谢。如果想发言应举手，等待会议主持人示意后再站起来发言，如果是人数很少的会议，如部门的圆桌会议等，则可以坐着说。如果有与会者对发言人提问，要礼貌作答；对不能回答的问题，应机智而礼貌地说明理由或避开；对提问人的批评和意见应认真听取，即使提问者的批评是错误的，也不能失态。

（6）在会上应关闭手机或者将手机调到振动或静音状态，将这种行为变成一种职业习惯。不吃带壳食物、喝易拉罐饮料，不使用收录机等，不玩手机，不吸烟，更不能与他人打闹。

4. 专心听讲

会议过程中，与会人员应全神贯注，并且做好笔记，以便全面掌握、理解会议精神。在其他人发言时，专心听讲是尊重对方的一种方式。

在他人发言时，不能扰乱会场秩序破坏会场的安静，或是破坏发言人的情绪。不要在他人发言时与旁边的人交头接耳、窃窃私语，或私下传纸条。指指点点、摇头晃脑、皱眉头、打哈欠、怪相百出、读书看报或反复看表等不合规范的举动，只能表明自己不尊重发言人，会被他人看在眼里，记在心里。在主席台上就座者，要注意为大家做出表率。

会议结束后，随手带走自己的材料，不要把资料留在会议室。

五、洗手间

洗手间内的表现不仅仅是卫生习惯的问题，而是个人素质和公司文化的展现。从严格意义上说，办公场所的洗手间也属于半个职场，不能将私人场合的不良习惯带入职场。细微处更能展现人的素质和修养，要给他人留下良好印象。

（1）如果不确定卫生间是否有人，则敲敲卫生间的门，切勿贸然闯入，引起不必要的尴尬。轮到自己使用，不要用力过猛，将门拉得大开或者撞得直响，要记得关门上锁。让别人看见你的隐私,是对自己的不尊重也是对别人的不尊重。

(2) 在洗手间里的时间不应太长,使用洗手间时应自觉保持洗手间的清洁卫生,不应在洗手间里信手涂鸦。使用洗手间后一定要自觉放水及时冲洗,并关好水龙头;纸屑应扔进纸篓;不要在洗手间内乱吐、乱扔其他东西;要注意保持洗脸池的清洁,不留脏水和污物。这些看起来不成问题的问题依然会有人不注意。“己所不欲,勿施于人”,一定要讲究个人卫生习惯。

(3) 当你进入洗手间,发现有人“大号”时,切勿大声嚷嚷“好臭啊,真难闻”等,也别火速离开,如果真忍受不了,也请装作洗手再离去,以免他人尴尬,这是最基本的礼貌。

(4) 切勿洗手以后一边走路一边挥动双手,应该在洗完手时,在洗手盆“上”甩动几下,再用纸巾把手擦干。否则会把地板弄湿,在湿的地板上踩进踩出,地板很容易就会变脏。而且一不留神,水溅到他人身上,即使他人表面不说,心里肯定也会不悦。

(5) 切忌随手拿走洗手间里备用的手纸或乱拉乱用。爱贪小便宜的人都会被人看不起。

(6) 走出洗手间之前,应把衣饰整理好。不要一边系着裤扣或者整理着衣裙一边往外走,显得很不雅观。在洗手间里整理发型或者补妆是可以的,但千万不要一边梳头或是一边化妆地走出来,被人撞见是不礼貌的。

(7) 在洗手间均被占用的情况下,后来者必须排队使用,而排队的方法是在整排洗手间的最靠外处依序排成一排,一旦其中有某一间空出来,排在第一位之人自然拥有优先使用权。

(8) 不要刻意回避。在洗手间遇到同事不要刻意回避,尽量先和对方搭话。千万不要装作没看见把头低下,给人不爱理人的印象。如果实在不知道说些什么,可以点头微笑代过。

(9) 避开与领导同在洗手间。如果看见领导先进入洗手间,最好先等一会儿,不要与领导在同一时间上洗手间,特别是在洗手间小的情况下。

(10) 切勿在洗手间搬弄是非。同事在卫生间里谈论公司的是非、闲聊八卦而被当事人听到,是影视作品中常见的桥段。这足以证明这种行为的代表性,但不意味着该行为是正确的。相反,应避免这样做。如果你不小心听见了什么,也不要贸然出现,让谈论者突然见到你,这会让对方把你视为敌人,毕竟你听到了一些他们不愿意让别人听的话。可以等对方先出洗手间后,你再进入或出去。如果恰巧对方谈论的主角是你,如果不想当面造成尴尬或给对方一个下马威,你最好听到最后,再决定自己应该怎么做。

(11) 刚毕业的大学生,尤其是女生注意不要把结伴相约去洗手间的习惯带到办公室,否则给人感觉很幼稚、不成熟,不利于职业形象的树立。

【情境小结】

复印室是办公室内必不可少的公共办公区,是为大家顺利工作服务的,在使用复印室时也应该遵守相应的礼节规范。在上述情境中,李思睿不妨这样做:

1. 礼貌地告知其他同事这些资料要得非常急,是四点钟开会马上要用的,能否让她插个队。解释清楚并获得同事同意后及时表示感谢。

2. 复印时出现突发状况应灵活应对。忌讳悄悄溜掉,更不应该生气地拍打机器,而是要根据自己的经验看看能否自行修理,当发现无法修好复印机时,应找其他有经验的同事帮忙。

3. 李思睿复印结束时,应将机器调节到节能状态,再放入足够的复印纸,离开复印室。

【拓展训练】

一、案例分析

[案例]

刘楠楠要在复印室复印一叠资料,前面有个同事即将复印完,马上要轮到她时,财务处的小王拿了两页资料走进,刘楠楠马上对小王说:"先来后到,你等我用完再用。"小王嘴上没说什么,面有不悦地离开了。刘楠楠开始复印资料,进行到一半时,忽然复印机停住了,刘楠楠边呼倒霉边用手敲打复印机,看到复印机一点反应都没有,刘楠楠没有了耐心,想着反正这份资料也不急着要用,等明天再来复印也不迟,就离开了复印室。

分析刘楠楠的不妥之处并提出改进建议。

二、实践训练

将学生两两分组,自行决定扮演角色,要求学生按以下场景自编对话进行演练。小组讨论练习后挑选两到三个小组到讲台前进行实战演练,老师和其他同学给予评价。

演练场景:

1. 在公司餐厅和同事同桌吃饭

2. 在走廊与领导和客户相遇

任务五　办公室环境礼仪之个人办公区礼仪

【情境导入】

李思睿办公室里有个名叫张涵的销售部同事,毕业于某名牌大学,为人本分勤快,口才也没话说,可就是工作业绩上不去。观察了一段时间后,李思睿发现张涵不拘小节,衬衫的领口常常有深色的痕迹;长长的指甲缝里常有"内容";手机铃声常设置成最新流行的搞笑铃声;爱在办公室里吃韭菜盒子、咖喱饭;从外面跑业务回来习惯性地将腿跷在办公桌上休息等。他觉得这些习惯和行为都属于个人的选择,对于工作而言,无伤大雅。请问,张涵的想法对吗?

【知识分享】

“分清公私，区别对待”是职场人士应该牢记的至理名言。不要以为个人办公区就是个人的天地了，可以随心所欲地行动。个人办公区同样隶属于办公室这个整体大环境，是职场的构成部分。个人的行为不仅关系到个人的印象，更重要的是，它会对整个公司的形象有影响。

一、保证工位整洁

“一室不扫，何以扫天下”，办公桌是办公室内属于个人的领地，办公台上是否清洁，办公用品摆放是否整齐，工位整洁与否能够反映一个人的自我管理、控制能力。要注意保持个人空间的良好状态，让你的个人空间给人留下好的印象。

一般将工作区划分为两个小的区域，一个为空白区，处于员工的正前方，主要用来进行写作和阅读；另一个是储存区，位于右前方，可以放一些办公用品和资料。资料要分门别类，整理出哪些资料常用，哪些不常用，哪些天天用，建议只摆放目前正要使用的资料。除此以外，涉及秘密的文件、材料不得放在办公桌上。若暂时离开座位时，应将文件覆盖起来。正在处理的公文应一并放在一个文件夹内，相关资料要一起存放。无关紧要的办公用品尽量不要全部杂乱无章地堆放在办公桌上，以免影响正常办公。用品摆放整齐和井然有序，有利于提高工作效率。与工作无关的私人物品不宜放置在办公桌上。桌上摆放化妆品、镜子、靓照、摆饰等不仅给人工作能力低下的感觉，而且有失雅观。所有办公桌椅及其他设施，都要保持干净、整洁，井然有序。

鲁迅先生曾说“几案精严见性情”，心理状态的好坏，会体现在个人生活细节上。会整理自己桌面的人，做起事来肯定也是干净爽快。不随地吐痰，不乱扔果皮纸。每天下班后，必须将各自的垃圾清理干净。个人区域卫生放在班前或班后做，不在上班时间做卫生。

二、保持适度安静

在办公室这种多人办公的地方，同事之间语言交流和拨打电话等都是无法避免的，也是工作需要，但是如果毫无顾忌，不加克制地制造噪音，则对他人、办公室整体办公环境有影响。

与他人交谈尽量保持音量适中,不要出现“人未到,声先到”的现象,与同事沟通避免大声说笑,不要闲聊,以免干扰到个人的工作进度,也会影响他人的正常办公,甚至招来领导的责备。

接打电话音量适中。音量过低,对方听不清;音量过高,对方以及周遭同事唯恐避之不及;惟有音量适中,才会给对方留下一个专业精干的良好印象。尤其注意尽量不在工作时间打私人电话,家长里短地说个没完,这会让人觉得你办事效率不高,心思不在工作上。将手机铃音音量调低或调静音,以免影响他人。别人打电话时不要伸长耳朵偷听,尽量回避或者假装没听到。

还要注意其他一些有可能引起噪音的举动。如大力拖拉办公椅,发出刺耳的声音;野蛮操作器械;穿着带钉的高跟鞋随意地不加控制地在办公间“笃笃笃”来回走动;把个人电脑的音量调得太高等。遭人厌恶只会让自己的人际关系变糟。

三、注意手机礼仪

手机作为现代不可或缺的交流沟通工具之一,是传递和发送海量信息的平台,已成为现代社会工作和生活必不可少的一部分。但是放肆地使用手机已经成为礼仪的最大威胁之一。在国外,如澳大利亚电讯的各营业厅就采取了向顾客提供“手机礼节”宣传册的方式来宣传手机礼仪。在职场,要注意以下手机礼仪:

(1) 手机放置在恰当位置。在一切公共场合,手机在没有使用时,不要放在手里或是挂在上衣口袋外,而是要放在合乎礼仪的常规位置:一是随身携带的公文包里,这种位置最正规。二是上衣的内袋里。有时候,可以将手机暂放腰带上,也可以放在不起眼的地方,如手边、背后、手袋里,但不要放在桌子上,特别是不要对着对面正在聊天的客户。女士则要注意,手机就算再好看和小巧,也别把它挂在脖子上。

(2) 手机的使用注意场合。在开会、会见客户、谈判、会餐等特殊场合关闭手机,或者将之调为静音或振动。当着对方的面关机,可以表示对会谈的关注。突兀响起的手机铃声会打断说话者的思路或破坏当时的兴致。公共场合特别是楼梯、电梯、路口、人行道等地方,不可以旁若无人地使用手机,应该把自己的声音尽可能地压低一下,绝不能大声说话。

(3) 工作期间不要用搞笑彩铃。为了不让他人笑话,成年人请用正常铃声,即使万一在不适当的时候响起来,也不会那么尴尬。成熟的员工要选择成熟的,与自己身份、职位相符的手机铃声。

(4) 勿要手机不离身。当今是短信、微博、微信满天飞的时代,许多人,尤其是年轻人对手机的依赖甚至到了病态的地步,但这样的习惯最好别带到工作中来。上班时间总是拿个手机不停聊 Q、发微信、发短信,隔一会刷刷微博,并且时刻注意着手机是不是会响,甚至去洗手间都带上手机,这些行为会让同事觉得你工作心不在焉,精力不集中,老板更是不高兴:招聘员工是让你工作的,而不是玩手机的。

(5) 勿要随心拍照。绝大多数手机都有拍照功能,许多年轻人又非常热衷随时随地拍照。但在办公室拍照要小心,有些同事或许不喜欢“出镜”当“人肉背景”,如果你一时兴起绕着他们拍来拍去,同事明明心有不快,碍于情面又不好当众拒绝,难免会影响同事之间的感情,而且“咔嚓”声容易影响到其他同事。不分场合和时间的自拍也是职场人士应该避免的。

（6）正确编写与收发短信。短信的内容选择和编辑，应该和通话文明一样受到重视。因为你发的短信，意味着你赞同或至少不否认短信的内容，也同时反映了你的品位和水准。所以不要编辑或转发不健康的短信，特别是一些带有讽刺伟人、名人甚至是革命烈士的短信，更不应该转发。收发短信时注意：不要在别人注视你的时候查看短信。一边和别人说话一边查看手机短信，是对别人不尊重的表现，也是办公室人际关系的"慢性杀手"。

（7）手机是个人隐私的重要组成部分，为了尊重他人，体现自己的涵养，不要接听他人的手机，不要翻看他人手机中的任何信息（通讯录、短信、通话记录等）。

（8）一般情况下，不要借用他人的手机打电话。万不得已时，请不要走出机主的视线，并且尽量做到长话短说，用完表示感谢。

四、不做与工作无关的事

（1）不要在上班的时间玩游戏、网上购物、聊天、看书报或小说、打瞌睡、煲电话粥等，这些行为是在破坏自身的职业形象，也会影响到公司整个形象，一定会引起领导与同事的不满。

（2）尽量不要在办公室吃零食，如果实在控制不了，请注意以下事项：有声响的食物，如瓜子、薯片、爆米花等，吃的时候应特别留意，不要故意吃得很大声，食品掉在地上应立刻捡起来扔掉。不吃有强烈刺鼻味道的食物，如榴梿、韭菜馅饼、熏牛肉等，这些食物的气味弥散在办公室里，会严重损害办公室环境和公司形象。应事先开窗通风，或事后使用点空气清新剂也是不错的方法。尽量不在办公桌上用餐，实在需要时，也不要边吃东西边工作，注意自己的吃相，用完餐后注意清理工作。一次性餐具最好立刻扔掉，不要长时间摆放在办公桌上。吃完食物，及时用纸巾擦拭嘴巴和手，或去洗手间洗手最好。用手背胡乱抹抹嘴巴，或拍两下手意思一下不能真的让嘴巴和手变干净。别一边吃东西一边与他人说话或打电话。

（3）尽量不要在办公室里吸烟，吞云吐雾地给他人制造毒雾，让他人吸"两手烟"，同事即使碍于情面没有当面拒绝，但内心是非常厌恶这种行为的。实在无法克制，应去专用的吸烟室。

（4）不要当众化妆。个人对仪容的注重是好事，但应该分清场合。不要当着他人面表演自己很擅长化妆，如果实在要补妆则去洗手间。

（5）不得擅自带外人进入办公区，会谈和接待应安排在洽谈区域。

五、恰当的办公举止

（1）保持整洁的仪容。整洁是良好仪容的基本要求。俄罗斯著名美学家别林斯基说："人的外表优美和整洁应是内心的优美和整洁的表现。"一个职场人士如果不修边幅，实际上是对自身价值的贬低。因此，应勤刷牙，勤洗脸，勤洗澡，勤剪指甲，使身体各部位没有异味。同时保持衣饰的整洁，内外衣要勤换，袜子无破损，皮鞋擦亮，鞋跟完好，手提包或公文包外观整洁明亮。保持面容、发型、穿戴三整洁，给人以衣冠楚楚的良好形象。

（2）选择得体的职场服饰。员工的服饰关系到公司的形象与个人的尊严。有统一着装的公司，员工上班统一穿工作服，既整齐又安全。倘若公司没有统一着装的要求，员工应根据岗位需要穿着得体、职业化。男士着装要整洁、大方，给人以干净利落的感觉。女士衣着应合身、美观，尽量不穿薄、透、露的衣服，也不要打扮得花枝招展，以免给人轻浮的感觉。男士上班前应修好边幅，显得精神抖擞；女士上班前可酌情化淡妆，切忌浓妆艳抹，也不宜佩戴过多或叮当作响的首饰。过分打扮与职场格格不入。

2005 年 8 月，香港特区政府向全体公务员发出“合宜的办公衣着”指引，要求公务员改善形象从外观入手。指引中列明公务员衣着要整齐得体，应配合场合、公务区域。公务时间内，公务员不得穿着千奇百怪的时装、休闲装。例如，出席重要或正式会议、正式招待会时，男士应穿西装，戴领带或结领结，女士需穿外套配裙或西裤，在办公区域内，不能穿凉鞋、拖鞋及短裤、背心，执法人员不能染发。

（3）保持正确仪态。在办公室中，无论是做、站还是行，保持文雅庄重的姿态是非常重要的。保持正确坐姿，不要以为是个人区域就可以随意松懈，各种不良坐姿，如跷二郎腿、抖腿，甚至将腿整个跷上去等不雅姿势都出现。殊不知，正确的坐姿除了能展现个人积极的精神面貌，给外界他人留下良好印象并且有助于塑造公司良好的整体形象外，更是有利于个人身体健康。（参见情境篇一“个人形象礼仪”）如果座椅是活动转椅，与人谈话时应避免大幅度的扭动，也不要用手支着下巴。走路时身体挺直，步子稳重，速度适中。切不可大步流星，慌慌张张，让人难以产生信任感。

（4）严格遵守作息时间。一般应比上班时间早 10 分钟到达单位，做好上班的准备。如果是刚开始参加工作的新人，还要更早些。因为新人若能在办公前打扫一下卫生或帮助他人沏茶，会给别人留下更好的印象。而且，作为新人，这也是分内的事。如果迟到，要先道歉，再做解释。到了下班时间，干完工作后要对工作用品加以收拾、整理，保持办公室桌椅及其他办公设施的干净、整洁。

（5）处理好一切事务。上班时间要精神饱满，不聊天、不打哈欠、不哼小调等，总之，不能给人以疲软的感觉。处理一切事务要麻利认真，属于职责范围内的事，不推脱，不拖拉。合理掌控个人情绪，不宜将个人情绪的波动变化带到办公室和工作中来的。随心所欲的嬉笑怒骂和外形于色的喜怒哀乐都是不礼貌的表现。同时，要正确处理好个人和集体的关系，不要贪拿公司物品作个人用途，哪怕是再小不过的笔芯、卫生纸等，被他人知道，会给他人留下一个爱贪小便宜的糟糕影响。公司物品必须爱惜，正确使用办公设备，不能随意损坏、野蛮对待、挪为私用。上班时间不处理私人事务。有事要提前请假。由于生病或不得已而迟到、早退、缺勤时，要尽量早些向上级请假，得到批准后才可以晚到或缺勤，只要不是大病，要亲自请假。获得代工休假的机会，也要尽早提出来，好让单位事先安排好工作。

（6）取送文件要注意保密和礼貌。为公司取送文件时要注意以下要求：为了保密，文件应装在信封内；在送文件时，应直接将文件送入收件人手中，切不可将文件放置在桌面上，以免泄露机密；文件带出后，不要用手抱住或忘记文件放在哪里，最好的方式是直接放进公文包里；把文件交给对方时，要正面朝向对方，以示礼貌；自己接文件时，应正面相对，双手接过来。

（7）当同事或上级走到你的座椅前，为表示尊重和谦逊，请务必起身迎送，被领导、前辈叫到时，请以“是”清晰回答。如果谈话时间较长，有条件的话，可以找把空闲的椅子请同事坐下；对于上级，如果他坐下和你交流，你也可以坐下，这是让交流融洽的细节之一。忌讳在与同事或上级沟通时做其他的事情，如边看电脑或文件边进行交流，这是对人际关系有慢性杀伤力的细节之一。

（8）当有客人来访时，应该主动从座位上站起来，引领客人进入会客厅或接待区，并为其送上饮品，如果是在自己的座位上交谈，应该注意声音不要过大，以免影响周围同事。另外，接待客人要切记面带微笑，不能一言两语把客人推掉，或不认识就不加理睬。客客气气地招待同事的客人，客客气气地记录电话，改日你出外办事，你的朋友也同样不会遭受冷落。

（9）工作时间不要贸然离开办公桌。如果需要暂时离开一会，哪怕时间再急，也要将桌上的重要文件或资料等收拾妥当，以免遗失或者泄露工作机密。离席时请与邻座说清去处、预计返回时间及办事内容，或者写在留言条上，方便他人安排工作。或者将离开时间内可能要发生的事情向别人交代清楚，必要时可委托别人代为处理。回来时最好也和同事打声招呼。离开座位时，将办公台面整理好，椅子推回办公台下。

（10）没有经询问并征得同意，不要随便挪用他人东西。擅自取用相当于偷窃行为，实在显得没有教养。至于用后不归还原处，甚至经常忘记归还的，就更低一档。未经允许不翻动他人桌上文件。

（11）树立“公司是我家，节约靠大家”的意识，从细节入手，自觉为创建节约型办公环境做贡献，如谨慎使用每一笔公款，杜绝各种浪费之风，随手拧紧水龙头，采用双面打印，无人使用复印机时调至“节能”状态，下班时主动关闭主机和显示器，如果是最后离开办公室，则将电器的电源切断。

（12）在休息时间，主动接听电话和接待访客，不在办公室进行玩纸牌、打游戏等娱乐活动，这不仅会松懈工作意志，还会给他人留下一种涣散无序的恶劣印象。

（13）下班之前做好今天的整理和明天的工作安排，将第二天待处理的工作记录下来，以方便第二天工作。将书籍、公用物品及本人工作用具等放回原处。和领导、前辈、同事打招呼后回家。

【情境小结】

张涵的想法显然不正确，但比较具有代表性，不少职场新人都会这么想或者不经意间自己也犯如此错误。关键是他还没有意识到个人行为与办公室整体环境的紧密联系。具体说起来，在上述情境中，张涵的错误包括：

1. 不注意仪容和仪表的修饰。保持服装的整洁，特别是男士的衬衫衣领和袖口等细节处能直观地传达出该人的生活自理能力和生活品位。手部保持清洁，将指甲修剪整齐，这样伸手才不会吓到对方。

2. 忽视手机礼仪。成年人在办公场合采用搞笑铃声，会给他人留下不稳重、幼稚的印象，不妨改为简单优美的铃声。

3. 没有主动维护办公室的环境。张涵应改掉在办公室吃东西的习惯，尤其是那些有气味强烈的食物更不要轻易选择。

4. 在个人工位内跷脚休息，这种举动实在破坏个人形象，让同事、领导和客户看见，后果很严重。张涵应自觉加强仪态方面习惯的培养。

【知识链接】

古人云："俭，德之共也；侈，恶之大也。"越来越多的公司开始注重开源节流，努力创建节约型办公环境。

据国家统计部门统计，仅仅做到正确使用空调，按每户一台空调计算，一个夏季每户就可省160多元的电费。假设某公司有5台空调，若正确使用，一个夏天就可为公司省上千元的电费，大型公司更是效果显著。

造成这些浪费现象的原因主要有以下两点：一是员工缺乏正确的使用态度，有些员工无论在不在办公室，都让空调或饮水机运转着，丝毫没有节约的意识；二是员工的使用方法不正确，例如把空调的温度定得很低，或者在开空调时还把室内的窗户打开，这些都是浪费的体现。

有着"事不关己，高高挂起"观念的员工老板肯定不会欢迎。他们往往会违背节约办公的好习惯，加大公司的办公费用，给公司带来巨大的损失，同时自身利益也会受损。

节俭已经成为百安居的一种企业组织行为，在百安居，节俭甚至被当成一种文化。百安居总经理的办公室很简陋，只有一张能容6人的会议桌，几个连扶手都没有的椅子，以及一个毫无档次可言的普通灰白色文件柜。就放这几件物品，办公室已不宽裕。总经理手中的签字笔只要1.5元；除非特殊情况，员工外出办事是坐公交而不是打车；修理通常由他们的物业自己来做；员工打电话需要磁卡和密码；公共的材料不用复印多份，大家轮流看；等等。这种文化的灌输从新员工入职培训时就已经开始，并且常常在晨会中不断灌输、强化。

与百安居相同，沃尔玛在省钱方面也可谓锱铢必较。

在沃尔玛，很多店为员工准备了免费的纯净水，但不准备纸杯；有的店在员工餐厅配有电话——当然是投币电话。在大连店，专供员工使用的洗手间根本没有卷纸，更不会有香皂，很多情况下，员工们用来洗手的都是部门不能销售的洗手液、沐浴露，甚至洗衣粉。

连山姆·沃尔顿外出时都经常和别人同住一个房间，沃尔玛员工自然不能例外。召开"2001年沃尔玛"中国年会的时候，来自全国各地经理级以上的代表所住的，只不过是某某招待所而已。每次开新店之前，都会有美国专家从总部赶来帮助建店，据说这些人住的只不过是三星级的宾馆，而且开店第二天立刻就走人——多待一天可就多一天开支呀！

沃尔玛中国店都没有专门的翻译人员。沃尔玛只在建店之前为每位美国专家配备过临时翻译，而且一个月之后就走人，平时都是秘书兼翻译工作。任何一位外籍高层在巡店的时候，他们的翻译往往就是陪同的相关部门的中国总监。

在沃尔玛中国店，经常要进行诸如"最佳团队"的评比，获胜团队将得到流动锦旗，因为全店只有一面。在大连店举行的一次“趣味运动会”上，第一名得到的奖杯竟然是用塑料泡沫制作的模型——本来就是一个象征，所以沃尔玛员工并不介意。

节俭并不是一个小问题，不要小看这一张纸、一支笔的费用，若是“积少成多”，也是一笔较大的开支。一个管理者要想让企业处于不败之地，应从小问题抓起，提倡节约，力争人人节俭，把节俭当成一种企业文化。把这些细小的问题处理好了，才能成就大事。

（资料来源：http://www.docin.com/p-236696016.html，有改动）

【拓展训练】

一、案例分析

［案例］

刘楠楠应聘到公司上班，担任秘书。她还保留着很多小女生情怀，如喜欢把自己的办公桌装扮得很温馨，摆上自己的写真照片、粉色的大 KETTY 猫、可爱的花盆，甚至连笔筒和笔等都是卡通造型。抽屉里各种混乱堆放的文件实在让人看得头疼，领导要一份文件，她经常要乱翻半天。各种零食塞满了办公桌的角落，她也基本上零食不离口，桌上随时都可以看到喝到一半的各种饮料，而且她尤其喜欢嗑瓜子。电脑里一直播放着她喜欢的音乐。一旦没有领导交代的任务，她就沉溺在网购和与网友的热聊中，领导和同事跟她谈事，她也是坐在原位，一手托腮，一边瞪着大眼睛无辜地看着对方。一接电话就咯咯咯地与对方谈笑风生。隔壁的同事讨论问题时，她还时不时地插几句话。结果，实习期还没过，人事处的领导就找她谈话了。她委屈得不行，不明白自己到底有什么地方做得不对。

请分析刘楠楠有哪些地方犯了错误以及她该如何改进。

二、实践训练

将学生两两分组，自行决定扮演角色，要求学生根据以下场景扮演，实际对话内容可自行发挥。小组讨论练习后挑选两到三个小组到讲台前进行实战演练，老师和其他同学给予评价。

1. 中午休息时间有一个无预约的客户忽然造访。
2. 领导在办公室巡视，来到你办公桌前交代一项任务。
3. 正在整理当月财务报表时，经理打电话让去他办公室一趟。

任务六　办公室人际关系之与领导的关系

【情境导入】

泰雨轩是博纳科技有限公司外联部的秘书，与李思睿共住公司分配的一套房子，两人私下关系还不错。相处久了，李思睿发现泰雨轩有一些小习惯，如“公私分明”，泰雨轩平时生活比较节俭，买东西擅长砍价还价，人送外号“小砍刀”，可她对待公司的东西就不那么节俭，购买工作用品从来不看价格，拿了就走；有几次李思睿与她下班回家，她都没关电脑，空调也时常忘关，李思睿提醒她，她满不在乎地说：“没事，反正花的又不是我的钱。”李思睿经常在住处发现一些公司的物品，如笔记本、原本应该寄送给客户的温泉门票等。泰雨轩还有一个习惯，喜好在背后议论她的领导——外联部的钱经理，常听她故作神秘地对自己说钱经理这两天和老婆冷战了，因为他忘了给老婆买生日礼物；钱经理今天和行政部的大美女去新开的日式料理店吃饭了等。而且泰雨轩不止对李思睿一个人说，办公室里常看见她和其他同事窃窃私语，钱经理常常成为大家茶余饭后最大的一个谈资。对待工作，泰雨轩倒是没那么积极，常常是拖到最后期限熬夜完成。终于，在公司年度考核中，泰雨轩得到一个“差”，被公司辞退。请分析其中原因。

【知识分享】

职场处处是学问，领导又是个人事业能够获得成功的关键人物，因此处理好与领导的人际关系成为每个职场人士都希望解决好的问题，甚至成为一些人在整个职业生涯中都孜孜不倦地专研的学问。处理好与领导的关系可以从以下方面着手。

一、摆正位置，尊重领导

领导和下级的地位不对等决定了职场办公一定要牢记的原则就是“谁是上级，谁是下级”。下级服从上级，这是基本原则，是下级的天职，是上下级之间良好关系的前提和基础。只有摆正关系，才能端正态度，处理好与领导的关系。下级尊敬上级，不仅表现在口头上，而且体现在行动中。

（1）对领导的尊重，首先表现为认真聆听上级的工作布置，服从上级领导的各项安排，坚决执行上级的正确指示，不要采取抗拒、排斥态度，努力完成上级布置的任务。切忌把上级的指示当作耳旁风，甚至阳奉阴违，口是心非。工作中有令不行，或敷衍领导，办事拖拖拉拉，不仅对工作不利，也会降低自己在领导心目中的地位。

（2）不超过自己的职权行事，恪守本分。一般情况下应该只向直接领请示和汇报情况，不能越级请示汇报，不应接受多头领导。没有获得授权，也不能代替领导或者其他同事行使本应属于他们的职权。

（3）设身处地地从上级角度想问题，换位思考，理解领导的难处与意图，不要强上级所难。当领导为难时，主动表示理解，并诚恳地作出自己的努力，减轻领导的负担，这会令领导高兴。当受到领导责难和批评时，要理解领导的出发点都是为了把工作做好。意识到：领导批评我，说明他对下属负责，希望我在工作上不出纰漏，做到最好。所以，要体谅领导，努力克制、缓解自己的对抗情绪。即使领导真的批评错了，也不能当面反驳，可以私下选择一个适当的时机说清楚，领导一定会对你有个好印象。

（4）慎重对待领导的失误。人非圣贤，孰能无过？领导也有考虑不周的时候，作为下属，不要借机显示自己高明，“喧宾夺主”，当众指出上级的错误，而应当讲究工作方式，在恰当的时候给领导台阶下，他心里会记住你的。如果错误不明显，其他人没有发现，则可以“装聋作哑”。如果领导错误明显，有必要纠正，最好寻找一种能使领导意识到而不让其他人发现的方式纠正，让领导感觉是自己发现了错误而不是下属指出的，如一个眼神、一个手势甚至一声咳嗽。

（5）给领导提建议时讲究方法，考虑场合。不要当众提建议，应该选择在领导不忙，心情较好，没有其他人在场的时候。提建议时不要急于否定领导原来的想法，而要先肯定领导的大部分想法，然后有理有据地阐述自己的见解或经过深思熟虑后的看法，供领导参考。这样做，对改进工作更有利。

（6）不要在背后议论、评论、指责领导的个人能力与基本决策。领导的隐私和缺点不能作为同事间茶余饭后的谈资，这是对领导人格的起码尊重。

（7）不当“小喇叭”。对于未正式公布的信息，即使知道了，也不要随便评论，更不能当作“独家猛料”四处传播。否则，既不利于单位的安定团结，影响单位形象，又会影响单位的决策，甚至机密。

（8）对领导的尊重体现于诸多细节。如见到领导，应该趋前打招呼。如果距离较远，不便呼叫，可注视之，目光相遇，点头微笑示意就可以。近距离相遇则用礼貌用语招呼。称呼领导时要使用尊称，与领导交谈时要使用敬语，同领导外出时勿忘对对方礼让三分。进入领导办公室应先敲门，报上名字，在得到领导允许后，方可进入领导的办公室。领导坐着时，从领导身前经过，一定要说“对不起”“不好意思”以表示歉意。下班时间到了，如果领导还没有离开办公室，自己先行离开时一定要跟领导招呼一下“对不起，我先走一步了”或者说“再见”。当有事不能及时赶到办公室或提早离开办公室，以及需要请假时，都应该自己写假条或打电话向领导本人报告，不要请家人或同事传话。领导布置任务或安排工作时应专心致志，洗耳恭听。进入办公室时如果对方正在讲话，要稍等静候，不要中途插话，如有急事需要打断讲话，也要看准时机，并且使用礼貌用语，如“对不起，有急事要打断一下你们的谈话”。讲话有分寸，不当面顶撞领导，也别在领导前说他人不对。领导接听私人电话时，尽量回避，可以替领导关上办公室的门。未经领导许可，不要随便翻阅领导办公桌上的文件。在公众场合，下级无论在形象上还是举止上都要维护好领导的核心地位，不应在风头上盖过领导。

对领导的尊重不等于害怕，更不等于巴结。与领导保持适度距离，既不能与领导过于亲近，也不能过于疏远。不卑不亢的态度才是成熟的表现。平等与领导交流意见，虚心接受领导批评,努力改进。在领导面前胆怯畏惧,缩手缩脚,大气也不敢喘一声,恨不得绕着领导走的下级,领导会认为是心虚,缺乏自信,不善沟通,一般不会重用提拔此类下级。

二、主动沟通,讲究技巧

作为人与人之间、人与群体之间信息、思想与感情的传递和反馈的过程,沟通存在于社会生活的各个角落。沟通对于职场工作不仅必不可少,而且非常重要,关系到信息的准确传达、良好人际关系的建立以及工作效率的高低。

按信息流动方向分类可分为上行沟通、平行沟通和下行沟通三种。与领导的沟通属于上行沟通。上行沟通既可以让领导了解和掌握工作进展情况,请领导提出指示意见解决所遇难题,又可以增加领导对你的信任度,向领导展现你的努力。

请示和汇报是最常见的与领导沟通的方式。养成“事前请示,事后汇报”的良好工作习惯是职场人应学会的“必修课”。请示与汇报必须讲究技巧。

(1) 完成任务前,特别是把握不准的事,不要擅自主张,而是及时向领导请示,等领导答复再开始工作,否则会出力不讨好,担任失败的责任,即使该问题处理得非常漂亮,还是会留给领导一个不好的印象。如果由于各种原因实在无法事前请示,那么争取第一时间做好事后汇报。

(2) 在完成任务的不同阶段,实事求是地向领导汇报工作,不能只报喜不报忧。确实无法按时完成领导交代的任务时,应及时向领导报告,说明缘由,切莫潦草完事。当工作中出现了比较棘手或严重的问题时,也应及时通报给领导,尽快让领导了解情况。千万不能越级去见别的领导。工作中做错了事,要学会自我检讨,千万不要找借口,推卸责任,更不能说“是您叫我这样做的”等。

(3) 汇报前充分准备,平时养成随时记录的良好习惯。要特别准备一个记事本,把领导布置的任务按照轻重缓急的顺序记下来,向领导汇报工作时按照记事本的顺序逐项汇报。汇报时注意言语,用词得当,声音不宜过大,有些不能在领导面前说的话要尽量少说。工作中要做到“少说话,多做事”,汇报时“脑子快,嘴巴慢”。汇报时也需要看领导的时间安排和心情,当领导心情不好或者当天很忙的时候,最好换个时间。

三、察言观色,读懂领导

一味埋头苦干,不懂得领导心思的员工不会获得领导的赏识,与领导的关系也不会融洽到哪去。只有在日常工作中细心留意，小心观察，了解领导的心，才是与领导融洽相处、赢得领导认可的关键。读懂领导包括以下方面。

（一）了解领导的管理风格

领导的管理风格表明他如何让管理员工实现组织短期和长远目标。熟悉这些是新工作的第一步。一般有三种管理风格：专制型、民主型、放任型。

1. 专制型领导

专制型领导要求他人绝对服从，在工作中发号施令，表现出雷厉风行的特征，即你被告知做什么、什么时候做以及如何做，不会征求你的观点和想法。因此，在工作中，你要明白服从第一的原则，少提甚至不提意见，按领导的指示完成工作任务。

2. 民主型领导

民主型领导注重集体智慧，鼓励你参与管理的过程，征求你的意见。民主型领导不会让你完全自由地工作，你必须要参与并提出想法帮助解决问题。和这种类型的领导相处，你要勤于思考，有自己的想法，善于表达自己的态度，并且具有合作性，富有参与意识。

3. 放任型领导

放任型领导对雇员采取防守政策，他只在雇员需要的时候做出相应的动作。这种类型的管理者只设定目标，由个人或工作团队决定如何实现目标。根据不同的工作或员工的水平，个人或工作团队会有不同方面的分工。在这种工作环境下，员工应有积极的态度，并且有决策、判断、组织的能力。

无论你的领导属于哪一种风格，你都必须调整自己的态度，以与领导相适应，与领导在同一跑道上奔跑，这样你就会少遇坎坷，前途光明。

（二）清楚领导的核心价值观

价值观是指一个人对客观事物（包括人、事、物）的意义、重要性的总评价和总看法。人的价值观一般是固定的，很难妥协，更不容易改变。有的领导很守时，所以最讨厌迟到的人；有的领导注重诚实，所以一旦你言辞闪烁，他就立刻动怒开骂；有的领导注重工作效率；有的领导看重工作态度；有的领导很注重勤俭……所以，进入公司后，你必须培养敏锐的观察力，找出并且认同、遵守领导的核心价值观，这样会有利于工作的顺利进行。

（三）了解领导的情绪反应

愉快与不愉快存在于每个人的生活中，这些都是人的一些情绪表现或情感体验，领导亦是如此。作为一名员工，应该洞察领导的情绪反应，什么事会让他高兴？什么事会惹他生气？什么事会让他焦虑？什么事又会对他产生压力？而当这些异常的情绪反应出现时，他会如何处理？一旦掌握了领导的情绪反应，你就知道应该如何避开雷区，该采取什么样的有效沟通方式了。

（四）接收领导的体语信号

以非文字语言来传情达意的通信手段，就叫“人体语言”，简称“体语”。人的种种动作、状态、表情等无声的“语言”，常常可以补充有声语言的未尽之意，帮助人们正确、完整地表达自己的思想，理解别人的心态。它已成为一把开启人际关系的重要钥匙。

例如眼神，俗话说颜面是“心灵的镜子”、眼睛是“心灵的窗户”。眼神是运用眼睛的神态来表达感情、传递信息的无声语言，在面部表情中，是最生动、最复杂、最微妙，也最富有表现力的。在一般面对面的谈话中，眼神接触通常占全部时间的50%—75%。作为一种沟通渠道，它最善于倾诉感情，沟通心灵，其功效绝不下于声音。

职场里的眼睛语言，其实能显示出一个人的真实情感。上下属之间的眼神交流，更能无声地传达出他们之间的关系如何、默契与否。因此，身在职场的你，必须领会领导眼里的含义。如果能读懂领导的眼神，你也就了解了领导一半。

每个人眼神所表达的含义有共通之处，为此，你得首先知道在一般情况下，眼神所代表的大概含义。一般而言，在与人交谈中，正视对方，表明对对方的尊重；斜视对方，表明对对方的蔑视；注视的次数多，表明对对方的好感和重视；注视的次数很少或不屑一顾，表明对对方的反感和轻视；如果是频繁而急促地眨眼，也许是表示羞愧、内疚，但也可能显示是在撒谎。

领导也是人，也有平常人的喜怒哀乐，他的眼神传达的意思不可能与平常人眼神传达的意思相差太远。只不过，由于身份地位的不同，领导对下属的眼神也许会有一些特别的暗示。比如，领导在说话的时候，从上到下打量你，则表明他占据优势地位，拥有支配的权力；领导友好地、坦率地看着你，甚至还眨眨眼睛，则表明他对你评价比较高或他想鼓励你，或者请求你原谅他的过错；领导用锐利的眼光目不转睛地盯着你，意味着他不相信你，希望从你那获得真实讯息；领导一边说话一边用眼睛瞥他的钟或表，表示他想结束谈话；领导闭上眼睛或者看别处不看着你，有两种可能：一是他不想评价你，想用不重视来惩罚你，另一种可能是他感到疲倦或者心烦。读懂了领导的眼神，你也就容易读懂领导的话语，不至于为他没有感情的指示而苦恼不已。

在职场工作中，将体语与口头语言、书面语言结合起来才能充分理解对方的真正含义，实现最有效的沟通。如听领导布置任务时，保持神情专注，眼睛平视（最好带点仰视）领导面部的公务区，配合点头，再做记录，这些动作会让领导觉得你在很认真地对待他布置的任务；在各种场合碰到领导，如果不是距离特别远或者领导正与周围人谈话，则应正面朝向领导，主动打招呼，配合神情自如的微笑，将对领导的尊重恰当表达出来。

四、尽职尽责，不断提升

对于领导而言，下级少说空话能干实事，尽职尽责地承担岗位责任，迅速准确完成任务就是对他工作的最大支持和最佳回报。要用工作实力和业绩换得领导的重视，克服各种不良习惯，如爱八卦、发牢骚、偷懒、好占小便宜等，积极主动地将注意力投入到工作中，了解熟悉业务，具备较强的创新意识与团队意识，做好本职工作，实际上就是主动地配合领导，就是为领导分忧，力争在领导心目中树立一个专业的职业人形象。

时代在进步，社会在发展，新的挑战不断涌现，面对日新月异的新变化，有远见的下级必须时刻牢记一句话：“远飞者当换其新羽。”固步自封，守着自己那么一点一亩三分地的知识与技能，终将被他人取代或者被职场淘汰。为谋求自己的上升发展空间，不断学习新的知识和技能，给自己充电，不断提升自己的含金量与竞争力，成为公司里不可或缺的人才，才能在公司站稳脚跟，再积极寻找恰当机会来显示自己的才华，取得事业上的“更上一层楼”。通过优异的工作成绩和良好的人际关系，让下级推选你，同事赞成你，领导提拔你。正如孔子所说：“不患无位，患无所立。”

【情境小结】

泰雨轩被辞退的原因在于不懂得遵守办公室礼仪，尤其是没有处理好与领导的关系。具体说起来，包括以下方面：

1. 肆意浪费，不爱惜公司财务。俗话道：“大河无水，小河干。”公司的财产其实也是大家共同的财产，浪费资源最终损害的还是全体员工的自身利益。开源节流、节能环保在现代社会依然有重要意义。所有职场人士都应该学习节约每一分公司资源，把节约当成一种习惯，从点滴做起，从细微之处做起。

2. 爱贪小便宜，偷拿公司物品。“物虽小，勿私藏；苟私藏，亲心伤。”公司里的任何物品，哪怕再微不足道，也是公司的财产，不应该挪为私用，否则会让人觉得手脚不干净，人品有问题。泰雨轩的做法更是不当，私吞客户物品的事一旦被客户知道了，还会连累整个公司的形象。

3. 热衷八卦，背后议论领导隐私。维护领导形象是对领导最起码的尊重。对领导的私事大发议论，并且四处传播，迟早会传到领导耳中，破坏与领导的关系，领导会觉得其不务正业，影响个人事业的发展。

4. 敷衍对待工作，不懂自我提升。将有限的精力用在工作上，任何岗位的员工都应该以完成领导布置的任务为最大己任，并且应该化被动完成为主动完成，这是一个施展才华、提高工作技能的机会。拖拖拉拉，敷衍塞责，只能让领导觉得能力不强，不足以胜任该岗位。长此以往，自己也就失去了继续学习、提升自我的能力与意向，变成混日子，终将被职场所淘汰。

【知识链接】

一、领导的类型

领导可以分为以下八类：

1. 平庸型。此类领导的特点为：缺乏工作领导能力，能力差还喜欢事事插手，不听别人意见。在这样的领导手下办事你会感觉很郁闷。他干什么事都会首先想会不会影响自己的位置，往往会畏首畏尾，跟这样的领导交往最好一板一眼，别想着什么创新了。

2. 优柔寡断型。做事前思后想，缺乏魄力。与这种领导相处，要多帮他出谋划策，实行民主投票制，群众意见为主，自己意见为辅，培养领导的冒险精神，树立信心，向领导暗示最佳决策，搞好与领导的关系。

3. 多疑型。此类领导的特点为：过分警惕每个身边的人。与这种领导相处，要及时向领导汇报工作情况，多与领导沟通，增强彼此之间的信任。积极配合领导工作，虚心接受他的意见,做到事前不忘请示,事后不忘汇报。自己不忘保持乐观稳定的情绪,提高自身修养。

4. “武大郎开店型”。此类领导的特点:认为自己是最好的,不能有人超过他(超己者莫入)。与这种领导相处,表现才能要有度,发挥自己的专长时,避免与领导的特长发生冲突。适当在某些方面表现“差”一些,谦虚谨慎,把功劳归于大家。

5. 宽己严人型。此类领导的特点:很难让他说一个好字,而且就算你尽力了,并自我感觉良好,他还是会随时提出小缺点来。与这种领导相处,要严格要求自己,理解领导的意图,严格按领导意图办事,不要过多过问领导的事,做好本职工作。多与领导沟通,能及时处理棘手问题,把功劳归功于领导的严格要求。在绝对服从领导的同时优化领导。和这种领导相处,你得力求完美、完美更完美。

6. 明智有为型。此类领导的特点:比较严厉,办事不拖拉,工作上的事有一说一,对事不对人。一般他认为你做得不对的,他也会随时提出。这种领导心怀一般是很宽阔的。与这种领导相处,要有主动性、创新性,把自己的才华以最好的方式表现出来,提高自我素质。积极配合领导工作,出谋划策,把握全局信息,及时反馈上级,承担大量的生活琐事,为领导节省时间,以提高工作效率。如果你的领导是这样的,那快跟着他养成良好的职业习惯吧!

7. 脾气暴躁型。与这类领导相处,一定要细心、耐心、不急不躁,多与领导沟通,尽量使他工作时心情处于良好状态,和他交谈时,态度要保持平和、有礼貌。在这种类型的领导手下做事,请记住一条,他发脾气的时候千万别吱声,以静制动,甘当领导的“出气筒”。

8. 低调狡猾型。如果大家工作中遇到这样的领导就要时刻小心了。你得学会从他的只言片语中找到他的要求以及他对你的评价。这就要求你在平时得多注意“少说话,多做事”。对于这样的领导,如果他主动找你谈心,千万要注意,不要对他说一句真话,尽量往套话上说。

(资料来源:http://wenda.so.com/q/1372262970065960? src=110,有改动)

二、测试:你对领导的体语信号了解多少?

办公室的身体语言通常有一定的目的和内涵,察言观色成为必学科目,然而,领导的身体语言最难解读。做做下面的测试,看你对领导的体语信号了解多少。

1. 他偶尔往上扫一样,与你的目光相遇后又朝下看,多次如此

A. 他讨厌你 B. 他对你吃不准 C. 他有重要的话要说

2. 他与你说话时,不点头,也不看你

A. 他认为你能力较差 B. 他认为你可以自己解决问题 C. 他心不在焉

3. 你汇报工作时,他久久地盯着你

A. 他希望你快速汇报完 B. 他很怀疑你 C. 他在等待更多信息

4. 他向室内凝视着,不时微微点头

A. 他在考虑你的意见 B. 他要你完全服从他 C. 他认为你说得对

5. 他一边跟你说话,一边快步向前走

A. 他相信你能做好　B. 他不太想搭理你　C. 他认为具体的问题有待商榷

6. 他从正面拍拍你的肩膀

A. 他对你表示赞赏　B. 他让你保重身体　C. 他内心轻视你

7. 你汇报工作时,他不停地翻动桌上的文件

A. 他对汇报不感兴趣　B. 重视你的汇报并找相关支持　C. 你的汇报正待考虑

8. 他坐在椅子上,舒服地将身体往后靠,双手放在脑后,双肘向外撑开

A. 他需要休息　B. 他对你很满意　C. 他认为自己比你强

评分:

题序 分值	1	2	3	4	5	6	7	8
A	0	10	0	5	10	0	10	5
B	10	0	5	10	5	5	0	0
C	5	5	10	0	0	10	5	10

分析:

80 分,你对领导的体语信号了如指掌,透过现象看到本质,对他的心理把握得独到而准确。

60 ~ 75 分,你能熟读领导的体语信号,能较好地理解他的心理,但有时会受自己情绪的左右,认识不够深入。

40 ~ 55 分,你对领导的体语信号有所了解,但悟性不够,反应也稍微缓慢,作出的判断常常表面化。

20 ~ 35 分,你对领导的体语信号欠缺了解,对他的心理认识有一定误区,容易因为紧张陷入被动境地。

0 ~ 15 分,你对领导的体语信号基本不了解,不懂捕捉他的心理,容易导致自己陷入尴尬境地。

【拓展训练】

一、案例分析

[案例]

这天是周六,晚上 8 点刘楠楠接到经理电话,要她帮他订一张周一上午从上海飞到深圳的机票。刘楠楠正在商场与朋友逛街,接到这个临时电话后老大不高兴,向朋友抱怨经理在非工作时间还安排任务,真是太不近人情了,想着等逛完街回家再订票应该不晚,就暂时把订票的事抛之脑后,高高兴兴地逛街。等刘楠楠提着逛街的胜利品回到家,已经是晚上 10 点了,刘楠楠这才开始订票,她发现周一上午从上海飞深圳的机票就剩贵宾舱了,而下午 1 点以后的经济舱有十几张票,刘楠楠想就差两三个小时,价格却相差很多,干脆为公司节省点吧,没准经理还会夸她为公司着想。她一看表,都 10 点多了,经理应该休息了,不

要打扰他了，就自作主张地订了下午1点的机票。等到了12点，刘楠楠刚睡着就被经理的电话吵醒了，经理问订票的结果，刘楠楠如实汇报了，结果经理在电话那头勃然大怒："谁给你权力决定的？你干嘛不打电话问问我？我要赶过去开1点的重要会议，现在你说怎么办？"刘楠楠不知道怎么回答。等经理怒气冲冲挂掉电话后，刘楠楠一夜辗转反侧，不知怎么办。

请分析刘楠楠的不妥之处并提出改进意见。

二、实践训练

将学生五人一组进行分组，要求他们针对以下情境展开讨论交流，轮流向教师和其他同学展示讨论结果，教师点评。

背景：刘敏杰是刚进公司的新秘书，刚进公司，他就听同事们说领导不好相处。刘敏杰有些紧张，他想通过各种途径了解自己的上司。

讨论提示：了解领导要注意策略。了解领导要注意了解的范围以及了解的有效途径，如果方法和途径选得不好，有可能弄巧成拙。

任务七　办公室人际关系之与同事的关系

【情境导入】

一次，涂经理要李思睿与财务部的吴姐一起出差去趟深圳，李思睿心里有点嘀咕。因为这位吴姐虽然资历深厚，经验丰富，办事能力强，但是在办公室一直以爱支使人闻名，自从李思睿进入博纳科技有限公司工作以来，她就找很多机会让李思睿做各种事情，李思睿自觉委屈，感觉自己就是她的一个跟班，像一个打杂的。更加让她无法忍受的是，有了吴姐做榜样，办公室有越来越多的同事开始支使她，她都快成为办公室"影后"了，成天帮他人复印各种资料。还有一次，她做的行政预算表计算被吴姐发现了失误之处，受到吴姐的严厉批评，并成为吴姐捏在手中的一个把柄。自此以后，吴姐时不时地把这件事拿出来说，李思睿烦不胜烦，但又不知如何应对。在这次的出差中，李思睿该如何处理与吴姐的关系？

【知识分享】

所谓人际关系，是指人们在各种具体的社会领域中，通过人与人之间的交往建立起的心理上的联系。良好的人际关系对一个人的工作、生活和学习是有益的；相反，不和谐、紧张、消极、敌对的人际关系则是不良的人际关系，对一个人的工作、生活和学习是有害的。

社会心理学的调查研究表明，良好的人际关系是一个人心理正常发展、个性保持健康和生活具有幸福感的重要条件之一。卡耐基经过大量的研究后说："一个人事业上的成功，只有百分之二十是由于他的专业,百分之八十要靠人际关系、处世技巧。”哈佛大学、卡耐基基金会和斯坦福研究所提供的调查报告显示,要保住工作或在岗位上得到晋升,85%取决于人际关系,而只有15%取决于技术知识和技能。此话也许说得绝对些,但也从另一侧面说明了良好的人际关系对成就事业的重要性。

和谐的人际关系是取得事业成功的宝贵财富。很多任务只有与同事并肩作战才能顺利完成,因此,必须有意识地培养自己建立融洽的同事关系。同事是与我们每天共处一室的人,与他们接触的时间甚至要多过我们的家人。但如果彼此之间更多的是各自为营甚至相互抱有敌意,那么每天的上班就是一种不得不面对的煎熬了。恶劣的同事关系除了降低工作效率外,还会让你的心理受到创伤。只有主动接纳同事,与他们相处融洽,才能发挥一加一大于二的团队功能。能处理好同事间的人际关系也是现代职场人士的重要素质。

一、尊重同事,注重细节

“礼仪周全能息事宁人”,不管同事资历深浅、学历高低,都要以礼相待,相互尊重。

(1)尊重同事体现在很多细节方面,如要学会在公司里正确称呼领导、同事、客户,尽快记住所在部门每个人的名字。在每天上班或者在单位的任何地方,碰到同事、熟人都要主动打招呼,一声友好的问候会给自己和他人带来好心情。对待公司里的资深人员,不能一概以“直呼其名”“勾肩搭背”“平起平坐”的态度相待,而应表示出尊重,称呼上可用“老师”“先生”“某老”等。对年长的同事要多学多问、多尊重。

(2)在别人的办公室里,要等人示意后才能入座。如果有电话打断了你们的谈话,应该通过手势示意是否回避。

(3)不要随意将文件、茶杯等物品放在他人桌子上,要先征得别人的同意。同样,别人桌上的文件、办公用品等也不能随意翻看。同事不在或未经允许的情况下,不要擅自动用别人的物品。如果必须动用,最好有第三者在场或留下便条致歉。向同事借任何东西都应尽快归还,东西要完好如初,小到一支笔,大到一台电脑,都应整洁、完整地摆放在原来的地方。不要忘了以口头或文字方式表达你的谢意。虽然同事没有指出你自己的错误,或是没有表明自己介意你这样,但是长此以往,却很有可能成为你们感情破裂的导火索。

(4)多对同事微笑,“微笑是最完善的礼仪”,不苟言笑,成天拉长着脸,或者摆着一副苦瓜脸的模样,不会有人愿意接近你。多赞扬同事,“人人需要赞美,你我都不例外”,为自己和同事营造一个团结、友好、文明、愉快的办公环境。

(5)注意等距离交往,对待所有同事尽量保持平衡,不要厚此薄彼,区别对待,不要过分亲近某一个或者疏远某一个。工作时摒弃私情,不把个人好恶、私人感情带到工作中来。办公室内不划党派、建立小集体,否则这些庸俗的做法会招来其他人的不满和反感,影响整个办公室氛围,最终影响工作质量。

二、真诚待人,谦虚谨慎

同事之间相处的时间很长,虚伪造作无法建立融洽的关系,唯有真诚待人才能换来别人的真心相对。

正常的同事关系,应该是君子之交。这就要求彼此之间豁达大度,坦诚相待,相互信任。苏东坡曾经说过,“服人以诚,不以言”。人与人之间最大的信任来自诚实无欺,同事之间也应真诚相待。对同事虚情假意,不讲诚信,必然会失去对方的信任,甚至伤害对方。

真诚待人并不意味着毫无保留,有时候说实话也是需要讲究技巧的。如一位男同事刚从洗手间出来,你发现他的西裤拉链没有拉好,你就不能当着其他人的面大声说“某某,你的裤子大门开了”,这会引起其他同事的嘲笑,尽管可能是善意的,但男同事会尴尬不已,甚至怀恨在心,你们之间的关系还能好吗?服装不整洁是事实,但如果你把事实换成善意的提醒,效果会更好,如“某某,你这条裤子穿着真合身啊”,男同事在高兴之余,低头看看会发现自己的失误,也会因为你替他留着面子而感谢你。

谦虚谨慎,不在办公室里炫耀自己,无论你在学校的专业成绩有多么优秀,或者在原来的公司有多么出色,都应保持谦虚谨慎的作风,切忌在工作中使用“这个你不懂”等狂妄的话语。要虚心待人,向其他同事学习,做到取长补短。要真正地视同事为良师益友,虚心向对方请教学习。在同事面前,任何时候都要力戒自高自大,目空一切,忘乎所以。对同事指手画脚,盛气凌人,简单粗暴,都是不行的。当工作上出现问题,如工作不顺利,对领导、同事有意见有看法时,也不要在办公室里向其他同事坦露,或者指桑骂槐,要学习客观地分析问题,智慧地化解危机。

三、团结协作,勇于承担

信息社会的发展,网络世界的到来,使世界变小,地球越来越村落化。人们生存、生活发展的空间相对变小,人际交往的频率加速。这一切使团结协作的重要性更加突出。综合世界各行各业成功的事例来看,一个成员间“老死不相往来”,各干各的团队很难完成工作任务,更谈不上取得事业上的成功。

因此,职场人士必须保持团队意识,在双方相互信任和交流沟通的基础上与同事密切合作,做好分内工作,与同事同心协力、相互协作、相互支持,主动融入团队,不要自以为是,独来独往,游离在团队之外。这样做除了会让自己没有团体归属感,感觉越来越空虚以外,还会受到其他同事的排斥。

与人合作取得成绩后,大家共同分享功劳,切忌处处抢着争功,将大家的成果占为己有。“见困难就让,见荣誉就上”的人是大家唯恐避之不及的。同样,当任务无法顺利完成时,客观冷静地分析原因,切忌将责任推得一干二净,要勇于承担责任,对自己的失误或同事间的误会,应主动道歉说明,求得大家谅解。

四、少说多做,拒绝八卦

大自然赋予人一条舌头和两只耳朵,为的是让我们多听少说。与其将时间花在与他人的闲聊中,不如脚踏实地地解决问题。况且言多必失,说不定哪句话哪个词没有用好就造成误解,给自己带来不必要的麻烦。用实际工作成绩换得同事和领导的认可才是明智的做法。

“彼说长,此说短,不关己,莫闲管”,不要当面说别人的长处，背后说别人的长短，不管自己的是非，不要无事生非。背后议论人，传播小道消息抑或八卦新闻好像是人类的本性。这么做看似分享秘密，能够形成小团体，但是实则伤害同事间的信任，破坏整个办公室环境。别人跟你谈论他人的时候，要告诉他找当事人当面去谈或者向上级报告。记住，听别人散布八卦新闻就意味着你默认八卦者的意见——不论你是否表达了这个意思。

不在背后议论或窥探同事的隐私或秘密，不要问及同事的学历、工龄、待遇、家庭等问题。

五、用语文明，拒绝"三 C"

同事之间虽然地位平等，但同样要多使用文明礼貌用语。俗话道"礼多人不怪"，在办公室里与人相处友善，讲话态度要和气。在工作中多用"对不起""劳驾您""请恕冒昧""谢谢"等用语。与人交谈，注意对方的情绪。挫伤对方情感的话不讲，对方不爱听而又不涉及必要内容的话少讲，对方一时接受不了的话不急于讲。"言语忍，忿自泯"，虽然有时大家的意见不能够统一，但有意见可以保留，对于那些原则性不很强的问题，大家在言语上包容忍让，没有必要争得你死我活。如果一味好辩逞强，会让同事们敬而远之。自动杜绝市井气浓、下流肮脏的话。注意避免"一言堂"，不要只是自己一个人讲，也给他人讲话的机会，与多人交谈时，不要只与其中一两个人说话而不理会在场的其他人。

谈话要自然随意，不要心不在焉，爱答不理的，也不要忸怩作态或哗众取宠。当同事们大讲笑话，笑得前仰后合时，切勿板起脸孔，即使笑话并不能让你大笑，也微笑一下，以表示对他们的尊重。如果要开玩笑的话一定要注意对象和场合，与长者、前辈和不太熟的同事开玩笑是不恰当的。当同事在专心处理一项事务时，不要要求人家和你说话，打扰大家。

语言得体还包括禁用"三 C"用语。"三 C"是指批评（Crticizing）、责难（Condeming）及抱怨（Complaining）等。

人非圣贤，孰能无过，当同事工作出错或说话出错，如果使用批评性语言则容易伤害对方的荣誉心与重要感，从而产生不快或怨恨心理，他迟早会以牙还牙。至于贸然给人责难，更是势难获得对方的认同或接受，而常常形成反唇相讥、不欢而散的结局。

再者，向人抱怨更是令人生厌，且是最不受欢迎的行为。无论是何种原因造成的生活或工作不顺，努力保持积极心态面对，别天天发牢骚，四处传播痛苦，这样不仅对于问题的解决于事无补，而且会给他人造成负面的情绪环境，同事没义务成为你"情绪的垃圾桶"。如若是工作原因造成的不顺，则更不应该埋怨同事，推卸责任，多从自己身上找原因，否则大家都会对你敬而远之。与其怨天尤人当个"祥林嫂"，还不如自立自强、发奋图强，以换取别人的肯定与重视。

因此，与人尤其是与同事相处时，必须避免使用"三 C"用语，以免破坏彼此良好的人际关系。谦和、委婉、诚恳的语气也是必要的，避免冷漠和傲慢的态度，不用反问句和带有嘲讽意味的语言。

六、表达关心，适可而止

办公室是一个为了达成共同目标的次级群体，具备效率性、正式性等特征，但也绝不是一个毫无人情味的"冰窖"，而应该是一个充满了温情与关怀的场所。对于同事，在工作上、生活上要给与热忱的关心。既要讲事业，也要讲友情，相互体贴。尤其是当他们遇到困难时，要及时表示关心。一句寒暄问暖或关怀问候的话，也会令人受用不尽，并赢得同事的接纳与好感。对处于困境中的同事，应尽一己之力，为其排忧解困。同事住院、受伤或者生病，应邀请其他同事对他表达真切的慰问，不要光送一束花或一篮水果了事，还要有表达关心的具体行动，如向对方讲述办公室最近发生的事情，或者送一张全体同事签名的慰问卡。相信这份心意会打动同事，会获得对方的由衷感激与善意回报。美国思想家艾默生曾说："您能诚心地帮助别人，别人一定会帮助您，这是人生中最好的一种报酬。"这也说明助人是换取别人助自己的先决要件，同时也是建立良好人际关系的基础。因此，要与人尤其是与同事或朋友建立互助合作的良好关系，就应用心尽力关心、帮助他们。

但是，凡事都有一个度，都应该在合适的范围内。处理自己与同事的关系时，要拿捏好分寸，防止热情"越位"，因为与同事相处时间很长，难免遇到利益之争和矛盾冲突，容易伤害双方感情；更不能强人所难，甚至干涉对方的私生活，避免引起对方的反感。

七、珍视友谊，勿重利益

一起工作时间较长的同事之间，必然会因相互了解的日益加深和志趣、追求、个性等方面的相近而建立起友谊。这不是以金钱、物质来衡量的，是真正重情谊、轻利益的，是高尚的。

庄子曰："君子之交淡如水，小人之交甘若醴；君子淡以亲，小人甘以绝。"意谓君子之交淡如清水却日渐亲近，小人之交甜如蜜糖反而疏远分离。这是由他们的基础和出发点不同所决定的。君子之交是以感情和共同的志趣作基础的，是为着共同的理想和追求而结成的友谊，所以能够长久；小人则是以实用主义态度交友，有利则亲密无间，无利则白眼相见，因而往往不能长久。

同事之间应当珍重情谊，轻视利益，做君子不做小人，这是不言而喻的。不能用"势利眼"看待同事关系，对有名誉、有地位、有权力的同事就殷勤，表示友好，对有挫折和困难的同事则避而远之；认为对自己有用的就不惜血本地巴结，对暂时用不上而将来有所求的则若即若离地维持；肯定对自己无用的，则置之不理；对过去有用，以后不再有用的则忘之九霄云外，似乎不曾相识。这种实用主义的交友法会受到人们唾弃。

俗语说："如果你想破坏友谊，只要借钱给对方就行了。"同事之间尽量减少经济往来，不给他人制造麻烦就是最好的尊敬，现实生活中，有不少由于借钱还钱而使同事朋友反目成仇的实例。但在无法杜绝金钱往来时，可以注意以下几点：

第一，亲兄弟，明算账。同事之间金钱往来，把账算清楚很有必要，不必在这个问题上自视清高，仿佛君子不谈钱。在同事面前既不要充大方，也不要过于吝啬。

第二，好借好还，再借不难。在日常生活中，会遇到一时难以拿出大笔款项而需向亲朋好友或同事借用的情况。对此，应当注意借款要量力而行，而且借贷期不宜过长；最好按时偿还，而且一次还清，以免遗忘或记错。如若不能及时归还，应向对方说明情况。有意无意地占便宜会引起别人的反感，破坏友谊，影响同事关系，甚至伤害自身信用。

第三，有来有往，礼轻人重。请客送礼，行贿受贿不等同于正常的礼尚往来。同事之间逢年过节或有可庆贺之事互赠一些纪念品或礼物以表情意是必要的。但情意的深浅，不在于礼物的轻重，全在于你是否一片真心。礼尚往来分为两种：一是精神上的礼尚往来。当你遇到了喜庆之事，同事或朋友表示祝贺或在你遇到困难别人表示慰问时，对这些好意你应有所反应，也应回报以相应的礼貌，不要认为是理所应当的。当别人遇到了同样的事情时，你也要表示衷心的祝贺或同情，而不要熟视无睹。二是物质上的礼尚往来。亲友或同事若有结婚、乔迁喜事，应当送些小礼物，以表心意。礼不在重，只要适当。特别是你曾受过人家的礼物时，更不要忘记这一点。

总之，同事之间在经济上要慎重，切忌见利忘义，占别人的便宜。钱财乃身外之物，切不可为了些许小利而丧失了自己的人格，牺牲了与同事的友谊。也就是说，同事之间应当重情谊，轻利益。

【情境小结】

就如同无法选择父母一样，在一个公司里，每个人也很难选择自己的同事。每个同事都有自己的性格和行为模式，这是他人无法决定和改变的。但在职场，同事关系又一定要处理好。具体说起来，李思睿可以这样做：

1. 调整心态。无论是在哪个公司，打杂跑腿是每个职场新人的必做功课，每个人都是从那个阶段过来的，不必对此有太多怨气，而要把这当成赢得上级和同事们好感与信任的捷径，也是深入了解公司和岗位的方式，权当是磨砺自己的过程，等到自己的业务能力提高了，做出了成绩，别人也就不敢太多支使你了。

2. 谦虚谨慎。经验丰富的前辈是公司的财富，李思睿应该抱着谦虚的态度，多找机会向吴姐讨教。口甜手勤，主动找些事情做，赞美的话可以适当多一些。没有人不喜欢被赞美的，让对方感觉好也就是给自己营造良好的环境。对于那次的失误，李思睿不妨借这次的出差机会，坦诚地向吴姐道歉，并借机向她“取经”。

3. 积极互动。任何一份人际关系，都是通过互动来完成的。这次的出差其实提供了一个绝佳的互动机会，可以先从谈话开始，俗话说“话不投机半句多”，李思睿可提早做些功课，了解吴姐的喜好，然后再制造一些共同话题，让两人的关系逐渐“去职场化”，如知道吴姐爱好烹饪，可以多就厨艺问题请教她；再者，可以从行动上表达，如主动帮吴姐拎拎包，张罗吃饭结账，办理住房退房手续等，投其所好地送点小礼物也不错。

【知识链接】

一、测试：工作中你是否善于合作？

如果有一天你在山中迷路，远远地看到有模糊的车灯向你接近，你希望它会是什么车呢？

A. 普通的小汽车　　B. 摩托车
C. 出租车　　D. 大卡车

答案：

A：工作中的你比较喜欢独善其身，凡事以自己的立场为出发点，较为主观。建议你多多注意团队合作，参考他人意见，利于团队合作。

B：工作也可轻松愉悦，大家就不能像一家人一样无私地互相帮忙吗？这是你的想法。所以，平时你就很在乎大家在工作中的互动关系，喜欢集体活动。只要大家交情够，说起什么事来都很方便，不是吗？

C：你是个做事只看成果，不看人情的人，虽然平常也可能和同事打打闹闹的，但是就工作而言，公私分明，绝对没有混淆的道理。所以，自己的事情一定要做好，至于攀关系，还是免了吧。

D："大个"好用，这是你用人的标准。基本上不会过多考虑对方的能力，只是你会希望他什么都愿意做，而且又不会有心眼（太聪明就会玩花样，就是你最顾忌的），至于艰难的事，你还是喜欢亲力亲为。

二、办公室与同事交往的七大忌讳

在职场上经历比较多的人，可能会对"办公室政治"有比较深刻的感触。什么是办公室政治呢？简单地说，就是大家在办公室相处时的一些原则和忌讳，不该说的话不能说，不该做的事也不要做。办公室就像是一个小社会，同事就是这个小小社会的成员。如同社会上人际交往存在一些忌讳一样，同事之间的相处也存在一些忌讳的地方。忽视这些，你的同事关系就容易出现问题。

在与同事的相处中，有一些行为的危害是比较严重的。这些不恰当的行为往往会破坏你在同事中的形象，或是引起同事对你负面的看法。因此，记住这些必须避免的做法，这关系到如何与同事交往。

一忌拉小圈子，互散小道消息。办公室内切忌私自拉帮结派，形成小圈子，这样容易引发圈外人的对立情绪。更不应该的是在圈内圈外散布小道消息，充当消息灵通人士，这样永远不会得到他人的真心对待，只会对你惟恐避之不及。

二忌情绪不佳，牢骚满腹。工作时应该保持高昂的情绪状态，即使遇到挫折、饱受委屈、得不到领导的信任，也不要牢骚满腹、怨气冲天。这样做的结果，只会适得其反，要么招同事嫌，要么被同事瞧不起。

三忌趋炎附势，攀龙附凤。做人就要光明正大、诚实正派，人前人后不要有两张面孔。领导面前充分表现自己，办事积极主动，极尽溜须拍马的功夫，同事或下属面前推三阻四，爱理不理，一副予人恩惠的脸孔，长此以往，处境不妙。

四忌逢人诉苦。把痛苦的经历当作一谈再谈、永远不变的谈资，不免会让人退避三舍。忘记过去的伤心事，把注意力放到充满希望的未来，做一个生活的强者。这时，人们会对你投以敬佩多于怜悯的目光。

五忌故作姿态，举止特异。办公室内不要给人新新人类的感觉，毕竟这是正式场合。无论是穿衣还是举止言谈，切忌太过前卫，给人风骚或怪异的印象，这样会招致办公室内其他人的耻笑。同时，也会被人认为没有实际工作能力，是个吊儿郎当、行为怪异的人。

六忌过分表现。你可能会很不解:积极难道也是一种错?这倒也未必。积极基本上是值得鼓励的,除非太过火以至于激起公愤。譬如,看到同事聚在一块,非得凑过去,生怕漏掉什么重要消息,明明没你的事却老想插手,喜欢发表长篇大论,诸如此类,对分内的事积极绝对值得赞赏,但若是积极过头了,就可能招致人际关系恶化。

七忌办公室友谊。办公室是公事公办的地方,绝对不是玩感情牌的好地方。心肠太好、太为人着想、太顾及别人的感受,只会妨碍自己做事。对下属太好对方会恃宠生娇,没大没小;对其他同事太信任,最终你只会发觉自己身受背叛。

同事之间要保持良好关系,但关系良好就够了,不必要好到结成同党,共同进退。最荒谬的办公室事例是一个职员被解雇了,他的好朋友立即递了辞职信,大有你走了,我留在这里也没意思之意。

记着,只要你跟某同事结了党,他的敌人也立即成了你的敌人,他的朋友却未必会跟你做朋友。从这条公式看来,与人过往甚密并不划算。

三、日常谈话要掌握三大分寸

在办公室里,同事每天见面的时间最长,谈话可能涉及工作以外的各种事情,讲错话常常会给你带来不必要的麻烦。同事与同事间的谈话,如何掌握分寸就成了人际沟通中不可忽视的一环。

1. 办公室不是互诉心事的场所

有许多爱说话、性子直的人,喜欢向同事倾吐苦水。虽然这样的交谈富有人情味,能使你们之间变得友善,但是研究调查表明,只有不到1%的人能够严守秘密。所以,当你的个人危机和失恋、婚外情等发生时,你最好不要到处诉苦,不要把同事的“友善”和“友谊”混为一谈,以免成为办公室的注目焦点,也容易给老板造成问题员工的印象。

2. 办公室里最好不要辩论

有些人喜欢争论,一定要胜过别人才肯罢休。假如你实在爱好并擅长辩论,那么建议你最好把此项才华留在办公室外去发挥。否则,即使你在口头上胜过对方,你也损害了他的尊严,对方可能从此记恨在心,说不定有一天他就会用某种方式还你以颜色。

3. 不要成为“耳语”的散播者

耳语,就是在别人背后说的话,只要人多的地方,就会有闲言碎语。有时,你可能不小心成为“放话”的人;有时,你也可能是别人“攻击”的对象。这些耳语,比如领导喜欢谁,谁最吃得开,谁又有绯闻等等,就像噪音一样,影响人的工作情绪。聪明的你,要懂得,该说的就勇敢地说,不该说就绝对不要乱说。

(资料来源: http://wenku.baidu.com/view/b35290ef102de2bd9605886e.html,有改动)

四、职场人的类型

哈佛大学公关学教授史密斯·泰格总结了不同职场人的类型:

1. 自私自利型

这种人一般缺少关爱,心里比较孤独。他永远把自己和自己的利益放在第一位。如果你要他做些于己不利的事,那你便难以和他沟通了。和这种人相处,你必须从心灵上关注他,让他感受情感的温暖和可贵。

2. 生活散漫型

这种人缺乏理想和积极上进的心,在生活中比较懒惰,工作上缺乏激情。和这种人相处,你只有用激将法把他的斗志给挖掘出来。

3. 深藏不露型

这种人自我防卫心理特强,生怕你窥视出他内心的秘密,其实,这是一种非常自卑的表现。你想了解他的为人和心理,不妨和他坐在一起多喝几次酒,让他酒后吐真言。

4. 无私好人型

这种人因为他们的确是天底下最善良的人,所以往往容易被人忽视,他们不会坏你的事儿,所以你可能也会忽视或者拿他们不当回事。但如果那样的话你就错了,其实他们才是你可以真心相处的朋友。

5. 固执己见型

这类人一般观念陈腐,思想老化,但又坚决抵制外来建议和意见,刚愎自用,自以为是。对待这种人,仅靠三寸不烂之舌是难以说服他的。你不妨单刀直入,把他工作和生活中某些错误的做法一一扩大列举出来,再结合眼下需要解决的问题提醒他将会产生什么严重后果。这样一来,他即使当面抗拒你,内心也开始动摇,怀疑起自己决定的正确性。这时,你趁机摆出自己的观点,动之以情,晓之以理,他接受的可能性就大多了。

6. 傲慢无礼型

这种人一般以自我为中心,自高自大,常摆出一副盛气凌人、惟我独尊的架势,缺乏自知之明。和这种人打交道或共事,你千万不要低三下四,也不要以傲抗傲,你只需长话短说,把需要交代的事情简明交代完就行。如果求他办事,那就另当别论了。

7. 毫无表情型

这种人,就算你很客气地和他打招呼,他也不会做出相应的反应。按心理学中所说,叫无表情。无表情并不代表他没有喜怒哀乐,只是这种人压抑住了激情,不表露出来罢了。所以,对于这种人,你无须生气,只需把你想说的继续往下说,说到关键时刻,他自然会用言语代表表情。

8. 沉默寡言型

这种人一般性格内向,不善交际与言辞。但并不代表他没话说。和他共处,你需要把谈话节奏放慢,多开掘话题。一旦谈到他擅长或感兴趣的事,他马上会“解冻”,滔滔不绝地向你倾诉起来。

9. 行动迟缓型

这种人一般思维缓慢,反应迟钝。和他做朋友可以,和他共事,就不是理想的搭档了。

10．草率决断型

这种人乍看起来反应敏捷，常常在交涉进行到高潮时，忽然做出决断，缺乏深谋远虑，容易做出错误判断。和他相处最好的办法就是经常给他泼泼冷水，让他保持清醒的头脑，切莫感情用事，草率作决定。

11．过分糊涂型

这种人有点精神分裂倾向，做事时注意力不集中，记忆力低下，理解能力不够。这种人和行动迟缓者一样，不是理想的共事伙伴。但交朋友，这种人很有人缘。

12．家庭妇女型

这类人不仅指女性，有一部分男性也很“妇女”。这种人，上班一进办公室就把家里昨天晚上直到今天早上发生的事一五一十地跟办公室里的人讲。如果实在没什么说的，就跟你重复昨晚的电视剧。单位的事情没有他们不知道的，张家长李家短的，手里做着工作，嘴上也不闲着。遇见分个福利什么的，他们会尽挑好的往自己那里拢。这种人让你心烦，在你心情不好时，听见他们在你耳边嗡嗡，可能会让你恨不能骂两句才解恨。不过你千万不要发火，这样的人，你少接他们的话就是了，他说什么你全当没有听见。这样的人，在关键时候不太会说你的坏话，还可能说你的好话，因为他们比较有同情心。

13．搬弄是非型

这种人与前一种类型的人相比有质的不同。他们可能嘴也不愿闲着，却是到处打听周围人的隐私，并乐于制造、传播一些谣言，企图从中获得些什么。而且，在他们的心中，任何人都不在话下（领导除外），而他们自身却没有什么所长。这种人让你讨厌，但他们并不可怕。所以，你也不必如临大敌，与他们计较。只要他们说的构不成诽谤，又能伤着你什么呢。

14．欺负新人型

这种人的思想，其实在我们每个人的身上都多少有一些。他们对待新到的人，不管性别、年龄怎样，都要有相当长的一段时间里拿你不当回事，指使你做这做那，尽是些“下活”。这种人并非真正的坏人，至多算个素质低下的“小市民”，只要他们做得不过分，我劝你还是忍了，过了一段时间，他们自然会接受你的。不过你如果不愿忍，或者说没有那么长时间的耐性，你也不妨抓好时机，奋起反击他们一两次。而这种人一般都是欺软怕硬的，只要你反击，十有八九他们会不敢再怎么样你了，他们的矛头很快会指向下一个新来的人。

15．性格古怪型

这种人多半是天生的，有很大的遗传因素在里边，但他们不势利，也不愿与人同流合污。你可能会莫名其妙地与他们“遭遇”冲突，但不要记恨他们。他们一般是事情过去了也就算了，会仍然像从前一样对你，所以，你不要企图去改变人家什么，当然，人家也不想改变你什么。对这种人，注意不要做过深的交往，也不能对他们有过激的行为和语言。

16．清狂高傲型

这种人谁也看不起，包括自己的顶头领导。他们处处要显得与众不同，比别人优越，他们上知天文，下知地理，刚刚在报上读到的知识或者奇闻，就会当自己的知识当众卖弄。其实这种人的内心有着深深的自卑，他们多半是目光短浅的人，没有见过什么大世面。对这种人，你根本用不着与之计较，他喜欢吹嘘自己，那就由他去吧。就是他贬低了你，你也不要去与他们较量。

17. 阴毒恶人型

这种人是你最应该引起注意的人。这种人不多，但几乎每个集体里都会有。而且这种人，不与他一起工作过一定长的时间，是不可能发现他们的阴毒的。他们绝大多数是以其反面出现的。你刚与之接触时，他们非常热情主动，并会积极地为你解决一些小困难，而且为你想得很周到，也表现出来真是为了帮助你的样子，客观上也能达到使你好的效果。但是，这里有个前提，你不能侵犯他们的利益。你侵犯了一点，他们可以忍让，甚至他们也会自己牺牲些小小的利益，比如一定量的金钱，一定量的时间，但是，关键时，你是绝对不能占他们的便宜的，也绝对不能走在他们的前边，比如晋级、加薪等。否则的话，他们会立即拉下脸来，与你拼个你死我活。这种人很难对付，因为他们一般早已以他们的假象取得了领导的信任，你如果没有强大的实力，是万万不能与之争斗的。如果你发现了这种人，最好是少招惹他们，但敬而远之也不行，因为他们才是真正的“小人”，“近之则不逊，远之则怨”。最好的办法是与他们办事时，多装糊涂，让他们看不起你，觉着你对他们没有什么威胁。如果你真想与他们争斗一番的话，你必须越级向更高层领导反映他们的恶行（因为直接领导已被他们抓在了手里，领导更相信他们而不相信你，欠水平的领导还可能把你的话传到他们的耳朵里），同时还要有一旦不成立即离开他们的准备。不过这样你的损失可能就要大些了，但是这总比你与他们在一起耗着强，因为你是绝对耗不过他们的。

（资料来源：http://www.yuloo.com/qiuzhijiuye/news/1206/927644.shtml，有改动）

【拓展训练】

一、案例分析

［案例］

刘楠楠是个“话痨”，喜欢在办公室和其他人聊天，有时自己的任务完成了，就拉着别人说个不停，从明星绯闻八卦、商场打折到某某领导或同事的桃色新闻。同事碍于情面，没有当面说破，但是开始慢慢疏远她。一天休息时间，大家吃完午饭聊起了一则新闻，刘楠楠见机赶紧凑过去，大发议论，由新闻中的主人公感慨道“某某省的人真是野蛮人，没文明，没素质，死也不会和这个省的人交朋友。”刘楠楠没有注意到，聊天人中的汪姐脸色越来越难看。聊完天，大家都散去，汪姐办公桌上摆着的一个相框引起了刘楠楠的兴趣，她拿起相框端详照片，夸张地说道：“Oh, my God，这个男的也太难看了，他是谁？”汪姐非常不悦，回答道：“我的未婚夫。”刘楠楠自知情况不妙，还想挽回局面，进一步套近乎：“他是哪里人？”汪姐强压怒火：“某某省人。”刘楠楠尴尬不已，借口溜走。自此，汪姐对刘楠楠的敌意很明显，不仅对她爱答不理的，而且在工作方面也处处为难她。刘楠楠为此非常苦恼：“不就那一次说错话了吗？”

请分析刘楠楠的不妥之处并提出改进意见。

二、实践训练

将学生五人一组进行分组，要求他们针对以下几种情境展开讨论，轮流向教师和其他同学展示讨论结果，教师点评。

情境一：作为一名新人如何快速与同事建立良好关系？

情境二：被领导安排与一个看自己不顺眼的同事合作一个项目怎么办？

情境三：如何与一个爱争功、爱出风头的同事合作？

学习情境三 商务礼仪

幸福不在万物之中，它存在于看待万物的自身态度之中。如果你接受幸福的态度不正确，即使置身于幸福的环境中，你也会离幸福越来越遥远。

——本杰明·富兰克林

任务一 拜访礼仪

【情境导入】

天泰公司是一家生产环保设备的公司，市场部小李明天将初次拜访客户。小李通过一些途径了解到这位客户的性别、年龄、兴趣，并通过电话联系确定了拜访的时间和地点。小李带上了印有公司 logo 的优盘作为初次见面的礼物。

你认为小李拜访之前的工作以及对拜访礼物的挑选是否恰当？

【知识分享】

在人际交往过程中，相互拜访是常事，如果懂得拜访礼仪，无疑会为拜访活动增添色彩。在拜访之前要明确拜访的类型。拜访可分为三种类型：一是因礼尚往来而进行的礼节性拜访；二是为工作而进行的事务性拜访；三是为沟通情感而进行的私人拜访。

一、拜访前礼仪

无论何种拜访，在拜访前要做好以下工作：

(1) 拜访之前需提前预约，这是最基本的礼仪。一般情况下，应提前三天给拜访者打电话，简单说明拜访的原因和目的，确定拜访时间，经过对方同意后才能前往。

（2）拜访应选择恰当时机。事务性拜访，应选择上班时间，但不宜星期一一大早去拜访。礼节性拜访可选择对方上班时间比较空闲的时间，不宜逗留过久。私人拜访，应选择对方休息时间，不宜在对方用餐、午休、晚休时间进行拜访，一般来说，下午四五点或晚上七八点是最恰当的拜访时间。

（3）拜访的目的。拜访必须明确目的，出发前对此次拜访要解决的问题应做到心中有数。例如，你需要对方为你解决什么，你向对方提出什么要求，最终你要得到什么样的结果等，这些问题的相关资料都要准备好，以防万一。

（4）拜访的礼物。无论是初次拜访还是再次拜访，礼物都不能少。礼物可以起到联络双方感情、缓和紧张气氛的作用。所以，在礼物的选择上还要下一番苦功夫。选择的礼物要符合对方的兴趣、爱好及品位，尽量让对方感到满意。

二、拜访中礼仪

（1）守时守约。如果事先约好，必须严格守时，因为对方已对这段时间做出了安排。如确因意外情况而不能赴约或需要改期，也要事先通知对方，并表示歉意，因为失约或迟到均属不礼貌行为。

（2）敲门或按门铃。不管是到拜访对象家里还是到者办公室，事先都要敲门或按门铃，等到有人应声允许进入或出来迎接时方可进去。不打招呼就擅自闯入，即使门原来就敞开着，也是非常不礼貌的。

（3）物品的搁放。拜访时如带有物品或礼品，或随身带有外衣和雨具等，应该搁放到主人指定的地方，而不应当乱扔、乱放。

（4）要注意行为礼节规范。商务拜访中，要清晰、有礼貌地自报家门、所在单位、有无预约等。被带进接待室后，先在下座的位置坐下来，当被邀请坐上座时，再移到上座的位置。要安静地等候接见，不要在室内来回走动。私人拜访中，进屋随主人招呼入座后，要注意姿势，不要太过随便。即使是十分熟悉的朋友，架二郎腿、双手抱膝、东倒西歪也是不礼貌的行为。如主人家有其他人在，要微笑点头致礼；若主人送上茶水，应从座位上欠身，双手接过，并向主人表示感谢。

（5）要控制好拜访时间，掌握谈话技巧。初次拜访不宜逗留过久，一般以 20 分钟为宜，相熟的则视拜访内容和主人情况而定。总之，拜访应尽快进入话题说明来意，以免占用对方过长的时间，影响对方工作或休息。上对方住所登门拜访，话题内容应轻松随意些，可谈些私人事务，如非需要并经对方同意，不宜在对方私宅谈论公事，否则有失礼貌。拜访时，不要随便翻弄主人的物品。如果遇见他人也登门拜访，你应在他人坐稳后设法尽快告辞，以免妨碍主人接待他人。拜访时的态度要彬彬有礼，送别时的态度要依依不舍，告辞时的态度要心满意足。

（6）拜访时，要尊重主人的生活习惯。到别人家拜访，应尽量适应主人的习惯。如果主人客厅里没有摆放烟缸，说明主人没有吸烟习惯，应尽量克制不吸烟。如果主人没有主动邀请，最好不要到主人客厅以外的其他房间去。

（7）拜访结束，起身告辞时，要向主人表示“打扰”歉意。出门后，回身主动与主人握别，说“请留步”。待主人留步后，走几步再回首挥手致意“再见”。

【情境小结】

拜访是人际交往中重要的一关，商务拜访和私人拜访都要遵循礼仪规范，让别人感到你是一位有修养的人。小李在拜访之前收集客户资料，包括客户个人和公司的情况，带上印有公司 logo 的优盘，既实用又能让客户加深对公司的印象。当然，小李还要正确着装，在拜访时，要准备好名片，要注意拜访过程中的礼仪问题，特别是一些小的细节，如坐姿、名片的递交、开关门等。

【知识链接】

拜访时要注意沟通的技巧

自我介绍。当初次拜访客户时，要准确地称呼对方，同时进行自我介绍并表示感谢，给客户留下客气、礼貌的形象，这样更能赢得客户的好感。

开场白、寒暄。开场白要尽量创造良好的第一印象。在客户带你进入合适的访谈场所后，期间会相互交换名片。此时要迅速提出寒暄的话题，营造出融洽、轻松的会谈氛围。寒暄的内容五花八门，寒暄的重点最好是迎合客户的兴趣和爱好，让客户进入角色，对你产生好感，寒暄目的是营造气氛，让客户接受你，只要目的达到了，其他的下一步工作也就好开展了。

陈述、介绍、询问和倾听。通过交谈能让客户了解自己的公司及其产品和服务，在交谈中要迅速了解客户的现状和需求，尤其要询问客户的现状和潜在需求。询问的语言和方式要注意，以避免客户产生抵触情绪，想办法满足客户特定的利益。陈述时要注意：答话及时，不要太快，保持轻松、自然；多用日常用语，少用专用名词。陈述时还要注意内容简单扼要，表达清晰易懂。与客户交流和沟通时，不要夸夸其谈，卖弄文采，以免让客户反感。

【拓展训练】

一、案例分析

［案例］

小麦是天宇公司的业务员，今天他去文泰公司拜访业务部的张经理，事前已经预约。为了显示自己很重视这次拜访，小麦比约定时间提前了一个小时到达文泰公司。在接待室等候时，小麦坐下并跷起二郎腿，有时还站起走来走去，东看看西望望。

请分析小麦在此次拜访中的正误之处。

二、案例实践

天宇公司的小李今天要去福斯工贸有限公司商谈事宜。他已经和对方预约过会见的时间。请同学设计实训情景，分组模拟，由老师和同学对每一组的表现给予评价。

任务二 接待礼仪

【情境导入】

当来访客人走进文苑集团有限公司经理办公室时，秘书倪晖正在办公桌前打印一份文件，客人自我介绍并递交名片，她拿起来随手放在办公桌上，继续做自己的事情。过了一会，她才请客人坐下并起身端茶水给客人，用电话联系好客人要找的部门。为此，她受到了办公室主任的批评。

你知道小倪在接待过程中的失礼之处吗？

【知识分享】

接待是指个人或单位以主人的身份招待有关人员，以达到某种目的的社会交往方式。商务交往活动中，接待是给客户留下良好第一印象的重要工作，为下一步深入的交往打下基础。

一、接待前的准备

1. 制定接待方案

接待前要了解对方来访的目的和来访者的基本情况。商务接待在接待前应制定好接待方案，接待方案的制订要与本单位相关部门沟通，要与来访者沟通，最后报上司批准。一般情况下，接待方案正式确定以后不应再更改。接待方案包括以下内容：

（1）确定接待规格。接待规格一般分为高规格接待、对等接待和低规格接待。依据客人的身份和来访的目的来确定接待规格。接待规格确定以后，即确定了本次接待的主陪、其他陪同者、住宿、用车、餐饮的规格等。

（2）日程的安排。包括来访的起止时间、活动的内容。

（3）经费预算。接待经费主要依据接待规格、人员数量、活动内容而定。接待经费有住宿费、餐饮费、交通费、礼品费、打印资料费等。

（4）工作人员。根据接待规格和活动内容确定工作人员的构成和数量。

2. 接待环境准备

接待环境包括前台、会客室、办公室、走廊等。接待环境应保持整齐、干净、明亮、美观。

光线柔和。接待环境的光线应该以自然光源为主，如光线较强则可以采用百叶窗或者窗帘予以调节。如使用人造光源，使用中性光较好，色温较为柔和，温馨舒适。

绿化美化。会客室（办公室）的绿化是不能忽视的。外部环境应力求做到芳草铺地，花木繁茂。室内要放置绿色植物并合理地配置花木,这样能打破简单划一的物质空间,展现出时代风貌和精神追求。

环境舒适。空气环境的好坏,对人的行为和心理都有影响。室内通风与空气调节对提高接待工作效率十分重要。接待室内要保持肃静、安宁。

3. 接待前的物质准备

会客室应准备好座位、茶水,如最好备一部电话,以便在谈及有关问题需要询问有关部门时,可以立即打电话出去。有条件的情况下还应有复印设备,当来客需求索有关资料时,能立即复印。最好能在会客室的墙上挂一面镜子,它可以提醒接待人员随时修饰自己的仪容,始终表现出优雅的仪表和风度。为使会客室内显得生机盎然,可以在窗台、屋角摆些盆景或花卉。为了方便来访者进屋后有放衣物的地方,应准备衣帽架。要使来访者排解等待的时间,可准备一些书报杂志、单位介绍等材料。

二、接待礼仪

在商务往来中,对于如约而来的客人,特别是贵宾或远道而来的客人,表示热情、友好的最佳方式,就是指派专人出面,提前到达双方约定的或者是适当的地点,恭候客人的到来。如果是从本市来的客人,若是先知道客人来的时间,一般应在大门口迎接;对于外地来访的宾客,应到车站或机场相迎;对规格比较高的客人或外国友人,需驱车到车站或机场迎接。对前来访问、洽谈业务、参加会议的外国或外地客人,应首先了解对方到达的车次、航班,安排与客人身份、职务相当的人员前去迎接。

1. 迎候礼仪

在人声嘈杂的迎候地点迎接素不相识的客人时,务必确认客人的身份,通常有四种方法可行。

(1) 使用接站牌。可事先准备好一块牌子,上书"热烈欢迎某某同志"或"某单位接待处",尽量不要用白纸黑字。

(2) 悬挂欢迎横幅。在迎接重要客人或众多客人时,这种方法最适用。通常,欢迎条幅应以黑色毛笔字书写于红纸上并端庄地悬挂于醒目处。

(3) 佩戴身份胸卡。这种方式指迎宾人员在迎宾现场所采用的,以供客人确认本人身份的一种标志性胸卡,其内容主要为本人姓名、工作单位、所在部门及现任职务等。可别在左胸前或戴在脖子上。

(4) 自我介绍。

以上四种方法可以交叉进行。

2. 迎接礼仪

当接待人员看到有人向自己走来并介绍身份时,应马上表示欢迎,献上鲜花,主动与对方握手、自我介绍,接过对方的大件行李(不包括来宾的挎包、公文包)。在接待时要注意引领礼仪,国际通用礼仪是"以右为尊",接待人员应在来宾的左前方一两步引路,同时以手示意。

3. 办公室接待礼仪

(1) 多个访客的处理。①依次接待。依据访客的先后顺序在接待处候坐,以等待登记，安排接待；如需访客等待一段时间，应说："对不起，请您稍等片刻。"②联系会晤人员。联络后，引领访客到会客地点与会晤人员见面。如会晤人员没空不能马上接见，要向客人说明等待理由与等待时间，若客人愿意等待，应该向客人提供饮料、杂志，如果可能，应该时常为客人换饮料。也可询问客人可否由其他人员与其会面。如果拒绝访客，应热情而坚定地回绝客人。

（2）区别接待不同访客。①预约访客。要事先做好准备，客人到访，礼貌相迎并让其填写《公司来访客人登记表》，确认客人身份及拜访对象、事由，及时通知被访者。②无约来访。对于无约来访的客人应该热情接待，询问来意，依据具体情况判断应对方法。③来访团体，应该拟定好接待方案。

4. 会见时的礼仪

（1）陪见人员（或接待人员）引导客人按时到达会见场所。主人应在会客厅门口或大楼正门迎候，如果主人不到大楼正门迎接，应由工作人员在大门处迎接客人，将客人引入会客厅。

（2）就座时客人应坐于主人右首，记录员（译员）安排在主人和主宾的后边，其他客人依顺序在主客一侧就座，主方陪同者在主人一侧依次就座。

（3）如会见为会谈形式，一般用长方形桌子，宾主相对而坐，以入门方向为准，主人位于左侧，客人位于右侧。主谈人居中，其他参与会谈的人员按顺序依次向右排列。如有翻译人员，应安排于主谈人右侧。记录员可安排在后面，也可安排在会谈桌一侧就座。以正门为准，主人占背门一侧，客人面向正门。

5. 送别时的礼仪

客户来时，以礼相迎，客户告辞，还应当以礼相送，使整个接待善始善终。送客失礼，会大大影响接待工作的效果。

客户提出告辞，要作挽留，如果客户要走，则不必再三勉强。有时客户的告辞是试探性的，是对主人是否愿意继续谈下去的观察。所以，当客户提前告辞时，切不可急于起身送客。客户起身告辞时，再起身与客户握手告别，这时还要招呼其他工作人员，一起热情相送。

送客要送到门外或者电梯口，如是初次来的客户，要告诉返程的路线；对远道的客户或带有重物的客户，要为其安排交通工具。待客户乘车离去时，再挥手告别。

大型社交活动的送客工作要复杂些，应有专人组织。在活动结束之前，就要了解客户的返程日期和要求、车次、班次和票种，并及时预购好车、机、船票。活动结束后，应到客户住处表示欢送，询问客户离开前还有什么需要交代、办理的事。在离开时，要提前给客户结算好各项费用，并帮助客户搬运携带的物品。

用车将客人送到车站、机场、码头，最好能送到车厢，安排好位子；对于贵客，应先联系好贵宾室，请客户在贵宾室候车。客户所乘车、船启动时，送行者应频频挥手告别。

【情境小结】

倪秘书在客人到来时应该立刻停下手头的工作起身迎接，如在打电话应和客人点头示意并尽快结束电话。当客人递交名片时，应遵守名片礼仪正确接受。在客人等候时，应该向客人提供饮料、杂志。接待礼仪最直观，接待人的素质代表着所在公司的形象，客人会通过接待者的素质评价其所在的公司。

【知识链接】

接送礼仪

1. 接机

（1）做好接站准备。①检查车子状态：油量、出车记录表、卫生。②仪容仪表：干净整洁。③客人信息：姓名、性别、籍贯、航班时间、联系方式、头衔等相关内容。④物品配备：矿泉水（果汁、清茶）、口香糖、茶点、纸巾、VIP folder（文件夹，包括酒店册子、价格表、最新促销信息、地图、沟通卡、笔、便笺、中英文报纸、音乐曲目单等）、行李牌、接机牌。

（2）机场接待。①依据客人搭乘的飞机班次，预先电询航空公司该班飞机是否准时或延迟，乘客名单中是否包括该位客人，他是否已坐上此班飞机等事项。②掌握前往机场的时间，务必要在飞机抵达前先到达机场。③在前往接机之前，接待人员应先行制作好写有客人姓名和单位的接机牌，确定该班飞机已抵达，便可由接待人员拿着，以提醒客人的注意。牌子位置要掌握在1.3米的高度左右。④见面后，由秘书互相介绍，被介绍人应点头微笑以示尊敬。⑤初步认识后，双方握手，并交换名片。⑥接到客人后，要帮助客人提取行李并引导客人前往停车地点。

（3）乘车返回，安排客人住宿。

2. 送机

（1）对于外来的客人，要尽可能地为客人预购返程车票、船票或飞机票。如自己实在无力解决，要尽早通知客人，免得客人措手不及。为客人代购车、船、机票，应问清车次、航班、时间以及具体要求。

（2）接待人员问清客人共有多少件行李物品，负责运送到车上。

（3）安置好行李后，应向客人作一下交代，并施礼感谢光临和致告别语。

（4）轻轻替客人关上车门，注意不要让客人的衣裙被车门夹住，门要关得恰到好处，不能太轻而关不上、太重而惊吓客人。

（5）车辆启动时，应面带笑容，向客人挥手告别，目送离去。

（6）前往机场、码头或车站送别时应与客人一一握手，祝愿客人旅途顺利并欢迎再次光临。将客人送上车、船或飞机后，送行人员应面带微笑，挥手告别，待车、船或飞机离开后，直到看不见对方时，方可返回。

3. 宾馆接送

宾馆接送要注意提前告知。在去宾馆接客人前应电话告知前去的时间，让客人做好相应的准备。到达之后，可以让宾馆服务人员通知或者自己电话告知，自己应在宾馆大厅等候客人。客人到达后，引领客人至车中。在送客人回宾馆时，应把客人送至住宿房间前，然后告别。

【拓展训练】

一、案例分析

[案例]

天泰公司总经理苏总与客商正在会客厅里寒暄,秘书小倪前来泡茶。他用手指从茶叶筒中拈了撮茶叶,放入茶杯内,然后冲上水,小倪先把茶杯端给苏总,然后端给客人。苏总狠狠地瞪了秘书一眼,但碍于客商在场而不便发作。客商则面带不悦之色,把放在自己面前的茶杯推得远远的。

你认为这位秘书在接待礼仪上有哪些失误?

二、案例实践

小李是文苑公司办公室秘书,今天天泰公司苏总一行三人到公司参观考察,公司蔡总正在与另外的客人商谈重要事情,不能前去迎接。此时,苏总即将到公司楼下。请同学设计实训情景,分组模拟,由老师和同学对每一组的表现给予评价。

任务三　馈赠礼仪

【情境导入】

中国国民党主席连战在北大演讲结束后,北京大学校务委员会李云放教授向连战赠送两件具有特殊意义的北京大学的纪念品。连战向北京大学回赠了礼物。据了解,76年前20岁的赵兰坤(连战母亲)曾从东北来到燕京大学(北京大学前身)学习,北京大学方面特别复制了赵兰坤女士当时的学籍档案和照片,请连战先生转给他的母亲。北大方面并表示,希望转达对赵兰坤校友的诚挚问候,祝愿她老人家健康、长寿。当连战拿到母亲年轻时的照片时,激动得高举起来并把照片捧起来仔细端详,满含幸福的微笑。

【知识分享】

馈赠是通过赠送给交往对象一些礼物来表达尊重、敬意、友谊、纪念、祝贺、感谢、慰问、哀悼等情感与意愿的一种交际行为。馈赠作为一种非语言的重要交际方式,是以物的形式出现,以物表情,礼载于物,起到寄情言意"无声胜有声"的作用。得体的馈赠恰似无声的使者,给交际活动锦上添花,给人们之间的感情和友谊注入新的活力。

一、馈赠前的准备

馈赠礼品首先要考虑以下几个因素:

(1) 礼物馈赠的对象。馈赠时不仅要考虑到馈赠对象的国籍、民族、性别、年龄、职位、身份、性格、喜好、人数,还要考虑与馈赠对象之间的亲疏关系。

(2) 馈赠的目的。在商务交往中送礼物大多是表示祝贺友好,希望和对方保持良好的关系。个人馈赠的目的主要是增进感情,加深友谊。

(3) 礼品的选择。根据馈赠的目的、馈赠的对象选择礼品,选择礼品时要站在对方的角度,考虑对方的喜好等要素。

(4) 馈赠的时间。节假日、喜庆嫁娶、乔迁新居、结婚等都是馈赠的好时机。作为客人,应在双方见面之初送上礼品;作为主人,则应在客人离去前夜或告别宴会上送上礼品。

(5) 馈赠的地点。考虑赠送礼品的地点时要注意公私有别。一般来说,工作中所赠送的礼品应该在公务场合赠送,如在办公室、写字楼、会客厅;在工作之外或私人交往中赠送的礼品,则应在私人居所赠送,不宜在公共场合赠送。

(6) 馈赠礼品的包装。精美的包装表示送礼人把送礼看作很隆重的事,以此表达对受礼人的尊敬,让受礼人不能直接看到礼品,使他产生一个悬念。当受礼人打开包装看到中意的礼品时,一定会喜出望外,这给送礼增添了一分情趣,加深了对送礼人的好印象,起到了增进关系的作用。

二、馈赠时的礼仪

送礼者应是在场的地位最高者,以此来体现礼轻情意重。送礼者一般应站着用双手把礼品递送到主人(客人)的手中,并说上一句得体的话。送礼时的寒暄一般应与送礼的目的吻合,如送生日礼物时说一句"祝你生日快乐",送结婚礼物时说一句"祝两位百年好合"等。当然,在馈赠礼品时还可以对礼品做适当的说明,比如说明礼品的意义、用途、特别之处等,使受礼者加深对礼品的印象,同时接受礼品赠送人的心意。

三、受礼礼仪

赠送者向受赠者赠送礼品时,受赠者应起身站立,双手接受礼品,然后伸出右手,同对方握手,并向对方表示感谢。接受礼品时态度要从容大方,恭敬有礼,不可忸怩失态,或盯住礼品不放,或过早伸手去接,或拒不以手去接,推辞再三后才接下。接过礼品后,应表示感谢,说几句不要破费之类的客套话。如果条件允许,受赠者可以当面打开欣赏一番,这种做法是符合国际惯例的。它表示看重对方,也很看重对方赠送的礼品,这样做比把礼品放在一旁,待他人走后再拆封自己欣赏,确有许多好处。礼品启封时,要注意动作文雅,不要乱撕、乱扯,随手乱扔包装用品。开封后,赠送者还可以对礼品稍作介绍和说明,说明要恰到好处,不应过分炫耀。受赠者可以采取适当动作对礼品表示欣赏之意并加以称道,然后将礼品放置在适当之处,向赠送者再次道谢。

【情境小结】

在人际交往中,向交往对象赠送适当的礼品,可以表达自己的情感,增进双方的友谊。当然,礼品的赠送要慎重,要让自己的好意能够被他人接受,或者接受他人的心意。一定要懂得如何赠送礼仪，这样礼品才能发挥它的价值，才不会弄巧成拙。

【知识链接】

中国与全球十大怪异商务礼品大对比

根据全球工作场所提供商雷格斯的调查，商务活动中相互馈赠礼品的做法盛行不衰，但有些礼品却因过于怪诞而让人大跌眼镜。此次调查共覆盖全球 90 多个国家和地区超过 26000 名商业人士。

调查报告表明，公司赠送礼品的趋势日渐增强，71% 的公司向客户和客人赠送礼品(但三分之一的企业表示在礼品方面的支出不如往年)。受访者还透露了他们在商务活动中曾收到的最奇怪礼品，这表明送礼人希望以突发奇想来吸引客户和客人注意。

礼品有的属于“我喜欢，别人也会喜欢”的思想流派，有的稍微别具一格，有的则稀奇古怪。雷格斯调查表明，在世界各地，商务人士收到的古怪礼品可谓五花八门。

全球十大怪异礼品	中国十大怪异礼品
干制首级	金砖
死猫	微波炉
食品形状耳塞	新鲜草药
抗酸药	保健饮品
指甲刀套装	非洲长袍
棺材	彩票
沙包	毛笔
签名内衣	口罩
土壤样品	3D 打印机
酒精测定计	高端肉制品

赠送公司礼品方面，中国商务人士的态度比较传统，最流行的礼品是鲜花、巧克力和笔记本。食品也很常见，包括火腿和香蕉等。

雷格斯东亚区总裁韩蓝霆(Hans Leijten)表示：“尽管存在文化差异，但有许多物品是我们普遍欢迎或是可以接受的礼物。为了让商务人士心怀感激或向他人引介生意，送礼是一种不错的方式，但礼物选择是否妥当会严重影响馈赠者留给获赠者的印象。因此，企业务必认真考虑拟赠送礼物的可接受程度。然而，商务人士收到的诸多礼物显示，馈赠者在选择礼物时的想象力可谓相当丰富！”

(资料来源：http://business.sohu.com/20130614/n378831395.shtml)

【拓展训练】

一、案例分析

［案例］

在国际交往中，互赠礼品的环节必不可少，而国家领导人之间的互赠礼物更是经过周密思考。互赠礼物不仅是外交礼仪的一部分，也折射出种种寓意、人情，耐人寻味。

1972 年 2 月，美国总统尼克松访华时，向毛泽东赠送了一批厚重国礼，包括象征和平的瓷塑天鹅和水晶玻璃花瓶。当时，周恩来代表毛泽东和中国政府，与尼克松和美国政府互赠礼品。周恩来拿出了三样东西：白玉提毛扇梁油瓶一件、双面苏州刺绣大屏风一樘、玻璃纱手绣台布一套。除此之外，毛泽东还挥毫泼墨，加送了尼克松三副条幅，字面分别是“老头坐凳”“嫦娥奔月”“走马观花”。

你从此案例中能看出中美双方互赠礼物的寓意吗？

二、案例实践

钟苗是天地公司的总经理秘书，过几天就是她的同事小李的生日，小李已经邀请钟苗参加她的生日宴会。钟苗这几天在考虑送什么样的礼物给她。请你为钟苗提供至少两个馈赠方案并说明理由。

任务四　谈判签约礼仪

【情境导入】

天泰公司（主方）与文宇公司（客方）就双方合作事宜进入最后谈判阶段。双方进入会议室，按照天泰公司的安排，文宇公司的代表坐在了背向门的位置，天泰公司的代表坐在了面对门的位置。双方就合作事宜具体商讨，文宇公司一直坚持自己的意见不肯让步，他们认为天泰公司没有合作的诚意。为什么文宇公司的人认为天泰公司没有诚意？

【知识分享】

一、谈判

谈判是一种常见的商务活动。通过对涉及切身权益分歧或冲突的交涉和调和，达成某种协议。它是一个通过思想观点的讨论磋商，寻求解决途径和达成协议的过程。谈判人员必须了解谈判的程序，运用谈判的技巧，掌握谈判的礼节。

（一）谈判前的准备

1. 确定谈判人员

确定的谈判人员，与对方谈判代表的身份、职务要相当。谈判代表要有良好的综合素质，谈判前应整理好自己的仪容仪表，穿着要整洁、正式、庄重。

2. 确定谈判的地点

谈判地点可以选择在主方会议室或者客方下榻的宾馆租用会议室。选择谈判场所是为了更好地与对方讨价还价，会议室是较好的选择。宾馆的咖啡厅、套房的外间、旅行途中、餐馆现场等场所只要适宜交流沟通都可作为谈判地点。在正式谈判中，具体谈判地点的确定很有讲究，它会影响谈判的结果。

3. 谈判场所的环境布置

在非正式场合谈判，可以利用现有的环境。正式的谈判场合布置应以实用、够用为原则，要与对方的身份、谈判规格以及谈判项目的重要性相一致。必要时可以制作一些简单大方的横幅或标语，要考虑适当的设施如多媒体投影仪、麦克风、白板等。整个谈判场所应做到整洁卫生、光线明亮、温度适宜、环境安静。

4. 谈判的座次

谈判一般采用长方形或椭圆形的谈判桌。举行正式谈判时，有关各方在谈判现场具体就座的位次，要求严格，礼仪性强。门右手座位或对面座位为尊，应让给客方。谈判前应对谈判主题、内容、议程作好充分准备，制订好计划、目标及谈判策略。

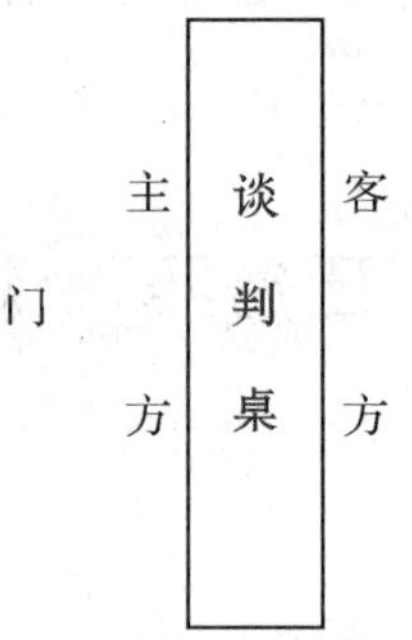

横桌式

竖桌式

（1）横桌式。横桌式座次排列，是指谈判桌在谈判室内横放，客方人员面门而坐，主方人员背门而坐。除双方主谈者居中就座外，各方的其他人士应依其具体身份的高低，各自先右后左、自高而低地分别在己方一侧就座。双方主谈者的右侧之位，在国内谈判中可坐副手，而在涉外谈判中则应由译员就座。

（2）竖桌式。竖桌式座次排列，是指谈判桌在谈判室内竖放。具体排位时以进门时的方向为准，右侧由客方人士就座，左侧则由主方人士就座。在其他方面，则与横桌式排座相仿。

（二）谈判时的礼仪

1. 握手

谈判时要主动和对方握手表示欢迎。在主场谈判的人应先与客场谈判的人握手。在告别和谈判结束时,作为主方的谈判人员切忌主动和客场谈判人员握手,应由客方伸手,其意表达再见或对接待的感谢。

2. 寒暄问候

主方或者负责谈判场所的接待方应该提前到达会场,最好安排专人迎候。客方到达后,主方应主动上前迎接以示欢迎。在双方人员到齐以后,为了活跃气氛,主方人员应该主动与客方寒暄,寒暄的内容可选择较轻松的话题,如体育、娱乐等方面的话题,不过时间不能很长。接着开始介绍主方谈判人员,然后由客方主谈介绍客方人员,介绍的主要内容包括姓名、在本单位的职务及在本次谈判中承担的角色。

(三) 互相介绍

谈判中介绍很重要。介绍时要自然大方,被介绍的人应起立微笑示意,可以礼貌地说"幸会""请多关照"等之类的话。询问对方要客气,如"请问您尊姓大名"等。初次见面,谈判双方可互换名片,这可在迎接时进行,如果人数多,可在正式介绍或谈判中间休息时进行。递交名片要遵守名片礼仪。

(四) 谈判中的语言

谈判时首先要注意倾听。在谈判中要掌握好提问的时机,运用不同的提问方式来使谈判沿着自己的思路发展。要获得良好的提问效果,要注意事先准备好问题,避免提出有可能会阻碍对方让步的问题,不能强行提问,提问时态度要诚恳,语速要适中,不能涉及对方的隐私和个人品质等方面的问题。

其次,谈判时要运用一定的谈判策略。要意识到谈判并不是无休止地讨价还价,也不是蛮横不讲理。好的谈判者并不是一味固守立场,追求寸步不让,而是要与对方充分交流,从双方的最大利益出发,创造各种解决方案,用相对较小的让步来换得最大的利益。谈判应是互惠互利的,成功的谈判每一方都是胜者,谈判应是基于双方的需要,寻求共同最大利益的过程。正如拿破仑所说:如果能把敌人变成朋友,就等于我们胜利了。谈判中,要尽量使对方能够听懂自己的叙述,少用专业语言,以简明惯用语言解释、表达,所说内容要与资料相符合。在叙述中,要特别注意数字的表达,如价值、价格、兑换率等词语。事先要准备好有关问题,选择气氛和谐时提出,态度要开诚布公。言辞不可过激或追问不休,以免引起对方反感甚至恼怒,但对原则性问题应当力争不让。对方回答问题时不宜随意打断,答完时要向解答者表示谢意。谈判中应当尽量使用委婉含蓄语言,这样易于被对方接受。谈判过程中要尊重对方,要有灵活的语言应变能力,巧妙地摆脱困境。谈判后如大家达成一致性意见,那就会进入签约阶段。

二、签约

签约即合同的签署。它在商务交往中被视为一项标志着有关各方的相互关系取得了更大的进展,以及为消除彼此之间的误会或抵触而达成了一致性见解的重大成果。

(一) 签约前的准备

签字人应视文件的性质由缔约各方确定,双方签约人的身份应大体相当。出席签约仪式的人员，应基本上是参加谈判的全体人员。如果因某种需要一方要求让某些未参加会谈的人员出席，另一方应予以同意。双方出席人数应大体相等。

签字文本的准备。有关单位应及早做好文本的定稿、翻译、校对、印刷、装订、盖火漆印等项工作，同时准备好签约使用的文具、国旗等物品。

（二）签字厅的布置

签字仪式会场布置包括会场装饰和会场座次排列。

1. 会场装饰

签字仪式会场要整洁、庄重。室内应铺设地毯，正规的签字桌应为长桌，其上应该铺设深绿色（应该考虑双方的颜色禁忌，一般采用冷色系）的台布，座椅可根据签字方情况来摆放。签字桌上，事先应放好待签的合同文本以及签字笔、吸墨器等签字时所用的文具。如果需要，可在会场布置双方的国旗或标志，其位置与顺序必须按照礼宾次序。签字桌中央要摆放一个悬挂双方各自国家国旗的旗架。需要同时悬挂多国国旗时，通行的做法，是以国旗自身面向为准，让旗套位于右侧。越往右侧悬挂的国旗，被给予的礼遇越高；越往左侧悬挂的国旗，被给予的礼遇越低。在确定各国国旗的具体位次时，一般按照各国国名的拉丁字母的先后顺序而定。在悬挂东道国国旗时，可以遵行这一惯例，也可以将其悬挂在最左侧，以示东道国的谦恭。

2. 会场座次

签约仪式的座位安排一般有并列式、相对式和主席式等三种。

（1）并列式。并列式是签字仪式中最常见的一种形式。并列式中，签字桌面门横向摆放，签字双方的全体成员在签字桌之后并排排列，面门而坐，客方居右，主方居左。

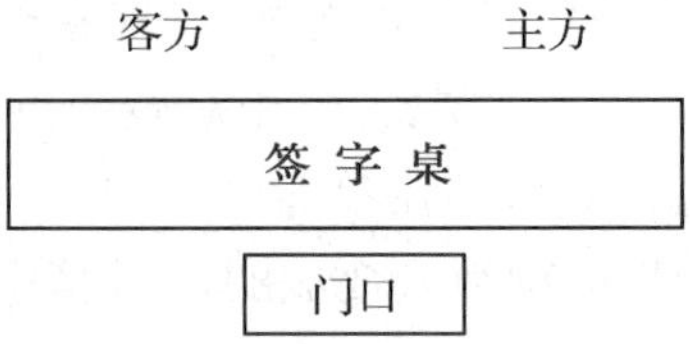

（2）相对式。相对式与并列式基本相同，差别在于相对式中，双方的随员移至签字人员对面，而非并列式中与签字人员坐在一方。双方签字人员并排面门而坐，而随员则坐在签字桌与大门之间，与签字人员隔着签字桌。

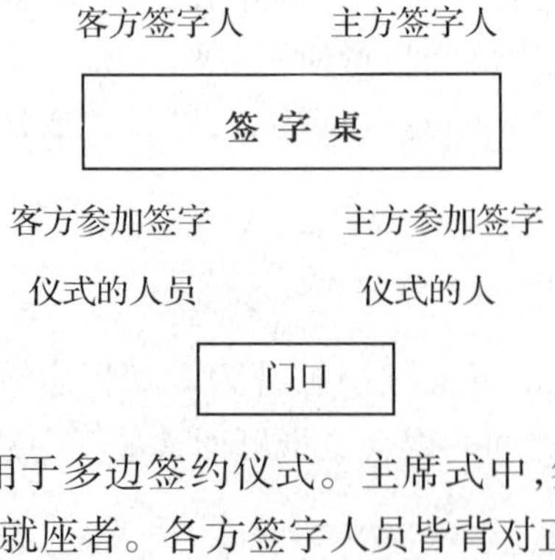

（3）主席式。主席式适用于多边签约仪式。主席式中，签字桌仍然面门横向放置，桌后只设一个签字席，且不固定就座者。各方签字人员皆背对正门面对签字席就座，签字时，以规定顺序依次走到签字席签字，然后回到原来座席。

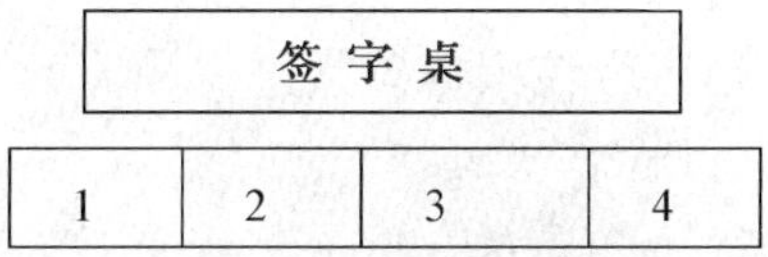

1、2、3、4 是签字仪式的参加人员

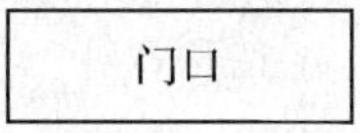

由于签字的种类不同，各国的风俗习惯不同，因而签约仪式的安排和签字厅的布置也各不相同。

（三）签字仪式的程序

双方参加签字仪式的人员进入签字厅后，签字人入座，其他人员分主方和客方按照身份顺序排列于各方的签字人员座位之后。双方的助签人员分别站立在各自签字人员的外侧，协助翻揭文本及指明签字处。

在签完本企业保存的文本后，由助签人员互相传递文本，再在对方保存的文本上签字，然后由双方签字人交换文本，相互握手。有时签字后，备有香槟酒，双方共同举杯庆贺。

【情境小结】

加入 WTO 后，我国企业和单位面临的商务谈判越来越多。谈判的目的是为了就不同的要求或想法而达成某项联合协议。商务交往的实践中，尽管君子协定、口头承诺、“说话算数”，在一定程度上有着作用，但是更有效的取信于人、让交往对象放心，则是“口说无凭，立此为据”的文字性合同。在签约时，天泰公司作为主方把尊位安排给自己，文宇公司的代表当然会生气，并认为天泰公司不尊重他们。

【知识链接】

一、商务谈判禁忌

一忌准备不足。缺乏准备，首先无法得到对手的尊重，心理上你就矮了一截；同时无法知己知彼，漏洞百出，很容易被抓住马脚。

二忌不可丧失信誉。诚实是赢得合作最起码的要求，即使签订了合同，执行起来也会遭到阻碍，所以谈判时不要做出夸大事实的承诺。

三忌感情用事。不要感情用事，千万要控制自己，不可为了争执而影响自己的情绪。当你和对方面对面争论时，心中一定要保持冷静。

四忌获胜前掉以轻心。谈判中，要获胜前特别注意千万不可太兴奋，说不定是对方的策略，先让你几分让你高兴一下，在最后签字时，对方突然找出取消让步项目的某些原因。

五忌谈判步骤刻板。谈判者应该根据谈判进程和现场的状况，灵活调整谈判各点的顺序，以适应谈判的自然发展过程。

六忌忽略对手的肢体语言。如果对方将手臂或腿部交叉叠放，极力避免眼光正面接触，而且表达时遮遮掩掩，甚至表现出烦躁，说明对方存在抵触情绪，此时应该转移话题或者重点，也可通过幽默的话语改善气氛。

七忌急于表态。即使目标达到，也不要马上表示同意，否则对方会认为此次交易他失去了很多，而你得到了很多，这有可能会为将来合同的履行造成不必要的麻烦。

当然，谈判时还要注意不同性格的谈判对手，他们有不同的谈判禁忌，不同国家的人也有不同的谈判禁忌。我们再谈判之前要充分了解对方，才能取得预期的效果。

二、四种商务谈判技巧让你立于不败之地

1. 火力侦察法

主动抛出一些带有挑衅性的话题，刺激对方表态，然后，再根据对方的反应，判断其虚实。比如，甲买乙卖，甲向乙提出了几种不同的交易品种，并询问这些品种各自的价格。乙一时搞不清楚对方的真实意图，甲这样问，既像是打听行情，又像是在谈交易条件；既像是个大买主，又不敢肯定。面对甲的期待，乙心里很矛盾，如果据实回答，万一对方果真是来摸自己底的，那自己岂不被动？但是自己如果敷衍应付，有可能会错过一笔好的买卖，说不定对方还可能是位可以长期合作的伙伴。在情急之中，乙想：我何不探探对方的虚实呢？于是，他急中生智地说："我是货真价实，就怕你一味贪图便宜。"我们知道，商界中奉行着这样的准则："一分钱一分货""便宜无好货"。乙的回答，暗含着对甲的挑衅意味。除此而外，这个回答的妙处还在于，只要甲一接话，乙就会很容易地掌握甲的实力情况，如果甲在乎货的质量，就不怕出高价，回答时的口气也就大；如果甲在乎货源的紧俏，就急于成交，口气也就显得较为迫切。在此基础上，乙就能很容易地确定出自己的方案和策略了。

2. 迂回询问法

通过迂回，使对方松懈，然后乘其不备，巧妙探得对方的底牌。在主客场谈判中，东道主往往利用自己在主场的优势，实施这种技巧。如东道方为了探得对方的时限，极力表现出自己的热情好客，除了为对方的生活做周到的安排外，还盛情地邀请客人参观本地的山水风光，领略风土人情、民俗文化，往往在客人感到十分惬意之时，就会有人提出帮你订购返程或车船票。这时客方往往会随口就将自己的返程日期告诉对方，在不知不觉中落入了对方的圈套，至于对方的时限，他却一无所知，这样，在正式的谈判中，自己受制于他人也就不足为怪了。

3. 聚焦深入法

先是就某方面的问题做扫描式提问，在探知对方的隐情之后，再进行深入，从而把握问题的症结所在。例如，一笔交易（甲卖乙买）双方谈得都比较满意，但乙还是迟迟不肯签约，甲感到不解，于是他就采用这种方法达到了目的。首先，甲证实了乙的购买意图。在此基础上，甲分别就对方对自己的信誉、对甲本人，以及对甲的产品质量、包装装潢、

交货期、适销期等逐项进行探问，乙的回答表明，上述方面都不存在问题。最后，甲又问到货款的支付方面，乙表示目前的贷款利率较高。甲得知对方这一症结所在之后，随即又进行深入，分析当前市场的销售形势，指出乙照目前的进价成本在市场上销售，即使扣除贷款利率，也还有较大的利润。这一分析得到了乙的肯定，但是乙又担心，销售期太长，利息负担可能过重，这将会影响最终的利润。针对乙的这点隐忧，甲又从风险的大小方面进行分析，指出即使那样，风险依然很小，最终促成了签约。

4. 示错印证法

探测方有意通过犯一些错误，比如念错字、用错词语或把价格报错等种种示错的方法，诱导对方表态，然后探测方再借题发挥，最后达到目的。例如，在某时装区，当某一位顾客在摊前驻足，并对某件商品多看上几眼时，早已将这一切看在眼里的摊主就会前来搭话说："看得出你是诚心来买的，这件衣服很合你的意，是不是？"察觉到顾客无任何反对意见时，他又会继续说："这衣服标价150元，对你优惠，120元，要不要？"如果对方没有表态，他可能又说："你今天身上带的钱可能不多，我也想开个张，打本卖给你，100元，怎么样？"顾客此时会有些犹豫，摊主又会接着说："好啦，你不要对别人说，我就以120元卖给你。"早已留心的顾客往往会迫不及待地说："你刚才不是说卖100元吗？怎么又涨了？"此时，摊主通常会煞有介事地说："是吗？我刚才说了这个价吗？啊，这个价我可没什么赚啦。"稍做停顿，又说，"好吧，就算是我错了，那我也讲个信用，除了你以外，不会再有这个价了，你也不要告诉别人，100元，你拿去好了！"话说到此，绝大多数顾客都会掏钱。这里，摊主假装口误将价涨了上去，诱使顾客做出反应，巧妙地探测并验证了顾客的购买需求，摊主再将涨上来的价让出去，就会很容易地促成交易。

（资料来源：http://news.jdol.com.cn/2013/09/2031601.html，有改动）

【拓展训练】

一、案例分析

[案例]

8月28日下午，在南通更俗剧院举行了一场南通艺术剧院、南通更俗剧院与东上海国际文化交流公司、江苏幸福蓝海院线、大型多媒体音舞诗画《水墨同里》的合作签字仪式。

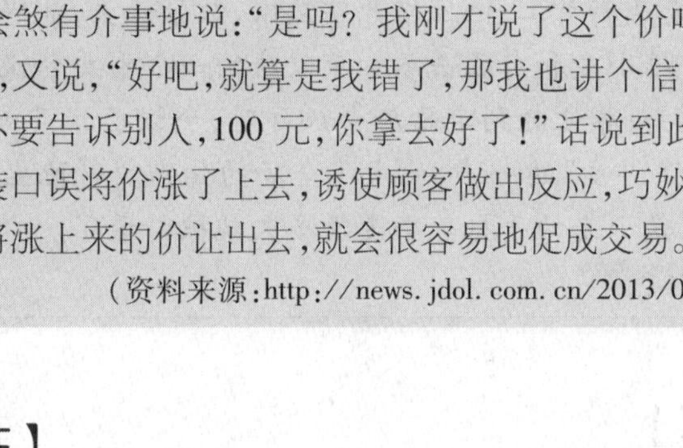

据了解，东上海国际文化交流公司是全国著名的演艺集团，有着多年积累的演艺市场优势与条件。该公司将与南通更俗剧院展开一些演艺项目的合作。江苏幸福蓝海院线是国家电影局批准的全国性跨省市经营的院线之一，属江苏广电厅领导，是国内唯一一家广电系所属院线。南通更俗剧院与其签约后将于10月1日正式加入该院线。

请指出此次签字仪式中不合礼仪规范之处，并说明正确的做法。

二、案例实践

请你为南通更俗剧院布置签字会场并分组模拟，由老师和同学对每一组的表现给予评价。

任务五　会务礼仪

【情境导入】

刚毕业不久的小麦是新员工，他性格开朗热情，做事认真，赢得了公司上下的好感。总经理看好他，于是安排小麦和自己去参加市政府的一个重要会议。

第二天，小麦睡过头，等他赶到市政府会议厅时，会议已经开始了十多分钟。他急急忙忙推开会议室的门，“吱”的一声，他成了全场的焦点。等他坐下没多久，手机铃声忽然在全场响起，原来是小麦的手机。小麦没多久就被辞退了。

小麦错在哪里了呢？

【知识分享】

会议是指有领导、有组织地使人们聚集在一起，对某些议题进行商议或讨论的集会。会议礼仪的关键性内容有会务性工作、会场的排座、会风的端正等三项。

一、会务性工作

（一）会前筹备

1. 会议议程、日程的拟定

举行任何会议，皆须先行确定主题（包括会议名称）。这是会前有关领导集体已经确定了的。负责筹备会议的工作人员，应围绕会议主题，将领导议定的会议的规模、时间、议程等组织落实。通常要组成专门班子，明确分工，责任到人。

（1）明确目标和参加者。要清楚为什么要开会以及哪些人将到会，通过会议要取得什么样的成果。列出会议参与者。

（2）安排各议程事项的时间。考虑会议的长短以及会议内容的顺序。会议的时间超过两小时或者涉及的问题太多，会议效率会下降。可以把最重要的事项安排在开头，一般把涉及秘密事项的议程安排在最后。

(3) 确定每一项议程。包括会议目标、时间安排、演讲者及提前分发会议议题。

(4)决定会议的讨论形式。一般有典型性会议形式、头脑风暴形式、团队列名法等形式。

2. 通知的拟发

按常规,举行正式会议均应提前向与会者下发会议通知。它是指由会议的主办单位发给所有与会单位或全体与会者的书面文件,同时还包括向有关单位或嘉宾发的邀请函件。办公室员工在这方面主要应做好两件事:

(1) 拟好通知。会议通知一般应由标题、主题、会期、出席对象、报到时间、报到地点以及与会要求等七项要点组成。拟写通知时,应保证其完整而规范。

(2) 及时送达。下发会议通知,应设法保证其及时送达,不得耽搁延误。

3. 文件的起草

会议上所用的各种文件材料,一般应在会前准备妥当。需要认真准备的会议文件,主要有会议的议程、开幕词、闭幕词、主题报告、大会决议、典型材料、背景介绍等。有的文件应在与会者报到时就下发。

4. 常规性准备

负责会务工作时,往往有必要对一些会议所涉及的具体细节问题做好充分的准备工作。

(1) 会场的布置。选择会议举行的场地时要考虑以下因素:交通便利、会场大小与会议规模相符、有良好的设备配置、场地不受外界干扰、会议地点有停车场所、场地租借费用必须合理。会场的桌椅要根据需要作好安排,对于开会时所需的各种音响、照明、投影、摄像、摄影、录音、空调、通风设备和多媒体设备等,应提前进行调试检查。

(2) 根据会议的规定,与外界搞好沟通。比如向有关新闻部门、公安保卫部门进行通报。

(3) 会议用品的采办。有时,一些会议用品,如纸张、本子、笔具、文件夹、姓名卡、座位签以及饮料、声像用具等,需要补充、采购。

(二) 会议期间

负责会议具体工作的办公室员工,要一丝不苟地做好下列工作。

1. 例行服务

会议举行期间,一般应安排专人在会场内外负责迎送、引导、陪同与会人员。

2. 会议签到

为掌握到会人数,严肃会议纪律,凡大型会议或重要会议,通常要求与会者在入场时签名报到。会议签到的通行方式有三:一是签名报到,二是交券报到,三是刷卡报到。负责此项工作的人员,应及时将报到情况向会议的负责人通报。

3. 餐饮安排

举行较长时间的会议,一般要为与会者安排会间的工作餐。与此同时,还应为与会者提供卫生可口的饮料。会上所提供的饮料,最好便于与会者自助饮用,不提倡为其频频斟茶续水。那样做往往既不卫生、安全,又有可能妨碍对方。如果必要,还应为外来的与会者在住宿、交通方面提供力所能及、符合规定的方便条件。

4. 现场记录

凡重要的会议,均应进行现场记录,其具体方式有笔记、打印、录入、录音、录像等。可单用某一种,也可交叉使用。负责手写笔记会议记录时,对会议名称、出席人数、时间地点、发言内容、讨论事项、临时动议、表决选举等基本内容要力求做到完整、准确、清晰。

5. 编写简报

有些重要会议,往往在会议期间要编写会议简报。编写会议简报的基本要求是快、准、简。快,是要求其讲究时效;准,是要求其准确无误;简,则是要求文字精练。

(三) 会议之后

大型会议结束后,其主办单位一般应为外来的与会者提供一切返程的便利。若有必要,应主动为对方联络、提供交通工具,或是替对方订购、确认返程的机票、船票、车票。当团队与会者或与会的特殊人士离开本地时,还可安排专人为其送行,并帮助其托运行李。

二、会场的布置

(一) 会场整体布局安排

为了保证会议的质量,会场的整体布置要庄重、美观、舒适,要根据会议的性质和形式创造出和谐的氛围。

(1) 确定会场形式。会场形式取决于会议内容、会场的大小和形状、会议的需要及与会人数的多少。

(2) 合理摆放桌椅。开会的桌椅也有讲究,本着既要开好会,又要考虑到与会人员身体需要的原则,不同的会议需要不同的座椅。

(3) 布置附属性设备。音响的布置,如扩音设备、耳机、同声翻译、麦克风等。音像的布置,如立体电视、激光、电脑控制的多镜头幻灯等。其他如照明、通风、卫生设施、电源插座等。

(4) 布置装饰。包括会标、标语口号、会徽、花卉、字画等的选择和布置。

(二) 主席台和场内座次的安排

1. 小型会议位次排列

小型会议的位次排列一般强调以下几个点:第一,强调面门设坐,小型会议一般讲究面门为上,就是主席台、主持人、发言人是面对会议室正门的。第二,居中设座,就是中央的位次高于两侧,然后按左高右低的顺序依次排列。内部小型会议可自由择座,实际上就是不排位次。

2. 大型会议位次排列

大型会议位次排列涉及两个问题。第一,主席台上位次的排列;第二,与会者位次的排列。主席台位次的排列,实际上是三个点:第一,主席团;第二,主持人;第三,发言人。

(1) 主席台位次排列。主席台位次的排列,首先是前排高于后排,其次是中央高于两侧,第三中外有别,政务礼仪按照左高右低原则,就是左侧人的位置比右侧人的位置高。

主席台人数为奇数时:

7	5	3	1	2	4	6

主席台人数为偶数时:

6	4	2	1	3	5

会议主持者的位置有三种方式可以选择:一是居前排中央;二是居于前排的两侧;三是按其身份排座,但不宜令其坐在后排。当然,一般情况下,重要的会议往往会请主持人居中而坐,以示会议的隆重和对主持人的尊重,因为会议的主持人实际上就是会议的主席。

(2) 发言人的位置。一般小型会议发言人可以在自己就座的位置上发言,或站或坐,但是重要的大型会议,一般强调发言人要起立发言,其标准位置是有两个,一是主席台的正前方,二是主席台的右前方。

(3) 与会者位次排列。举办会议的时候还有一个来宾的位置安排问题,就是群众席、听众席的安排问题。群众席排列一般有两个办法。第一个办法是所谓的自由择座,第二个办法就是划片就座。划片就座一般强调左高右低,按照部门的约定的排列顺序,或者按照拉丁字母的顺序,或者是按照汉字笔画的顺序,从进门方向的左侧向右侧排,这是竖排;还有一个办法是横排,从前排向后排排。这两种办法一般交替使用,这是位次排列的基本要求。

三、安排会议礼仪服务

会议中通用的礼仪包括会议文书礼仪(会议的请柬、邀请函、通知等文件在格式、称谓、语言上要符合礼仪要求)、应送礼仪、参会礼仪、服务礼仪。

(一) 主持人的礼仪

主持人应由一定职位的人来担任。主持人应衣着整洁,大方庄重,精神饱满,切忌不修边幅。走上主席台应步伐稳健有力,行走的速度因会议的性质而定,一般地说,欢快、热烈的会议步频应较慢。入席后,如果是站立主持,应双腿并拢,腰背挺直。持稿时,右手持稿的底中部,左手五指并拢自然下垂。双手持稿时,应与胸齐高。坐姿主持时,应身体挺直,双臂前伸。两手轻按于桌沿,主持过程中,切忌出现搔头、揉眼、抖腿等不雅动作。主持人言谈应口齿清楚,思维敏捷,简明扼要。主持人应根据会议性质调节会议气氛,或庄重,或幽默,或沉稳,或活泼。主持人对会场上的熟人不能打招呼,更不能寒暄闲谈,会议开始前或会议休息时间可点头、微笑致意。

(二) 来宾礼仪

对会议邀请的来宾来说,应遵守"客随主便"的习俗,听从会议组织者的安排,做到举止端庄,行为有度。如果在会议开始前或进行中遇到熟人,不能把注意力只分配在一两个人身上,要照顾到来宾中的每个人,不能因为自己是来宾就不遵守会场纪律,也不能有"高人一等"的表现。

（三）会议发言人礼仪

会议发言有正式发言和自由发言两种，前者一般是领导报告，后者一般是讨论发言。正式发言者，应衣冠整齐，走上主席台时步态自然，刚劲有力，体现一种成竹在胸、自信自强的风度与气质。发言时应口齿清晰，讲究逻辑，简明扼要。如果是书面发言，要时常抬头扫视一下会场，不能低头读稿，旁若无人。发言完毕，应对听众的倾听表示谢意。自由发言则较随意，但要注意发言应讲究顺序和秩序，不能争抢发言；发言应简短，观点应明确；与他人有分歧，应以理服人，态度平和，听从主持人的指挥，不能只顾自己。如果有会议参加者对发言人提问，应礼貌作答，对不能回答的问题，应机智而礼貌地说明理由，对提问人的批评和意见应认真听取，即使提问者的批评是错误的，也不应失态。

（四）会议参加者礼仪

1. 开会之前

在会议召开前，应注意以下几点 ：

（1）守时。参加会议时，一般在规定的会议时间之前提早五六分钟进入会场，不要迟到。确有其他原因迟到的，要向主持人及与会者点头致歉。

（2）仪表。衣着应以正式上班服装为主，穿着不可过于随便。如果是户外会议，应事先询问主办单位是否可着休闲服。

（3）举止。参加会议时，坐姿端正些，不可东倒西歪或趴在桌子上。不要搔首、掏耳、挖鼻、剔牙、剪指甲，甚至把脚从鞋里抽出来抠脚趾头。室内若无烟灰缸，表示不能抽烟。

（4）若在会议开始前主席仍未介绍与会人士，你可主动伸手和周围的人握手，并且进行自我介绍。

2. 会议进行时

（1）会议进行期间，应认真倾听报告或他人发言。择要做好记录，这对深入体会和准确传达会议精神有很大帮助。携带手机进入会场，在会议开始时应予以关闭或调至震动档。开会时，在下面闲聊、看书报、摆弄小玩意儿、抽烟、吃零食、打瞌睡或随意进出会场，都是切忌出现的不文明行为。

（2）在会议进行中，出席者要发言时，应先举手，这是发言的礼貌。发言时应对事不对人，勿损及他人的人格及信誉。会上发言时，应口齿清楚，态度平和，手势得体，不可手舞足蹈，忘乎所以或口出不逊。

（3）在大型会议上发言，准备要充分，态度要谦虚，发言开始时要向听众欠身致意。发言内容要求做到中心突出，材料翔实，感情真实，语言生动。力戒自我宣传，自我推销，更不能有对听众不尊重的语言动作和表情。发言要严格遵守会议组织者规定的时间。发言结束，要向听众致谢并欠身施礼。如参加小型的座谈会、研讨会，发言要简练，观点要明确，讨论问题态度要友好，不要随便打断别人的发言。对不同意见，应求同存异，以理服人，不要嘲讽挖苦，人身攻击。

（4）别人发言时不要打岔，如有问题可举手，经过会议主持人认可后再发言。

（5）不可否认，开会有时很闷，但别在大众面前打哈欠、频频看表、身体动来动去、把玩手上的笔或闭上眼睛等，这些都是很不礼貌的行为。

【情境小结】

小麦应该准时参加会议,同时把手机调至震动或是关机。在日常生活中,我们经常会参加各种会议,要熟知会议礼仪常识,及时改正不良的参会习惯。在公共场合,要表现出适宜的公众礼仪,在会议活动中更不例外。作为会议代表出现在同行面前的时候,你不仅代表你自己,更代表背后支撑你的整个集团或者企业。

【知识链接】

一、倒水奉茶礼仪

1. 倒水礼仪

(1) 会议倒水。进会议室的时候动作一定要轻,避免发生大的声音;在倒水的时候要稍微提醒一下在座的人,因为有可能别人没看见你在倒水,身体动一下,或者突然站起来的时候会把水洒到别人身上。开会倒水,从右边开始(领导先,顺时针顺序进行),倒水后,壶嘴不要对客人,要从客人右边倒。主席台一定要从客人背后加水。最后一点就是倒水的时候要多注意观察,是否烟灰缸已满,是否茶杯被污染,以便及时更换;喝水快的话就要加快倒水的频率,喝水慢的话可是减慢倒水的速度,随机应变,灵活运用。切忌心急,一定要轻、稳,这样才能做好会务的服务工作,保证会议的圆满召开。

(2) 办公室接待倒水注意事项:

① 给客人送饮品过去时,双手托住托盘。

② 情况允许的情况下,双手给客人递水。

③ 给客人递水时在,水不应太烫。

④ 水杯装水的容量不应超过二分之一;如不够客人饮用,可喝完再加。

⑤ 握杯的手不应接近杯口,应握住杯子中位以下的地方。

⑥ 给客人倒水时应把水放在桌面上,微笑着并退一步说:“先生/小姐,您好! 请用水。”防止唾沫进入杯中。

2. 奉茶礼仪

(1) 茶具要清洁。客人进屋后,先让坐,后备茶。冲茶之前,一定要把茶具洗干净,尤其是久置未用的茶具,难免沾上灰尘、污垢,要细心地用清水洗刷一遍。在冲茶、倒茶之前最好用开水烫一下茶壶、茶杯。这样,既讲究卫生,又显得彬彬有礼。如果不管茶具干净不干净,胡乱给客人倒茶,是不礼貌的表现。人家一看到茶壶、茶杯上的斑斑污迹就反胃,怎么还愿意喝你的茶呢? 现在一般的公司都是一次性杯子,在倒茶前要注意给一次性杯子套上杯托,以免水热烫手,让客人一时无法端杯喝茶。

(2) 俗话说:酒满茶半。茶不要太满,以八分满为宜。茶水要适量。茶叶不宜过多,也不宜太少。茶叶过多,茶味过浓;茶叶太少,冲出的茶没有味道。假如客人主动介绍自己喜欢喝浓茶或淡茶的习惯,那就按照客人的口味把茶冲好。倒茶时无论是大杯小杯,都不宜倒得太满，太满了容易溢出，把桌子、凳子、地板弄湿，不小心还会烫伤自己或客人的手脚，使宾主都很难为情。当然，也不宜倒得太少，倘若茶水只遮过杯底就端给客人，会使人觉得是在装模作样，不是诚心实意。

（3）有两位以上的访客时，用茶盘端出的茶色要均匀，并要左手捧着茶盘底部，右手扶着茶盘的边缘，如有茶点心，应放在客人的右前方，茶杯应摆在点心右边。上茶时应以右手端茶，从客人的右方奉上，并面带微笑，眼睛注视对方。以咖啡或红茶待客时，杯耳和茶匙的握柄要朝着客人的右边，此外要替每位客人准备一包砂糖和奶精，将其放在杯子旁或小碟上，方便客人自行取用。

（4）选茶也要因人而异，如北方人喜欢饮香味茶，江浙人喜欢饮清新的绿茶，闽粤人则喜欢酽郁的乌龙茶、普洱茶等。

（5）茶具可以用精美独特的，也可以用简单质朴的。

（6）壶中茶叶可反复浸泡 3 至 4 次，客人杯中茶饮尽，主人可为其续茶，客人散去后，方可收茶。

3. 装茶礼仪

用茶匙向空壶内装入茶叶，通常按照茶叶的品种决定投放量。切忌用手抓茶叶，以免手气或杂味混淆影响茶叶的品质。

4. 请茶礼仪

茶杯应放在客人右手的前方。请客人喝茶，要将茶杯放在托盘上端出，并用双手奉上。当宾主边谈边饮时，要及时添加热水，体现对宾客的敬重。客人则需善“品”，小口啜饮，满口生香，而不能作“牛饮”态。

【拓展训练】

一、系里即将召开新生座谈会，请你布置会场并负责此次座谈会的召开。

二、新年即将来临，天宇公司为了感谢客户一年来对公司的大力支持，现决定于 2014 年 1 月 10 日 14:00 在北京希尔大酒店一楼梅香厅举办客户答谢会。请设计一份会议签到表并分组模拟此次答谢会的会议签到工作，由老师和同学对每一组的表现给予评价。

任务六　宴请礼仪

【情境导入】

天宇公司和文泰公司就双方合作事宜进行商谈，这天天宇公司的李总约了文泰公司的苏总在文峰酒店中餐厅吃饭。在吃饭过程中，天宇公司秘书小刘为了表示热情，用自己的筷子不停地给苏总夹菜。小刘自己在吃肉骨头的时候突然有肉渣钻进了牙缝，于是拿起桌上的牙签，当众剔牙。

请问小刘有哪些不合礼仪之处？

【知识分享】

一、宴请前的准备

1. 宴会形式的选择

国际上通用的宴请形式有宴会、招待会、茶会、工作餐等。采取何种宴请形式，一般根据活动的目的、邀请对象以及经费开支等因素决定。每种类型的宴请均有与之匹配的特定规格及要求。宴会是商务活动中较为常见的宴请形式，有午宴和晚宴之分，以晚宴最为隆重和正规。宴会是正餐，由服务人员顺次上菜。

冷餐会。这是一种较为灵活，不备正餐的宴请形式，商务活动中时常可见。冷餐会的特点是不排席次，席间可自由活动，宾客自由取食进餐。

招待会（酒会），亦称鸡尾酒会。这种宴请形式的最大特点是活动范围大，不设座椅，主客都可随意走动，适宜公关双方自由地交谈，气氛显得比较活泼，而且宾客可以在整个活动中的任何时候到达或退席，不受拘束。

工作餐。顾名思义，这是一种以谈论工作为目的的宴请形式，边吃边谈问题。一般是在日程安排不开的时候，才采用这种方式。它是一种非正式的宴请形式。工作进餐按用餐时间可分为工作早餐、工作午餐和工作晚餐。

宴请是一种手段，整个组织安排（包括宴请的规格、方式、标准、范围等）应该始终贯穿活动的宗旨，同时合乎礼仪的规范。

2. 宴请规格的确定

根据宴请的目的和参加人员的身份来确定宴请的规格。宴请的方式则以公关活动的性质和内容来确定，以礼节性为主题的公关活动采用宴会形式比较合适，而庆祝性、纪念性主题的公关活动采用冷餐会、酒会的形式更有气氛，以谈论某项特定工作为主题的公关活动则采用工作进餐的形式最为恰当。当然，这没有绝对的限制与界定，应该因人因事而异。

3. 宴请日期和时间的确定

一般不要选择对方有重大节日、假日或有重要活动的日子，更要注意避免对方有禁忌的日子。

4. 请柬的发出

请柬是一种既礼貌又普及，还可提醒备忘的邀请方式，但工作进餐一般不发请柬。正式宴请的请柬通常需在一周至两周前发出，以便被邀请者及早安排。当然，商务活动的特点决定了有时不允许有那么多的充裕时间，但也必须以尽早为原则。在宴请活动的前夕，可用电话联系，对被邀请者是否收到请柬和是否能够出席宴请予以确认。

5. 订餐

宴请的酒菜根据活动形式和规格，在规定的费用标准内安排。选菜主要考虑主宾的喜好和禁忌。

二、宴请中的礼仪

（一）中餐就餐礼仪

1. 桌次和座次的安排

中餐席位的安排关系到来宾身份和主人给予对方的礼遇。

（1）桌次排列。在中餐中，往往采用圆桌布置菜肴、酒水。排列圆桌的尊卑次序有以下两种情况：

① 一桌宴请。一般来讲，中式正式宴会以圆桌为主，圆桌非常适合中餐所有菜一起上的方式，围着餐桌吃的每个人都可以很方便地夹到菜。

主人一般会坐在面对着门的地方，这样也方便主人看到客人到达以做好迎接的准备。最重要的客人一般都会被安排坐在主人的左手边，第二重要的客人会被安排在主人的右手边，以此类推下去。这是中式正式的座次安排。

在一般普通的小型宴会上，也有谦虚的主人会请最重要的客人上座就座（上座一般为面对着门的位子或者位于上北方位的位子），自己则一旁作陪，当然主和客通常会客气地推来推去，谁也不肯位居上座以表示谦让，最终一般客随主便就可以了，也无须客气太长时间。

② 两桌宴请。由两桌组成的小型宴请，可以分为两桌横排和两桌竖排的形式。两桌横排时，桌次是以右为尊，以左为卑。这里所说的右和左，是由面对正门的位置来定的。两桌竖排时，桌次讲究以远为上，以近为下。这里所讲的远近，是以距离正门的远近而言的。

③ 多桌宴请。在安排三桌（含三桌）以上的多桌宴请的桌次时，除了要注意“面门定位”“以右为尊”“以远为上”等规则外，还应兼顾其他各桌距离主桌的远近。一般来说，距离主桌越近，桌次越高；距离主桌越远，桌次越低。

在安排桌次时，所用餐桌的大小、形状要基本一致。除主桌可以略大外，其他餐桌都不要过大或过小。为了确保在宴请时赴宴者及时、准确地找到自己所在的桌次，可以在请柬上注明对方所在的桌次，在宴会厅入口悬挂宴会桌次排列示意图，安排引位员引导来宾按桌就座，或者在每张餐桌上摆放桌次牌（用阿拉伯数字书写）。

（2）位次排列。宴请时，每张餐桌上的具体位次也有主次尊卑的分别。排列位次的基本方法有四种，它们往往会同时发挥作用。

① 主桌主人位置。主人大都应面对正门而坐，并在主桌上就座。

② 每桌主人位置。举行多桌宴请时，每桌都要有一位主桌主人的代表在座。位置一般和主桌主人同向，有时也可以面向主桌主人。

③ 桌次尊卑。各桌位次的尊卑，应根据距离该桌主人的远近而定，以近为上，以远为下。

④ 客人位次。各桌距离该桌主人相同的位次，讲究以右为尊，即以该桌主人面向为准，右为尊，左为卑。如果主宾身份高于主人，为表示尊重，也可以把主宾安排在主人位子上坐，而请主人坐在主宾的位子上。另外，每张餐桌上所安排的用餐人数应限在10人以内，最好是双数。比如说，一桌六人、八人或十人。人数如果过多，不仅不容易照顾，而且也可能容纳不下。

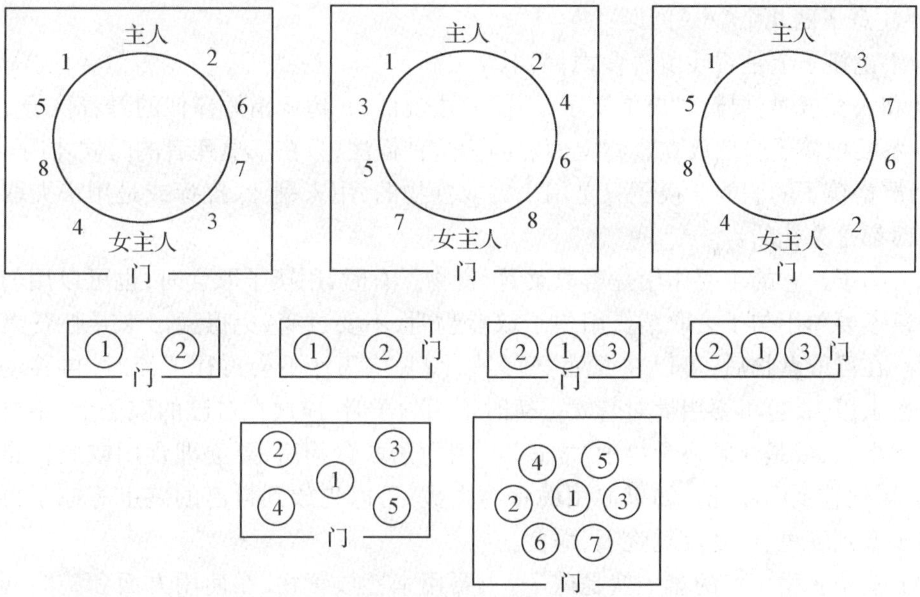

根据上述四个位次的排列方法，圆桌位次的具体排列可以分为两种具体情况，它们都和主位有关。每桌一个主位的排列方法的特点是：每桌只有一名主人，主宾在右首就座，每桌只有一个谈话中心。每桌两个主位的排列方法的特点是：主人夫妇在同一桌就座，以男主人为第一主人，女主人为第二主人，主宾和主宾夫人分别在男、女主人右侧就座，每桌从而客观上形成了两个谈话中心。

为了便于来宾准确无误地找到自己的位次就座，除招待人员和主人要及时加以引导和指示外，可在每位来宾所属的座次正前方的桌面上，事先放置醒目的个人姓名座位卡。举行涉外宴请时，座位卡应以中、英文两种文字来书写。我国的惯例是，中文在上，英文在下，因为宴请者是中国人。必要时，座位卡的两面都可书写用餐者的姓名。

2. 便餐的席位排列

排列便餐的席位时，如果需要进行桌次的排列，可以参照正式宴请时桌次的排列进行。位次的排列遵循以下几个原则：

（1）“右高左低”原则。两人一同并排就座，通常以右为上座，以左为下座，这是因为中餐上菜时多以顺时针方向为上菜方向，居右坐的人因此要比居左坐的人优先受到照顾。

（2）“中座为尊”原则。三人一同就座用餐，坐在中间的人在位次上高于坐于两侧的人。

（3）“面门为上”原则。用餐的时候，按照礼仪惯例，面对正门的座位是上座，背对正门的座位就是下座。

（4）“观景佳处”原则。在高档餐厅的室内外，往往有优美的景致或高雅的演出供用餐者欣赏，此时，观赏角度最好的座位就是上座 。

（5）“靠墙为佳”原则。在某些中低档餐馆用餐时，通常以靠墙的位置为上座，靠过道的位置为下座。原因是靠墙的位置不容易被侍者或其他食客打扰。

3. 中餐餐具的使用注意事项

（1）筷子。筷子是中餐最主要的餐具。筷子通常必须成双使用。用筷子取菜、用餐的时候，要注意下面几个“小”问题：

① 不论筷子上是否残留着食物，都不要去舔。

② 和人交谈时，要暂时放下筷子，不能一边说话，一边像指挥棒似的舞着筷子。

③ 不要把筷子竖插放在食物上面。因为这种插法，只在祭奠死者的时候才用。

④ 严格筷子的职能。筷子只是用来夹取食物的，用来剔牙、挠痒或是用来夹取食物之外的东西都是失礼的。

（2）勺子。它的主要作用是舀取菜肴、食物。有时，用筷子取食时，也可以用勺子来辅助。尽量不要单用勺子去取菜。用勺子取食物时，不要过满，免得溢出来弄脏餐桌或自己的衣服。在舀取食物后，可以在原处“暂停”片刻，待汤汁不会再往下流时，再移动。不可用勺子舀来舀去，也不要用嘴对着吹。暂时不用勺子时，应放在自己的碟子上，不要把它直接放在餐桌上，或是让它在食物中“立正”。用勺子取食物后，要立即食用或放在自己碟子里，不要再把它倒回原处。如果取用的食物太烫，可以先放到自己的碗里等凉了再吃。不要把勺子塞到嘴里，或者反复吮吸、舔食。

（3）盘子。稍小点的盘子就是碟子，主要用来盛放食物，在使用方面和碗略同。盘子在餐桌上一般要保持原位，而且不要堆放在一起。需要着重介绍的是一种用途比较特殊的被称为食碟的盘子。食碟的主要作用，是用来暂放从公用的菜盘里取来享用的菜肴的。用食碟时，一次不要取放过多的菜肴，看起来既繁乱不堪又不卫生。不要把多种菜肴堆放在一起，弄不好它们会相互“窜味”，不好看，也不好吃。不吃的残渣、骨、刺不要吐在地上、桌上，而应轻轻取放在食碟前端，放的时候不能直接从嘴里吐在食碟上，要用筷子夹放到碟子旁边。如果食碟放满了，可以让服务员更换。

（4）水杯。水杯主要用来盛放清水、汽水、果汁、可乐等软饮料。不要用它来盛酒，也不要倒扣水杯。另外，喝进嘴里的东西不能再吐回水杯。

（5）餐巾。中餐用餐前，比较讲究的话，会为每位用餐者上一块湿毛巾。它只能用来擦手。擦手后，应该放回盘子里，由服务员拿走。有时候，在正式宴会结束前，会再上一块湿毛巾。和前者不同的是，它只能用来擦嘴，却不能擦脸、抹汗。

（6）牙签。尽量不要当众剔牙。非剔不行时，用另一只手掩住口部，剔出来的东西，不要当众观赏或再次入口，也不要随手乱弹，随口乱吐。剔牙后，不要长时间叼着牙签，更不要用来扎取食物。

（二）西餐就餐礼仪

1. 西餐座位的排列

西餐座位比较讲究礼仪，非正式宴会座位遵守女士优先的原则，即男士主动为女士移动椅子让女士先坐，坐右座，靠墙靠里坐。不管正式宴会还是非正式宴会，入座或离座均应从座椅的左侧走为宜（当然左侧入座不方便也可以从右侧入座或离座）。正式宴会有国际惯例为依据，桌次的高低依距离主桌位置的远近而定，右高左低，桌次较多时一般摆放桌次牌。吃西餐均使用长桌，同一桌上座位的高低以离主人座位的远近而定。

西方习俗是男女交叉安排，以女主人的座位为准，主宾坐在女主人的右上方，主宾夫人坐在男主人的右上方，在我国则依据传统，照例主宾坐在男主人的右上方，主宾夫人坐在女主人的右上方。不管是参加中式还是西式正式宴会，都要找准自己的位置，不可贸然入座。

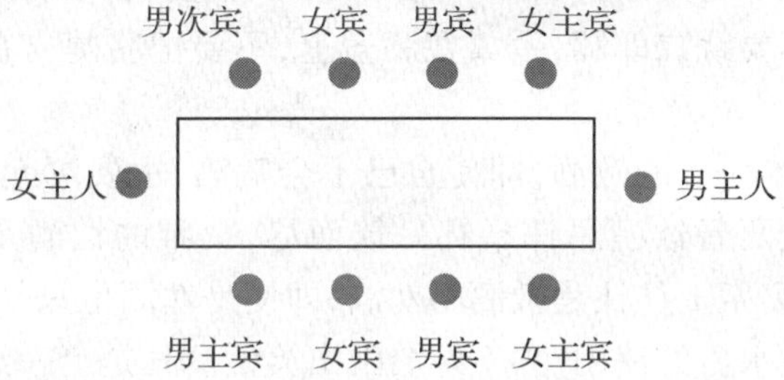

2. 餐具的使用

西餐宴席上使用的餐具主要是刀、叉、匙、盘、杯等。一般是左手拿叉，右手拿刀。拿叉的姿式是，用左手拇指、食指、中指拿住叉。拿刀的姿势是，用右手食指压在刀背上以出力，其余手指拿住刀把。

用刀、叉和匙时，要从最外面开始，一道一道菜往里拿。西餐一般讲究吃不同的菜用不同的刀叉，饮不同的酒用不同的酒杯，吃完一道菜将刀叉并列放在盘子的右边。不要举着刀叉和别人说话，不能发出刀叉相碰的声音。如果你暂时不会使用西式餐具没关系，跟着主人或他人做就行了。

3. 用餐方法

吃肉类时有两种方式：一是边割边吃；一是先把肉块（如牛排）切好，然后把刀子放在食盘的右侧，单用叉子取食。前者是欧洲的古老习惯，后者则是美式的吃法，都比较正式。

吃鱼时，应从鱼的中间切开，把肉拨到两边取掉鱼刺鱼骨，慢慢食用。肉饼、煎蛋、沙拉，都不用刀只用叉。肉盘内的肉汁，可用面包蘸着吃。面包应用手指掰成小块食之。炸薯片、炸肉片、普通三明治等食物，跟面包一样，用手取食。取食时，仅限于用拇指和食指拈取，食后用摆在面前的小手巾拭手。吃甜点可用叉或匙。

喝汤时，用匙进食。握匙的正确姿势为：用大拇指按住匙的把，其他手指轻轻托住另一边。舀汤时，应从盘子里面向外舀，盘中汤不多时，千万不可端起汤盘吮吸，而应用左手将汤盘微微外倾，用匙舀尽。

吃梨、苹果不要整只去咬，而应用水果刀将水果切成四至六块，剜去果心，用手拿着一块一块吃。吃香蕉则剥皮后整只放在盘子里，用刀、叉切开，一块一块吃。吃桔子用手把皮剥掉，一片一片地掰开吃。吃水果时，有时会送上一小水盂，这是供洗手之用的，切勿将此当作饮料饮用。用餐过程中自己够不着的调味等物，可以请别人帮忙递过来，也可应别人要求传递给他们，传递要用右手。进食时，骨头、肉屑、果皮等，可放在食盘的右角。果核则吐在餐巾纸里，不可随便抛在桌上或地上。

若有事暂时离开，请将餐巾放在椅子上，把刀叉摆成八字，居中放在盘上。用餐完毕，将刀叉并列，靠右侧放在盘上。

席中在鸡、龙虾或西式全部菜点上完后，便是咖啡和茶。喝咖啡和茶的方式是用小茶匙搅拌放糖，搅匀后仍将茶匙放回原处再喝(茶匙不能放在茶杯里)，喝时，右手拿杯把，左手端杯托碟。请记住喝咖啡、茶或汤一定要端起杯子找嘴，不要俯身去用嘴迁就杯子。喝完咖啡和茶宴会就该结束了，客人可以开始告辞。

4. 西餐其他礼仪。

参加正式西式宴会一定要注意服饰、仪容仪表符合礼仪要求，用餐姿势优美大方，坐姿端庄稳重，挺直腰板，不要跷二郎腿，手放在膝盖上，不要把胳膊支在桌子上。不要随便脱上衣、松领带或挽袖子。

吃西餐时，不能拒绝对方的敬酒，即使自己不会喝酒，也要端起酒杯回敬对方，否则是一种不礼貌的行为。吃西餐饮酒忌讳举杯一饮而尽，文雅的饮酒是懂得品评酒的色、香、味，慢慢品味。在西餐宴席上往往是敬酒不劝酒，即使是劝酒也只是点到为止。

吃西餐应特别注意水盂的使用，弄不好会闹出笑话。凡是上一道用手取的食品，如鸡、龙虾、水果等，通常会同时送上一个水盂(铜盆、水晶玻璃缸、瓷碗)，水上飘有玫瑰花瓣或柠檬片，但它不是饮料，而是洗指碗，置于左上方，把手浸入水中，轻轻洗一下，然后用餐巾擦干净。

【情境小结】

小刘在中餐就餐时不能用自己的筷子给客人夹菜，如果要表示对对方的热情，可以用公用的筷子给客人夹菜。就餐时如果需要用到牙签时要用手掩住口部，剔出的食物放在餐盘中。中华饮食源远流长，在这讲究民以食为天的国度里，饮食礼仪自然成为饮食文化的一个重要部分。饮食礼仪因宴席的性质、目的而不同，不同的地区也是千差万别。主人要做好宴请的各项工作，作为客人，赴宴要讲究仪容，根据关系亲疏决定是否携带小礼品或好酒。赴宴要守时守约。

【知识链接】

一、敬酒礼仪

敬酒也就是祝酒，是指在正式宴会上，由男主人向来宾提议，提出某个事由而饮酒。在饮酒时，通常要讲一些祝愿、祝福类的话甚至主人和主宾还要发表一篇专门的祝酒词。祝酒词内容越短越好。

敬酒可以在饮酒的过程中随时进行。要是致正式祝酒词，就应在特定的时间进行，不能因此影响来宾用餐。祝酒词适合在宾主入座后、用餐前开始，也可以在吃过主菜后、甜品上桌前进行。

在饮酒特别是祝酒、敬酒时进行干杯，需要有人率先提议，可以是主人、主宾，也可以是在场的人。提议干杯时，应起身站立，右手端起酒杯，或者用右手拿起酒杯后，再以左手托扶杯底，面带微笑，目视其他特别是自己的祝酒对象，嘴里同时说着祝福的话。

有人提议干杯后，要手拿酒杯起身站立。即使是滴酒不沾，也要拿起杯子做做样子。将酒杯举到眼睛高度，说完“干杯”后，将酒一饮而尽或喝适量。然后，还要手拿酒杯与提议者对视一下，这个过程就算结束。在中餐里，干杯前可以象征性地和对方碰一下酒杯；碰杯的时候，应该让自己的酒杯低于对方的酒杯，表示你对对方的尊敬。用酒杯杯底轻碰桌面，也可以表示和对方碰杯。当你离对方比较远时，完全可以用这种方式代劳。如果主人亲自敬酒干杯后，要回敬主人，和他再干一杯。

一般情况下，敬酒应以年龄大小、职位高低、宾主身份为先后顺序，一定要充分考虑好敬酒的顺序，分清主次。即使和不熟悉的人在一起喝酒，也要先打听一下身份或是留意别人对他的称号，避免出现尴尬或伤感情的局面。若你有求于席上的某位客人，对他自然要倍加恭敬，但如果在场有更高身份或年长的人，也要先给尊长者敬酒，不然会使大家很难为情。

如果因为生活习惯或健康等原因不适合饮酒，可以委托亲友、部下、晚辈代喝或者以饮料、茶水代替。作为敬酒人，应充分体谅对方，在对方请人代酒或用饮料代替时，不要非让对方喝酒不可，也不应该好奇地“打破砂锅问到底”。要知道，别人没主动说明原因就表示对方认为这是他的隐私。

在西方宴会上，祝酒干杯只用香槟酒，并且不能越过身边的人和其他人祝酒干杯。

（资料来源：http://www.bjfao.gov.cn/video/lbly/formal/26656.htm，有改动）

二、赴宴礼仪

1. 应邀

对于正式的宴请，主人一般都会在一周前发出请柬。对于注有“R. S. V. P”（请答柬）字样类的请柬，无论是否出席，都应该迅速给予电话或者便函答复，以便主人安排。接受邀请后不要随意变动，万一遇到不得已的特殊情况不能出席时，尤其是作为主宾时，要尽早向向主人解释、道歉。还要了解和核实宴请的主人,活动举办的时间、地点,是否邀请配偶以及主人对服装的要求。

2. 出席

出席宴会,要穿着合适的衣服,打扮得整齐大方。掌握出席时间,一般客人宜略微提早到达,身份高的可略晚到达。西方赴家宴,客人可晚到五分钟,以便女主人准备好食物。

3. 问候

当走进主人家或者宴会厅时,首先应和主人打招呼。对于其他客人,不管是否认识,都要点头示意或握手问好;对长者要主动起立,让座问好;对女宾举止要庄重。参加家宴(西方),可给女主人赠送鲜花。

4. 入席

宴会开始后,应听从主人或者招待人员的安排。如果座位未定,应该注意正对门口的是上座,背对门的是下座。应该先让身份高者、年长者、女士入座。西餐的席位一般都已安排好,坐在已安排的位置,不得随意变动。西餐要等主人和主宾入座后,才能入座。

入座时,要从座位的左侧入席,入座后,脚踏在自己的座位下,不要随意伸直或者两腿不停摇晃,手肘不得靠近桌沿或者将手放在邻座椅背上。

5. 用餐

用餐时应该着正装,不要脱外衣。就餐动作要文雅,夹菜动作要轻。吃食物时,要小口进食,两肘向外靠,不要向外张开,以免碰到邻座。在用餐前后或席间,要进行适当的交际活动。碰到邻座不相识,可自我介绍。切忌中间隔着客人聊天。

6. 离席和告别

宾客用餐完毕,主宾离席后其他客人才可以陆续离席。传统做法是主人将餐巾放在餐盘的右侧,暗示宴会的结束。

告别通常在主人和主宾离席后开始,男主宾先与男主人告别,女主宾先与女主人告别,然后交叉再与其他人告别。宴会结束退席时,要向主人致谢,对宴会的组织和菜肴的丰盛表示赞美。

【拓展训练】

一、案例分析

[案例]

天地公司海外办事处小李受邀参加同事 Tom 家的家庭聚餐,他准备了礼物,并提前半小时来到 Tom 家。用餐过程中忽然接到一个重要电话,小李跟旁边的人小声打招呼"对不起",然后离席。

请问小李在赴宴中有哪些是符合礼仪规范的?有哪些失礼之处?

二、实践训练

1. 在日常就餐中,你遇到过哪些不合礼仪的行为?请举例说明。

2. 为了庆祝销售业绩突破1000万元,天地公司市场销售部人员在刘经理的安排下到当地有名的西餐厅就餐。请同学设计就餐情景并分组模拟,由教师和学生对每一组学生的表现进行评价。

任务七　庆典剪彩礼仪

【情境导入】

天泰公司新建的办公大楼拟举行落成典礼仪式,刘总请秘书小刘负责此次活动的筹备工作。请问小刘要做哪些准备工作呢?

【知识分享】

一、庆典

庆典是各种庆祝礼仪式的统称。在商务活动中,商务人员参加庆祝仪式的机会是很多的,既有可能奉命为本单位组织一次庆祝仪式,也有可能应邀去出席外单位的某一次庆祝仪式。

(一) 庆典前的准备

组织、筹备一次庆典,要先对它作出一个总体的计划,主要包括以下几方面。

1. 舆论宣传

运用各种传播媒介广泛宣传,以引起公众的关注。广告设计得美观、大方、有特色,这样做有利于树立企业的形象。

2. 邀请嘉宾

典礼的成功与否,在很大程度上与参加典礼的主要宾客的身份、职能部门的范围和参加典礼的人数有直接关系。因此,邀请上级领导、知名人士、各职能部门的负责人或代表是准备工作的一项重要内容,还应多方邀请兄弟企业和关系密切的团体、事业单位、个人及新闻媒介方面的人士、单位员工参加。为慎重起见,用以邀请来宾的请柬应认真书写,应装入精美的信封,由专人送达对方手中,以便对方早作安排。

3. 场地的选择与布置

(1) 地点的选择。在选择具体地点时,应结合庆典的规模、影响力以及本单位的实际情况来决定。本单位的礼堂、会议厅,本单位内部或门前的广场,以及外借的大厅等均可予以选择。不过在室外举行庆典时,切勿因地点选择不慎而制造噪声,妨碍交通或治安,顾此而失彼。选择举行庆祝仪式的现场时,应当牢记并非愈大愈好。从理论上说,现场的大小应与出席者人数的多少成正比。也就是说场地的大小，应同出席者人数的多少相适应。人多地方小，拥挤不堪，会使人心烦意乱；人少地方大，则会让来宾对本单位产生“门前冷落车马稀”的感觉。

（2）场地的布置。在反对铺张浪费的同时，应当量力而行，着力美化庆典举行现场的环境。为了烘托出热烈、隆重、喜庆的气氛，可在现场张灯结彩，悬挂彩灯、彩带，还应当在醒目之处摆放来宾赠送的花篮、牌匾，张贴一些宣传标语，并且张挂标明庆典具体内容的大型横幅。如果有能力，届时还可以请由本单位员工组成的乐队、锣鼓队演奏音乐或敲锣打鼓，营造热闹热闹的氛围。

（3）音响的准备。在举行庆典之前，务必要把音响准备好，尤其是供来宾们讲话时使用的麦克风和传声设备。在庆典举行前后，播放一些喜庆、欢快的乐曲，烘托现场的气氛。场地四周可悬挂横幅、标语、气球、彩带、宫灯。此外来宾的签到簿、本单位的宣传材料、待客的饮料等等，亦须提前备好。对于音响、照明设备，以及庆典仪式举行之时所需使用的用具、设备，必须事先认真进行检查、调试，以防其在使用时出现差错。

（二）庆典的程序

庆典包括下述几项程序：

（1）宣布庆典正式开始，全体起立，奏国歌，唱本单位之歌。

（2）本单位主要负责人致辞。其内容包括对来宾表示感谢、介绍此次庆典的缘由等等，重点应是报捷，以及庆典的可“庆”之处。

（3）邀请嘉宾讲话，出席此次庆典的上级主要领导、协作单位及社区关系单位，均应有代表讲话或致贺辞。不过应当提前约定好，不要当场推来推去。对外来的贺电、贺信等等，可不必一一宣读，但对其署名单位或个人应当公布。在进行公布时，可依照其“先来后到”为序，或是按照其具体名称的汉字笔画的多少进行排列。

（4）安排文艺演出。如果准备安排，应当慎选内容，不要有悖于庆典的主旨。

（5）邀请来宾进行参观。如有可能，可安排来宾参观本单位的有关展览或车间等等。

二、剪彩

剪彩仪式是指商界的有关单位，为了庆祝公司的成立、公司的周年庆典、企业的开工、宾馆的落成、商店的开张、银行的开业、大型建筑物的启用、道路或航道的开通、展销会或展览会的开幕等而举行的一项隆重性的礼仪性程序。

（一）剪彩前的准备

1. 剪彩的物质准备

（1）红色缎带。即剪彩仪式中的“彩”，由一整匹未使用过的红色绸缎，在中间结成数朵花团而成。花团的具体数目与现场剪彩的人数直接相关，花团数与剪彩人数相当。现在为节约起见，一般使用两米左右的红带与彩球联结而成。有两类模式可供选择，其一是花团的数目比现场剪彩的人数多一个；其二是花团的数目比现场剪彩的人数少一个。前者可使每位剪彩者总是处于两朵花团之间，尤显正式。后者则不同常规，亦有新意。

(2) 剪刀。为了显示隆重热烈,应该选用新的剪刀,讲究的话可选用金色的剪刀。剪刀应是现场剪彩者每人一把。白色薄纱手套是专为剪彩者所准备的,在正式剪彩时,最好每人戴上一副白色薄纱手套,以示郑重。

(3) 托盘。在剪彩仪式上所使用的托盘,最好是崭新、洁净的。通常使用银色的不锈钢制品。为显示正规,可在使用时铺上红色布或绸布。就其数量而论,在剪彩时,可以一只托盘依次向各位剪彩者提供剪刀与手套,并同时盛放红色缎带;也可以为每一位剪彩者配置一只专为其服务的托盘,红色缎带也专由一只托盘盛放。

(4) 红色地毯。主要用于铺设在剪彩者正式剪彩时的站立处。其长度可视剪彩者人数的多寡而定,宽度则应在一米或一米以上。在剪彩现场铺设红色地毯,主要是为了提升仪式档次,营造一种喜庆的气氛。

2. 人员的准备

(1) 剪彩者。剪彩者一般是上级领导、主管部门负责人或某一方面的知名人士,因此应当发出郑重邀请,可由主办单位领导亲自出面或委派代表专程前往邀请。若是请几位剪彩者同时剪彩,要事先征得每位剪彩者的同意,否则就是对剪彩者的失礼。

(2) 助剪者——礼仪小姐。剪彩礼仪小姐是剪彩时扯彩带、递剪刀、接彩球的服务人员,是剪彩仪式中的重要角色,可以从本企业挑选,也可到有关单位去聘请。一般要求仪容、仪表、仪态文雅、大方、庄重、优美。

剪彩的准备必须一丝不苟。场地的布置、环境的卫生、灯光与音响的准备、媒体的邀请、人员的培训都要严格要求,特别要注意对剪彩者的邀请和对礼仪小姐的训练。

(二) 剪彩仪式的程序

剪彩仪式通常包含如下五个基本的程序:

(1) 嘉宾入场。剪彩仪式开始前五分钟,嘉宾便应在礼仪小姐的引领下集体入场。一般来说,嘉宾中的剪彩者应前排就座,座位上应事先放好席卡,中央级的来宾只写"首长",其他人可直接写姓名。

(2) 仪式开始。由企业主要负责人宣布仪式开始,奏乐,鸣炮(有的地方禁鸣则免),然后介绍到场的嘉宾,并对他们的到来表示感谢。

(3) 宾主讲话。由主办单位代表、上级部门主管部门代表、合作单位代表以及社会知名人士先后发言。讲话的内容应具介绍性、鼓动性、祝贺性,做到短小精悍、言简意赅。剪彩时间一到,主持人与主剪者交流一下眼色,征得同意后郑重宣布剪彩仪式开始,接下来,一般应向与会者介绍参加剪彩仪式的领导、负责人、各界知名人士等主要来宾,对他们以及祝贺单位、与会者表示感谢。

(4) 进行剪彩。剪彩者应起立稳步走向彩带,主席台上的其他人员一般要尾随于剪彩者之后 1 至 2 米站立。礼仪小姐在欢乐的乐曲声中登场,引领剪彩者按主办单位的安排站立在确定的位置,而礼仪小姐的数量及站位,都需要经过彩排。这时拉彩者拉起红绸及彩球,在剪彩者剪断红绸、彩球落盘时,全体人员热烈地鼓掌。

(5) 后续活动。剪彩过程结束,主办单位可安排一些文艺、参观、联谊、座谈、签名、题词、就餐或继续参观等后继活动,具体做法可因剪彩内容而定,最后可以向来宾赠送一些纪念品,热情欢送他们离去。

（三）剪彩仪式中的礼仪

在正常情况下，剪彩仪式应在行将启用的建筑、工程或者展销会、博览会的现场举行。正门外的广场、正门内的大厅，可予优先考虑。如果是新建设施、新安装设备竣工或启用，一般安排在现场前面的空地处。会场应布置得热烈、隆重，可对活动现场略作装饰。在剪彩之处悬挂写有剪彩仪式的具体名称的大型横幅，更是必不可少的。剪彩仪式宜紧凑，忌拖沓。短则一刻钟即可，不宜超过一个小时。座席一般只安排剪彩者和来宾的座位，本企业主要领导陪坐。入座时应把剪彩者安排在前排，有多位剪彩者，应按剪彩时的位置就座，以免宣布剪彩时再交换位置。

1. 剪彩者的礼仪

剪彩者穿着要整洁、庄重，精神要饱满，给人以稳健、干练的印象。剪彩者走向剪彩的绸带时，应面带微笑，落落大方。当工作人员用托盘呈上剪彩用的剪刀时，剪彩者应向工作人员点头致意，并向左右两边手持彩带的工作人员微笑致意，然后全神贯注，把彩带一刀剪断。剪彩完毕，放下剪刀，应转身向四周的人鼓掌致意。剪彩者是剪彩仪式上的关键人物，剪彩者的仪表和举止，直接影响剪彩仪式的效果。

2. 礼仪小姐的礼仪

剪彩仪式上的礼仪小姐，多数情况下统一身着中华民族传统的礼仪服装——旗袍（也有穿西式套装的），脚穿黑色高跟皮鞋，化上淡妆，盘起头发，面带微笑，步履轻盈。要争取一举一动、一颦一笑，都能给人以美的感受，做到典雅大方、光彩照人。其次是举止行为要规范。在仪式进行中，礼仪小姐应训练有素，走有走姿，站有站相，整齐有序，动作一致。尤其应注意做到的是，始终保持应有的微笑。如果在仪式进行中有点小意外（比如剪了几次仍未能剪断彩带）发生，礼仪小姐应平静地处理，不可手忙脚乱、大呼小叫，以确保仪式顺利进行。最后是工作责任心要强。礼仪小姐在剪彩仪式中，应以规范的举止在服务中展示本单位的形象和风采，她们应当意识到，自己在仪式上的一点点粗心大意都会给来宾留下不好的印象，给本单位带来损失。如果在仪式进行中，礼仪小姐不知去向或丢三落四或毫无表情等，势必破坏剪彩仪式的热烈气氛，影响仪式的最终效果。

3. 剪彩过程中的礼仪

宣布剪彩后，礼仪小姐应排成一排从两侧同时登台，或是从右侧登台，登台后，拉彩带者与捧花者站成一行，拉彩带者处于两端拉直红色缎带，捧花者各自双手捧一朵花团。托盘者须站立在拉彩者与捧花者身后一米左右，并且自成一行。

剪彩者在礼仪小姐引导下走向剪彩位置，宜从右侧登台出场，中间主剪者走在前面，其他剪彩者紧随其后走向自己的剪彩位置，到达后应面向拉彩者、捧花者微笑。托盘者在剪彩者均已到达既定位置后，应前行一步，到达剪彩者的左后侧，呈上白手套、新剪刀。

剪彩者应微笑致意并表情庄重地将缎带一刀而断，剪彩者之间要协调好彼此的行动，还要和礼仪小姐配合好，让彩球落入托盘。剪彩者在剪彩仪式成功后，可以右手举起剪刀，面向全体到场者致意，然后放下剪刀、手套等，举手鼓掌。接下来，可依次与东道主进行礼节性握手道喜，并在引导者的引领下，一次从右侧退场。礼仪小姐此时才可列队由右侧退场。

【情境小结】

小刘在庆典筹备期间要做好舆论宣传、邀请嘉宾、场地的选择和布置等工作。庆典和剪彩仪式都是重要的仪式礼仪，它是现代社会的重要社交方式，也是社会组织对内营造和谐气氛，对外增加凝聚力、协调关系、扩大宣传、塑造良好形象的有效手段。

【知识链接】

参加庆典时，不论是主办单位的人员还是外单位的人员，均应注意自己临场之际的举止表现。其中，主办单位人员的表现尤其重要。

在举行庆祝仪式之前，主办单位应对本单位的全体员工进行必要的礼仪教育。对于本单位出席庆典的人员，还须规定好有关的注意事项，并要求大家在临场之时，务必严格遵守。按照仪式礼仪的规范，作为东道主的商界人士在出席庆典时，应当严格注意的问题涉及以下七点：

1. 仪容要整洁。所有出席本单位庆典的人员，事先都要洗澡、理发，男士还应刮光胡须。切勿蓬头垢面、胡子拉碴、浑身汗臭，有意无意给本单位的形象“抹黑”。

2. 服饰要规范。有统一式样制服的单位，应要求以制服作为本单位人士的庆典着装。无制服的单位，应规定届时出席庆典的本单位人员必须穿着礼仪性服装。即男士应穿深色的中山装套装，或穿深色西装套装，配白衬衫、素色领带、黑色皮鞋。女士应穿深色西装套裙，配长筒肉色丝袜、黑色高跟鞋，或者穿深色的套裤，或是穿花色素雅的连衣裙。倘若有可能，将本单位出席者的服饰统一起来，则是最好的。

3. 时间要遵守。遵守时间是基本的商务礼仪之一。对本单位庆典的出席者而言，更不得小看这一问题。上到本单位的最高负责人，下到级别最低的员工，都不得姗姗来迟，无故缺席或中途退场。如果庆典的起止时间已有规定，则应当准时开始，准时结束。

4. 表情要庄重。在举行庆典的整个过程中，都要表情庄重、全神贯注、聚精会神。假若庆典之中安排了升国旗、奏国歌、唱“厂歌”的程序，一定要依礼行事：起立，脱帽，立正，面向国旗或主席台行注目礼，并且认认真真、表情庄严肃穆地和大家一起唱国歌、唱“厂歌”。此刻，不能不起立、不脱帽、东张西望、不唱或乱唱国歌与“厂歌”。在起立或坐下时，不能把座椅搞得乱响，不能一边脱帽一边梳头，不能在此期间走动或是与他人交头接耳。

5. 态度友好。遇到来宾，要主动热情地问好。对来宾提出的问题，要立即予以友善的答复。不要围观来宾、指点来宾，或是对来宾持有敌意。当来宾在庆典上发表贺辞时，或是随后进行参观时，要主动鼓掌表示欢迎或感谢。即使个别来宾在庆典中表现得对主人不甚友善，也不应当当场“仗势欺人”，或是非要跟对方“讨一个说法”。不论来宾在台上台下说了什么话，主方人员都应当保持克制，不要吹口哨、“鼓倒掌”、敲打桌椅、胡乱起哄。不可以打断来宾的讲话，向其提出挑衅性质疑，与其进行大辩论，或是对其进行人身攻击。

6. 行为要自律。既然参加了本单位的庆典，主方人员就有义务以自己的实际行动来确保它的顺利与成功。在出席庆典时，主方人员在举止行为方面应当注意的问题有：不要“想来就来，想走就走”，或是在庆典举行期间到处乱走、乱转。不要和周围的人说“悄悄话”、开玩笑，或是朝自己的“领导”甚至主席台上的人挤眉弄眼、出怪样子。不要有意无意地作出对庆典毫无兴趣的姿态，例如看报纸、读小说、听音乐、打扑克、做游戏、打瞌睡、织毛衣等。不要让人觉得自己心不在焉，如东张西望，一再看手表，或是向别人打听时间。当本单位的会务人员对自己有所要求时，需要“有则改之，无则加勉”，不要一时冲动，或是为了显得自己玩世不恭而产生逆反心理，做出傻事来。

7. 发言要简短。上下场时要沉着冷静。走向台上时，应不慌不忙。在开口讲话前，应平心静气。讲究礼貌，在发言开始，勿忘说一句“大家好”或“各位好”。在提及感谢对象时，应目视对方。在表示感谢时，应郑重地欠身施礼。对于大家的鼓掌，则应以自己的掌声来回礼。在讲话末了，应当说一声“谢谢大家”。发言一定要在规定的时间内结束，宁短勿长，不要随意发挥，信口开河。

外单位的人员在参加庆典时，同样有必要“既来之，则安之”，以自己上佳的临场表现来表达对于主人的敬意与对庆典本身的重视。倘若在此时此刻表现欠佳，是对主人的一大伤害。所以宁肯坚辞不去，也绝不可去而失礼。作为外单位的人员参加庆典，若是以本单位代表的身份而来，而不是仅仅只代表自己个人的话，更是要特别注意自己的临场表现，丝毫不可对自己的行为表现自由放任、听之任之。

（资料来源：http://blog.sina.com.cn/s/blog_a4552b960100yt0n.html，有改动）

【拓展训练】

一、案例分析

［案例］

天宇公司开业庆典，请来了市政府领导。当剪彩仪式开始后，主持人宣布：“请贾市长下台剪彩！”却见贾市长端坐不动，主持人很奇怪，重复一遍：“请贾市长下台剪彩！”贾市长还是端坐没动，有些恼怒。主持人又宣布一遍：“请贾市长剪彩！”贾市长才很不情愿地勉强起来去剪彩。

请分析本案例中主持人的失礼之处。

二、实践训练

学生分成若干小组，每组分别设计一次庆典仪式和剪彩仪式的实训情景，分组模拟，由教师和学生对每一组学生的表现进行评价。

学习情境四　部分行业礼仪

在宴席上最让人开胃的就是主人的礼节。

——莎士比亚

任务一　酒店(餐饮)服务业礼仪

【情境导入】

某店面的正中间是一张特大的圆桌。由桌上的大红寿字和老老少少的宾客可知，这是一次庆祝寿辰的家庭宴会。朝南坐的是位白发苍苍的八旬老翁，众人不断站起对他说些祝贺之类的吉利话，可见他就是今晚的寿星。

一道又一道缤纷夺目的菜品送上桌面，客人们对今天的宴会显然感到十分满意。寿星的阵阵笑声为宴席增添了欢乐，融洽和睦的气氛又感染了整个餐厅。不一会儿，盘子里已经没有什么食物了，客人还是团团坐着，笑声、祝酒声，汇成了一首天伦之曲。可是不知怎么回事，再也不见菜品上来。闹声过后便是一阵沉寂，客人开始面面相觑，热火朝天的生日宴会慢慢冷却下来。众人怕老人不悦，便开始东拉西扯，分散他的注意力。一刻钟过去了，仍不见服务员上菜。一位看上去是老翁儿子的人终于按捺不住站起来朝服务台走去，接待他的是餐厅的经理。他听完客人的询问之后很惊讶："你们的菜不是已经上完了吗?"中年人说："你们上完菜怎么不说一声，不够了我们还要点的啊!"随后又点了几道菜才悻悻地回到桌上。

作为一名餐厅服务员，在上菜时应当如何正确操作呢?

【知识分享】

服务礼仪通常是指服务人员在工作岗位上，通过言谈、举止、行为等对顾客表示尊重和友好的行为规范。也就是说,服务礼仪是服务人员在自己的工作岗位上向服务对象提供服务的标准、正确的做法。

作为一名餐厅服务员,一言一行都代表企业形象,能否对客户进行优质服务直接影响到企业声誉,即使企业有再好的产品,却对客户态度不佳、服务不周,恐怕也会导致企业的信誉下降,业绩不振。总之,讲求礼仪是企业对每位员工的基本要求,也是体现企业服务宗旨的具体表现。

一、餐前服务礼仪

(1) 客人到餐厅用餐,领位员应着装整洁、精神饱满地迎接客人,并根据不同客人的就餐需求安排合适的就餐座位并祝客人用餐愉快。引领入座应一步到位,手势规范,走位合理,步幅适度。

(2) 餐厅应备足酒单、菜单,保证其整洁完好。领位员应选择合理的站位,目视客人,用双手呈递酒单、菜单。服务的次序应符合中西餐就餐程序。

(3) 客人入座后,餐厅服务员应选择合理的站位,按次序为客人铺放口布。铺放动作应轻巧熟练,方便客人就餐。

(4) 向客人推荐菜品时,应使用规范的手势,尊重客人的饮食习惯,适度介绍酒水。

(5) 书写菜肴订单时,服务员应站立端正,将订单放在手中书写。下单前,应向客人重复所点菜品名称,并询问客人有无忌口的食品,有些西式菜品还应征求客人对生、熟程度的要求。

二、餐间服务礼仪

(1) 厨房出菜后,传菜员应及时上菜。传菜时应使用托盘,托盘干净完好,端送平稳。传菜员行走轻盈,步速适当,遇客礼让。

(2) 上菜速度应与客人的用餐速度相适宜。热菜和冷菜应分别放入经过加热或冷却处理的餐盘中。

(3) 值台服务员应根据餐桌、餐位的实际状况,合理确定上菜口。上菜时,应用双手端平放稳。跟配小菜和作料的,应与主菜一并上齐。报菜名时应吐字清晰、音量适中。

(4) 摆放菜肴应实用美观,并尊重客人的选择和饮食习惯。

(5) 所有菜肴上齐后,应告知客人菜已上齐,并请客人慢用。

(6) 需要分菜时,服务员应选择合理的站位,手法熟练,操作卫生,分派均匀。

(7) 服务员应以尽量少打扰客人就餐为原则,选择适当的时机撤盘。撤盘时,应遵循饭店相关工作程序,动作轻巧,规范到位。

(8) 为客人提供小毛巾服务前,应对毛巾进行消毒,保证毛巾温度、湿度适宜,无异味。服务员应随时巡台,及时撤下客人用过的毛巾。

(9) 客人抽烟时,服务员应用饭店配备的专用器具及时为客人提供点烟服务。划燃火柴和熄灭火柴应远离客人。如果用打火机点烟,应事先调好火苗的大小。

(10) 服务员应根据实际情况,以不打扰客人为原则,为抽烟客人适时更换烟灰缸。服务时,应使用托盘,先征询客人意见,得到许可后再服务。

(11) 餐厅服务员应随时观察客人用餐情况,适时更换骨碟。更换骨碟时,应使用托盘,先征询客人意见,得到许可后再服务。操作手法应干净卫生,撤换线路和新骨碟的摆放位置应方便客人用餐。

三、酒水服务礼仪

（1）服务员应尊重客人的饮食习惯，根据酒水与菜品搭配的原则，向客人适度介绍酒水。下单前，应重复酒水名称。多人选择不同饮品的，应做到准确记录，服务时正确无误。

（2）斟倒酒水前，服务员应洗净双手，保证饮用器具清洁完好，征得客人同意后，按礼仪次序依次斟倒。斟酒量应适宜。续斟时，应再次征得客人同意。

（3）服务酒水时，服务员应询问客人对酒水的要求及相关注意事项，然后再提供相关服务。

（4）服务整瓶出售酒品时，应先向客人展示所点酒品，经确认后再当众开瓶。斟到饮料时，应使用托盘。

（5）调酒员面客服务时，应做到操作卫生，手法娴熟。客人间谈话时，调酒员应适时回避。客人对所调制的酒水不满意时，应向客人致歉，争取为客人提供满意的服务。

（6）服务热饮或冷饮时，应事先预热杯具或提前为杯子降温，保证饮品口味纯正。服务冰镇饮料时，应擦干杯壁上凝结的水滴，防止水滴滴落到桌子上或客人衣服上。服务无色无味的饮料时，应当着客人的面开瓶并斟倒。

四、宴会自助餐服务礼仪

（1）宴会自助餐台设计应突出主题，造型新颖，餐台布局实用美观。摆放菜点时，应按照人们的就餐习惯，按就餐顺序依次摆放。

（2）客人用餐时，服务员应及时巡视，随时添加餐具、食品和饮料，适时提供更换烟灰缸服务和添加饮料服务。

（3）服务员应随时保持餐桌整洁，适时撤走客人用过的餐具。撤餐具时，应礼貌示意，征得客人同意。

五、餐后结账服务礼仪

（1）服务员应随时留意客人的用餐情况，客人示意结账时，应及时提供服务。账单应正确无误，呈递动作标准、规范。

（2）客人付账时，服务员应与客人保持一定距离，客人准备好钱款后再上前收取。收取现金时应当面点验。结账完毕，服务员应向客人致谢，欢迎客人再次光临。

（3）结账后客人继续交谈的，服务员应继续提供相关服务。

六、特殊情况用餐服务礼仪

（1）接待要求比较特殊的客人时，服务人员应耐心、诚恳。客人对服务工作提出意见和建议时，应真诚地向客人致谢。提供后续服务时，应保证服务态度和服务质量的一致性。

（2）有急事的客人用餐时，服务员应提供迅速便捷的服务，向客人介绍容易制作、符合口味的菜品，告知客人每道菜品所需的制作时间，并做好随时结账的准备。

（3）如服务员因工作原因导致客人衣物污损，应真诚地向客人道歉并立即报告上级。饭店在征求客人意见后，应及时为客人提供免费洗衣服务，并尽快将洗好的衣物送还客人。

【情境小结】

服务员通常在上菜时要报菜名，如是最后一道菜，则还应向客人说明，最好再加上一句："你们点的菜都上了，还需要添些什么吗？"这样做，既可以避免发生客人等菜的尴尬局面，又是一次促销行为，争取机会为酒店多做生意。

客人离开店面时的总印象是由在店面逗留期间各个细小印象构成的。本例中，由于一位服务员缺了一句不应少讲的话，终使店面许多员工的服务归于无效，这又一次证明了餐饮业的确是 100 - 1 = 0 这样一种计算公式。

【知识链接】

案例一

一个暴风雨的晚上，一对老夫妇来旅馆订房，可是旅馆所有的房间都被团体包下了，而附近的旅馆也都客满了。"很抱歉！"柜台里一位年轻的服务员说，"我们这里已经没有房间了。"

老夫妇失望地转身而去。看着老夫妇一脸无奈，这位服务员想到了自己的房间，他对老夫妇说："请等一等！在这样的夜晚，我实在不敢想象你们离开这里却又投宿无门的处境，如果你们不嫌弃的话，可以在我的房间里住上一晚，那里虽然不是豪华套房，却十分干净，我今天晚上在这里加班工作。"

老夫妇感到给这个服务员增添了不少麻烦，很是不好意思，但他们还是谦和有礼地接受了服务员的好意。第二天早上，他们要付给这个服务员住宿费但被拒绝了："我的房间是免费借给你们的，我昨天晚上在这里已经挣取了额外的钟点费，房间的费用本来就包含在里面了。"

老先生很感动地说："你这样的员工是每一个旅馆老板梦寐以求的，也许有一天，我会为你盖一座旅馆。"年轻的服务员笑了笑，他明白老先生的好心，但他知道这只不过是一个玩笑。

几年后的一天，仍在那个旅馆上班的服务员突然收到了老先生的来信，请他到曼哈顿去见面，并附上了往返的机票。他来到曼哈顿，在第五大道和三十四街之间的豪华建筑物前见到了老先生。老先生指着眼前的建筑物说："这是我专门为你建造的饭店，以前曾经说过的，你还记得吗？"

服务员吃惊极了："您在开玩笑吧？我真糊涂了，请问这是为什么？"老先生温和地说："我的名字叫威廉·渥道夫·爱斯特，这其中没有什么阴谋，只因为我认为，你是经营这家饭店的最佳人选。"

[分析]

案例所说的是一个真实的故事。这位服务员的名字就叫乔治·伯特，是美国著名的渥道夫·爱斯特莉亚饭店的第一任总经理。谁能想到,这位年轻的服务员对老夫妇的一次关照,却赢得了自己一生幸运的收获。然而,故事却真实地发生了。

乔治·伯特的成功在于,他在帮助老夫妇的同时,还体谅了他们的心情。人们的一般心理是,不愿受人恩惠,不愿给人添麻烦。如果我们抱着施舍的态度去帮人的忙,对方可能不愿意接受,即使接受了也会心情不快。但乔治·伯特充分考虑到了这一点,他故意将自己的帮忙说得无足轻重,以减轻老夫妇的心理负担。这说明他将顾客看成了自己的亲人,而不仅是一种工作关系或利益关系,这正是老夫妇深受感动的地方。中国有句古话,“来的都是客”。作为服务人员,如果只把入住饭店的人当成客人,把没有住饭店的人看得无足轻重,就显得势利心太重。乔治在这方面做得很好,他借房子给顾客住,并不是为了报酬,而是出于真诚的关心,这是打动顾客的关键。

帮顾客一次忙,得到一个极大的幸运,这种事不是常见的,不过,你也不妨试一试,或许机会也会悄悄地降临。

案例二

一天晚上,徐先生陪着一位美国外宾来到酒店餐厅用餐。点菜后,服务员小吴摆上酒杯,上好餐前小吃,又为外宾多加一份刀叉再为两位客人斟茶水、换毛巾,又为他们倒啤酒,当汤端上来后便为他们盛汤,盛了一碗又一碗。一开始,外宾以为这是吃中餐的规矩,听徐先生告诉他凭客自愿后,在服务员小吴要为他盛第三碗时他谢绝了。小吴在服务期间满脸微笑,手疾眼快,一刻也不闲着:上菜后即刻布菜,皮壳多了随即就换骨碟,毛巾用过了忙换新的,米饭没了赶紧添加……他在两位客人旁边忙上忙下,并不时用英语礼貌地询问两位还有什么需要,搞得两位食客也忙上忙下拘谨起来。当外宾把刀叉刚放下,从口袋里拿出香烟,抽出一支拿在手里时,“先生,请抽烟。”小吴忙从口袋里拿出打火机,熟练地打着火,送到客人面前,为他点烟。外宾忙把烟叼在嘴里去点,样子颇为狼狈。烟点燃后,他忙点着头向小吴说了声:“谢谢!”小吴又在忙着给他的碟子里添菜,客人忙熄灭香烟,用手止住小吴说:“谢谢,还是让我自己来吧。”小吴随即把烟灰缸拿去更换。外宾说:“这里的服务太热情了,就是忙得让人有点透不过气来。徐先生,我们还是赶紧吃完走吧。”当小吴把新烟灰缸放到桌上后,两人谢绝了小吴的布菜,各自品尝了两口后,便要求结账。小吴拿账单时,外宾拿出一张钞票压在碟子下面。徐先生忙告诉他,中国餐厅内不收小费。外宾说:“这么‘热情’的服务,你就无动于衷?”徐先生仍旧向外宾解释,外宾只好不习惯地把钱收了起来。结账后,小吴把他们送离座位,站在餐厅门口还连声说:“欢迎下次光临。”

[分析]

案例中,由于美国客人在该餐厅受到十分热情的接待服务,结合他过去在国外的就餐经历和经验,使外宾形成一种感觉,就是过于热情干扰了自己的用餐情绪,即感到不自在和尴尬,这使他认为这是服务员在索要小费的提示,尽管最后他也清楚并不是那么回事,但顾客始终不认同和接受这样的服务。这样的服务实际上是画蛇添足,多此一举。又例如,有些聚在一起想聊聊知心话的朋友,正在热恋的青年男女,爱静静独坐的知识分子或其他一些不想让服务员过多干扰自己的顾客，包括到餐馆洽谈业务生意的商人，都不愿意接受这种画蛇添足式的服务。所以说服务员并不是越殷勤、周到、热情，就越能得到顾客的好感，而是应当根据不同顾客的具体情况，来确定自己是不是应该那样服务。

餐厅在强调对顾客热情服务的同时，更应该强调以顾客感到自在、舒适和愉快为准则，不注意客人反应的过度热情也可能会把顾客吓跑。

【拓展训练】

一、训练项目一：托盘。

轻托持重要求：将装满水的啤酒瓶、白酒瓶、葡萄酒瓶各一个，合理摆放于托盘中，3 分钟、5 分钟站立、行走，保持较好体态。

轻托平稳要求：将装满水的红酒杯、水杯、白葡萄酒杯各一个，合理摆放于托盘中，3 分钟、5 分钟站立、行走，保持较好体态。

重托综合要求：将捆扎好的装满水的啤酒瓶、白酒瓶、葡萄酒瓶各两个或等重的重物，合理摆放于托盘中，3 分钟、5 分钟站立、行走，保持较好体态。

托盘的基本操作程序与标准：

（1）理盘。根据所托物品选择合适的托盘，将托盘洗净擦干，垫巾的大小、形状要与托盘相适应。

（2）装盘。装盘合理科学，整洁美观。

（3）起托。起托时托盘应略高于腰部，左脚向前迈一步，右手将托盘拉出台面 1/3，将托盘重心移至左掌心，保持盘面平衡，手臂成 90 度，左手掌呈凹形，不与盘底接触。

（4）托送。行走时托盘平稳，酒水不洒，姿势正确，托送自如、灵活；头正肩平，面带微笑，目视前方。

（5）卸盘。托盘行走至目的地后站稳，将盘内物品按要求放到工作台上。

二、训练项目二：斟酒。

1. 基本要求：

（1）服务过程中不滴不撒、不溢不漏。

（2）按斟酒的技能操作要求进行服务。

2. 斟酒操作：

（1）准备物品：圆桌一张，啤酒杯、白酒杯、红酒杯各 10 套，啤酒瓶、白酒瓶、红酒瓶、托盘、毛巾、红酒套、酒启（普通酒启、葡萄酒启）若干。

（2）斟酒方法：

① 桌斟：在为客人服务时通常使用桌斟。

② 捧斟：在人多空间较小的情况下可采用此法。

（3）斟酒标准要求：

① 斟酒时，按照“询问酒水—拿取酒水—展示并确认酒水—征求客人意见开启酒水—斟添酒水”的程序进行操作。

② 询问酒水:熟练掌握酒水知识,全面介绍,供客人选择。

③ 示酒:左手托瓶底,右手扶瓶颈,标签朝向客人,请客人确认。

④ 服务人员站在客人的身后右侧,左手托盘,右手斟酒。托盘斟酒时,托盘的左手轻轻向左拉开,以盘边不碰到客人为限,站立于客人身后右侧,右脚前迈一步,侧身而立。

⑤ 先斟红酒,再斟啤酒,最后斟白酒,从第一主宾开始,按顺时针方向斟酒。

⑥ 斟酒时瓶口不碰杯口,相距一二厘米,商标朝向客人,斟至将满时,酒瓶稍向上提起并顺时针旋转 45 度收回,并用左手的餐巾擦拭瓶口。

⑦ 斟酒量:白酒、啤酒、饮料 8 分满;葡萄酒 1/3 杯为宜;白兰地斟 1/6 杯。

(4) 注意事项:

① 应站在客人的右侧为客斟酒,切忌站在一个位置为左右两边客人斟酒。

② 宾主讲话时,服务员要站在操作橱旁静候,行注目礼;客人敬酒时,服务员应随时备好酒水为客人斟酒。

③ 斟酒时,先斟饮料、葡萄酒,后斟白酒。

3. 一般酒水的开启:

(1) 啤酒开启:用一般酒启打开即可,注意不要用力过猛,以免喷洒出啤酒。

(2) 罐装气体饮料的开启:开口处不要向着客人,避免喷洒出饮料。

(3) 葡萄酒的开启:

① 切割签封:用酒刀划开瓶口处的封纸,划的时候只转酒刀,不转酒瓶,用干净口布擦拭瓶口。

② 用酒钻对准酒塞中心点慢慢向下旋转,当钻至软木塞的 3/4 处时停止。

③ 以酒刀支架于瓶口处,左手扶稳支架,右手向下压酒钻把手,利用杠杆原理将酒塞起出,起出后把酒塞放入干净骨碟内。

(4) 香槟酒的开启:

① 剥开封口的锡纸,左手握瓶颈,用左手拇指轻轻压住瓶塞。

② 右手捏住瓶口保险丝的拧环处,向逆时针方向轻轻拧松保险丝。

③ 将保险丝完全拧松后,香槟酒的瓶塞会慢慢上移,此时用左手握住瓶塞,防止瓶塞喷射出来。

④ 开启完毕,应用干净的口布将瓶口擦拭干净,然后将酒瓶放入冰桶。

任务二 旅游服务业礼仪

【情境导入】

导游员小李带了一个老年团到三亚旅游。在旅游过程中，因游客都是老年人，因此要求非常多，一开始，小李还很热心地帮游客处理问题，后来，小李越来越没有耐心。同时，她认为这份工作自己反正不想再做了，所以就对游客的要求爱理不理的，在游客提出不想按原定计划去购物时与游客争吵，并给游客摆脸色。游客怨声载道，并投诉了旅行社。

导游小李在接待服务中存在什么问题？

【知识分享】

一、旅行社门市接待礼仪

门市是旅游者与旅行社第一次面对面“亲密接触”的地方，是旅行社给旅游者留下“第一印象”的地方。

门市接待员的工作主要是接待来店咨询的客人，向客人推荐旅游线路，签订旅游合同，提醒注意事项等。

(1) 门市接待人员仪容仪表规范，端庄得体。工作服要整洁整齐，发型、妆容要大方得体。

(2) 客人进店要先起立迎接客人（在任何服务过程中均需要站立式服务），向客人致问候语，再询问客人有什么需要（是否需要咨询线路或者找人等）。

(3) 接待客人过程中要做到语调柔和、亲切，多用“请”“谢谢”；遇到客人投诉或者自己工作上有失误时需要及时向客人致歉，使用“对不起”或者“请原谅”，不可以说“不好意思”；送客时要有道别声“再见”或者“慢走”。

(4) 根据客人的需要，合理推荐各种旅游产品。在旅游线路的设计、费用的预算中要善于站在顾客的立场考虑问题，以客人为主，为客人着想，不要硬性推荐。

(5) 客人对于旅行社安排的线路、活动内容有意见时，应当尊重客人的意见，合理修改以满足客人的需要。由于客观原因难以满足时，应耐心向客人解释，以求得客人的理解。

(6) 注意职业素养，不能误导、隐瞒、恶意欺骗客人。对客忠诚是服务礼仪最基本的要求。报价应该报实价，价外的收费项目应该和客人提前说明，已经谈妥的线路安排、活动项目不可以随便改动。

(7) 谈成一笔业务不要喜形于色,谈不成也不能表现出失望的神情,决不能因此对客人态度冷漠甚至是冷嘲热讽。

(8) 业务谈妥,协议签订完毕后,应不时地跟踪,有任何变化应主动、及时与客人联系,妥善处理。

(9) 客人离去,要对客人的光临表示诚挚的谢意,亲自送到门外,礼貌道别。

二、导游服务礼仪

导游服务礼仪是指导游在接待游客服务工作中应遵守的行为规范,具体是指导游在从接团开始至送团结束的一次完整的礼貌服务过程中的各环节。导游服务礼仪贯穿于导游服务程序的全过程中,导游员遵循有关服务礼仪,注重自身的一言一行,对做好导游服务工作具有重要意义。

1. 对客交往礼仪

导游人员与旅游者之间的交往应在相互尊重的基础上进行,交往中导游人员要尊重对方的种族、年龄、宗教、身份、私人空间和时间。导游人员要主动与旅游者交往,不断激发、保持和提高旅游者的游兴,顺利完成带团任务。

(1) 亲切的微笑、表现自然的言谈可使人感到轻松、自在,柔和友好的目光可以打开旅游者的心灵之窗。微笑是人与人之间最便宜、最容易相互赠送的礼物。真诚的微笑、适时的目光接触,能够把旅游者与导游人员的情感迅速联系起来。

(2) 记住旅游者的姓名或姓,主动与人打招呼,会让人觉得礼貌相待,备受重视,给人以平易近人的印象。但是,导游人员在交往中要尊重和保护好旅游者的隐私,避免弄巧成拙。

(3) 培养开朗、活泼的个性,幽默风趣的言行。导游人员与人交往时幽默而不失分寸,风趣而不显轻浮,会给旅游者以美的享受。

(4) 导游人员与旅游者交往中应做到心平气和,不乱发牢骚,这样不仅自己快乐,别人也会心情愉悦。

(5) 做事果断、富有主见、精神饱满、充满自信的人容易激发别人的交往动机,博得别人的信任,产生使人乐意交往的魅力。

2. 带团服务礼仪

(1) 带团时,导游人员要文明着装,特别是夏天在室外工作,不能因天气炎热而穿衣过分裸露、透薄、紧绷。

(2) 带团时,导游人员应提前10分钟到达集合地点。旅游者上下车时,导游人员应主动、恭敬地站立于车门口,欢迎每位旅游者,并协助其上下车。

(3) 旅游者落座后,导游人员应及时清点人数。清点人数时,一般使用默数的方式。忌用社旗来回比画,也不能用手拍打客人的肩背部位,更不能用手指对着旅游者的头部或脸部指指点点。

(4) 在车上作沿途讲解时,导游人员站姿要到位,表情自然,与旅游者保持良好的"视觉交流",目光应关照全体在场者,以示一视同仁。手持话筒,音量适当,规范讲解。手势力求到位,动作不宜过多,幅度不宜过大。

(5) 到达目的地前,导游人员应将即将进行的活动安排、集合时间和地点等相关信息明白无误地向全体旅游者通告，并再次告知旅游者旅游车的车牌号码及司机姓名，以方便掉队者寻找。

（6）带团期间，导游人员应随时提醒客人注意行路安全，凡遇到难以行走或拐弯之处，应及早提醒客人多加注意。导游人员的行走速度不宜过急过快，以防旅游者掉队或走失。

（7）带客游览过程中，导游人员应认真组织好客人的活动，做到服务热情、主动、细致、周到。要尊重旅游者的宗教信仰和风俗习惯，对待老弱病残的旅游者要给予特殊的关照。

（8）导游人员讲解时，内容要充实，言语要文雅，表达要平实，语气真挚友好、富有人情味，此外，还应注意给客人留有摄影时间。

（9）旅游活动结束后，热情礼貌地欢送旅游者，主动征求意见，对服务不周之处向客人表示歉意。

3. 应注意的细节

（1）导游人员应将表明自己工作身份的导游证按有关规定佩戴在胸前。

（2）带团时，导游人员应自觉携带旅行社社旗，进行中，左手持旗，举过头顶，保持正直，以便队尾的团友及时跟进。将社旗拖于地面或扛于肩头都是不合乎规范的做法。

（3）手持话筒讲解时，话筒不应离嘴过近，也不要遮住口部。

（4）团队离开活动现场之前，应及时提醒旅游者注意安全，随身携带好自己的贵重物品。

（5）带团购物必须到信誉良好的商店或购物店，客人下车前，要向客人讲清停留时间和有关购物的注意事项。

（6）讲解时不得吸烟，进入有禁烟标志的场所，应自觉将烟掐灭。

（7）带团行走时，不应与人勾肩搭背，候车、等人时不宜蹲歇。

【情境小结】

接待礼仪基本要求是：热情友好，爱岗敬业。在接待游客的过程中，要热情地对待每一位客人，关注客人的内心需求，要做到不怕吃苦、任劳任怨，有时甚至要忍辱负重，努力让每一位客人高兴而来，满意而归。案例中的导游员小李缺乏一定的工作热情和责任心，没有能够尽职地做好自己应做的工作，对游客爱理不理，因此受到了客人的投诉。我们应当从她的案例中吸取教训。

【知识链接】

案　例

有一个法国旅游代表团，由于飞机误点，直到下午一点才到上海浦东国际机场，午饭也未来得及吃，加上旅途中其他方面的不顺利，全团人员就像一个快要爆炸的“火药桶”，大有一触即发之势。接待他们的是一位有经验的导游员，他意识到此时的任何解释都无济于事，首要的是行动。他面带友善的微笑，立即将客人送到宾馆用午餐，并要求餐厅尽量把菜肴做得精致可口一些，因为他们来自欧洲“吃在法国”的法国。热情微笑的服务，美味可口的菜点，舒适幽静的环境，使这些客人的情绪开始平静下来，脸色由“阴”转“多云”到“少云”。

导游员见时机成熟，进一步开展微笑服务，热情地向法国客人介绍上海的风土人情，并针对法国人喜欢古代文明，希望了解历史以及愿意与市民接触的特点，把餐饮的重点放在博物馆和豫园，使他们既增加对中国历史的了解，又增加与市民接触的机会。

经过一番努力，法国客人对上海之行“总体上还是很满意的”。在这一转变过程中，导游员的微笑起到了至关重要的作用。

微笑使客人们如沐春风，感到受到充分的重视和尊重，因而“火”自然就小多了。这个例子充分体现了微笑的魅力。

[点评]

微笑服务已成为服务的基本要求之一。现在一些学者提出“职业微笑”之说，意即服务人员只要从职业的需要，开展微笑服务令宾客满意即可，而不必拘于这种微笑是否发自内心。有的人还以如下事实作佐证：在微笑服务开展甚好的国家，据研究者细心的观察，有的营业员、服务员的微笑看上去很甜蜜，然而仔细看其眼神及其面部表情，不难发现其内心的某些隐痛和不安。

或许，的确有一部分的职业微笑不是发自内心，只是出于职业的需要，但我们不能因此放弃做到发自内心地微笑。因为，唯有这种会心的微笑，方可使客人产生良好的心情，消除陌生感，使之感到处处有亲人，心平气顺。

【拓展训练】

一、训练项目一。

7月的一天上午，旅行社门市接待比较忙碌，有数位年轻的学生一同前来旅行社进行旅游咨询，你作为旅行社的门市接待员，该如何接待他们，让他们满意？

训练要求：

1. 咨询的旅游目的地自行决定。
2. 从游客的角度出发，设置需要咨询的问题。
3. 如何礼貌规范地回答客人的问题。
4. 为客人推荐适合客人的旅游线路。

二、训练项目二。

某旅游团原定从北京乘飞机回南通，因旅行社疏忽没有订上飞机票，只能全团改乘火车。游客对此十分不悦，表示坚决不坐火车。导游员可以如何劝导游客改变主意？

训练要求：

1. 两人一组，一人是导游，一人是游客。
2. 客人因无法乘坐飞机，情绪激动，说话难听。
3. 导游向游客解释原因，稳定客人情绪，劝导游客改变主意。
4. 注意处理事件的语言等礼仪规范和处理的方法。

三、训练项目三。

旅游大巴在回程的路上发生故障,停靠在路边,客人发出抱怨,有一位客人情绪特别激动,因为他要赶回家给母亲过六十大寿。这时,司机与这位客人发生语言冲突。作为导游员应如何安抚游客?

训练要求:

1. 三人一组,一人是导游,一人是情绪激动的游客,一人是司机。
2. 客人情绪激动,说话难听。
3. 导游出面调解,解释原因,稳定客人情绪。
4. 注意处理事件的语言和沟通技巧的运用,以及处理的方法。

任务三　航空服务业礼仪

【情境导入】

在一架北京至珠海的航班上,头等舱是满客,还有5名VIP旅客。乘务组自然不敢掉以轻心。2排D座是一位外籍旅客,入座后对乘务员还很友善,并不时和乘务员做鬼脸,开开玩笑。起飞后这名外籍客人一直在睡觉,乘务员忙碌着为VIP一行和其他客人提供餐饮服务。然而两个小时后,这名外籍旅客忽然怒气冲冲地走到前服务台,大发雷霆,用英语对乘务员说道:"两个小时的空中旅行时间里,你们竟然不为我提供任何服务,甚至连一杯水都没有!"说完就返回座位了。旅客突如其来的愤怒使乘务员们很吃惊。头等舱乘务员很委屈地说:"乘务长,他一直在睡觉,我不便打扰他呀!"说完立即端了杯水送过去,被这位旅客拒绝;接着她又送去一盘点心,旅客仍然不予理睬。作为乘务长,眼看着飞机将进入下降阶段,为了不让旅客带着怒气下飞机,她会怎么做呢?

【知识分享】

一、地勤服务礼仪

地勤服务礼仪是指机场地面工作人员在工作中应遵循的各种礼仪规范,包括售票礼仪、更换登机牌及行李托运礼仪、安全检查礼仪等。地勤人员只有通过标准的礼仪服务才能为乘客建立良好的第一印象。

(一) 票务服务礼仪

(1) 着统一制服,并按标准坐姿要求端坐于工作台内。

(2) 面带微笑,热情耐心地回答客人问讯。

(3) 若客人决定购票,则礼貌地请客人出示有效身份证件;认真核实证件并填写好相关资料后，双手将证件及机票递还给客人，并诚恳地表示谢意。

（4）若遇电话订票，则在电话铃响起三声之内提接电话，首先向客人问好并自报家门，然后耐心询问客人相关信息，及时为乘客办理相关手续。

（二）更换登机牌及行李托运礼仪

（1）着统一制服，按标准坐姿要求端坐或站立于工作台内。

（2）当乘客到达服务台前时，首先向乘客表示热情的欢迎，并礼貌地请乘客出示机票及相关证件。

（3）核实证件后，耐心询问乘客是否需要其他服务，若需要则继续耐心地为乘客负责办理行李托运，若不需要则双手将机票登机牌及相关证件递还给乘客，并祝乘客旅途愉快。

（4）安全检查礼仪。

① 着统一制服，按标准坐姿或站姿要求，端坐或站立于工作台内。

② 当乘客到达服务台前是，首先向乘客表示热情的欢迎，并礼貌地请乘客出示机票及相关证件。

③ 核实证件后，面带微笑并礼貌地指示乘客进行安全检查。

④ 安检时，耐心向乘客说明检查要求，若需开包检查则要先向乘客说明，并经允许后方可进行。

⑤ 检查结束后，向乘客表示谢意并祝旅途愉快。

二、空乘服务礼仪

（一）空乘仪表仪容的要求

1. 女士形象

空姐的形象和礼仪不仅关系着航空公司的形象，而且代表着国家、民族的对外形象。

（1）发型。空姐身着制服时，头发注意保持整洁美观、大方自然、统一规范、修饰得体。发型以乘务业务规定的标准发型为主，不留怪异发型。

（2）化妆。空姐值勤时必须化工作妆，保持良好的精神面貌，保持手和指甲修剪整洁。不使用色彩鲜艳的口红，不佩戴过大的饰物、时装手表，不在旅客面前补妆、修饰。

（3）制服。值勤时，同一航班乘务组乘务员可根据航线季节、天气变化及个人身体素质着装，空姐一律着裙装；迎送客时，空姐可着马甲，寒冷地区可着大衣。皮鞋应保持光亮、无破损，空中应着单皮鞋，平底鞋只能在空中服务时穿着。着制服时须扣好纽扣，空姐着大衣、风衣时不要系腰带，佩戴围巾、手套。登机证佩戴在制服、风衣、大衣胸前，上机后摘掉；服务牌佩戴在制服右上侧、衬衣和围裙的左上侧。

2. 男士形象

（1）短发，清洁、整齐；

（2）精神饱满，面带微笑；

（3）每天刮胡须，饭后洁牙；

（4）白色或单色衬衫，领口、袖口无污迹；

（5）领带紧贴领口，系得美观大方；

(6) 西装平整、清洁;

(7) 西装口袋不放物品;

(8) 西裤平整,有裤线;

(9) 短指甲,保持清洁;

(10) 皮鞋光亮,着深色袜子。

三、候机礼仪

(1) 着装规范统一,化妆、发型、行李箱等符合公司统一要求,最好是列队行走并保持动作一致。

(2) 言谈文雅,举止优雅,动作礼仪严谨、规范。

(3) 语音语调柔和,说话音量适中,切忌玩笑打闹、大声喧哗。

(4) 手势适度,站姿、坐姿等仪态符合空乘礼仪标准。

(5) 女性乘务员不得当众补妆或修饰面容,若有需要在卫生间进行;男性乘务员不得在公共场合吸烟。

四、迎送乘客礼仪

(1) 乘客登机时,应按规范礼仪站姿并面带微笑地站立于机舱门口迎接宾客。

(2) 客人走近时行鞠躬礼并热情问候。

(3) 左手手臂自然弯曲,手指并拢,手心微斜向上,指示乘客进入机舱。

(4) 若遇客人携带行李箱,应主动上前扶助,帮助其跨越机舱口。

(5) 若遇老人、小孩、残疾人士应热情扶助,并主动将其带到座位旁。

(6) 客人离机时,应按规范礼仪站姿并面带微笑地站立于机舱门口送别乘客。

(7) 向乘客行鞠躬礼并诚恳道别。

五、机上服务礼仪

(1) 耐心、亲切地向乘客介绍此次航班机组及乘务人员。

(2) 准确、细致地介绍机舱内设备设施,并配以示范,示范动作规范、标准。

(3) 仔细检查乘客是否系上安全带、收起小桌板,提醒乘客机舱内注意事项并耐心解答乘客疑问。

(4) 派送报纸杂志时,应走到乘客座位旁,上身微倾,用适当的音量和语调问乘客需要阅读机上哪种报刊;对闭目养神的乘客则遵循"不打扰"原则。

(5) 给客人上茶(饮料或点心)前,应把手洗干净,认真检查餐、饮器皿是否干净,并按人数多少准备点心、饮料。

(6) 将点心和饮料整齐、合理地摆放在手推车中,推动推车时,动作平稳轻松,表情大方亲切,将推车推至乘客座位旁时,双手将点心、饮料递送给客人。

(7) 若自己不小心或突遇颠簸等原因而把饮料滴洒在乘客身上,要马上诚恳道歉,若对方与自己为同性则用干净毛巾或手巾纸为客人擦拭,若为异性则将干净毛巾或手巾纸双手递与,并重新提供服务。

【情境小结】

案例中的乘务长为了化解矛盾，灵机一动，和头等舱乘务员用水果制作了一个委屈脸型的水果盘，端到客人的面前，慢慢蹲下来轻声说道："先生，我非常难过！"旅客看到水果拼盘制成的脸谱很吃惊。"真的？为什么难过呀？""其实在航班中我们一直都有关注您，起飞后，您就睡觉了，我们为您盖上了毛毯，关闭了通风孔，后来我发现您把毛毯拿开了，继续在闭目休息。"旅客情绪开始缓和，并微笑着说道："是的！你们如此真诚，我误解你们了，或许你们也很难意识到我到底是睡着了还是闭目休息，我为我的粗鲁向你们道歉，请原谅！"说完他把那片表示难过的西红柿片 180 度旋转，立即展现出一个开心的笑容果盘。

该案例告诉我们：用情动人，以礼服人，不失为另一种处置投诉危机的方式。

【知识链接】

1. 内地航空公司相关知识

航空公司全称/两字代码	航空公司英文全称
中国国际航空公司 CA	Air China
中国东方航空公司 MU	China Eastern Airlines
中国南方航空集团公司 CZ	China Southern Airlines Co. Ltd
厦门航空公司 MF	Xiamen Airlines
上海航空公司 FM	Shanghai Airlines
四川航空公司 3U	Sichuan Airlines
海南航空公司 HU	Hainan Airlines
深圳航空公司 ZH	Shenzhen Airlines
山东航空公司 SC	Shandong Airlines
春秋航空公司 9C	China Air Spring
鹰联航空公司 EU	United Eangle Airlines Co. Ltd
奥凯航空公司 BK	Okay Airlines Company Limited
东星航空公司 8C	East Star Airlines

2. 港、澳、台地区航空公司相关知识

航空公司全称/两字代码	航空公司英文全称
港龙航空公司 KA	Dragonair
澳门航空公司 NX	Air Macau
中华航空公司 CI	China Airlines
远东航空公司 EF	Far Eastern Air Transport
长荣航空公司 BR	Eva Air
华信航空公司 AE	Mandarin Airlines
复兴航空公司 GE	Trans Asia Airways
立荣航空公司 B7	UNI Airlines

【拓展训练】

一、情景训练一。

某航班旅客登机后向乘务员索要毛毯,毛毯放在后服务舱,乘务员正在疏导旅客,不能及时满足旅客需求,请旅客稍等片刻。乘务员引导旅客完毕后到后服务舱拿毛毯,因毛毯只有十几条,乘务员回到旅客面前时毛毯发放仅剩下了一条,此时又有一位小旅客需要毛毯,乘务员权衡再三还是将最后一条毛毯发给了小旅客,旅客非常不满。

如果你是乘务员,怎么做会更加合理呢?

二、情景训练二。

某航班,旅客上洗手间完毕,乘务员打扫卫生时,发现该旅客将卫生纸、马桶垫扔得满地都是,乘务员随即惊讶地询问旅客怎么将马桶垫、卫生纸扔得满地都是,并提醒旅客马桶垫、卫生纸丢弃处,旅客投诉乘务员服务态度太差。

如果你是该航班的乘务员,发生类似事件会如何处理?

任务四　销售服务业礼仪

【情境导入】

约翰是一位普通的邮差,他负责为一个小区的住户收发邮件。

他听说小区内有一位叫杰克的演说家,一年有一半时间出差在外。于是他向杰克先生索要一份全年行程表。杰克先生很奇怪,约翰解释说:“以便您不在家的时候,我暂时保管您的信件,等您回来再送过来。”

这让杰克很吃惊,因为他从没碰到过这样的邮差。杰克先生说:“其实不用这么麻烦的,把信放进信筒就好了,我回来再取也一样。”

约翰解释说:“窃贼经常会窥探住户的邮箱,如果看到邮箱是满的,就说明主人不在家,那住户就可能要身受其害了。”

约翰想了想,觉得可能杰克先生不想告诉别人他的行程,于是接着说:“这样吧,只要邮箱的盖子还能盖上,我就把信放到里面。塞不进邮箱的时候,就把邮件放到房门和屏栅门之间。如果那里也放满了,我就把其他的信留着,等您回来再给您。”约翰的建议无可挑剔,杰克欣然同意了。

半个月后,杰克先生出差回来,发现门口的擦鞋垫跑到了门廊的角落里,下面还遮了个东西。

原来,在杰克先生出差期间,递送公司把他的包裹投到别人家了。约翰看到杰克的包裹送错了地方,就把它捡起来,送回杰克先生的住处藏好,还在上面留了张纸条,解释事情的来龙去脉,并费心地用擦鞋垫遮住,以避人耳目。

【知识分享】

作为一名销售人员，个人的形象就代表着企业的形象，销售人员的仪表、仪容以及谈吐能折射出一个人的素质，同时也反映出企业的管理水平。

一、约见客户的礼仪

销售人员约见客户可以避免贸然到访导致的尴尬，充分体现对顾客的尊重，易于被顾客接受并引起重视。约见顾客要从对方的利益出发，多为顾客着想。

1. 约见时间要适宜

约定时间要在双方都方便的基础上，最好由顾客确定约见时间。当顾客的时间倾向与推销员的时间安排有矛盾，因此给推销员增加了麻烦时，也应尽量迁就与尊重顾客的意图。如果由推销员来确定时间，则应多替顾客考虑。如要考虑到被约见者的作息时间、活动规律、交通状况等，尽量选择天气晴朗、对方时间宽裕、心情舒畅的时候进行。

2. 约见地点要方便

销售的成败，在某种程度上受约见地点所营造的会见气氛的影响。约见地点的选择，同样要方便顾客，以让顾客自选为最佳，销售人员尊重顾客的选择。如果由双方议定或由推销员决定，则以方便顾客为第一原则，选择顾客比较熟悉的、安全、轻松的场所。最经常使用的，也是最主要的约见地点是顾客的居住地、工作地。一些销售的公共场所如展览厅、订货会、货栈，一些公共娱乐场所如咖啡厅、舞厅、茶座、酒楼等，也可以被用作约见的地点，目的是为了营造一种轻松舒适的氛围。

3. 约见方式要得当

（1）电话约见。这种方式快捷方便、经济，使用最频繁。采用电话约见，要遵循打电话的一般礼仪，并要注意话语的礼貌、确切。当顾客犹豫不决、思考时，不要急着催促答复，可以尝试着另提几种新方案让顾客选择。记住，打电话，是为了安排一次约会，而不是为了完成一次交易。因此，不要在电话中过多地传递信息，应保留一些关键问题。

（2）信函约见。这种方式比电话要慢得多，但比较郑重。采用信函约见，要讲究信函的设计和文字处理。设计要新颖精美，文字应简洁明确，措辞要诚恳礼貌，做到内容与形式的完美统一。同时注意约见的时间要留有余地，以防邮路耽搁，误了日期，信函上要贴足邮票。

二、等候客户的礼仪

通常与顾客第一次见面，顾客容易以貌取人，所以销售人员的衣着要大方得体，与自己的身材、年龄及销售产品的风格相协调，举止要彬彬有礼。站立候客时动作要自然，不可左右摇晃；坐姿要端正，禁止跷二郎腿或者两腿叉开等不雅的动作；保持良好的精神状态，要以饱满的热情投入工作，以亲切的态度对待每一位客户。

三、接待客户咨询时的礼仪

“人事无信难立，买卖无信难存。”销售应是诚实地推销，推销人员要切实对顾客负责，不玩弄骗术，不自吹自擂。只讲商品优点不谈缺点的方式只会令顾客生疑："哪有这么完美的东西？"因此，正确的销售礼仪不仅是全面、客观、诚实地介绍商品的长处，还要简略地说明其他方面，真实地传送产品信息，让顾客感到诚实、可信。对顾客的问询应有问必答，耐心解释。对自己不懂的疑难问题不装懂、不推诿，应婉言向客户解释并请其他同事帮助解答。

四、当遇客户抱怨时的礼仪

用心去倾听，眼睛望着顾客的面部，以认真而同情的神态向顾客表示你对这件事情的关注和重视。顾客在抱怨时，不得随意打断他们的话，让顾客把话讲完，并适时点头给予回应。在任何情况下，都不应先强调公司的理由，要从顾客的角度出发，做合理的解释或澄清。解释过程中，语气要亲和，语句要委婉，要用诚心和耐心给客户必要的安抚。

五、成交签单的礼仪

与客户签单是销售人员最为心动的时刻，意味着推销基本成功，这个阶段，仍要讲求礼仪。

1. 镇定自若，促成交易

成交需要销售人员有意识地促成，优秀的销售人员善于通过观察和倾听捕捉到顾客有意无意地通过各种方式流露出来的成交信号，如微笑、下意识地点头、有意地压价等，并能把握住时机，趁热打铁，促成交易。

在成交签单时，销售人员表情要自然平静，保持常态，如果喜形于色，流露出沾沾自喜、迫不及待的心情，客户就会生疑心，如果因激动而过于紧张、举止失常，以致辞不达意，又会影响成交，应该镇定自若，用温和、赞美的语言将成交归功于对方，"您确实有眼光，想得真周全"。让顾客觉得成交决定是自己的主意，而不是别人的意见，感到自己做了一笔合算的买卖。

2. 热忱告别，适时再访

成交签单后，不能忘乎所以，立即转身走人，应上前与顾客热情握手告别，面带微笑地表示合作愉快及谢意，祝愿顾客生活愉快有好运，并留下联系电话及地址，表示如果今后有事情可以随时找你，一定尽力解决。

告别一段时间以后，应主动再联系询问一下顾客的意见和要求，这样才礼数周全，善始善终。适时再访，不仅表示销售人员对所售的商品有充分的信心，同时告诉顾客，愿意为他提供周到的服务，以便与顾客建立长期的合作关系，也为今后的销售活动打好基础。

六、特殊情况处理

当客户提出的某项服务一时满足不了时，应讲清原因，并表示歉意，同时要给客户一个解决问题的建议。

对个别客户的失礼言行，要尽量克制忍耐，不与客户争辩顶撞，必要时请现场主管协助解决。

服务过程中出现工作差错，应立即向客户致歉，并立即纠正差错，诚恳接受客户的批评。

因工作繁忙而无法提供服务时,应礼貌地指引客户去找空闲的同事或告知:“对不起,请您稍等”;当完成手头工作为客户服务时,应先真诚致歉:“对不起,让您久等了。”

面对客户提出的自己不懂的问题时,不得回答:“不知道!”;而应先请客户稍候,待向其他工作人员询问清楚后,再诚恳地回答客户的问题。

如遇身体不适,咳嗽或打喷嚏时,要侧身,用手或纸巾手帕轻掩口鼻。

【情境小结】

现在不同公司之间竞争市场份额,比的就是销售人员的服务,而约翰式的职业化员工所提供的人性化服务,创造了无形价值,使其所在的企业在众多竞争对手中脱颖而出。

【知识链接】

美国的心理学家让一个衣着体面的年轻人手提笔记本电脑,准备过马路。对面是红灯,但心理学家指示年轻人直闯红灯,结果身边有五六个人跟他一起闯。

第二天,心理学家让年轻人衣着随便,头发乱得像鸟巢,然后再闯红灯,这回没有一个人跟他闯。

这说明:人容易被衣着比自己更体面的人说服。

要想成功地销售你的商品,首先要很好地销售自己!专业的营销员必须塑造专业的形象。言谈举止,衣着打扮,虽是小事,但客户正是从这些细节来判断企业实力和产品质量的。掌握良好的商务礼仪,是成功营销的前提。

先树立成功者的形象,再去追求成功。

【拓展训练】

一位三十岁左右的男顾客,准备于近期之内选购一款新车,但还没有确定选购的车型。下班回家的路上,顺便来经销店看看。请模拟这次销售的流程。

训练要求:

1. 从顾客来店到门口迎接开始,到顾客离开送顾客出门结束。销售人员严格规范接待动作和接待礼仪,主动积极地应对顾客,从顾客满意到顾客感动。
2. 接待来店顾客,力求给顾客留下良好印象,建立顾客的信心,为销售服务奠定基础。
3. 通过与顾客的商谈,把握顾客信息,进行商品说明及竞争车型优势对比。
4. 对于顾客的提问,进行清晰明了的回答,打消顾客疑虑,为引导顾客需求作好准备。
5. 根据顾客的需求,给顾客合适的建议。
6. 通过良好的沟通,争取顾客能再次来店。

情境篇五

涉外礼仪

学习情境一 国际礼仪通则

修养的基础是内心对话，人在这种对话中既是自己的原告，又是自己的辩护士和法官。

——科恩

【情境导入】

20世纪40年代到60年代，中美断交20多年，经过多方努力，1972年2月，美国总统尼克松决定来华访问，此乃“破冰之旅”，是两个相互敌对20多年的两国元首的会晤。尼克松总统既是国家元首，又是政府首脑，伟大领袖毛泽东是否接见尼克松总统？对这次具有国际性重大意义和影响深远的秘密会晤，中国政府将确定怎样的接待原则？

【知识分享】

国际礼仪原本起源于法庭的规定，“礼仪”一词源于法语的“Etiquettes”，原意是“法庭上的通行证”。古代法国为了保证法庭中活动的秩序，将印有法庭纪律的通告证发给进入法庭的每个人，作为遵守的规矩和行为准则。后来“Etiquettes”一词进入英文，演变为“礼仪”的含义，成为人们交往中应遵循的规矩和准则。

国际礼仪乃世界各国人民在交往中形成的共同遵守的品行、程序、方式、容貌、风度等行为规则和形式。随着世界各国人民交往的日益频繁，国际礼仪越来越受到重视，同时国际礼仪也在一定意义上反映着一个国家的文明、文化和社会风尚。国际礼仪就是人们在国际交往过程中必须遵守的共同性的礼仪规范。也可以这样说，国际礼仪就是人们在国际交往中要遵守的“交通规则”，它是一种“世界语”。

国际礼仪以国际交往为适用范围，需要国际背景和国际平台；人和人成长经历不同，所处的文化不同，教育背景不同，要达到有效交流、互相理解，就必须在一个平台上。国际礼仪就是人们在国际交往中进行对话的一个共同的平台。

国际礼仪以国际惯例为基本内容，强调求同存异，遵守惯例。国际礼仪以不同的时代为背景。国际礼仪以“静”制动，要静声，要静音，更要静心，故国际礼仪中的行为规范或准则以“内修”为核心，“内在”因素决定外在表现和外部行为，亦为“相由心生”之说。“内修”的根本为三维定律，也就是达到尊敬与自尊、尊重与自重、遵守与信守，概括为：尊敬友人、自尊自爱、遵守纪律、尊重隐私、信守约定等。

一、尊敬友人

尊敬乃尊崇敬重之意，在尊敬对方的同时维护自身形象，对方代表他们的国家、民族和公司，同样，我们也代表本国、本民族和所在单位，故我们在尊敬他人的同时需要有自我尊重的良好而健康的内在心理素质和修养。孔子曾对礼仪的核心思想作出了高度概括：“礼者，敬人也”，掌握了国际交往中尊敬他人的原则就掌握了国际交流礼仪的灵魂。

（1）尊敬国旗、国歌和国徽。尊敬国际交往对象的国旗、国歌和国徽应该放在首位。

（2）尊敬交往对象。对国际交往对象的尊敬、恭敬、友好是重点与核心，必须尊敬国际交往对象的宗教、信仰和人权；对国际交往对象的尊敬、恭敬、友好还必须持之以恒，尊敬国际交往对象的种族、个体、人格。尊敬和敬重的前提是：容易理解别人，容易接受别人，容易欣赏别人，善解人意，尊重别人就是要尊重对方的选择。

二、自尊自爱

（一）维护国家和民族利益

在国际友人眼里，我们代表着自己的国家和民族，中华民族历来有礼仪之邦之称，中华民族礼仪集中浓缩提炼为“和”，倡导“以和为贵”。

（1）仁德是中华礼仪之魂。高尚的品德修养是一个人的第二身份证，虽然生活中以貌取人的情形还是有的，但一个人的品德修养才是他真正的形象，做到有品德、有修养、有礼貌，言谈举止优雅大方，给对方留下美好的形象。优良品德修养的熏陶和润泽，能够内化为个人价值选择和价值判断的准则，不断丰富我们的精神世界，完善我们的人格和道德品质，成为个人成长成才的重要推进力量。仁爱是中华民族所追求的全体公民应具备的理想人格。要实现仁德之道德理想，需要经过长期努力，对自己的品行进行锤炼和陶冶，形成仁爱的道德情操。修养是个人在道德上的自我锻炼，以及由此达到的较高的道德水平和道德境界。

（2）尚志是中华礼仪之质。尚志乃励己、勉己、律己，具有高尚的情操、远大的志向，崇尚内在知识、素质和综合能力的修养。尚志追求最广大的群体风尚，形成良好的社会氛围，崇尚国家社会文明的高度发达、人民道德风尚的崇高以及民族生活习惯的优雅、规范与和谐。

（二）维护组织形象

1. 重视组织形象

何谓“组织形象”呢？不外乎用一些外部的静态和动态形象以及树立内在的规定来区别一个组织与其他组织之间的特点或特征，以便于认知和识别。形象好的组织，给人留下信任感。由于视觉识别和行为识别有直观性，特别是视觉识别，可以通过现代的传播媒体而不受空间的限制，其意义不可低估。所以，一个单位 Logo 的图案设计和商标的图案设计应该要有很强的象征意义，既便于识别，又具有审美感。

以企业为例，良好的企业形象可以得到公众的信赖，为企业的商品和服务创造出一种消费心理 。企业的生存与发展，离不开社会公众的参与和关注，离不开广大消费者的信赖与支持，而所有这些又都与企业形象密不可分，难怪《日本公司经营》一书中提出："在商品日趋丰富的社会中，选择哪个公司的产品很大程度上取决于企业形象。"良好的企业形象会使客户慕名上门，推销人员会事半功倍，营业额的提高也就成了理所当然的事。

良好的企业形象，可以扩大企业的知名度，增加投资或合作者的好感和信心 。一个企业若有优良的形象，在需要融通资金时，各种投资机构都会乐于参与，在危机面前也会伸出援助之手；实力雄厚的企业会自动找上门来合作，从而使风险减小，企业发展基础更加稳固。

良好的企业形象，可以吸引更多人才加入，激发职工的敬业精神，创造更高的效率 。有贝之"财"易得，无贝之"才"难求。企业之间的竞争归根到底是人才竞争。良好的企业形象，使人才感到这里的工作环境为他提供了用武之地，这里的用人制度能使自己的聪明才智得以发挥。企业形象好了，职工就有一种优越感和自豪感，加之配套系统（统一的工作服、办公用品等）的相互作用，创造出一种朝气蓬勃的气氛，使他们的工作热情日趋高涨，工作效率不断提高。

2. 规范组织形象

在人类跨入21世纪的今天，组织形象越来越成为该组织生存发展的决定性因素。以企业为例，良好的企业形象是现代市场经济和社会化大生产的必然要求，是现代企业应对全球一体化和知识经济所带来的机遇和挑战的法宝。在新的历史条件下塑造企业形象，首先必须拓展和深化对企业形象塑造的认识和理解。

在现代的市场经济中，企业形象是一种无形的资产和宝贵的财富，它可以和人、财、物并列，其价值还可以超过有形的资产。这就要求，一个真正的现代化企业必须要树立自己的企业形象，国际那些有名的大公司，如IBM、松下、丰田、三菱、福特、西门子等，莫不如此。

实践经验证明，谁要是不重视企业形象，即使有优质的产品和良好服务，也难以在竞争中取胜，甚至可能失败。国外推行CI战略，进行企业形象设计，已有多年的历史和丰富的经验，我国的企业应该结合我国国情和文化传统，认真地向他们学习。

众所周知，企业形象对企业的发展起着至关重要的作用，企业形象是企业内外对企业的整体感觉、印象和认知，是企业状况的综合反映。良好的企业形象会带动企业的整体发展；相反，不良的企业形象会阻碍企业的发展。

（三）维护个人形象

维护个人形象的首要因素是重视个人形象。每个人的个人形象都真实地体现着他的个人教养和品位；每个人的个人形象都客观地反映了他的个人精神风貌和生活态度；每个人的个人形象都如实展现了他对交往对象所重视的程度；每个人的个人形象都是其所在单位的整体形象的有机组成部分，是其单位整体形象的直接反映；每个人的个人形象在国际交往中还往往代表着其所属国家、所属民族的形象。维护个人形象的具体要素则是规范个人形象，要求每一个人在国际交往过程中要注意维护个人形象，注意仪容、仪表、仪态、言谈、举止、待人和接物等。

三、遵守纪律

外事纪律的基本内容：严格执行党和国家的对外方针，支持独立自主的和平外交政策；坚持四项基本原则，忠于祖国，坚决维护国家的主权和利益，维护民族尊严；有关我国重大问题的对外宣传要按照中央的统一口径进行，不得随意变更；保守党和国家的秘密；在思想上提高警惕，坚持原则，站稳立场，抵制腐蚀，防备策反；严格控制党政干部出国，并按干部管理权限严格审批；遵守外汇和出国费用的规定；遵守国家在涉外活动中关于礼品的规定；坚决抵制资产阶级腐朽生活方式的侵蚀；遵守海关有关规定，不得携带黄色或反动刊物、声像物品入境；遵守所在国家和地区的法律和公共秩序、风俗习惯，尊重他们的宗教信仰，为自己的外事活动提供一个合法而安全的环境；严格请示报告制度；不得越权擅自做主处理涉外事宜。

外事纪律的基本要求：忠于祖国，维护民族尊严，拥护党，拥护政府，拥护党、拥护政府是我们国家稳定、国家发展的基本要求和基本保障。维护国家安全，严守国家秘密。加强组织观念，维护集体行动。谦虚谨慎，平等待人；严于律己，勤俭办事。

违反外事纪律的行为：违反涉外政治和组织纪律，给党和国家利益及民族尊严造成严重损害。违反涉外保密纪律，造成严重的失密和泄密。违反涉外财经纪律，在涉外活动中采取种种手段牟取私利。违反涉外生活纪律，出入不正当的娱乐场所，观看淫秽影视书画，甚至与外国人保持不正当男女关系。

外事纪律的保密原则：不该说的机密，绝对不说；不该问的机密，绝对不问；不该看的机密，绝对不看；不该记录的机密，绝对不记；不在非保密本上记录机密；不在私人通信中涉及机密；不在公共场所和家属、子女、亲友面前谈论机密；不在不利于保密的地方存放机密文件、资料；不在普通电话、明码电报、普通邮局传达机密事项；不携带机密材料游览、参观、探亲、访友和出入公共场所。

四、尊重隐私

隐私是指一个人不希望别人了解的、纯属于个人的私事。尊重隐私就是在国际交往中要有隐私的意识，要主动地回避和对方讨论涉及对方的或者其他人的隐私问题，不涉及对方的隐私，也不涉及自己的隐私，第三者的隐私更不能谈，尊重所有人的隐私。隐私是和社会无关的问题。任何一个人都是和社会有关的，因为人是社会的人，但有些事情纯粹是跟社会没有关系的。作为一个有尊严的人，作为一个社会人，在国际交往当中尊重和保护个人隐私都是非常必要的，是一个人文明程度的体现。

尊重隐私，不仅是尊重他人的隐私，而且要保护自己的隐私，这是现代文明的基本标志，是一种文明人的基本要求。在当代国际社会中，我们既要尊重他人的隐私，同时又要保护自己的隐私。在很多国家尤其是在一些西方国家里，尊重隐私是法律赋予公民的一种基本权利，是法律问题。国际交往中，绝大多数外国人对个人隐私问题是非常介意的。是否尊重个人隐私牵涉一个人是否有教养，对别人是否尊重的问题。尊重对方就必须尊重他的隐私，不尊重他人的隐私就会被视为不尊重对方。

尊重隐私，不能涉及政治信仰和宗教信仰问题。有些国家是政教合一的，有的是讲宗教世俗化的，实行的是政教分离政策，而有些国家则认为公民的政治信仰是个人的私事，由自己决定。

尊重隐私，更不能涉及“核心机密”问题。我们向来对年龄比较随意，而外国人尤其是英美人对年龄都十分敏感，对“老”字则讳莫如深，对年龄守口如瓶。所以有这样一种说法：一位真正的绅士，应当永远“记住女士的生日，忘却女士的年龄”。同时，个人的实际收入一向被外国人看作自己的脸面，十分忌讳他人直接或间接地打听。

尊重隐私，亦不能涉及婚姻。为纯粹的个人隐私，向他人询问是不礼貌的。在一些国家，跟异性谈论此类问题，会被对方视为无聊之举，甚至还会因此被对方控告为“性骚扰”。

五、信守约定

信守约定是礼仪的基本原则之一，重视约定、讲究信用、遵守承诺是个人的信誉问题，也是个人修养问题。若不遵守约定、口碑不好、信誉不佳，既影响个人形象，也影响所代表的组织的形象。故信守约定要量力而行、慎于承诺。一旦承诺就必须认真地、一丝不苟地、竭尽全力地去遵守和执行。不仅书面的、受法律保护的合约、协约、条约要遵守，口头约定也要遵守。

信守约定需注意时间问题。任何约定往往都有一个特定的时间，不仅要注意“起”的时间，而且要注意“止”的时间，要有严格的起止时间概念。遵守约定之中不仅遵守合同很重要，遵守约定的时间也非常重要。遵守时间约定，是遵守承诺的一个极其重要的组成部分。遵守承诺，一要遵守合同约定，二要遵守时间约定。

信守约定需注意地点问题。任何约定，包括商务、政务、私人交往等，都有具体的时空约定，也要有一个特定的地点概念。

信守约定需注意人员问题。商务宴请、政务宴请和政务宴请人员的人数、性别、级别要对等。

信守约定需注意费用问题。第一种情况，主人请客。第二种情况，AA 制，分餐制，自助。还有另外一种情况，第三方付费，这些都得事先说清楚。

信守约定应做到“适可而止”。开会时，无论是国际会议还是商务会议，无限期地延长会议时间，就是不信守约定；在拜会客人时，无论是国家元首会晤还是居家做客，国际惯例都提倡约定时间区间；在国际会议上发言，也主张限时发言，联合国大会也是如此，无论发言对象是国家元首还是政府总理，到了点，就会有人提醒你。既然有约定，就要遵守，要“适可而止”。

六、环境友好

现代国际交往乃自然环境友好型交往，爱护环境是现代人必备的基本社会公德，更是现代国际舞台上倍加关注的焦点问题。在国际交往中，切勿随意丢弃垃圾，更勿随地吐痰，不损害公物，不可随意吸烟，不可虐待动物，不可制造噪音。

现代国际交往还是民俗友好型交往，礼仪形式本身并无高低优劣之分，仅仅是民族习惯不同而已。每个国家或地区的地理环境、历史渊源和各地习俗有着极为密切的关系，礼仪本来就是一种符号，各种符号表达的意思各不相同，对于不同的民俗应表示出理解的态度、宽容的接纳、友好的尊敬。

现代国际交往还涉及政治环境友好交往，国际交往的内容丰富，包括政治、经济、军事、贸易、科技、文化、艺术、体育和教育等交流，无论交往双方的政治背景如何，走到一起的双方或多方都应该友好地对待各自地区的政治环境。对于政治环境相距比较大的交往，在出访或接待之前，充分的了解、调研和咨询是很有必要的。尽量规避遇到有严重的政治冲突的情形。

【情境小结】

对于此次“破冰之旅”，周恩来总理当时确定的接待方针是“不冷不热，不卑不亢，待之以礼，不强加于人”。

尼克松乘坐的专机于2月21日中午抵达北京，周恩来总理等一行人到机场迎接。尼克松下机时，为了突出他和他的夫人，使照片拍出好的效果，不让基辛格、罗杰斯等人同他一起下机，等他跟周恩来握手之后，其他人才下舷梯。而周恩来又是怎样做的呢？在尼克松步出机舱，走下舷梯近一半时，周恩来鼓起掌来，尼克松也报之以掌声。请注意，周恩来不是等尼克松一出舱就鼓掌，也不是根本不鼓掌，而是等尼克松下梯一半时才鼓掌，足见周恩来总理对礼仪细节的重视。

尼克松对周恩来说：“我非常高兴来到中华人民共和国的首都——北京。”“这是中美两国领导人越过一个大洋，越过相互敌对20多年的握手，这表明中美关系从此揭开了新的一页。”而周恩来则对这次历史性的握手作了寓意深长的形容：“你的手伸过世界上最辽阔的海洋——我们25年没有交往了啊！”

机场欢迎仪式，按惯例是悬挂两国国旗，奏两国国歌和检阅仪仗队等。尼克松既是国家元首，又是政府首脑，我方的接待完全符合礼仪。但同当时我们接待其他国家贵宾的仪式相比还是有所区别的，最明显的一点就是没有群众欢迎场面。所以，西方媒体在报道中对我们接待工作的评价是“合于礼而不热”。

在欢迎宴会上，由于周恩来的精心安排，中国乐队演奏了美国民歌和尼克松家乡的歌曲《美丽的亚美利加》《牧场上的家》，让尼克松夫妇感到非常亲切。周恩来一般在和其他国家的领导人碰杯时，总是让自己酒杯上沿去碰对方杯子的中间部分，以示对来访客人的尊重。但这次在向尼克松敬酒时，却特意将他的酒杯杯沿和尼克松的酒杯杯沿持平后再碰杯。这种细节安排既不失礼也不过分，显示了我们对美国人不卑不亢的态度。

国际交往中要做到尊敬友人、遵守纪律、恭恭敬敬，不狂傲自大、不低三下四；要做到仪容优雅、仪表亲切、堂堂正正，不畏惧自卑、不妄自菲薄；还要做到如约而至、严守机密、彬彬有礼，不轻易承诺、不刻板教条；通过国际交往可以沟通相互之间的感情，感受人格的尊严，增强各民族的尊严感，避免隔阂和怨恨。总之，诚恳、谦恭、和善地接受对方(Accept)、重视对方(Appreciate)、赞美对方(Admire)，必定受到人们的尊重。

【知识链接】

保持安静是国际礼仪中的习惯行为，在国际交往中崇尚说话声音低点、再低点，而不是一浪高过一浪。各国文化差异不同，各民族人民性格迥异，很多中国人，热情、好客的表现形式是爽朗的笑声和高声打招呼，但国际交往中，特别是初次交往时，适宜适度的热情，可以通过和善的笑容传递情感，也可以通过全心的倾听来理解交往对象，还可以通过规范而简洁的语言表达自己的思想。

就国际交往中的个体而言，安静是一种状态，淡淡的微笑，安之若素，平和的心情，安然淡定，是心的平静；安静，也是一种姿态，不是傲，不是卑，是一种自信，这样的自信的姿态是一种自然流露的韵致，是人们可以感觉到的一种舒适和惬意；安静，也是一种节奏，不是匆匆忙忙，也不是漫不经心。

就国际交往的群体而言，安静可以营造良好的国际交往氛围，很具感染力和传播性，非安静或骚动的群体自然而然不会得到接纳，会受到排斥甚至会被踢除。参与国际交往的个人若能很快适应周围静怡的环境，融入群体，交往就会很顺畅。

与安静相对立的有几种情形。有些人，口才极佳，口若悬河、滔滔不绝或言过其实，然而这些常是有失分寸的，正如古语所说“言多必失”。有些人，打断别人话题是一种习惯，急于表达自己的意见和想法，以表达真诚和坦荡，殊不知却流露出对别人的不尊重，表达真诚的最好也是最简单的方式就是静静地听对方把话讲完。还有人，肢体语言过多，手舞足蹈，动作幅度过大，想更精确地表达所描述的场景，要知道，这样也许会让听者或观者疑虑或产生疑问。

但安静不能理解为沉默，更不是不语或冷静。沉默就有了冷硬的感觉，冷若冰霜也会让人产生拒人于千里之外的感觉。古人云：“夫君子之行，静以修身，俭以养德，非淡泊无以明志，非宁静无以致远。”恬静以修善自身、淡泊名利、明晰志向、高瞻远瞩，静心以拓广才识、励精求进、冶炼性情。

初次接待国际友人时，亲切的问候、温馨的笑容、怡然的表情等能传达宁静而和谐的气氛，是一种平和，一种友好，亦是一种美丽，自然、淡然、静谧而美丽。参加国际大型会议，入席前，脚步轻盈、稳重，不发出噪音，女士着高跟鞋，适宜脚尖着地，以避免脚跟发出有节奏的刺激听觉的声音；入席时，若遇到先到会员挡住了去路，请轻轻发出避让的请求；入席后，若本人有碍其他会员入席，也应礼貌地相互让出通道。会议开始前，勿忘将手机设置成静音状态；会议期间，万一出现打喷嚏的突发情形，可用双手或纸巾捂住鼻子或嘴巴，以避免发生有失礼仪的现象。

与国际友人交谈时，安静在于理性，在于心境平和，倾心聆听。在国际商务交谈特别是正式商务谈判中，不宜快速表达本方的态度和意愿，语音、语调和语气等细节把握恰到好处，勿突然放大音量、提高嗓音甚至辩论。任何会谈的最终目的都是向合作的方向发展，否则，会谈就失去了意义，损失的是双方的时间、利益。

与国际友人一起进餐时，用餐全过程都得保持安静，尤其是正式的西餐礼仪中，边进食边说话是极其不礼貌的。欧美国家的人,如需要说话就不进餐,故就餐过程中尽量少开展语言交流,不可以采取中国式的劝酒方式以表达热情或好客的情感。

(资料来源:http://www.lookmw.cn/html/jingdianwenzhang/wz-4545.html,有改动)

【拓展训练】

一、案例分析

[案例]

新锐纳米材料公司的外资合作公司总经理 Jonathan 亲自来访洽谈合作事宜,全公司的接待部门和相关人员制定了周全而详细的接待方案。按照级别对等的原则,新锐纳米材料公司总裁出于礼节参加主要议事活动,新锐公司总经理文总将全程陪同。文总其人,在公司以思想敏锐、业务能力强、责任心强、工作作风严谨著称。会见外宾那天,时间安排紧凑,各项准备工作有序且到位,所有活动文总都参与并陪同。

商务谈判时,新锐纳米材料公司董事长也亲自出席会谈,总经理高度重视这次会谈,文总身着藏蓝色西装,系领带,内穿白色衬衫,脚穿深色袜子、黑色皮鞋。由于各方面的准备充分,双方交谈愉快,气氛和谐,会谈取得成功。

根据日程安排,最后一项活动是夜游黄浦江。晚宴结束之后,公司陪同人员和外宾将一同前往。可是,文总却自己驱车前往。外宾与随行人员到码头时,身着休闲服装的文总出现在大家的面前,所有在场人员都感到了一种舒适与自然、轻松与惬意。

请评价一下文总在此次接待中的表现。

二、实践训练

1. 国际礼仪纠错练习。

举止

错误形式:姿势歪斜,手舞足蹈,以手指人,拉拉扯扯,相距过近,左顾右盼,目视远处,频频看表,舒伸懒腰,玩弄东西,抓耳挠腮。

纠错练习:姿势端正,手足放在适当位置,与人保持适当距离,目光专注,精神集中。

语言

错误形式:谈论他人履历、子女私事、工资收入、私人财产、衣饰价值,批评尊长,非议宗教,嘲弄异俗。

纠错练习:不问他人隐私,不论衣饰,尊长爱幼,不谈宗教,接纳异俗。

语气

错误形式:大声辩论,高谈阔论,恶言恶语,寻根问底,争吵辱骂,出言不逊。

纠错练习:语气平和,语调婉转,语音标准。

礼遇

错误形式:冷落他人,独谈到底,轻易表态,打断异议,纠缠不止,随意插话,随意辞别。

纠错练习:学会倾听,语调婉转,语音标准。

拍摄

错误形式:在边境口岸、机场、博物馆、住宅私室、新产品与新科技展览会、珍贵文物展览馆等处随意拍照;在有“禁止拍照”标志的地方或地区拍照;给不相识的人(特别是女子)拍照;在不被允许情况下,对古画及其他古文物进行拍照时,使用闪光灯。

纠错练习:有人在拍照时,注意避让。

个人卫生

错误形式:蓬头垢面,衣装、鞋帽或领口、袖口不洁;在正式场合挖眼屎、擤鼻涕、抠鼻孔、挖耳秽、剔牙齿、剪指甲等不卫生的动作。

环境卫生

错误形式:随地吐痰,乱弹烟灰,乱丢果皮纸屑或其他不洁之物,把雨具及鞋下的泥水、泥巴等带入室内,把痰盂等不洁器具放在室内醒目的地方。

纠错练习:出门习惯整理衣装,习惯随身带餐巾纸,习惯在包里放一面小镜子,习惯将遗弃物品装进自己的包中。男士提倡不吸烟。

2. 名片训练:递名片、接收名片。

3. 称呼训练:董事长、总裁、总经理等。

4. 握手训练:眼神、体态、力度等。

5. 鲜花训练:向女主人献鲜花。

6. 茶道训练:茶具、茶、水等。

7. 会客训练:寒暄、敬茶、询问等。

学习情境二 东方礼仪

礼节礼貌的兴起，是变乱的结束。

——日本

【情境导入】

王俊逸是一所本科大学化工类专业的应届优秀毕业生，大学期间利用节假日在校外培训班短期学习过日语，今天他通过人才招聘网站看到一家日资企业招聘相关专业的技术人员。招聘公司对应聘人员所提出的要求王俊逸都满足，他感到欢欣鼓舞，踌躇满志，于是开始积极准备参加该公司的面试。但是，他又犯怵了，因为在上学期间，他没有接触过日本文化，更没有接触过日本人，所以他非常担心面试时如何进入接待室，如何在日本人面前表现自己。于是，他通过各种途径，学习了相关知识。那么，王俊逸会有什么样的表现呢？

【知识分享】

一、亚洲概况

亚洲历史和文化非常悠久，是全世界人口最多的洲，绝大部分位于东半球和北半球。亚洲有中国、日本、韩国、新加坡、泰国等48个国家和地区，人口众多，总数约为40亿，占世界总人口的66.67%。自古以来，亚洲各国和地区之间经济贸易和文化交往频繁，关系甚是密切，彼此之间的影响较大，因此许多国家和民族之间在礼仪、文化、习俗等方面有较为相近之处。

二、部分国家的礼仪

(一) 日本礼仪

1. 服饰礼仪——衣

提到日本服饰,人们就会联想到和服,和服是日本人最值得向世界夸耀的文化资产。由于日本和服设计漂亮,款式多样,故一直深受日本人民乃至世界人民的喜爱。日本和服不仅融合了优雅气度与深层内敛的本质,更反映了穿着之人的"心"与"动"。每一套优美的和服,都经精心裁制,讲究穿着时的每一个细节及步骤。

和服的种类很多,有男女和服之分,未婚和已婚之分,也有便服和礼服之分。男式和服款式少,色彩较单调,多深色,腰带细,穿戴也方便。而女性和服款式多样,色彩艳丽,腰带宽,不同的和服腰带的结法也不同,还要配不同的发型。已婚妇女多穿"留袖"和服,未婚小姐多穿"振袖"和服。

振袖和服

留袖和服

2. 餐饮礼仪——食

日本人自古以来就以大米为主食,他们爱吃鱼,一般不吃肥肉和猪内脏,有的人不吃羊肉和鸭子。不论在家中或餐馆内,座位都有等级,一般听从主人的安排即可。日本人宴请客人,主人为客人斟酒后,客人要及时接过酒瓶给主人斟酒,相互斟酒表示主客之间的平等与友谊。日本人斟茶时,以八成满为最尊敬客人,同时客人要适时道谢,以示礼貌。招待客人用膳时,不能把饭盛得过满或带尖。日本有一种富有参禅味道,用于陶冶情趣的民族习俗——茶道。虽然不少现代日本青年对此已不感兴趣,但作为一种传统艺术仍受到社会的重视。

寿司

生鱼片

3. 交通礼仪——行

在日本,车辆沿左侧行驶,居民以轨道交通为日常出行公共交通的首选。轨道交通的第一个优势是经济。横贯东京的地铁从起点到终点的票价仅为300日元左右。轨道交通的第二个优势是便捷,这也是吸引乘客的重要原因之一。日本城市轨道交通系统非常发达,在东京,居民一般步行10分钟至15分钟就可以到达最近的车站。再者,日本轨道交通车辆十分充足,为了保证乘客的需要,东京的地铁、有轨电车白天一般5分钟左右一趟,高峰时则每隔两分半钟就发一趟车。另外,轨道交通乘坐环境也非常舒适。地铁、电车车辆一般都配备良好的通风系统,车厢内冬暖夏凉。车厢每个车门上方都安装有液晶显示器,提示站名,提供换乘指南、线路运行状况等信息。

4. 主要禁忌

日本人大多数信奉神道和佛教,他们不喜欢紫色,认为紫色是悲伤的色调;最忌讳绿色,认为绿色是不祥之色。还忌讳3人一起"合影",他们认为中间被左右两人夹着,是不幸的预兆。日本人忌讳荷花,认为荷花是丧花。在探望病人时忌用山茶花及淡黄色、白色的花,日本人不愿接受有菊花或菊花图案的东西或礼物,因为它是皇室家族的标志。日本人喜欢的图案是松、竹、梅、鸭子、乌龟等。

日本有纪律社会之称,人们的行为举止受一定规范的制约。在正式社交场合,男女须穿西装、礼服,忌衣冠不整、举止失措和大声喧哗。通信时,信的折叠、邮票的贴法都有规矩,如寄慰问信忌用双层信封,双层被认为是祸不单行;寄给恋人信件的邮票不能倒贴,否则意味着绝交。

(二)韩国礼仪

1. 服饰礼仪——衣

韩服是韩国的传统服装,优雅且有品位,但近代已逐步被西服替代,韩国人只有在节日和有特殊意义(如传统结婚典礼)的日子里才穿韩服。女性的传统服装是短上衣和宽长的裙子,看上去很优雅。男性以裤子、短上衣、背心、马甲显出独特的品位。韩服的基本色为白色,根据季节和身份的不同,材料和色彩也有不同。

韩服

2. 餐饮礼仪——食

韩国人一般情况下喜欢吃辣、酸食品,主食为米饭和冷面。特色菜肴主要有泡菜、烤牛肉、人参鸡等,菜的品种不是很多,而且绝大多数都比较清淡。韩国人一天三顿离不开泡菜。韩国人吃辣泡菜的历史是从18世纪初引进辣椒后开始的。泡菜种类大致分为辣白菜、萝卜泡菜、小萝卜泡菜、黄瓜泡菜等,在不同的季节,泡菜用很多不同的种类。在韩国饮食文化中,能与泡菜相媲美的就是烤肉。作为韩国的另一种代表饮食,烤肉已经得到全世界的认可。

餐桌上禁止用筷子对别人指指点点,用餐结束后将筷子整齐地放在餐桌上。吃饭过程中不宜高谈阔论,嘴里不能发出很大的响声。在传统矮腿方桌上用餐时,切勿用手摸脚、伸直双腿或是双腿叉开。

3. 交通礼仪——行

韩国的交通和中国一样,驾驶座席在左边,运行方向为右向行驶。在电梯上要站在电梯的右侧,把左边的位置让出来让赶路的人通行。在地铁里,每节车厢的两端是老人、妇女和小孩的位子,成年人一定不要坐,即使是中间的位子也一定要让给身边的老人,不然马上会有人指责的。

4. 主要禁忌

韩国人珍爱白色,国花是木槿花,松树是国树,喜鹊是国鸟,老虎是国兽。忌讳的数字是4和13。"四"字在朝鲜语中发音、拼音与"死"字完全一样,认为是不吉利的,因而楼房没有四号楼,楼层不称第四层,宴会里没有第四桌,医院里绝不设四号病房,喝酒绝不肯喝四杯。在宴请场合,主人一般以1、3、5、7的数字单位来敬酒、敬茶、上菜。

韩国人民族心很强,倡导使用国货,在赠送礼品时,最好选用本国的鲜花、酒类和工艺品等。

(三) 新加坡礼仪

1. 服饰礼仪——衣

在社交场合,新加坡人见面礼节多为握手礼,一般情况下,不太习惯西式的拥抱或亲吻。在待人接物方面,强调笑脸迎客、彬彬有礼。在人际交往中讲究礼貌,以礼待人,不但是每个人所应具备的基本修养,而且已经成为国家和社会对每个人所提出的一项必须遵守的基本行为准则。

在商务交往中,新加坡人的着装讲究郑重其事。男子一般要穿白色长袖衬衫和深色西裤,并且打上领带;女子则穿套装或深色长裙。日常生活里,不同民族的新加坡人穿着打扮往往各具其民族特色。马来人最爱穿"巴汝"、沙笼,锡克人则是男子缠头、女子身披纱丽。

2. 餐饮礼仪——食

新加坡是一个美丽安宁的国家,因为那里居住了很多的华人,所以新加坡的饮食习惯也和我国一些城市有点相似。新加坡人的主食多是米饭,有时也吃包子等,不喜食馒头。马来人用餐一般用手抓取食物,进餐时必须使用右手。饮茶是当地人的普遍爱好,有客人时,他们常以茶水招待。华人喜欢饮"元宝茶",有"财运亨通"之寓意。

3. 交通礼仪——行

在新加坡,车辆通常行驶在中心线到左端之间的道路上,这种通行方法可使被超车辆左右两边留有余地,以避免给其他车辆带来麻烦和危险。市内巴士网线非常密集,几乎各旅游点都有数班巴士可抵达。巴士可分为车费制巴士和售票制巴士。车费制巴士不论路途远近,收费统一,车费注明在路线牌号旁,乘客上车投币,不找零钱,不给车票;售票制巴士则按里程计费，乘客把车费投入钱箱后，司机通过发票机发出车票给乘客。

4. 主要禁忌

受华人传统文化的影响，新加坡人崇尚清爽卫生。对男子留长发或蓄胡子有抵触情绪，一些公共场合常常竖着标语牌："长发男子不受欢迎"。

在色彩方面，绝大多数人都非常喜欢红色。他们认为，艳丽夺目的红色，是庄严、热烈、喜庆、吉祥的象征，而且还具有激励人们奋发向上的作用；白色则是纯洁的象征；而黑色和紫色则不太受欢迎，因为黑色和紫色代表着不吉利。

就数字而言，新加坡人不太喜欢使用"4"与"7"。这主要是因为在华语中，"4"的发音与"死"相仿，而"7"则被视为一个消极的数字。此外"3"表示"升"，"6"表示"顺"，"8"表"发"，"9"则表"久"，都是代表吉祥的数字。

在新加坡，过马路时不能闯红灯，在公共场合不准吸烟、吐痰和随地乱扔废弃物品。不然的话，必受处罚，需要交纳高额的罚金。

在新加坡，用食指指人，用紧握的拳头打在另一只张开的掌心上，或紧握拳头，将拇指插入食指和中指之间，均被认为是极端无礼的动作。

（四）泰国礼仪

1. 服饰礼仪——衣

泰国人的传统服装为沙笼和女筒裙，总的来说比较朴素。沙笼是傣族男子服饰，是一种用布缠裹腰和双腿的服装。纱笼下摆较宽，穿着舒适凉爽，因此它是泰国平民中流传最长久的传统服装之一。女筒裙是泰国女子下装，筒裙同纱笼一样，布的两端宽边缝合成圆筒状，穿时先把身子套进布筒里，然后用右手把布拉向右侧，左手按住腰右侧的布，右手再把布拉回，折回边，在左腰处相叠，随手塞进左腰处。穿时也可以用左手以同样动作向相反方向完成。随着社会的发展和外来的影响，当代泰国人的着装也发生了很大变化，青年人中穿西裤和衬衫已相当普遍。

沙笼和筒裙

2. 餐饮礼仪——食

泰国的饮食以稻米、蔬菜为主食。面食吃得不多，乐于吃小蛋糕及干点心。最爱吃"咖喱饭"（用大米、鱼肉、香料、椰酱及蔬菜等烹制而成）。泰国人不喝热茶，而习惯在茶里放冰块，成为冰茶。

泰国咖喱饭

3. 交通礼仪——行

泰国首都曼谷被戏称为"世界最大的露天停车场"，因为它的汽车保有量在 230 万辆以上，马路上车满为患，尤其是在上下班高峰时间。驾车人士驾车时随身携带报纸、小说，以便塞车时顺便阅读，所以游客到曼谷旅游时切记要避开高峰时间。不过，自从曼谷开通了轻轨交通线后，塞车的情况已大为改善。

4. 主要禁忌

到泰国朋友家中做客，不可踩着人家的门槛，因为泰国人认为门槛下住着神灵，不可冒犯。泰国人忌用红笔签名，认为红色是不吉利的。鹤、龟的图案在泰国是不受欢迎的，所以忌讳这两种动物以及印有其形象的物品。另外，泰国人"重头轻脚"，尤其要注意的是，不能随便用手触摸他人的头部，因为这个动作会被视为对他人的极大侮辱。即使对小孩表示亲昵，也不要随便抚摸其头部，泰国人认为这样会给小孩带来厄运和疾病。

【情境小结】

鞠躬在日本人的人际交往中举足轻重，同样，鞠躬也是日本人工作的一种态度，这种态度就是敬业。从上文看出，日本人的鞠躬是一种严格的礼仪，是一种标准化的行为，从表面看，他们的礼仪、礼节似乎太繁琐，与现代化经济社会的快节奏不协调，但仔细观察和思考，便会发现其标准、规范的礼仪与现代化并不矛盾，日本人标准的礼仪动作，不含任何科技成分，靠的是认真和负责精神。认真和负责精神以及标准化等运用到经济建设上，就会成为提高企业竞争力的强大保证。

王俊逸在面试时首先以标准的鞠躬赢得了面试官的青睐，过程中，始终保持自信、举止得体，一击即中，顺利通过了面试，开始了崭新的职员生活。

【知识链接】

王俊逸购买并仔细阅读了关于日本商务礼仪的书籍，为此次面试做了充分的准备。首先，他上网查阅了面试公司的信息介绍，购买了比较受欢迎的白色衬衣和灰色套装，并配上水珠花样的领带。在约定时间10分钟前到达了面试公司，在接待处前，检查领带、服装、皮鞋、头发等是否整齐干净；在被要求进入面试室时，他昂首挺胸，仪表堂堂地走向面试室。进入面试室时，先轻轻敲了两下门，等面试官回应后才入室内。轻轻鞠躬，关上门，举止文雅地转过身，在门口点头致意，以普通步幅走到面试官前，与面试官直视后，一句寒暄"面试官您好，我是王俊逸"舒缓了自己的情绪，以平缓的心态开始接受面试。在面试过程中，他始终保持自信，发音清晰、举止得体，以良好的姿态向面试官展现了他的个性，给面试官清爽的好印象，顺利通过了面试，开始了崭新的职员生活。

【拓展训练】

一、案例分析

[案例]

中、日企业欲建一合资公司，双方预定在某年某月某日进行谈判，中方为了慎重起见，特意从某大学里挑选了一位女大学生做翻译，该女生无论身材、长相、语言都无可挑剔，且有一头长长的披肩黑发，谈判如期进行。在谈判中，日方向中方提出要求，你们必须换翻译，否则我们无法进行谈判！这时，中方感到很纳闷，便问："是她翻译得不好，还是她长得不漂亮？"日方说："她翻译得很好！长得也很漂亮！但每次她的头发甩过来甩过去，使我们无法集中精神。"

1. 这名女大学生违反了什么礼仪？

2. 这名女大学生应该怎么做？

二、案例实践

在和日资企业面试官打交道过程中，不光要记得鞠躬，还有两个小细节也值得注意：一个是开关门的动作。到日本公司面试，进门前一定要先敲门，面试官说"请进"后再推门进去，记得说上一句"打扰了"，然后轻轻关门。关门时还有一个要诀，要两眼看着双手转动门把轻轻地关门。面试结束离开时，要轻轻离开座位，还要加上一句"非常感谢"之类的感谢语。另一个是就座。一般进门之后要等到面试官说"请坐"再坐下，坐的时候要背挺直，既不要靠在椅背上，也不能靠在桌子上，双手放在双腿上，身子微微向前倾一点，这才是最礼貌、标准的坐姿。

三、实践训练

1. 鞠躬的训练。

（1）练习分配方式：两人一组，面向而站。

（2）练习时的注意要点：

鞠躬表示最诚挚的敬意。见面时、感谢时、道歉时等，说话少不了鞠躬。如果了解正确的鞠躬形式，只一次就可充分传达敬意。

鞠躬时的距离，要考虑相互间上半身往前倾斜的角度，留出一人身高的距离。挺直上身站立，两脚与左右膝盖并齐，脚尖微微打开成V字形。双指伸直并拢，放在裤缝或裙缝上，上体前倾，女性双手放前，交叉重叠。

鞠躬不要忘记"看眼开始，看眼结束"。如果寒暄时，眼睛看着旁边会让人觉得不知在和谁寒暄，所以要目视对方的双眼，寒暄后再鞠一次躬。

（3）鞠躬的三种方式：

① 点头致意（注目礼，简单寒暄）。与人擦身而过时的轻轻鞠躬。伸直后背，上身轻轻倾斜15度，视线落在1.5米左右的地方会比较自然。

② 敬礼（中等礼节，一般的寒暄）。对上司、客户、长辈等的鞠躬。上身倾斜30～35度，视线看50～60厘米的地方。

③ 最高敬礼（郑重的鞠躬）。对身份高（贵）的人，为自己的过错道歉，参加客户的葬礼

等使用的最高礼鞠躬。上身倾斜45～60度,比一般场合慢些起身。

2. 韩国平礼练习。

韩国素以“礼仪之国”著称,韩国人在交往中十分重视礼仪修养。女生一般情况下行平礼,平礼步骤如下:

(1) 右手置于左手上,双手放在肚脐下方位置,身体挺直站立。

(2) 紧贴的双手自然放置两旁,屈膝跪地而坐。

(3) 两手按肩宽轻触地面,弯腰行礼。

(4) 双手离开地面,起身。

(5) 站好,恢复原来的站立姿态,把双手放在肚脐上方。

让我们一起来练习吧。

学习情境三 西方礼仪

人的思想是可塑的。一个人如果每天观赏一幅好画，阅读某部佳作中的一页，聆听一支妙曲，就会变成一个有文化修养的人——一个新人。

——［英］罗斯金

【情境导入】

市政府每年都在圣诞前宴请全市的外籍专家、工程师、学者、教授以及部分家属，一起欢度圣诞节，整个 party 中有晚宴的项目安排，这是所有在本市工作的国际友人聚会的日子，也是他们相互认识，共同交流在中国学习、工作和生活的难得的机会，故所有来宾都很高兴，畅所欲言。王俊逸是席间翻译，但因为外籍友人有共同的语言，也就不需要他当翻译。他们侃侃而谈，无所不及，渐渐地王俊逸就只专心美味佳肴，而无暇顾及翻译的事了。但过了一会儿，外籍专家不停地用余光看着王俊逸，而且表情显得有些尴尬，但没有跟王俊逸说话，请问发生什么状况了？

【知识分享】

一、欧洲概况

欧洲面积 1016 万平方公里，共有 45 个国家和地区。西临大西洋，北靠北冰洋，南隔地中海和直布罗陀海峡与非洲大陆相望，东与亚洲大陆相连。地形以平原为主，大部分为温带大陆性气候，西海岸温带海洋性气候显著。约 7.39 亿人，约占世界总人口的10.5%。欧洲是世界经济、科技、教育等各领域发展水平最高的大洲之一，世界绝大部分发达国家都位于欧洲。

欧洲是欧罗巴洲的简称，“欧罗巴”一词据说最初来自腓尼基语的“伊利布”一词，意思是“西方日落的地方”或“西方的土地”。欧罗巴洲的名字还有一个传说：宙斯喜欢上了一个叫欧罗巴的女人，就把自己变成一头牛把欧罗巴带到了现在的欧洲，以她的名字命名现在的欧洲。整个欧洲地势的平均高度为330米,地形以平原为主,南部耸立着一系列山脉,总称阿尔卑斯山系,其中在法国境内的勃朗峰海拔4807米,为西欧第一高峰。

欧洲河网稠密,水量丰沛。最长的河流是伏尔加河,长3690公里;第二大河是多瑙河,全长2850公里,是世界上流经国家最多的河。欧洲的海岸线十分曲折,多半岛、岛屿、海湾和内海,北欧的斯堪的纳维亚半岛是欧洲最大的半岛。

欧洲人比较注重礼节,这与历史传统、社会制度和宗教信仰有关。在公开场合,欧洲人讲究风度,绝不随随便便。见面的称呼,一般是称姓,再加上先生。

南欧、东欧之外的国家,见面时行握手礼。欧洲人对着装也比较讲究,从不马虎。

北欧人十分注意约会时准时到达。到西欧人家做客,可送女主人鲜花(忌讳13枝)或巧克力和酒。

二、美洲概况

美洲是南美洲和北美洲的合称,也是“亚美利加洲”的简称,又称新大陆。

北美洲地跨热带、温带、寒带,气候复杂多样,北部在北极圈内,为冰雪世界,南部加勒比海受赤道暖流之益,但有热带飓风侵袭。加拿大北极群岛是北美大陆以北、格陵兰岛以西众多岛屿的总称,人口稀少,主要居民是因纽特人,居民以捕鱼和捕海兽为生。

中美洲是中亚美利加洲的简称,指墨西哥以南、哥伦比亚以北的美洲大陆中部地区。东临加勒比海,西濒太平洋,是连接南、北美洲的桥梁。包括巴哈马国、古巴、牙买加、海地、多米尼加共和国、安提瓜和巴布达、多米尼克国、圣卢西亚、圣文森特和格林纳丁斯、巴巴多斯、格林纳达、特立尼达和多巴哥、圣基茨和尼维斯等,此外还包括美国、英国、法国和荷兰的十多个属地。

南美洲是南亚美利加洲的简称,位于西半球的南部。东临大西洋,西濒太平洋,北滨加勒比海,南隔德雷克海峡与南极洲相望,一般以巴拿马运河为界,同北美洲分开。

三、部分国家的礼仪

(一)英国礼仪

1. 服饰礼仪——衣

英国服饰礼仪中注意服装,穿着要因时而异。他们往往以貌取人,仪容态度尤须注意。讲究衣着,只要一出家门,就得衣冠楚楚。也好讲派头,出席宴会或晚会时,习惯穿黑色礼服,衣裤须烫得笔挺。中、上层的人士由于过着舒适的生活,因此养成了一种传统的“绅士”“淑女”风度。英式的穿衣模式受到世界许多人的推崇。现代英国人的衣着已向多样化、舒适化发展,比较流行的有便装夹克、牛仔服。

2. 餐饮礼仪——食

早餐:英式早餐比较丰盛,因为英国人对早餐非常讲究,英国餐馆中所供应的餐点种类繁多,有果汁、水果、蛋类、肉类、麦粥类、面包、果酱及咖啡等。

午餐:比较简单。

下午茶:时下所流行的下午茶来自于英国,其较知名的有维多利亚式(Victorian style),内容可说是包罗万象,包括各式小点、松糕、水果挞(tarte)及三明治等。英国人有饮下午茶的习惯,即在下午3—4点钟的时候,放下手中的工作,喝一杯红茶,有时也吃块点心,休息一刻钟,称为"茶休"。英国对饮茶十分讲究,各阶层的人都喜欢饮茶,尤其是妇女嗜茶成癖。主人常邀请你共同喝下午茶,遇到这种情况,大可不必推却。英国人的饮宴在某种意义上说以俭朴为主,他们讨厌浪费的人。比如说,要泡茶请客,如果来客只有三位,一定只烧三份的水。

晚餐:晚餐被视为正餐。重大的宴请活动,一般都放在晚餐时进行。去英国人家里做客,最好带点价值较低的礼品,因为花费不多就不会有行贿之嫌。礼品一般有高级巧克力、名酒、鲜花,特别是我国具有民族特色的民间工艺美术品,他们格外欣赏。英国商人一般不喜欢邀请客人至家中饮宴,聚会大都在酒店、饭店进行。在正式的宴会上,一般不准吸烟。进餐吸烟,被视为失礼。

在英国,邀请对方午餐、晚餐、到酒吧喝酒或观看戏剧、芭蕾舞等,会被当作送礼的等价。主人提供的饮品,客人饮量以不超过3杯为宜,如果感到喝够了,可以将空杯迅速地转动一下,然后交给主人,表示喝够了,多谢的意思。酒馆开门时间一般是上午11时至下午3时,下午5时半到晚上11时。酒馆里喝酒的人一般比较多,高峰时,后来的客人没有座位,就买零酒随便站着喝。

如果你被邀请到别人家做客,要考虑这样几种情况:该在什么时候到主人家?如果不是谈正经事,只是个社交聚会,早到是不礼貌的。女主人正在做准备,她还没完全准备好你就到了,会使她感到非常尴尬。晚到10分钟最佳。晚到半小时就显得太迟了,需要向主人致歉。什么时候应该离开呢?这没什么规定,但在主人家坐得太晚是很不礼貌的。如果只是邀请你共进晚餐和聊天,那么你最好在10点至11点之间离开或者餐后1小时告别。如果你被邀请留下来住几天或度周末,在离开之前应特意买束花送给女主人,这会使她非常高兴。另外,离开后的第二天要发一封便函向主人致谢,并随附一件小礼品如一盒巧克力或一些鲜花等。

英国的宴请方式多种多样,主要有茶会和宴会,茶会包括正式和非正式茶会。英国人在席间不布菜也不劝酒,全凭客人的兴趣取用。一般要将取用的菜吃光才礼貌,不喝酒的人在侍者斟酒时,将手往杯口一放就行。客人之间告别可相互握手,也可点头示意。

英国人一般较喜爱的烹饪方式有烩、烧烤、煎和油炸。对肉类、海鲜、野味的烹调均有独到的方式;他们对牛肉类食物有特别的偏好,如烧烤牛肉,在食用时不仅附上时令的蔬菜、烤洋芋,还会在牛排上加上少许的芥末酱;在佐料的使用上则喜好奶油及酒类;在香料上喜好肉寇、肉桂等新鲜香料。

较为人知的英国料理菜名有:牛肉腰子派、炸鱼排、皇家奶油鸡等。英国人喜欢狩猎,在一年只有一次的狩猎期中,许多饭店或餐厅会推出野味大餐,如野鹿、野兔、雉鸡、野山羊等的烹调。而一般烹调野味时,均采用些杜松子或浆果及酒,此做法是为了去除食物本身的膻腥味。

晚餐对英国人来说也是日常生活中最重要的一部分,他们选择的用餐时间通常较晚,而且都是边吃边喝边聊,以促进用餐人之间的情谊,一顿晚餐可能要花上好几个钟头。

3. 交通礼仪——行

到英国旅行,需注意当地的所有车辆均沿马路的左侧行驶。

英国人遵守纪律，即便是只有几个人上车，他们也会自觉地排队上车。

在英国坐出租车，一般按车费的10%左右付小费，将小费列入服务费账单的饭店不必另付小费。

4. 主要禁忌

（1）不能挤队。英国人有排队的习惯。你可以看到他们一个挨一个地排队上公共汽车、火车或买报纸。“加塞”是一种令人不齿的行为。

（2）不能砍价。在英国购物，最忌讳的是砍价。英国人不喜欢讨价还价，认为这是很丢面子的事情。如果你购买的是一件贵重的艺术品或数量很大的商品，你也需要小心地与卖方商定一个全部的价钱。英国人很少讨价还价，如果他们认为一件商品的价钱合适就买下，不合适就走开。

（3）讨厌过问私事。如果你去英国旅游，千万不要问人家“您去哪儿”“吃饭了吗”这类问题。中国人认为这样很热情，英国人会认为你很粗鲁，他们讨厌别人过问他们的个人生活。不能问女士的年龄。英国人非常不喜欢谈论男人的工资和女人的年龄，甚至他家里的家具值多少钱，也是不该问的。如果你问了一位女士的年龄，也是很不合适的，因为她认为这是她自己的秘密，而且每个人都想永葆青春，没有比对中年妇女说一声“你看上去好年轻”更好的恭维了。

英国人认为13和星期五是不吉利的，尤其是13日与星期五相遇更忌讳，这个时候，许多人宁愿呆在家里不出门。他们忌讳四人交叉式握手，还忌点烟连点三人。

在英国，服饰、香皂之类的物品因太涉及个人的私生活，故一般不用来送人。菊花在任何欧洲国家都只用于万圣节或葬礼，一般不宜送人。白色的百合花在英国象征死亡，也不宜送人。其他的花都可送人。在接受礼品方面，英国人和我国的习惯有很大的不同。他们常常当着客人的面打开礼品，无论礼品价值如何，或是否有用，主人都会给以热情的赞扬表示谢意。苏格兰威士忌是很通行的礼品，烈性威士忌则不然。

（二）德国礼仪

1. 服饰礼仪——衣

德国人讲究仪表与衣帽整洁，面、手、衣履要洁净。男子的头发、胡须不宜过长，应修剪整齐。指甲要经常修剪，一般与指尖等长，不留污垢，保持手部清洁，若手部有疾症或疤痕要戴手套。

衣着要整洁笔挺，不能有褶皱，钮扣均应整齐，裤扣不能在室外或公共场合整理。衬衣一般为白色硬领，袖与下摆不露出外套，下摆放入裤内。要按交际场所或交际需要着装。礼服、领带或领花应结好并佩戴端正，皮鞋应擦亮。

德国人不喜欢花哨的服装，但都很注重衣冠的整洁，穿西装一定要系领带。在赴宴或到剧院看文艺演出时，男士经常穿深色礼服，女士则穿长裙，并略施粉黛。在东部地区，已婚者都带上金质戒指。

2. 餐饮礼仪——食

德国人十分讲究饮食。德国人在宴会上和用餐时，注重以右为上的传统和女士优先的原则。德国人举办大型宴会时，一般在两周前发出请帖，并注明宴会的目的、时间和地点。一般宴会则在八至十天前发出。他们用餐讲究餐具的质量和齐备。宴请宾客时，桌上摆满酒杯、盘子等。他们有个习俗,那就是吃鱼的刀叉不能用来吃别的。

3. 交通礼仪——行

德国人有严格遵守交通规则的习惯,不随便停车,更不会闯红灯。在列车上,大多有禁烟或可抽烟的标志。

4. 主要禁忌

德国有50%的人信奉基督教,有45%的人信奉天主教,另有少数人信奉东正教和犹太教,他们忌讳13和星期五。他们忌讳在公共场合窃窃私语,不喜欢他人过问自己的私事。

(三) 法国礼仪

1. 服饰礼仪——衣

法国人对于衣饰的讲究,在世界上是最为有名的。在正式场合,法国人通常要穿西装、套裙和连衣裙。法国人所穿的西装或套裙多为蓝色、灰色或黑色,质地多为纯毛。在他们看来,棕色、化纤面料的服装,是难登大雅之堂的。

出席庆典仪式时,法国人一般要穿礼服。男士所穿的多为配以蝴蝶结的燕尾服,或是黑色西装套装;女士所穿的则多为连衣裙式的单色大礼服或小礼服,并且讲究要同时以薄纱面罩、薄纱手套与之相配。

有身份的法国人在正式场合露面时,往往不会将同一套服装连穿两次,他们认为那样有失自己的身份。

对于穿着打扮,法国人认为重在搭配是否得法。在选择发型、手袋、帽子、鞋子、手表、眼镜时,法国人都十分强调与着装协调一致。

法国妇女在参加社交活动时,一定要化妆,并且要佩戴首饰。他们认为,化妆对人对已都是一种尊重。佩戴首饰的话,则一定要选“真材实料”,对于仿真人造首饰他们大都加以拒绝。

法国男士对自己仪表的修饰相当着重,他们中的许多人经常出入美容院。在正式场合亮相时,剃须修面,头发“一丝不苟”,身上略洒一些香水,已被法国人看成男人所应具备的基本教养。

2. 餐饮礼仪——食

作为举世皆知的世界三大烹饪王国之一,法国人十分讲究饮食,并且人人喜欢以美食家自居。平时,法国人爱吃面食。在法国,面包的种类之多,令人难以数计。在肉食方面,他们爱吃牛肉、猪肉、鸡肉、鱼子酱、蜗牛、鹅肝,不吃肥肉、宠物、肝脏之外的动物内脏及无鳞鱼和带刺带骨的鱼。

法国的名菜有鸡肝牛排、红酒山鸡、马赛鱼羹、巴黎龙虾、煎蜗牛、扒鹅肝等等。就口味来讲,法国人有两大特点,一是喜欢肥浓,二是偏爱鲜嫩。

吃沙拉时不用刀,而是用勺子舀着吃,或是拿面包沾着吃,这是法国人的礼貌。

在世界上,法国所产的白兰地、香槟与红白葡萄酒,无出其右者。法国人特别善饮,而且讲究在餐桌上要以不同品种的酒水搭配不同的菜肴。他们的常规做法是:餐前要喝开胃酒,吃鱼要喝白葡萄酒,吃肉要喝红葡萄酒,餐后才适合喝利口酒或白兰地。对于鸡尾酒,他们大都不太欣赏。

除酒水之外,法国人平时还爱喝生水和咖啡。在法国的城市里,随处可见的咖啡馆和露天咖啡座,早已成为法国人的社交场所和街头风景。

法国人在用餐时,绝不可端起盘子来吃东西,可以拿在手上的餐具只限于杯子类,两手允许放在餐桌上,但不许将两肘支在桌上。在放下刀叉时,他们习惯将其一半放在碟子上,一半放在餐桌上。这一做法,与英国人完全不同。

一般来说,在法国人的餐桌上,酒水贵于菜肴。而在正式的宴会上,则有“交谈重于一切”之说。这是因为法国人视宴请为交际场所,所以他们举行的宴会大都时间较长,在用餐时只吃不谈,是不礼貌的。

法国人很浪漫也很理性,朋友间交往讲究的是礼尚往来,吃饭、旅行都 AA 制,热恋中的情人和婚姻中的夫妻账都算得很清楚,哪怕你楚楚动人倾国倾城也不例外,决不能期望男人为搏美人笑而一掷千金。

3. 交通礼仪——行

法国人爱好社交,善于交际。对法国人来说,社交是人生的重要内容,没有社交活动的生活是难以想象的。即使与他人萍水相逢,他们也会主动与之交往,而且表现得亲切友善,一见如故。

4. 主要禁忌

吃进嘴里东西不能再吐出来,否则就是粗俗和不雅;

菊花、牡丹、玫瑰、杜鹃、水仙、金盏花和纸花一般不宜随便送给法国人;

仙鹤被视为淫妇的化身,孔雀被看作是祸鸟,大象象征着笨汉;

对核桃十分厌恶,认定它代表不吉利,对黑桃图案他们也深为厌恶;

黄色和墨绿色是法国人所忌讳的色彩;

数字“13”与“星期五” 是法国人忌讳的数字;

给法国妇女送花时,宜送单数,但要记住避开“1”与“13”两个数。

(四) 俄罗斯礼仪

1. 服饰礼仪——衣

俄罗斯人大都讲究仪表,注重服饰。在俄罗斯民间,已婚妇女必须戴头巾,并以白色的为主;未婚姑娘则不戴头巾,但常戴帽子。

2. 餐饮礼仪——食

在饮食习惯上,俄罗斯人讲究量大实惠、油大味浓。他们喜欢酸、辣、咸味,偏爱炸、煎、烤、炒的食物,尤其爱吃冷菜。总的讲起来,他们的食物在制作上较为粗糙一些。

一般而论,俄罗斯以面食为主,他们很爱吃用黑麦烤制的黑面包。除黑面包之外,俄罗斯人大名远扬的特色食品还有鱼子酱、酸黄瓜、酸牛奶等等。吃水果时,他们多不削皮。

在饮料方面,俄罗斯人很能喝冷饮。具有该国特色的烈酒伏特加,是他们最爱喝的酒。他们还喜欢喝一种叫“格瓦斯”的饮料。

用餐之时,俄罗斯人多用刀叉。他们忌讳用餐发出声响,并且不能用匙直接饮茶,或让其直立于杯中。通常,他们吃饭时只用盘子,不用碗。

参加俄罗斯人的宴请时,宜对其菜肴加以称道,并且尽量多吃一些。俄罗斯人将手放在喉部,一般表示已经吃饱。

3. 交通礼仪——行

在俄罗斯旅游,交通十分方便,公共场所大多有出租车待客,只要是空车,招手即来。住旅馆时要先行登记并交验护照。打电话也很方便,公共场所一般都有自动电话。

俄罗斯政府是不赞成收小费的,但在现实中,不论住宿还是坐出租车,一般结付账时都要加10% ~15%的小费。

4. 主要禁忌

在数目方面,俄罗斯人最偏爱"7 ",十分忌讳"13" 与"星期五"。

俄罗斯人非常崇拜盐和马。

俄罗斯人主张"左主凶,右主吉",故不允许以左手接触别人,或递送物品;俄罗斯人讲究"女士优先",在公共场合里,男士往往自觉地充当"护花使者",不尊重妇女,到处都会遭以白眼。

俄罗斯人忌讳的话题有:政治矛盾、经济难题、宗教矛盾、民族纠纷、苏联解体、阿富汗战争,以及大国地位问题。

(五) 美国礼仪

1. 服饰礼仪——衣

美国人平时的穿着打扮不太讲究,崇尚自然,偏爱宽松,讲究着装体现个性。跟美国人打交道时,应注意对方在穿着打扮上的讲究,免得让对方产生不良印象。美国人非常注重服装的整洁。拜访美国人时,进了门一定要脱下帽子和外套,他们认为这是一种礼貌。

2. 餐饮礼仪——食

美国人饮食时不允许进餐时发出声响,不允许替他人取菜,不允许吸烟,不允许向别人劝酒,不允许当众脱衣解带,不允许议论令人作呕之事。

3. 交通礼仪——行

先行权原则:在美国,"行人优先,汽车让人"是交通的基本原则。虽然在美国行人也和车辆一样按照红绿灯的指示行动,但当开车通过十字路口时,如果有行人过马路,无论何种情况,一切大小车辆都必须停下来让路,即使是在没有人行横道的地方,司机也会看到行人便善意地停下来,这在美国是起码的常识,也是一个文明公民的标志。

红色八角形的"停车"标志:在美国随处可见一种八角形的红色道路标志,写着大大的"Stop",这就是停车标志。它通常在比较小的十字路口出现,起到了红绿灯的作用。当车开到这样的路口,司机必须先停一下,确认路口没有行人车辆才能通过。

4. 主要禁忌

在美国女性最好不要穿黑色皮裙。

在美国,女士不要随随便便地在男士面前脱下自己的鞋子,或者撩动自己裙子的下摆,这种举动往往会有成心引诱对方之嫌。

穿睡衣、拖鞋会客,或是以这身打扮外出,都会被美国人视为失礼。

出入公共场合时化艳妆,或是在大庭广众之前当众化妆补妆,不但会被人视为缺乏教养,而且还有可能令人感到"身份可疑"。

在室内依旧戴着墨镜不摘的人,往往会被美国人视作"见不得阳光的人"。

【情境小结】

情景导入中提到在晚宴过程中,外国友人谈得很投机,滔滔不绝地在说中国人在用餐习惯方面与西方人不一样的地方,说到一些不好听的话,甚至很难听的评价,故跟王俊逸一起来的外籍专家觉得很尴尬。他们在谈看不惯我们的地方,其中一个说我们中国人喜欢吃小鱼,不停地满桌子地吐鱼刺,边吃边吐还边说话。西方人认为将吃进嘴里东西再吐出来,实在是不雅、没有教养,甚至是粗俗和恶心。

【知识链接】

西方文化礼仪

1. 西方文化礼仪之"小费礼仪"

一般来说,当你得到别人的服务时就应该给小费。但是,并非在任何场合、对任何服务人员都要付小费。小费究竟应该给哪些人,还颇有讲究。

(1) 坐船或火车时应给小费,坐长途汽车和飞机则不必。

(2) 对搬运工应付小费,存取行李时不必付服务员小费。

(3) 在旅馆时,对帮你提行李或打扫房间的服务员应付小费,对柜台上的服务员则不必。

(4) 在餐馆时,对上菜上饭的服务员应给小费,对领班服务员则不必。

(5) 乘车时,对出租车司机应付小费,对公共汽车司机则不必。

(6) 对理发师、美容师应付小费,对售货员、自助洗衣店的服务员则不必。

(7) 对警察、海关检查员、大使馆职员、政府机关职员等公务人员绝不可付小费。

(8) 小费占总费用的 15 %左右,表示对服务满意。

2. 西方文化礼仪之"称谓礼仪"

西方人的姓名排列跟我们刚好相反,前面是名后面是姓氏。

在国际交往中,一般对男士称"Mr.",对女士则应视其结婚与否进行称呼,未婚的称"Miss",已婚的则应称"Mrs."。对那些在社会上较有地位的人,如法官(Judge),教授(Professor),医生(Doctor),高级政府官员如参议员(Senator),军官如将军(General)、上尉(Capital)和高级宗教人士如主教(Bishop)等,可将其职业连同姓名一起称呼,如"Doctor Jack""Professor White",也可只称呼其职业名称,如"Mr. Judge""Mr. Lawyer"。相比之下,美国人在人与人之间的交往上就比较随便。通常只招呼一声"Hello",哪怕是第一次见面,也不一定握手,还可直呼对方的名字以示亲热。但在正式场合下,人们就要讲究礼节了。握手是最普通的见面礼。值得注意的是,美国人从来不用行政职务如局长、经理、校长等头衔称呼别人。

3. 西方文化礼仪之"介绍礼仪"

在国际交往场合,如想结识朋友,一般应有第三者介绍。如当时不具备这种条件而你又确实想认识某人，你可走到他面前做自我介绍，但介绍完后不可先伸手，也不可问对方的名字。对方若不做自我介绍，你可道声谢离开，这在西方并不算失礼。用句型"This is ××× and this is xxx."介绍俩人认识时，要先把男士介绍给女士，先把年轻的介绍给年长的，先把职位低的介绍给职位高的。同性之间，介绍完毕后应先伸手相握，可以说"很高兴认识你(Nice to meet you)"。不要说"久仰"或"希望以后常联系"之类的话。有些国家会将"联系"理解为有求于他。

4. 西方文化礼仪之"交谈礼仪"

与人交谈，莫问私事。在西方，人们的一切行为以个人为中心，个人利益是神圣不可侵犯的。人们日常交谈，不喜欢涉及个人私事。有些问题甚至是他们忌谈的，如询问年龄、婚姻状况、收入多少、宗教信仰、竞选中投谁的票等都是非常冒昧和失礼的。看到别人买来的东西，不要去问价钱。见到别人外出或回来，也不问"你从哪里来"或"去哪儿啊"。在我国，老年人受到尊敬，但在美国，却是"人老珠黄不值钱"，因此在美国，老年人绝不喜欢别人恭维他们的年龄。美国人还十分讲究"个人空间"。俩人谈话时，不可太近，一般相距50厘米以外为宜。不得已与别人同坐一桌或紧挨别人坐时，最好打个招呼，问一声"我可以坐在这儿吗(May I sit here)?"，得到别人允许后再坐下。礼貌用语，多多益善。美国人讲话嘴很甜，他们对好听的话从不吝啬，常令听者心舒意畅，因而在美国"Please""Thank you""I'm sorry""Excuse me"之类的话随处可闻。

5. 西方文化礼仪之"拜访礼仪"

应邀去他人家中做客，务必要准时。不守时是失礼的。

一般性拜访，可送小礼物，若赴家宴，可再丰厚些。礼物应交给女主人，并说"我希望你能喜欢(I hope you'll like it.)"等客套话，不要说"小意思，不成敬意""东西不好，请笑纳"等中国人送礼时常爱讲的话。这类话会让外国人觉得你看不起他们。一般来说，美国人不随便送礼，但遇到节日、生日、婚礼或探视病人时，送礼还是免不了的。美国人最盛行在圣诞节互赠礼品。此外，美国人认为单数是吉利的，有时送3个梨也不感到菲薄，不同于中国人讲究成双成对。

美国人收到礼物，一定会马上打开，当着送礼人的面欣赏或品尝礼物，并立即向送礼者道谢："Oh, How nice, I like it very much. Thank you!"在外国人家中，不要对他们的摆设大加评论，也不要随意极力赞赏某件物品，那样会导致主人一定要将你极为赞赏的物品送给你，这多尴尬。如主人家养有猫、狗等宠物，要对它们友好，外国人十分珍爱宠物。美国人办事讲求效率，重视有计划地安排自己每天的时间，绝不希望有人突然来访，因此要拜访他们，事前约会是必不可少的。

6. 西方文化礼仪之"女士优先礼仪"

尊重妇女，是欧美国家的传统习俗。在社交场合，男子处处要谦让女的。

(1) 步行时，男士应该走在靠马路的一边。

(2) 入座时，应先请女士坐下。

(3) 上下电梯，应让女士走在前面。

(4) 进门时，男士应把门打开，请女士先进。

（5）下车、下楼时，男士应走在前边，以便照顾女士。

（6）进餐厅、影剧院时，男士应走在前边，为女士找好座位。

（7）进餐时，要请女士先点菜。

（8）同女士打招呼时，男士应起立，而女士则不必。

（9）男女握手时，男士应摘下手套，而女士则不必。

（10）女士的东西掉了，男士不论是否认识她，都应帮她拾起来。

7. 西方文化礼仪之“餐桌礼仪”

西方进餐的习惯与我们多有不同，特别是正式的西餐宴会，规矩颇多。参加西餐宴会时应注意下列事项：

（1）外国人一般没有让菜让酒的习惯，所以你喜欢吃什么，不妨多取些。

（2）所有的菜式都应尝试，这是对主人的尊重。

（3）应等全体客人面前都上了菜，女主人拿起她的刀子和叉子示意后才可以用餐。

（4）餐巾应铺在膝上，也可铺在颈上或胸前，但不大方。可用餐巾一角擦去嘴上或手指上的油渍，但绝不可揩拭餐具。

（5）进餐时身体要坐正，不要两臂横放在桌上。

（6）使用刀叉时，应左手用叉，右手用刀。切肉应避免刀切在瓷盘上发出响声。中途放下刀叉，应呈“八”字形分别放在盘子上。如刀叉放在一起，表示用餐完毕。

（7）要喝水时，应先将食物咽下。用玻璃杯喝水时，要先擦去嘴上的油渍，以免弄脏杯子。

（8）如打喷嚏或咳嗽，或想去洗手间，应向周围的人道“对不起”（Excuse me）。

（9）进餐时，始终保持沉默是不礼貌的，但咀嚼食物时不要讲话，咽下去再答。

（10）当侍者依次给客人上菜时，走到你的左边，才轮到你取菜。用餐完毕，女主人站起，才可离席。餐巾放在桌上，不要照原样折好。

（资料来源：http://wenwen.soso.com/z/q171065277.htm，有改动）

【拓展训练】

一、案例实践

判断下列说法是否正确。

（　　）1. 法国人吃饭或娱乐，不要抢着买单，他们喜欢 AA 制。

（　　）2. 与法国人交往时，初次见面要送些礼物。

（　　）3. 与英国人交往，不要穿戴太随便，不要随便称呼名字，要加上“Mr.”

（　　）4. 跟美国人约会约在周五比较好。

（　　）5. 德国人比较开朗，但十分注重礼仪，不宜直呼名字，不要谈二次大战。

（　　）6. 美国孩子长大后多数离开父母去寻求自己路，总统的儿子也不例外。

（　　）7. 在美国，男性最好不要给妇女送香水、衣物和化妆品之类的礼物。

（　　）8. 不能向美国人销售有蝙蝠图案的商品，也不要作为礼品送给他们。

(　　)9. 餐后,客人可以在主人家呆上一两个小时再道别。第二天发便函向主人致谢,并送一些小礼物,如一盒巧克力或鲜花等。

(　　)10. 美国人忌食各种动物内脏。

(　　)11. 俄罗斯人对中餐非常喜欢。

(　　)12. 在俄罗斯街上行走,决不能丢弃任何东西,连一张过期的电影票也不行。他们认为这种行为有损城市的整洁,而且是违规的。

(　　)13. 意大利人非常喜欢菊花。

(　　)14. 东欧一些国家的人们喜欢吃海味。

(　　)15. 在欧洲的一些国家,新娘在婚礼前不会试穿结婚用的礼服,因为她们认为试穿礼服会导致日后幸福婚姻的破裂。

答案:

1. 正确　2. 错误　3. 错误　4. 错误　5. 错误　6. 正确　7. 正确　8. 正确
9. 正确　10. 正确　11. 正确　12. 正确　13. 错误　14. 错误　15. 正确

二、实践训练

实践内容之一:PPT 汇报,每班分成若干小组,每小组 4 ~ 6 人,以 PPT 的形式汇报,汇报包括国际礼仪知识讲解、活动组织和活动录像。

实践内容之二:模拟实践,每班分成若干小组、每小组 8 ~ 10 人,策划、组织、实施国际商务谈判,注重礼仪各环节的细节处理。

实践内容之三:论文撰写,撰写以国际礼仪为主题的论文,字数要求 3000 ~ 4000 字,规范符合学校论文统一要求。

实践内容之四:礼仪展示,每班分成若干小组,每小组 12 ~ 20 人,展示国际礼仪风采,并摄制成录影汇编。

后　记

我们有礼仪之邦的美称，五千年的历史，不仅形成了一套宏大的礼仪思想和礼仪规范，而且形成了完整的伦理道德、生活行为规范，并内化为我们的自觉意识贯穿于心理和行为之中，所以说，我们的血脉里流淌着“崇德尚礼”的精神追求。

身居礼仪之邦，应为礼仪之民。知书达理、以礼待人应该是当代大学生的基本素养，讲究礼仪，遵从礼仪规范，会更好地展示一个人的教养、风度和魅力。内心的修养，行动的文明，会让我们的青春更美、人生更雅。但是，现实中，不懂礼、不知礼、不守礼的现象，无论是在国内还是在国外，都屡见不鲜，批评声不绝于耳。大学生上课瞌睡、接打电话、图书馆喧哗、衣着暴露、语言低俗的现象也不在少数。不难想象，这些问题会让青春显得粗粝，让人生变得毛糙。

高职院校不是培训机构，不能仅仅给学生以工作技能的训练，高等教育还应该培养学生的人文精神和素养。教育部16号文件强调，要重视培养高职学生的诚信品质、敬业精神和责任意识，使之成为高素质的技能新人才。这些高素质的人才，既是社会生产力发展的促进者，也是社会和谐的主力军。文明礼仪有时会成为一个人是否接受过高等教育的重要的显性标志。所以说，对大学生进行系统的礼仪教育，让他们掌握基本知识和规范，形成文明礼仪的习惯，把内在的道德品质与外在的礼仪礼貌有机结合起来，是大学教育的必要内容之一。

我们认为，“礼”的教育，不应以行动为中心，而应以人为中心，我们的教材用“内修外塑”作为名字，旨在说明，礼仪教育既要关照学生内在的修养和积淀，让大学生有颗柔软、敏感、丰富的心，具有“尚礼”的内在需求，也要注重外在的形的塑造，用形象化的演示和规范的训练，养成“行礼”的外在习惯。只有有了内在的“有”，才有外在真正的“美”。

我们希望把这本教材当作人格修养的精神食粮呈献给老师和学生。我们把学生当作一个完整的人来看待，打通学生内外连接通道，使学生心中有操守，行中有规范。教材分别从礼仪概述（蔡平、任积丽）、个人形象礼仪（石建梅、孔力媛）、日常礼仪（彭雪华、陈云）、校园礼仪（张超一、李冰焱）、职场礼仪（赵艳、邵美玲、刘珺珺）、涉外礼仪（陆兰英、卢飞飞）等方面做了理论阐述、案例分析、实践训练等，力求文字清晰，形式优美，图文并茂，理实一体，教与学皆宜。当然，由于水平有限，时间仓促，书中还存在不少疏漏，文字的表述还欠生动，内心修养的部分还需要更契合学生的心理特点,还需要增加内心体验的成分,行为的训练还需要进一步系统化,这些都是我们要进一步改进的地方。

教材的出版得到了很多同仁和朋友的指点和帮助,著名学者孙汝建教授给予了热情关怀并为教材作序;资深教授马汝祥先生对全文进行了修改,付出了辛勤劳动。谨对以上专家致以由衷的谢忱。书中参考利用了近年来一些专家的著作,在此一并表示感谢。

编者

2014 年 10 月 2 日